当代国外学术前沿译丛·1

丛书主编 | 徐向梅 刘承礼

Contemporary Foreign Marxism:
Theories and Trends

当代国外马克思主义理论与思潮

本卷主编————苑　洁

中央编译出版社
Central Compilation & Translation Press

图书在版编目（CIP）数据

当代国外马克思主义理论与思潮 / 苑洁主编. —北京：中央编译出版社，2019.12
（当代国外学术前沿译丛 / 徐向梅，刘承礼主编）
ISBN 978-7-5117-3759-5

Ⅰ. ①当… Ⅱ. ①苑… Ⅲ. ①马克思主义－研究－国外－现代 Ⅳ. ①A81

中国版本图书馆 CIP 数据核字（2019）第 263449 号

当代国外马克思主义理论与思潮

出 版 人：葛海彦
出版统筹：贾宇琰
责任编辑：李南男
责任印制：刘　慧
出版发行：中央编译出版社
地　　址：北京西城区车公庄大街乙5号鸿儒大厦B座（100044）
电　　话：(010) 52612345（总编室）　　(010) 52612341（编辑室）
　　　　　(010) 52612316（发行部）　　(010) 52612346（馆配部）
传　　真：(010) 66515838
经　　销：全国新华书店
印　　刷：北京印刷集团有限责任公司印刷一厂
开　　本：710毫米×1000毫米　1/16
字　　数：443 千字
印　　张：30
版　　次：2019 年 12 月第 1 版
印　　次：2019 年 12 月第 1 次印刷
定　　价：149.00 元

网　　址：www.cctphome.com　　　邮　　箱：cctp@cctphome.com
新浪微博：@中央编译出版社　　　微　　信：中央编译出版社(ID: cctphome)
淘宝店铺：中央编译出版社直销店(http://shop108367160.taobao.com)
　　　　　(010)55626985

本社常年法律顾问：北京市吴栾赵阎律师事务所律师　闫军　梁勤
凡有印装质量问题，本社负责调换，电话：(010) 55626985

丛书总序

2017年9月29日，习近平总书记在主持中共中央政治局第43次集体学习时指出，"学习研究当代世界马克思主义思潮，对我们推进马克思主义中国化、发展21世纪马克思主义、当代中国马克思主义具有积极作用。"他还强调，为了回答因世界格局加快演变所产生的大量深刻复杂的现实问题和理论课题，"需要我们加强对当代资本主义的研究，分析把握其出现的各种变化及其本质，深化对资本主义和国际政治经济关系深刻复杂变化的规律性认识。"作为长期跟踪国外马克思主义、世界社会主义、当代资本主义新动态、新观点，反映当代世界经济、政治、文化和社会领域新情况、新问题和新趋势，介绍国外对我国改革开放和中国特色社会主义研究的新成果的综合性理论期刊，《国外理论动态》杂志在这些方面为国内学界积累了大量基础性、前沿性的文献资料。为学习贯彻习近平新时代中国特色社会主义思想和党的十九大精神，杂志编辑部从近年发表的文章中优选了一批有代表性的译文，编辑出版这套五卷本"当代国外学术前沿译丛"以飨读者。

第一卷《当代国外马克思主义理论与思潮》集中反映了国外马克思主义学者和左翼学者对马克思及马克思主义基本理论的研究和阐释、对当代马克思主义发展进行的理论反思，以及运用马克思主义立场、观点和方法对当代资本主义进行的批判。

第二卷《当代西方左翼社会思潮与文化批判》重点关注社会批判理论、文化批判理论、乌托邦思潮和激进左翼思潮，通过对身体政治、身份政治、主体性、交错性等热点问题，以及多元文化主义、女性主义、后殖民主义、后现代主义等前沿思潮的探讨，介绍西方左翼学者对当代资本主义发展的批判性反思。

第三卷《当代资本主义政治发展与理论反思》围绕西方民主的衰退、全球化时代国家的作用、资本主义国家政治制度的危机以及互联网时代政治发展的新形式等问题进行探讨，反映了近年来西方学者对资本主义国家政治发展过程中出现的问题与危机的反思。

第四卷《当代资本主义经济发展与制度批判》追踪资本主义在科技革命和全球化背景下应对危机、冲突所进行的自我调整，考察资本主义经济形式和发展模式出现的新变化及其实质，剖析资本主义危机及其具体表现形式，反思和批判新自由主义经济制度的弊端及其后果。

第五卷《海外学者论当代中国发展》收录了海外学者从不同视角对中国改革开放所取得的伟大成就、中国发展道路及其历史意义、中国的经济政治社会发展变化的观察和研究。

本套丛书所选文章的作者来自世界上二十多个国家，他们对当代马克思主义发展现状的理论性探讨、对当代资本主义制度的批判性反思，反映了经济全球化程度不断加深、世界格局日益显现出多极化趋势、各个国家和民族的发展呈现出多样性特征的背景下不同国家和地区的学者对世界发展与人类命运的共同关切。他们对当代中国发展成就与发展道路研究的热情体现出中国成长所产生的世界影响力，也体现出世界对不同发展道路的承认和包容。这些观察和思考有的基于马克思主义的视角，有的源于西方传统的理论框架，对中国道路的理解也未必能够准确地关照中国的现实，但对我们来说也是"他山之石"。在研读这些观点时，站稳马克思主义的立场，是我们一贯提倡的。

徐向梅　刘承礼
2019 年 6 月 26 日

《当代国外马克思主义理论与思潮》导读

一般认为，国外马克思主义是从20世纪70年代末、80年代初开始传入中国的。

就国外来说，20世纪六七十年代以来此起彼伏的新社会运动，八九十年代苏东剧变后对马克思主义的反思，以及2008年金融危机后对资本主义的批判，不断推动着马克思的回归和马克思主义的复兴。尤其是分析的马克思主义、生态马克思主义、女性主义的马克思主义、后马克思主义、马克思学、激进政治经济学、拉美社会主义以及其他各种左翼理论异彩纷呈、相互激荡，共同促进了西方马克思主义研究领域的进一步扩展。

就国内来说，改革开放40多年来，国外马克思主义研究在我国取得了长足的发展，收获了显著的成绩，成为整个马克思主义研究中一个十分活跃的领域。在这个过程中，大量有关国外马克思主义理论和思潮的代表性作品被翻译介绍进来，并与国内的马克思主义研究形成互动的发展格局。特别是随着改革开放的不断深入和社会主义市场经济体制的确立，现代西方社会面临的许多问题在当代中国发展的过程中也不同程度地表现出来，从而进一步强化了国外马克思主义译介对于解答当代中国社会问题的积极意义和参考价值。

本书的译文集中反映了国外马克思主义研究者和左翼学者对马克思及其基本理论的研究、对当代马克思主义发展的反思以及对当代资本主义的批判。我们将这些译文分为三个专题部分：马克思主义基本理论研究、国外马克思主义思潮和当代资本主义批判。

从总体上看，以美、英、德、法等国为代表的西方马克思主义依然是国外马克思主义研究的主力。西方马克思主义虽然流派众多，但他们所关注的基本问题还是大致相同的，比如，物化和异化问题、公平正义问题、阶级与身份政治问题、生态环境问题、意识形态问题、实践问题、革命及其主体性问题、社会主义与共产主义问题、民族主义与民粹主义问题、殖民主义与后殖民主义问题、帝国主义与新帝国主义问题等，本书的文章均有所涉及。这些研究从根本上说并未超出马克思基本理论的框架内容，但熟悉西方各种理论、学说和流派的西方左翼学者们在研究马克思以及对马克思主义本身进行思考的过程中，不断把马克思主义同其他现代文化要素结合起来，从而为马克思主义增添了新的生命力。

从目前来看，对当代资本主义的分析批判是西方左翼思想界的主流，构成了国外马克思主义研究主要的问题框架和研究主线。在总结苏东社会主义失败的教训、对当代资本主义进行批判时，国外马克思主义学者们发现，马克思主义仍然是最有力的思想武器。对此，本书的许多作者均有共识。例如，萨米尔·阿明（Samir Amin）指出："历史发展已经证明，马克思主义是正确预测资本主义现实之历史演进总路线的最佳思想工具和政治工具。任何在马克思主义之外试图理解这个现实的尝试，都无法得出类似的结论。"理查德·沃尔夫（Richard D. Wolf）指出："马克思主义最有效地凝聚了对资本主义及其理论的批判性分析和评论，凝聚了从那些受到马克思主义鼓舞的政治运动的成败中汲取的理论和实践教训。对于寻求超越资本主义的社会变革的理论家和活动家来说，马克思主义是非常宝贵的资源。"约翰·贝拉米·福斯特（John Bellamy Foster）指出："马克思主义理论提出的与人类世危机有关的唯物辩证观念，是一个开放的理论，它着眼于整体而非封闭，它揭示了我们时代的局限性和可能性。"彼得·胡迪斯（Peter Hudis）指出："通过揭示马克思对新社会的设想的伦理学内涵，我们可以超越当今国家资本主义和自由资本主义等资本主义的变种，探索出一条更为全面和自由的替代性选择之路。"

这里需要特别说明的是，批判理论明显属于国外马克思主义理论，尤其是法兰克福学派堪称西方马克思主义最重要的流派，但相关文章并没有被收录在本书中,这主要是由于这方面的译文较多,而本书篇目有限,因而将这部分内容作为当代西方左翼思潮的一个重要组成部分收录在本丛书的另一卷册《当代西方左翼社会思潮与文化批判》中,这也从另一方面凸显了批判理论的重要性。

"他山之石,可以攻玉。"尽管本书的作者们是从"西方"的视角出发,在与我们不同的另一种话语体系中研究马克思和马克思主义,尽管他们中的一些人反对马克思的一些观点,但是他们并没有对马克思主义采取拒绝的态度。他们对马克思主义基本理论的研究与解读、对全球资本主义的分析与批判、对社会公平与正义的憧憬与追求,在许多层面上都已经成为中国马克思主义研究和马克思主义中国化的理论资源和重要参照。我们希望通过展现国外马克思主义研究的最新成果,为拓展国内的马克思主义研究、丰富和发展马克思主义提供借鉴和参考。

目　录
Contents

第一部分　马克思主义基本理论研究

《共产党宣言》：170 年之后再研究
　　萨米尔·阿明　著　　陆豪青　译 / 3

《资本论》的创作：马克思政治经济学批判的起源与结构
　　马塞罗·默斯托　著　　张福公　王　鸽　译 / 19

马克思和恩格斯论社会主义
　　丹尼尔·萨罗斯　著　　孙海洋　编译 / 36

马克思的后资本主义社会思想的伦理学内涵
　　彼得·胡迪斯　著　　梅沙白　译 / 63

政治的狮皮：马克思论共和主义
　　杰弗里·C. 艾萨克　著　　彭　斌　于天洋　译 / 83

马克思与后殖民主义
　　特雷尔·卡弗　著　　覃诗雅　译 / 110

马克思遗失的理论
——民族主义的政治
　　迈克·戴维斯　著　　罗雪芳　译／128

马克思论宗教
　　戴维·麦克莱伦　著　　林进平　译／146

论革命：康德与马克思
　　莱亚·易皮　著　　甄　龙　朱艳丰　译／162

第二部分　国外马克思主义思潮

马克思主义与主体性
　　米歇尔·盖伊　拉乌尔·基尔希迈尔　著　　吴子枫　译／187

分析的马克思主义与社会正义
　　罗德尼·佩弗　著　　李　旸　译／199

G. A. 柯亨与分析的马克思主义的限度
　　保罗·布莱克里奇　著　　曲　轩　林进平　译／218

马克思主义与女性主义
　　西尔维亚·费德里西　著　　张　也　译／242

反思全球化时代的马克思主义和民族主义
　　约翰·施瓦茨曼特尔　著　　宋阳旨　译／253

人类世时代生态马克思主义的演进
　　约翰·贝拉米·福斯特　著　　何山青　译／274

关于"新社会运动"的思考：英国马克思主义历史学家的观点
　　保罗·布莱克里奇　著　　张传泉　译／293

五月风暴与马克思主义的回应
　　理查德·沃林　著　　任培艺　译／305

第三部分　当代资本主义批判

解读《资本论》，解读历史资本主义
　　萨米尔·阿明　著　　王子凤　译 / 319

《资本论》与现代资本主义论
　　鹤田满彦　著　　高晨曦　范大祺　译 / 335

资本主义统治的多样性与斗争的联合
　　迈克尔·哈特　安东尼奥·奈格里　著　　张永红　译 / 349

持存的现实性：超越资本主义的马克思主义传统
　　埃里克·欧林·赖特　著　　梅沙白　译 / 360

资本主义与正义
　　——马克思与罗尔斯的融合
　　伊恩·亨特　著　　凌菲霞　译 / 373

激进经济学、马克思主义经济学和马克思的经济学
　　简·哈代　著　　王潇锐　译 / 395

资本主义危机与回归马克思
　　理查德·沃尔夫　著　　史清竹　编译 / 423

危机之后：马克思主义与未来
　　罗纳尔多·蒙克　著　　刘思妗　译 / 434

帝国主义与体系稳定性问题
　　马塞洛·费尔南德斯　著　　陈文旭　译 / 450

第一部分
马克思主义基本理论研究

《共产党宣言》：170 年之后再研究[*]

萨米尔·阿明[**] 著　　陆豪青 译

[内容提要] 经过 170 年的历史发展，发表于 1848 年的《共产党宣言》至今仍具有现实意义。尽管发表于 170 年前，但其整个表述甚至更契合于当代现实。马克思和恩格斯比任何人都更加了解资本主义的本质特征，他们从自己所处的时代尚未明确的前提出发得出的结论，在 170 年的历史发展中得到了充分的巩固。马克思和恩格斯强调指出，资本主义只是人类历史上的一段小插曲，它的历史作用是创造出向共产主义这一更高的文明阶段过渡的条件。而晚年马克思更是意识到，由于全球积累所造成的不平等发展，社会主义革命有可能从世界体系的边缘开始。基于马克思和恩格斯的上述思想，本文探讨了无产阶级从自在阶级向自为阶级的转变、资本主义全球化的条件和影响、农民在向社会主义过渡的过程中的地位、反资本主义的思想和运动在表达和实践上的多样性等问题。作者最后指出，我们的时代不再是资产阶级革命的时代，而是社会主义革命的时代。与其屈从于资本主义文明衰落的致命变迁，不如通过社会主义革命的进程改变世界。

---

[*] 本文系作者提交 2018 年 5 月在北京大学召开的第二届世界马克思主义大会的论文。译文原载《国外理论动态》2018 年第 8 期。

[**] 作者简介：萨米尔·阿明（Samir Amin, 1931—2018），埃及著名的全球化问题专家，新马克思主义理论家，活跃的左翼社会活动家。

[**关键词**]《共产党宣言》 资本主义 不平等的发展 全球化 社会主义革命

一

书写于19世纪中叶的文本，没有一篇像1848年的《共产党宣言》那样流传至今并仍然有着深远的影响。尽管发表于170年前，但其整个表述甚至更契合于当代现实。马克思和恩格斯从他们那个时代尚未明确的前提出发得出的结论，经过170年的历史发展得到了充分的巩固。在本文中，我将列举更多发人深省的例子。

难道马克思和恩格斯受到了先知的启发，像洞悉水晶的魔术师一样拥有异于常人的特殊直觉，能够预言未来？不是。他们只是——在他们那个时代，并且在我们这个时代也是如此——比别人更好地理解了那个定义了资本主义并成为资本主义之特征的存在而已。马克思毕生致力于通过对新经济（从英国的例子开始）和新政治（从法国的例子开始）的双重考察来深化他对资本主义的分析。我曾在《1917年十月革命，一个世纪后》(October 1917 Revolution, A Century Later, 2017)一书的第三章"读《资本论》"中涉及这个主题。

马克思在其主要著作《资本论》中对资本主义生产方式、资本主义社会以及它们如何区别于早期的社会形态进行了缜密的科学分析。《资本论》第1卷便深入到问题的核心。它直接阐明了私有财产所有者之间商品交换普遍化（这一特征是现代资本主义世界所独有的，即使商品交换在更早的时期已经存在）所具有的意义，特别是价值和抽象的社会劳动的出现及其日益占据支配地位。在此基础上，马克思引导我们理解了无产阶级如何将其劳动力出卖给"有钱人"，并确保了由资本家所占有的剩余价值的产生，这反过来又成为资本积累的条件。价值不仅支配着资本主义经济制度的再生产，而且还支配着现代社会和政治生活的方方面面。商品异化的概念指向了体现社会再生产的整体统一性的意识形态机制。

历史发展已经证明，马克思主义是正确预测资本主义现实之历史演进总路线的最佳思想工具和政治工具。任何在马克思主义之外试图理解这个现实的尝试，都无法得出类似的结论。资产阶级思想的错误，尤其是被马克思以充分的理由斥之为"庸俗"的"经济科学"的错误，在于它无法理解资本主义现实的本质，这种与现实格格不入的思想也无法预见资本主义社会将走向何方。由社会主义革命铸造的未来会终结资本的统治吗？抑或资本主义会成功地苟延残喘，从而开启通往社会衰落的道路？资产阶级思想忽视了《共产党宣言》提出的这个问题。

的确，我们在《共产党宣言》中可以读到："每一次斗争的结局都是整个社会受到革命改造或者斗争的各阶级同归于尽。"① 这句话长久以来一直吸引着我的注意。从这句话出发，我逐渐形成了一种对历史运动的解读，这种解读强调"不平等的发展"这一概念以及更多地始于外围而非中心的、有可能完全不同的演变进程。我还试图阐明应对挑战的两种模式的意义：革命之路和衰落之路。关于这个问题，我已经在《阶级与民族》（Class and Nation，1979）一书的"革命或衰落"一章中进行了深入探讨。

根据从普遍经验中得出的历史唯物主义规律，我们提出了一种独特的前资本主义模式，即朝贡模式，所有阶级社会都趋向于这种模式。西方的历史——古罗马的建立与解体、封建欧洲的确立以及专制主义国家在重商主义时代的最终形成——都以一种特定的形式表达了同样的基本趋势，这种趋势在其他地方是通过很少间断的、完整的朝贡国家的形成表现出来的，其中最强有力的表现就是中国。在我们对历史的解读中，奴隶模式并不像朝贡模式和资本主义模式那么普遍；它是特殊的，与商品关系的扩展紧密相关。此外，封建模式是朝贡模式中比较原始的、不完整的形式。

这一假说认为，罗马的建立及其随后的解体是对朝贡模式的一次不成熟的尝试。生产力的发展水平的确不需要罗马帝国那么大规模的朝贡集中化

---

① 《马克思恩格斯选集》第1卷，人民出版社2012年版，第400页。

（ribuary centralization）模式。在第一次失败的尝试之后，出现了一次因封建分裂导致的被迫过渡，在此基础上，集中化模式在西方君主专制统治的框架内再次得以恢复。从这时起，西方的生产方式才开始接近那种完整的朝贡模式。而且，也是从这一阶段开始，西方生产力的发展水平才达到了中华帝国那种完整的朝贡模式的水平。这肯定不是巧合。

西方的落伍——体现为罗马解体和封建分裂——无疑为其提供了历史优势。事实上，古代的朝贡模式与野蛮的公社模式两者的各种特殊要素相结合，是封建主义的特征，也赋予了西方灵活性。这就解释了为什么欧洲能够通过完整的朝贡阶段迅速超越东方生产力的发展水平，飞快地走向资本主义。这种灵活性和速度与东方完整的朝贡模式相对僵化和缓慢的演进形成了鲜明的对比。

毫无疑问，罗马—西方并非建立朝贡模式失败的唯一案例。我们至少可以找到另外三个案例，每一个都有自己的具体情况：拜占庭—阿拉伯—奥斯曼案例、印度案例、蒙古案例。在这三个案例中，尝试建立朝贡集中化制度的每一个案例都因远远超前于生产力发展的要求而难以稳固地建立起来。在每个案例中，集中的形式可能都是国家、准封建制和商品手段的具体结合。例如，在伊斯兰国家，商品的集中化发挥了决定性的作用。印度的历次失败必然与印度教意识形态的内容有关，我曾将其与儒教做过对比。至于成吉思汗帝国的集中化，如我们所知，是极其短命的。

当代马克思主义研究当代帝国主义体系也是在全球范围内将剩余集中起来的制度。这种集中化是在资本主义模式的基本规律的基础上运作的，并且以资本主义模式对处于边缘的前资本主义模式的支配为条件。我认为，资本在全球的积累规律是全球价值规律的一种表现形式。在帝国主义体系的中心，价值集中化是以加速积累和生产力发展为特征的。而在帝国主义体系的边缘，这些特征则受到了阻碍和扭曲。发达与欠发达是同一枚硬币的两面。

只有人民才能创造自己的历史。动物和无生命物体都不能控制而是受制于自己的演化过程。实践概念是人类社会所特有的，是决定论与人类干预的综合表现。经济基础与上层建筑的辩证关系也是人类社会所特有的，且在本质上是不对等的。两者的关系并非单边的，上层建筑并不是经济基础之需求的简单反映。倘若果真如此，社会就是异化的，也就不可能看到社会如何才能成功地解放自己。

这就是我们建议当社会从一种生产方式过渡到另一种生产方式时要区分两种不同性质的过渡类型的原因。一方面，如果这种过渡是在无意识中进行，抑或充斥着异化的意识，也就是说，如果影响各阶级的意识形态不允许这些阶级控制过渡的进程，那么这一进程将以类似于自然变化的方式运作，而意识形态则成为这种自然的一部分。对于这种类型的过渡，我们姑且称之为"衰落模式"。另一方面，如果意识形态能够为人们所期望的变革提供总体的和真实的维度，那么我们才能谈及革命。

资产阶级思想只有忽略这个问题，才能将资本主义视为整个未来社会的一种理性制度，才能思考"历史的终结"。

二

相反，从《共产党宣言》的时代出发，马克思和恩格斯强调指出，资本主义只是人类历史上的一段小插曲。然而，当时的资本主义生产方式只是局限于英国、比利时、法国北部的一小部分地区以及普鲁士的威斯特伐利亚西部地区。在整个欧洲的其他地区，尚不存在类似的生产方式。尽管如此，马克思还是预见到欧洲将"很快"发生社会主义革命。《共产党宣言》的字里行间都透露出这一预见。

当然，马克思并不知道革命将从哪个国家开始。是英国这个唯一的资本主义发达国家吗？不。马克思认为这是不可能的，除非英国无产阶级放弃支持爱尔兰殖民化的立场。是法国这个资本主义发展比较落后但人民因继承了法国大革命的遗产而在政治上更加成熟的国家吗？也许是。1871年的巴黎公社已经证实了马克思的直觉。出于同样的原因，恩格斯对"落后的"德国也寄予了厚望：无产阶级革命和资产阶级革命在这里可以相互碰撞。对此，《共产党宣言》写道：

共产党人把自己的主要注意力集中在德国，因为德国正处在资产阶级革命的前夜，因为同 17 世纪的英国和 18 世纪的法国相比，德国将在整个欧洲文明更进步的条件下，拥有发展得多的无产阶级去实现这个变革，因而德国的资产阶级革命只能是无产阶级革命的直接序幕。①

然而，这一切并没有发生：在反动的普鲁士不择手段的联合之下，德国资产阶级在政治上的平庸和懦弱使得民族主义取得了胜利并将民众的反抗边缘化。于是，晚年的马克思把目光转向了俄国，正如他与维拉·查苏利奇（Vera Zasulich）的通信所证明的那样，他希望俄国能走上一条革命道路。

因此，马克思确实拥有这样的直觉，即革命性的转变可以从资本主义体系的边缘——用列宁的话说是"薄弱环节"——开始。不过，马克思在他的时代并没有就此得出结论。我们必须等待历史发展到 21 世纪，随着列宁和毛泽东的出场，才会看到共产党人变得有能力设想出一种新的战略，即"一国建成社会主义"。这是一种不太准确的表述，我更喜欢下面这种更委婉的说法："在向社会主义过渡的漫长道路上所取得的进步是不均衡的，在一些国家具有地方特色，而占支配地位的帝国主义的策略是与这些国家展开持续的、激烈的斗争并将它们孤立起来。"

关于这个问题的讨论涉及向以共产主义为方向的社会主义的长期历史性过渡，还涉及这一运动的普世性视野。有关争论提出了一系列问题：无产阶级从自在阶级向自为阶级的转变，资本主义全球化的条件和影响，农民在长期过渡的过程中的地位，反资本主义的思想在表达上的多样性，等等，我将在下一节中进行讨论。

三

马克思比任何人都更加明白，资本主义有征服世界的使命。当他论及这

---

① 《马克思恩格斯选集》第 1 卷，人民出版社 2012 年版，第 435 页。

一点时，这一征服还远未完成。他从这一使命的源头——美洲的发现——开始思考这项使命，这一发现开启了重商主义向最终成熟的资本主义形式的为期三个世纪的当代马克思主义研究转变。

他在《共产党宣言》中写道："大工业建立了由美洲的发现所准备好的世界市场。""资产阶级由于开拓了世界市场，使一切国家的生产和消费都成为世界性的了。"① 马克思欢迎这种全球化，这是人类历史上的新现象。

《共产党宣言》中的许多段落都证明了这一点。例如："资产阶级在它已经取得了统治的地方把一切封建的、宗法的和田园诗般的关系都破坏了。"② 再如："资产阶级使农村屈服于城市的统治……因而使很大一部分居民脱离了农村生活的愚昧状态……正像它使农村从属于城市一样，它使未开化和半开化的国家从属于文明的国家，使农民的民族从属于资产阶级的民族，使东方从属于西方。"③

马克思已经说得很清楚，他从未沉湎于过去，为"美好的旧时光"感到遗憾。他总是在表达一种现代的观点，看起来像是一个欧洲中心论者。然而，用城市劳动力来取代农村劳动力的野蛮化，对无产者来说不是同样徒劳无用吗？马克思并未忽视伴随资本主义扩张而来的城市贫困。那么，在写作《共产党宣言》时，马克思是否正确地权衡了在欧洲及其殖民国家中摧毁农民的政治后果？在讨论资本主义全球发展的不平等特征时，我将回到这些问题上来。

在《共产党宣言》中，马克思和恩格斯尚不知晓，资本主义的全球发展并不像他们想象的那样是同质化的，即让被征服的东方有机会摆脱其历史的桎梏，按照西方国家的形象成为"文明"的民族，也就是工业化国家。马克思在其后期文本中以安抚人心的方式对印度的殖民统治进行了表述。但是，马克思后来改变了自己的想法，那些尚未形成系统性的详细论证的间接阐述

---

① 《马克思恩格斯选集》第1卷，人民出版社2012年版，第401、404页。
② 同上书，第402—403页。
③ 同上书，第405页。

证明了殖民征服的破坏性影响。马克思逐渐意识到我所说的"不平等的发展",即处于支配地位的中心与处于被支配地位的边缘之间对比的系统性建构,相应地,在资本主义全球化的(本质上是帝国主义的)框架内,边缘国家利用资本主义的工具实现"赶超"是不可能的。在这方面,我认为,如果边缘国家能够在资本主义全球化的范围内实现"赶超",那么任何政治、社会或意识形态的力量都无法成功地反对它。

关于中国的"开放"问题,马克思在《共产党宣言》中写道:"它的商品的低廉价格,是它用来摧毁一切万里长城、征服野蛮人最顽强的仇外心理的重炮。"① 我们知道,中国并不是这样开放的,而是英国海军的大炮打开了中国的国门。中国产品往往比西方产品更具竞争力。我们还知道,使英国成功统治印度的并不是它更先进的工业,同样,印度纺织品的质量比英国的更好。相反,正是对印度的统治和对印度工业有组织的破坏,使英国在19世纪资本主义的体系中处于霸权地位。

然而,晚年的马克思学会了如何抛弃他青年时期的欧洲中心主义。马克思知道如何根据世界的发展变化来改变自己的观点。1848年,马克思和恩格斯设想了这样一种可能性,即一次或多次社会主义革命极有可能在他们那个时代的欧洲发生,这些革命将证明资本主义只是历史上的一个短暂阶段。事实很快就证明,他是对的。1871年的巴黎公社是第一次社会主义革命,但也是发达资本主义国家的最后一次革命。随着第二国际的建立,恩格斯并没有对新的革命的发展失去希望尤其是在德国。历史证明他错了。但是,我们不应该对1914年第二次国际的背叛感到惊讶。除了他们的改良主义倾向,当时整个欧洲的工人党与资产阶级所实施的不断扩张的帝国主义和殖民主义政治的联盟表明,这些工人党并没有对第二国际有所期待。改变世界的最前线在向东方转移,1917年转移到俄罗斯,之后又转移到中国。当然,马克思并没有"预见"到这一点。但是,根据马克思后来的文本,我们可以认为,他可能不会对俄国革命感到惊讶。

---

① 《马克思恩格斯选集》第1卷,人民出版社2012年版,第404页。

另一方面，马克思认为，中国即将发生资产阶级革命。在欧洲联军对义和团起义进行干预之后，他提醒道，当欧洲的反动分子下次试图进入中国时，他们将震惊于面前界碑上的内容："中华共和国"。① 像马克思一样，由孙中山领导的1911年辛亥革命时期的国民党也曾设想过宣告成立中华（资产阶级）共和国。但是，孙中山既没能打败旧政权的军阀割据势力，也没能推翻帝国主义势力尤其是日本的支配地位。蒋介石时期的国民党发生的路线偏移印证了列宁和毛泽东的观点：真正的资产阶级革命已再无可能，我们的时代是社会主义革命的时代。1917年的俄国二月革命没有未来，因为它无法战胜旧政权，因此就有了对十月革命的召唤；同样，1911年的中国革命召唤毛泽东等共产党人进行革命，因为只有他们才能回应民族和社会对解放的期望。

因此，正是俄国这一资本主义体系的"薄弱环节"开启了巴黎公社之后的第二次社会主义革命。然而，俄国十月革命并没有得到欧洲工人运动的支持，反而成为其斗争的对象。罗莎·卢森堡（Rosa Luxemburg）对欧洲工人运动的这一偏移进行了措辞严厉的抨击。她谈到了它们的"缺陷"和"背叛"，认为"德国无产阶级没有能力实现其历史使命"。②

我对西方发达社会中工人阶级的这种倒退给出了自己的分析，我认为他们抛弃了19世纪的革命传统，转而强调资本主义全球扩张的帝国主义特征以及全社会（而不仅仅是资产阶级）从这种支配地位中获取利益所造成的破坏性影响。因此，我认为有必要在我对1917年十月革命所进行的具有普遍意义的解读中用整整一章（《1917年十月革命，一个世纪后》一书第四章"1917年至2017年的革命与反革命"）来分析导致欧洲工人阶级放弃历史使命（用卢森堡的话来说）的发展过程。

四

因此，在向社会主义或共产主义过渡的漫长道路上，革命性的进步很可

---

① 参见《马克思恩格斯全集》第10卷，人民出版社1998年版，第277页。
② Rosa Luxemburg, *La révolution russe*, Paris, ed l'Aube, 2017：10：59.

能完全是从处于世界体系边缘的社会开始的,在这些国家,先驱者们知道,想要通过融入资本主义全球化实现"赶超"是不可能的,因此"应该以其他方式实现",即在社会主义性质的过渡中走在前头。列宁和毛泽东均表达了这一信念,他们宣称,我们的时代不再是资产阶级革命的时代,而是社会主义革命的时代。

这一结论又引出另一个结论:社会主义过渡必将"在一国"发生,这个国家会因世界帝国主义的反攻而处于致命的"孤立"状态。这是别无选择的,因为不会再发生"世界革命"了。因此,走上这条道路的国家和民族将面临双重挑战:既要抵抗帝国主义势力发动的永久战争(热战或冷战),又要在通往社会主义的前进道路上成功地联合农民中的大多数。无论是《共产党宣言》,还是后来的马克思和恩格斯,都没有提到这些问题。这不是他们的任务,而是生机勃勃的马克思主义需要做的。

这些反思引导我考察了马克思和恩格斯在《共产党宣言》中对农民问题所做的思考。马克思将自己置于他所处的时代,在那个时代,资产阶级还没有在欧洲本土完成自己的革命。正是在这一大背景下,我们在《共产党宣言》中读到:

> 因此,在这个阶段上,无产者不是同自己的敌人作斗争,而是同自己的敌人的敌人作斗争,即同专制君主制的残余、地主、非工业资产者和小资产者作斗争。因此,整个历史运动都集中在资产阶级手里;在这种条件下取得的每一个胜利都是资产阶级的胜利。[①]

但是,正如法国的典型案例所表明的,资产阶级革命把土地分给了农民。因此,绝大多数农民成为资产阶级的盟友,共同捍卫被他们视为神圣的私有财产,从而成为无产阶级的敌人。

然而,整个世界向社会主义过渡的重心从占支配地位的帝国主义中心转

---

① 《马克思恩格斯选集》第1卷,人民出版社2012年版,第408—409页。

移到被支配的边缘国家,这从根本上改变了农民问题。不过,在农民依然占大多数的社会中,只有社会主义先锋队才能实施"将农民中的大多数整合到反抗帝国主义的资本主义的斗争中"的战略,也只有在这种情况下,革命性的进步才是可能的。

五

无论是撰写《共产党宣言》时,还是后来,马克思和恩格斯从来都不相信工人阶级拥有自发革命的潜能,因为"任何一个时代的统治思想始终都不过是统治阶级的思想"①。工人像其他人一样,都认同"竞争"这一意识形态,这是资本主义社会得以运转的基石,也正是由于这一事实,"无产者组织成为阶级,从而组织成为政党这件事,不断地由于工人的自相竞争而受到破坏"②。

因此,无产阶级从自在阶级向自为阶级的转变,意味着共产主义先锋队的积极干预:"在实践方面,共产党人是各国工人政党中最坚决的、始终起推动作用的部分;在理论方面,他们胜过其余无产阶级群众的地方在于他们了解无产阶级运动的条件、进程和一般结果。"③ 肯定先锋队不可避免地要扮演的角色,并不意味着马克思主张"一党"。《共产党宣言》指出:"共产党人不是同其他工人政党相对立的特殊政党。……他们不提出任何特殊的原则,用以塑造无产阶级的运动。"④

马克思在其后来对"无产阶级国际应该是什么样的"进行构想时认为,有必要将受益于真正的大众和工人群体的所有党派以及思潮和行动趋势全部整合到"无产阶级国际"之中。第一国际的成员包括法国的布朗基派、德国的拉萨尔派、英国的工会主义者、蒲鲁东、无政府主义者以及巴枯宁。当然,

---

① 《马克思恩格斯选集》第 1 卷,人民出版社 2012 年版,第 420 页。
② 同上书,第 409—410 页。
③ 同上书,第 413 页。
④ 同上。

马克思对他的许多同伴也不惜批评,这些批评往往十分严厉。有人可能会说,这些充满冲突的讨论所具有的暴力性可能是导致第一国际短命的根源。尽管如此,这个组织仍然是第一所对未来从事资本主义斗争的干部进行教育的学校。

《共产党宣言》通过以下两方面的论述提出了党和共产主义者的作用问题。

首先,论述涉及共产主义运动与"民族"之间的关系问题。在《共产党宣言》中,我们可以读到:"工人没有祖国。决不能剥夺他们所没有的东西。因为无产阶级首先必须取得政治统治,上升为民族的阶级,把自身组织成为民族,所以它本身还是民族的,虽然完全不是资产阶级所理解的那种意思。""如果不就内容而就形式来说,无产阶级反对资产阶级的斗争首先是一国范围内的斗争。"①

在资本主义世界,无产者并不认同本国的民族主义;他们不属于那个民族。原因在于,在资产阶级世界,民族主义的唯一功能是:一方面使国家对工人的剥削具有合法性,另一方面使资产阶级反对外国竞争者、实现其帝国主义野心的斗争具有合法性。然而,随着社会主义革命的最终胜利,一切都将改变。我的上述表述关注的是边缘社会向社会主义过渡的第一个长期阶段。同时,它也表达了对所选择的道路应具有多样性的尊重。此外,有关共产主义最终目标的构想也强化了无产阶级应具有民族多样性这一观点的重要性。《共产党宣言》已经阐明了这样一种思想:共产主义是建立在个人、集体和民族的多样性基础之上的。团结并不排除反而意味着所有人的自由发展。共产主义是资本主义的对立面,资本主义尽管提倡"个人主义",但实际上它是通过由资本支配的竞争复制出来的。

我在《1917年十月革命,一个世纪后》一书中指出,只要民族主权的战略框架中缺少阶级的内容,那么支持或拒绝民族主权都会引起严重的误解。在资本主义社会,占支配地位的社会集团总是把民族主权视为促进其阶级利

---

① 《马克思恩格斯选集》第1卷,人民出版社2012年版,第419、412页。

益的工具，即，对国内劳动力的资本主义剥削同时也是对其在全球体系中地位的巩固。今天，在被三巨头（美国、欧洲、日本）的金融垄断所支配的全球化的自由体系中，民族主权成为允许统治阶级保持其体系内的竞争地位的工具。美国政府就为这一持续的实践提供了最明显的例子：主权被视为美国垄断资本的专属领地，并且导致了美国国内法优先于国际法。这也是欧洲帝国主义列强过去的做法，现在则成为欧盟主要国家的一贯做法（我在第四章"当代资本主义的内爆"中专门讨论了欧洲的这个问题）。

记住这一点，人们就会明白，那种赞扬主权的种种价值而掩盖其所服务的阶级利益的民族话语为什么一直不为那些捍卫劳动阶级利益的人所接受。

然而，我们不应将对主权的捍卫降低到资产阶级民族主义的形态。在通往社会主义的漫长道路上，捍卫主权对于保护民众的选择同样都是至关重要的。它甚至是朝着这个方向前进所不可缺少的条件。原因在于，全球秩序（以及次全球层面的欧洲秩序）永远不会自上而下地通过统治阶级的集体决定得到转变。这方面的进展始终是国家之间斗争所带来的不平等进步的结果。全球体系（或欧盟次体系）的转变是在各国框架内运作的上述变化的产物，而这些变化反过来又改变了它们之间的国际力量平衡。民族国家仍然是部署最终改变世界的决定性斗争的唯一框架。

处于这一体系边缘的、本质上多极分化的人民长期以来一直处于这种积极的、进步的民族主义状态，这种民族主义是反帝国主义的，它反对被体系中心强加的全球秩序，因此也具有反资本主义的潜能。我只是说有这种潜能，因为这种民族主义也可能激发一种错觉，即有可能建立一个能够赶上资本主义统治中心的民族资本主义秩序。只有继续反对帝国主义，即与当今的全球自由秩序相对抗，边缘国家的民族主义才是进步的。任何接受全球自由秩序的其他民族主义（在这种情况下，民族主义只是一种假象）都只是当地统治阶级的工具，其目的在于参与对当地人民的剥削，并最终剥削其他更弱小的伙伴，因此，这种民族主义发挥着次帝国主义列强（subimperialist powers）的作用。

混淆这两种相反的民族主权概念，并因此拒绝任何民族主义，会毁掉摆脱全球自由秩序的可能性。不幸的是，欧洲和其他地区的左翼人士常常会犯这样的错误。

其次，论述还涉及工人阶级的分裂问题。尽管"社会的简单化与资本主义的进步相关"，但《共产党宣言》指出："但是，我们的时代，资产阶级时代，却有一个特点：它使阶级对立简单化了。整个社会日益分裂为两大敌对的阵营，分裂为两大相互直接对立的阶级：资产阶级和无产阶级。"①

这种双重运动——无产阶级立场的普遍化以及同时发生的工人世界的分裂——在今天要比1848年刚出现时明显得多。从漫长的20世纪一直到今天，我们见证了无产阶级境况史无前例的普遍化。今天，在资本主义中心，几乎所有人口都下降到了出卖自己劳动力的受雇者的地位。在边缘地区，农民被前所未有地整合到商业网络之中，这使他们丧失了独立生产者的地位，成为主要的分包商，实际上也降低到劳动力出卖者的地位。

这一运动与贫困化进程相关。"工人变成赤贫者，贫困比人口和财富增长得还要快。"② 这一在《资本论》中被重新提出并被放大的贫困化理论，成为那些庸俗经济学家讽刺批评的对象。但是，在世界资本主义体系这个唯一能充分理解现实的层面，这种贫困化比马克思想象的要明显和真实得多。然而，与此同时，通过实施旨在对从国家内部到国际层面的工人阶级进行分化的系统性战略，资本主义势力已经成功地削弱了无产阶级普遍化的危险。

六

在当代读者看来，《共产党宣言》第三部分"社会主义的和共产主义的文献"可能真的过时了。在这一部分，马克思和恩格斯对历史人物及其所处时代的知识生产进行了评论。这些问题已经被遗忘了，它们似乎已经仅仅成为了档案工作者的主题材料。

---

① 《马克思恩格斯选集》第1卷，人民出版社2012年版，第401页。
② 同上书，第412页。

然而，我对它们与近期的——事实上是当代的——那些运动和话语的不断类同颇感兴趣。马克思谴责各种所谓的"改良派"，认为他们对资本主义发展的逻辑一无所知。这些人从历史舞台上消失了吗？马克思戳穿了那些表面上谴责资本主义错误行为的人的谎言，正如《共产党宣言》所说："在政治实践中，他们参与对工人阶级采取的一切暴力措施。"① 难道20世纪和今天的法西斯主义者与沉湎于旧时代的"过去主义者"所谓的宗教运动（穆斯林兄弟会、印度教和佛教的狂热分子）有什么不同吗？

马克思对马克思主义的对手及其意识形态的批判，以及他为识别这些代言人所处的社会环境而付出的努力，对马克思和我们来说并不意味着真正的反资本主义运动的推动力不应该是多样化的。关于这一主题，读者可参阅我近来的一些文章，这些文章从重建新国际的角度出发，认为这是确保群众斗争和未来愿景之有效性的前提条件。②

七

我要用几段话来总结我对《共产党宣言》的解读。

《共产党宣言》是对资本主义现代性之荣耀及其所激发的人类文明史上前所未有的活力的礼赞。但与此同时，《共产党宣言》也是这一体系的绝唱，就像马克思一直以来所理解和提醒我们的那样，资本主义体系本身的运动不过是在制造混乱。资本主义的历史合理性无非是在短时间内产生了使超越它成为必然的所有物质的、政治的、思想的和道德的条件。

从《共产党宣言》到恩格斯所亲历的第二国际第一时期，我一直赞同那些我相信属于马克思的观点。我提出的分析涉及：资本主义漫长的成熟期（共10个世纪）以及世界不同地区（中国、伊斯兰东部、意大利城市以及大

---

① 《马克思恩格斯选集》第1卷，人民出版社2012年版，第424页。
② See Samir Amin, "Unité et diversité des mouvements populaires au socialisme", *Egypte*, *nassérisme et communisme*, les Indes Savantes, 2014；"L'indispensable reconstruction de l'Internationale des travailleurs et des peoples", in Samir Amin blog.

西洋欧洲）对这一成熟所做的贡献；其短暂的鼎盛时期（19世纪）；最终通过两次长期的系统性危机表现出来的长期衰落（第一次从1890年到1945年，第二次从1975年至今）。这些分析意在深化在马克思那里还只是一种直觉的看法。

这种对资本主义历史地位的看法被第二国际马克思主义内部的"改良派"思潮所抛弃，之后又被马克思主义之外的思潮所抛弃。取代它的是这样一种愿景：只有当资本主义按照发达资本主义中心的模式成功地使全球同质化时，它才算完成了自己的使命。这种全球化的资本主义发展的长期愿景是不现实的，因为资本主义在本质上是多极化的，我们认为，与其屈从于文明衰落的致命变迁，不如通过革命的进程改变世界。

《资本论》的创作：马克思政治经济学批判的起源与结构[*]

马塞罗·默斯托[**] 著　张福公　王　鸽 译

[内容提要] 本文旨在以不同方式推进对马克思政治经济学批判的研究。现有的大多数研究只考察了马克思思想发展的某些阶段，经常从《1844年经济学哲学手稿》直接跳至《政治经济学批判大纲》，然后再到《资本论》第1卷。有关最近出版的MEGA2中的主要手稿的研究为我们更详尽地把握马克思思想的形成提供了可能。

[关键词] 马克思的思想　传记　《资本论》　剩余价值　理论　MEGA2

一、关于剩余价值理论的批判性分析

《资本论》是马克思从事政治经济学研究二十多年的伟大成果。马克思于1843年开始研究政治经济学，1857年的金融危机促使他重新研究政治经济

---

[*] 本文系作者直接供稿。译文原载《国外理论动态》2018年第1期。

[**] 作者简介：马塞罗·默斯托（Marcello Musto），世界知名的"马克思学"专家，加拿大多伦多约克大学政治学系教授。

学，并写下了多达 8 个笔记本的《大纲》。1859 年出版的《政治经济学批判。第一分册》是其工作计划的第一部分。该书包括第一章"商品"（区分使用价值和交换价值）和第二章"货币或简单流通"（探讨各种货币理论）。在序言中，马克思指出："我考察资产阶级经济制度是按照以下的顺序：资本、土地所有制、雇佣劳动；国家、对外贸易、世界市场。"①

1861 年 8 月，马克思再次展开对政治经济学的批判，而且没有改变原有计划：他仍想写 6 册著作，每册都专注于他在 1859 年列出的一个主题。截至 1863 年 6 月，他写了 23 个笔记本，内容涉及货币转化为资本、商业资本，其中最重要的是经济学家们的各种剩余价值学说。从 1861 年夏到 1862 年 3 月，他都在写新的一章"资本一般"，并试图将它作为出版计划的第三章。到 1863 年末，马克思在其准备性手稿（23 本笔记中的前 5 本）中关注了资本的生产过程，特别是：（1）货币转化为资本；（2）绝对剩余价值；（3）相对剩余价值。② 其中，某些在《大纲》中论述过的主题得到更丰富而准确的分析。

在这一时期，沉重经济负担的暂时缓解让马克思有更多的时间投入到自己的研究中，以便做出重要的理论推进。1861 年 10 月底，他写信给恩格斯说："我的境况终于有所好转，我至少又重新感到自己脚踏实地。"③ 这时，他在为《纽约每日论坛报》撰稿，并能获得每周 2 英镑的报酬，同时也跟另一家报社签订了合同。但到了 12 月，马克思告诉恩格斯自己已负债累累。由于这些烦恼，他的研究推进得很缓慢："在当前情况下，要迅速完成这种理论性的东西实际上是不可能的。"④ 而当《纽约每日论坛报》因内战导致的财务紧张而削减外国通讯员时，事情变得更加糟糕。马克思为该报撰写的最后一篇文章发表于 1862 年 3 月 10 日。自此之后，他就失去了 1851 年夏以来的主要收入来源。

---

① 《马克思恩格斯全集》第 31 卷，人民出版社 1998 年版，第 411 页。
② 这些笔记本被忽视了 100 多年，直到 1973 年俄文版《马克思恩格斯全集》第 47 卷（补卷）最终出版。其德文原版出版于 1976 年（MEGA2, Vol. II/3.1）。
③ 《马克思恩格斯全集》第 30 卷，人民出版社 1974 年版，第 198 页。
④ 同上书，第 209 页。

1862 年春，马克思开始了新的研究领域：剩余价值理论①，并计划将其作为第三章"资本一般"的第五部分②和最后一部分。在整整 10 个笔记本中，马克思细致地分析了主要经济学家是如何解决剩余价值问题的。他的基本观点是："所有经济学家都犯了一个错误：他们不是纯粹地就剩余价值本身，而是在利润和地租这些特殊形式上来考察剩余价值。"③

在第Ⅵ笔记本中，马克思从批判重农学派开始。首先，他将他们看作"现代经济学的真正鼻祖"，因为他们"为分析资本主义生产奠定了基础"，指出剩余价值并非来源于"流通领域"，而是来源于"生产领域"。他们认识到"这样一个基本论点：只有创造剩余价值的劳动……才是生产的"。但是，他们错误地将农业劳动视为"唯一的生产劳动"，将地租看作"剩余价值的唯一形式"。他们的分析局限于这样一种观点，即土地的生产率"只够维持他本人的生活"。因此，剩余价值看起来就像"自然的赐予"。④ 在第Ⅵ笔记本的后半部分和第Ⅶ、Ⅷ、Ⅸ笔记本的大部分中，马克思集中关注了亚当·斯密。他没有犯重农主义者的错误，即"创造剩余价值的，仅仅是一个特定种类的实在劳动——农业劳动"⑤。马克思认为，斯密的最大贡献之一就是他已经认识到，在资产阶级社会的特殊劳动过程中，资本家无偿占有了活劳动的一部分，或者从工人的立场来看，以较多的劳动同较少的劳动相交换；从资本家的立场来看，以较少的劳动同较多的劳动相交换。然而，斯密的局限在于他没有将"剩余价值本身"同"它在利润和地租上所具有的特殊形式"区别开来。⑥ 他不是将剩余价值同它得以产生的那部分资本联系起来看，而是将其看

---

① 在 1905 年到 1910 年间，卡尔·考茨基以某种稍微不同于原始文本的形式出版过相关手稿。

② 其前四部分包括：（1）货币转化为资本；（2）绝对剩余价值；（3）相对剩余价值；（4）如何将前三部分结合起来思考（马克思实际没有写出来）。

③ 《马克思恩格斯全集》第 33 卷，人民出版社 2004 年版，第 7 页。（在英文版《马克思恩格斯全集》中，这些手稿是以较少使用的"1861—1863 年经济学手稿"这一标题来命名的。）

④ 《马克思恩格斯全集》第 30 卷，人民出版社 1974 年版，第 15、16、19、20、22 页。

⑤ 同上书，第 62 页。

⑥ 同上书，第 59 页。

作"超出预付资本总价值"①的余额，包括资本家用来购买原料的部分。

到6月初，马克思将研究对象扩展到其他经济学家，比如，热尔曼·加尔涅（Germain Garnier）和沙尔·加尼耳（Charles Ganilh）。然后，他进一步探究了生产劳动和非生产劳动，并再次关注了斯密。虽然斯密的论述在某些方面还不够清晰，但他已指出了两者的区别。从资本家的角度来看，生产劳动"是雇佣劳动，它同资本的可变部分（花在工资上的那部分资本）相交换，不仅把这部分资本（也就是自己劳动能力的价值）再生产出来，而且，除此之外，还为资本家生产剩余价值。仅仅由于这一点，商品或货币才转化为资本，才作为资本生产出来。只有生产资本的雇佣劳动才是生产劳动"。而非生产劳动是"不同资本交换，而直接同收入即工资或利润交换的劳动"。在斯密看来，统治者——以及统治者周围的法官、军官——的活动不生产价值，而这相当于国家公务员的职责。马克思指出，这是"还具有革命性的资产阶级"说的话，他们尚未"把整个社会、国家等等置于自己支配之下"，"所有这些卓越的历来受人尊敬的职业——君主、法官、军官、教士等，所有由这些职业产生的各个旧的意识形态阶层，所有属于这些阶层的学者、学士、教士……在经济学上被放在与他们自己的、由资产阶级以及有闲财富（土地贵族和有闲资本家）豢养的大批仆从和丑角同样的地位"。②

在第X笔记本中，马克思转向对弗朗西斯·魁奈（Francis Quesnay）的《经济表》的分析，并给予了高度评价，将其看作"一个极有天才的思想，毫无疑问是政治经济学至今所提出的一切思想中最有天才的思想"③。

同时，马克思的经济状况继续恶化，以致他的妻子不得不考虑卖掉他的一些书籍。尽管如此，马克思仍然"加紧工作"，并告诉恩格斯说："奇怪的是，在种种困苦的包围之下，我的脑袋倒比前几年更好用了。"④ 当年夏天，他写了第Ⅺ、Ⅻ和ⅩⅢ笔记本，主要关注了地租理论，并决定将其作为正在计

---

① 《马克思恩格斯全集》第30卷，人民出版社1974年版，第67页。
② 《马克思恩格斯全集》第33卷，人民出版社2004年版，第136、141、363—364页。
③ 同上书，第415页。
④ 《马克思恩格斯全集》第30卷，人民出版社1974年版，第251页。

划出版的一本书的增补。马克思批判地考察了约翰·洛贝尔图斯（Johann Karl Rodbertus）的思想，随后对大卫·李嘉图（David Ricardo）的学说进行了大量分析。① 李嘉图否定了绝对地租的存在，只承认同土地肥力和位置相关的级差地租。在这一理论中，地租是一种超额利润：它不可能是任何别的东西，因为那将与他的"等于一定量劳动时间的价值概念"② 相矛盾。他将不得不承认农产品经常是以高于其费用的价格出售的，而他将费用价格算作预付资本和平均利润的总和。与之相反，马克思的绝对地租理论认为："土地私有制的确（在某种历史情况下）提高了原料的价格。"③ 从1862年6月到12月，马克思写了第XIV、XV笔记本，对各个经济学家做了大量批判性的分析。他注意到托马斯·马尔萨斯，他的剩余价值源于卖家以高于商品价值的价格出售商品，这代表了经济理论向过去的倒退，因为他是从商品交换中得出利润。④ 马克思指责詹姆斯·穆勒误解了剩余价值和利润；强调赛米尔·贝利因未能区分内在价值尺度与商品价值而造成混淆；批评约翰·穆勒没有意识到"剩余价值和利润"的区别⑤，后者不仅由工资水平决定，而且由其他不直接作用于它的因素决定。

马克思同样特别关注了反对李嘉图理论的经济学家，例如社会主义者托马斯·霍吉斯金（Thomas Hodgskin）。最后，他对匿名文本《各种收入及其源泉》做了分析，认为这是"庸俗经济学"的完美例子，"他们把这些观念、动机翻译成学理主义的语言，但是他们是从进行统治的那一部分即资本家的立场出发的"⑥。通过对该文本的研究，马克思总结分析了过去的主要经济学家提出的剩余价值理论，并开始考察商业资本，或者不创造却瓜分剩余价值

---

① 这些笔记本构成了《剩余价值理论》第2卷。参见《马克思恩格斯全集》第34卷，人民出版社2008年版。
② 同上书，第141页。
③ 《马克思恩格斯全集》第30卷，人民出版社1974年版，第270页。
④ 《马克思恩格斯全集》第35卷，人民出版社2013年版，第12页。
⑤ 同上书，第207页。
⑥ 同上书，第302页。

的资本。① 马克思认为，改良派对生息资本的反驳并未"触动现实的资本主义生产，而只是攻击这种生产的一个结果"②。

随着对商业资本的研究，马克思进入到所谓的《1861—1863年经济学手稿》的第三阶段。这始于1862年12月，在第XVI笔记本的"资本和利润"一节中，马克思标上了"第三章"。③ 这里，马克思写了一个区分剩余价值和利润的提纲。在第XVII笔记本中，他回到商业资本和资本主义再生产中的货币回流运动问题。1862年底，马克思在给路德维希·库格曼的信中说，第二部分或"第一册的续篇"现在已经脱稿。马克思对之前的研究计划做了修改，决定使用《资本论》这个新标题，而1859年的《政治经济学批判》这个名称"只作为副标题"，而且"它只包括本来应构成第一篇第三章的内容，即《资本一般》……这一卷的内容就是英国人称为'政治经济学原理'的东西。这是精髓（同第一部分合起来），至于余下的问题（除了国家的各种不同形式对社会的各种不同的经济结构的关系以外），别人就容易在已经打好的基础上去探讨了"。④

马克思打算在1863年写一个手稿的"誊清本"，并亲自带到德国去，然后再"结束资本、竞争和信用的阐述"。同时，他也对1859年的版本与正在准备的工作之间的写作风格做了比较："第一分册的阐述方法当然很不通俗。部分原因在于对象的抽象性质，给我规定的有限的篇幅，以及著作的目的本身。第二部分就比较容易懂了，因为这一部分论述的是比较具体的关系。"他进一步补充道："使一门科学革命化的科学尝试，从来就不可能真正通俗易懂。可是只要科学的基础一奠定，通俗化也就容易了。"⑤

在新年伊始，马克思更详细地罗列了他的工作所包含的各个部分。他在

---

① 这些是构成《剩余价值理论》第3卷的最后笔记本。
② 《马克思恩格斯全集》第35卷，人民出版社2013年版，第306页。
③ 《马克思恩格斯全集》第32卷，人民出版社1998年版，第408页。
④ 《马克思恩格斯全集》第30卷，人民出版社1974年版，第636页。参见写于1858年6月的《大纲》索引，包括"M"笔记本（即"1857年导言"）以及1860年为第三章写的草稿索引，即马克思的"资本章计划草稿"。
⑤ 《马克思恩格斯全集》第30卷，人民出版社1974年版，第637—638页。

第ⅩⅧ笔记本的一个目录中指出"第一篇：资本的生产过程"可分为如下部分：(1) 导言。商品。货币。(2) 货币转化为资本。(3) 绝对剩余价值。(4) 相对剩余价值。(5) 绝对剩余价值和相对剩余价值的结合。(6) 剩余价值再转化为资本。原始积累。韦克菲尔德的殖民理论。(7) 生产过程的结果。(8) 剩余价值理论。(9) 关于生产劳动和非生产劳动的理论。①

马克思并没有把自己局限于第一篇，而是起草了一份关于"第三篇：资本和利润"的目录。这一部分构成了《资本论》第3册的主题，具体如下：(1) 剩余价值转化为利润。不同于剩余价值率的利润率。(2) 利润转化为平均利润。(3) 斯密和李嘉图关于利润和生产价格的理论。(4) 地租。(5) 所谓李嘉图地租规律的历史。(6) 利润率下降的规律。(7) 利润理论。(8) 利润分为产业利润和利息。(9) 收入及其源泉。(10) 资本主义生产总过程中货币的回流运动。(11) 庸俗经济学。(12) 结论。资本和雇佣劳动。②

在1863年1月写的第ⅩⅧ笔记本中，马克思继续对商业资本展开分析。他在对经济学家们的剩余价值理论的研究中插入了一些增补，考察了乔治·拉姆赛（George Ramsay）、安东－埃利泽·舍尔比利埃（Antoine-Elisée Cherbuliez）和理查·琼斯（Richard Jones）的思想。

在这一时期，马克思的经济窘况依然存在，甚至在1863年初变得更糟了。他写信给恩格斯说，自己处在深渊的边缘。同时，马克思又得了肝病，这注定会折磨他很长时间。

在此期间，除了对机器问题的研究，马克思不得不暂停对经济学的深入研究。但在3月份，他还是写了第ⅩⅩ和ⅩⅩⅠ两个笔记本，涉及积累、劳动对资本的实际从属和形式从属，以及资本与劳动的生产率问题。这些研究同马克思当时所研究的重要主题（剩余价值）紧密相关。

5月底，他告诉恩格斯，前几周他一直在大英博物馆研究波兰问题："我

---

① 《马克思恩格斯全集》第36卷，人民出版社2015年版，第313页。
② 《马克思恩格斯全集》第36卷，人民出版社2015年版，第312页。马克思在《1861—1863年经济学手稿》的第ⅩⅥ笔记本中已经对第一章做了概述，在第ⅩⅧ笔记本中准备了一个第二章的提纲。参见上书，第299页。

所做的是：努力填补自己在俄国—波兰—普鲁士事件方面的缺陷（外交的和历史的），此外，阅读与我所加工的那部分政治经济学有关的文献，并且作了摘要。"① 这些写于5—6月间的笔记收录在另外八个笔记本（A—H）中，囊括了几百页有关18—19世纪经济学研究的总结性内容。②

6月中旬，马克思的身体刚有所好转，便重回大英博物馆继续工作。7月中旬，他告诉恩格斯，他每天花10个小时来研究经济学。在这段时间，他分析了剩余价值转化为资本的问题，并准备在第XXⅡ笔记本中重写魁奈的《经济表》。③ 然后，他完成了第XXⅢ笔记本，即自1861年开始写的一系列笔记本的最后一本笔记。该笔记主要由注释和补充性评论组成。

经过两年的辛勤工作以及对主要经济学家的深层批判性考察，马克思比过去更加坚定地继续从事着他的重要工作。虽然马克思尚未清晰地解决诸多概念性和阐释性问题，但其思想史部分的工作的完成促使他重新回到理论问题上来。

二、三册《资本论》的写作

马克思咬紧牙关开启了其工作的新阶段。自1863年夏起，马克思就开始了对这部鸿篇巨著的真正创作。④ 直到1865年12月，他都在全身心地投入于各部分的写作，包括准备《资本论》第1册的草稿、第3册的主体部分（这是马克思对资本主义生产总过程的唯一阐述）和第2册第一稿（首次对

---

① 《马克思恩格斯全集》第30卷，人民出版社1974年版，第346页。
② 参见 IISH, Marx-Engels Papers, B93, B100, B101, B102, B103, B104（包含了535页笔记）以及收藏在俄罗斯国家社会史和政治史档案馆（RGASPI）的三个笔记本（包括 RGASPI f. 1, d. 1397, d. 1691, d. 5583）。马克思在第XXⅡ和XXⅢ笔记本中利用了其中的一些材料。
③ 《马克思恩格斯全集》第30卷，人民出版社1974年版，第358页。
④ 参见 Michael Heinrich, "Entstehungs-und Auflösungsgeschichte des Marxschen *Kapital*", in Werner Bonefeld and Michael Heinrich（eds.）, *Kapital & Kritik. Nach der "neuen" Marx-Lektüre*, Hamburg: VSA, 2011, pp. 176 – 179。海因里希认为，这一时期的手稿不应被视为以《大纲》为开端的《资本论》第三稿，而应被看作《资本论》的第一稿。

资本流通过程的一般概述）。对于《第一分册》序言中所提到的6册计划，马克思插入了一些原本打算在第2册和第3册中加以阐述的关于地租和工资的主题。

1865年秋，马克思快速而全身心地撰写第1册。但是，他的健康状况迅速恶化。从11月开始，马克思接连患上皮肤病和溃疡，使他饱受病痛的折磨，直至第二年早春。1866年4月中旬，马克思才得以重新开始工作，并继续专注于第1册的写作。似乎就在那时，马克思撰写了所谓的"直接生产过程的结果"这一草稿，这是《资本论》第1册手稿中唯一保存下来的部分。

夏天的到来并没有改变马克思的危险状况。经过在拉姆斯盖特的一次家庭度假之后，马克思于7月的最后一周和8月上旬继续他的工作。他开始写作《资本论》第3册：先写了第二章"利润转化为平均利润"，然后是第一章"剩余价值转化为利润"（这很可能是在1864年10月末至11月初之间完成的）。在此期间，他积极参加了国际工人协会的会议，并在10月为大会起草了《国际工人协会成立宣言》和《国际工人协会共同章程》。在因政治活动而短暂中断之后，马克思重新回归写作工作，撰写了第3册第三章"利润率趋于下降的规律"。其间，他的病复发。

从1865年1月到5月，马克思投入到第2册的写作中。这些手稿包括三章内容：（1）资本形态变化；（2）资本周转；（3）流通和再生产。在这部手稿中，马克思发展了新的观点，并将第1册和第3册中的一些理论联系起来。后来，这些材料成为恩格斯编辑出版《资本论》第2卷的部分内容。然而，疾病仍没有停止折磨马克思，政治活动也占用了他的大量时间。尽管如此，马克思仍未停止写作，即使这意味着他有时"直到4点钟才上床睡觉"[①]。

促使马克思尽快完成《资本论》的最后一个动因就是出版商的合同。受共产主义者同盟前成员威廉·施特罗恩（Wilhelm Strohn）的介绍，奥托·迈

---

① Karl Marx to Friedrich Engels, 13 March 1865, in *MECW*, Vol. 42, pp. 129–130.

斯纳（Otto Meisner）于3月21日从汉堡给马克思寄来一封信，信里包括一份出版《资本论。政治经济学批判》的合同，其中提到《资本论》"大约有50个印张①，分两卷出版"②。

1865年春末，马克思还撰写了第3册第四章"商品资本和货币资本转化为商业经营资本和货币经营资本（商人资本）"。1865年7月底，他告诉恩格斯："再写三章就可以结束理论部分（前三册）。然后还得写第四册，即历史文献部分；对我来说这是最容易的一部分，因为所有的问题都在前三册中解决了，最后这一册大半是以历史的形式重述一遍。但是我不能下决心在一个完整的东西还没有摆在我面前时，就送出任何一部分。不论我的著作有什么缺点，它们却有一个长处，即它们是一个艺术的整体。"③

当诸多不可避免的推迟和一系列负面事件迫使马克思重新考虑自己的工作方法时，他写信给恩格斯说，问题的关键在于是应把一部分手稿誊写清楚寄给出版商，还是先把整部著作完成？他更喜欢后一种解决方案，但他向恩格斯保证，他在其他卷次上的工作不会浪费时间："工作进行得还是非常快，其他人就是丢开一切艺术上的考虑也未必能够如此。再加上规定我要以六十个印张④为最大限度，因此我绝对有必要把整个东西放在面前，以便知道，要压缩和删节多少才能在给我指定的数量范围内均衡地和匀称地阐述各个部分。"⑤

虽然马克思决定首先完成第1册，但他不想搁置手头第3册的工作。在1865年7月到12月间，马克思片段式地撰写了第3册第五章（"利润分为利息和企业主收入。生息资本"）、第六章（"超额利润转化为地租"）和第七章

---

① 50个印张相当于800页。
② "Agreement between Mr. Karl Marx and Mr. Otto Meissner, Publisher and Bookseller", in *MECW*, Vol. 20, p. 361.
③ 《马克思恩格斯全集》第31卷，人民出版社1972年版，第135页。
④ 这相当于960页。后来，迈斯纳表示同意更改他同马克思的合约。
⑤ 《马克思恩格斯全集》第31卷，人民出版社1972年版，第138页。

("各种收入及其源泉")。① 因此,马克思从 1864 年夏到 1865 年底撰写的第 3 册的结构同 1863 年 1 月在涉及剩余价值理论的手稿第 XVIII 笔记本中所列的 12 条提纲非常相近。

经济困难的解决使马克思可以继续推进他的工作,但这种状况并没有持续多久。一年后,经济窘况重新出现,而且当年夏天,马克思的健康状况再次恶化。更重要的是,因筹备在伦敦召开的国际工人协会第一次大会,他在 9 月份的工作尤为繁重。

三、《资本论》第 1 卷的完成

1866 年初,马克思开始写作《资本论》第 1 卷的付排稿。1 月中旬,他写信给威廉·李卜克内西(Wihelm Liebkenecht)说:"病痛……各种偶然事情使我不愉快,由于国际协会而忙碌等等,这一切迫使我把每一分钟的空闲时间都用来誊清我的手稿。"不过,马克思认为这项工作已接近尾声,他将"能在 3 月份亲自把第一卷交给出版商排印"。他补充说,《资本论》的"两卷"会"同时出版"。② 在同一天写给库格曼的信里,马克思说自己"每天用十二个小时去誊清"③,希望能在两个月内交给汉堡的出版商。

但事与愿违,他一整年都在与疾病做斗争。2 月,马克思患了最严重的疾病,甚至危及生命。这给恩格斯敲响了警钟。由于担心最坏的情况,他坚持

---

① 恩格斯在 1894 年出版《资本论》第 3 卷时遵循了这一区分。参见 Carl-Erich Vollgraf, Jürgen Jungnickel and Stephen Naron, "Marx in Marx's Words? On Engels'Edition of the Main Manuscript of Volume III of *Capital*", *International Journal of Political Economy*, Vol. 32, No. 1, 2002, pp. 35 – 78。另参见最新研究:Carl-Erich Vollgraf, "*Das Kapital*-bis zuletzt ein 'Werk im Werden'" 和 Regina Roth, "Die Herausgabe von Band 2 und 3 des *Kapital* durch Engels", *Marx-Engels Jahrbuch*, Vol. 2012/13, pp. 113 – 133, 168 – 182。对于恩格斯编辑的批判性评价,参见 Michael Heinrich, "Engels' Edition of the Third Volume of *Capital* and Marx's Original Manuscript", *Science & Society*, Vol. 60 (1996 – 1997), No. 4, pp. 452 – 466。一种不同的观点,参见 Michael R. Krätke, *Kritik der politischen Ökonomie Heute*, VSA, Hamburg, 2017, 尤其是最后一章 "Gibt es ein Marx-Engels-Problem?"。

② 《马克思恩格斯全集》第 31 卷,人民出版社 1972 年版,第 499 页。

③ 同上书,第 498 页。

说服马克思不能再以同样的方式继续下去了:"为了摆脱该死的痈,你的确应该采取一些合理的措施了,即使因此让书耽误三个月也无妨。事情确实会逐渐变得非常严重的,当你的脑子,如你自己所说的,不能胜任理论工作时,那你的确应该休息一下,别管这些高深的理论吧。放弃一段时期的夜间工作,过一过多少有点规律的生活。"①

恩格斯立即咨询爱德华·龚佩尔特(Edward Gumpert)医生,医生建议了另一种治疗方案。同时,恩格斯也就马克思的书提了一些建议,他想确保马克思已放弃在任何部分发表之前写完整部《资本论》的不现实想法。他问道:"你能不能这样安排一下:至少将第一卷先送去付印,第二卷再晚几个月?"②

马克思对恩格斯的每一点都做了答复。关于工作计划,他写道:"关于这本'可诅咒的'书,它的情况是:12月底已经完成。单是讨论地租的倒数第二章,按现在的结构看,就几乎构成一本书。③ 我白天去博物馆,夜间写作。德国的新农业化学,特别是李比希和中拜因,对这件事情比所有经济学家加起来还更重要;另一方面,自我上次对这点进行研究以后,法国人已提供了大量的材料,——这一切都必须下功夫仔细研究。两年以前,我结束了对地租所作的理论探讨。正好在这一期间,许多新东西出现了,并且完全证实了我的理论。关于日本的新资料(如果不是职业上的需要,通常我是绝不看游记的)在这里也是重要的。因此,就像1848—1850年英国工厂主把'换班制度'用在同一些工人身上一样,我也把这个制度用在自己的身上。"④

为了及时了解最新发现,马克思白天在图书馆学习,晚上写作手稿:这是一个紧张的日程安排,他想把全部精力都用在完成这本书上。就主要任务而言,他告诉恩格斯:"手稿虽已完成,但它现在的篇幅十分庞大,除我以外,任何人甚至连你在内都无法编纂出版。"最后,他接受了恩格斯的建议,

---

① 《马克思恩格斯全集》第31卷,人民出版社1972年版,第179页。
② 同上。
③ 马克思后来把关于地租的部分插入到第3卷第六篇"剩余利润转化为地租"中。
④ 《马克思恩格斯全集》第31卷,人民出版社1972年版,第180—181页。

延长了出版计划："我完全同意你的意见,一当第一卷完成,就立即寄给迈斯纳。"① 事实上,马克思的健康状况持续恶化。为了给马克思一些救济,恩格斯准备做出任何经济上的牺牲,并建议他完全休息一段时间。马克思接受恩格斯的劝说。3 月 15 日他去肯特郡的一个海滨疗养地马尔吉特开始疗养。

4 月初,马克思告诉他的朋友库格曼他"好多了",但又抱怨说,由于中断工作,"又是两个多月"过去了,他的书"又要延期"了。回到伦敦之后,由于风湿病和其他麻烦,他又继续中断了几个星期;他的身体仍然疲惫和脆弱。尽管他在 6 月初跟恩格斯说"幸好没有再出现痈的征兆",但他的工作"由于纯粹身体的情况一直进展得不好"。②

7 月,马克思向库格曼陈述了自己当时设想的计划:"我的情况……迫使我只好先出版第一卷,而不是像我起初设想的那样两卷一起出版。而且现在看来总共可能有三卷。全部著作分为以下几部分:第一册资本的生产过程。第二册资本的流通过程。第三册总过程的各种形式。第四册理论史。第一卷包括头两册。我想把第三册编作第二卷,第四册编作第三卷。"在回顾了自 1859 年出版《政治经济学批判。第一分册》以来的工作后,马克思继续说:"我认为在第一册中必须从头开始,也就是必须把我在敦克尔那里出版的书加以概括而编成专论商品和货币的一章。我所以认为需要这样做,不仅是为了叙述的完整,而且是因为即使很有头脑的人对这个题目也了解得不完全正确。显然,最早的叙述,特别是关于商品的分析,是不够清楚的。"③

1866 年秋,马克思陷入赤贫窘境。他被迫每天都要花大量时间和精力同贫困做斗争。12 月,他写道:"我只是苦于私人不能像商人那样名正言顺地向破产法庭提出破产声明。"④ 整个冬天这种情况都没有改变,在 1867 年 2 月末,马克思告诉恩格斯:"到星期六(后天)我要付给一个杂货铺老板起码五英镑,不然我的家产就要照他的要求被查封。……著作即将完成,如果不是

---

① 《马克思恩格斯全集》第 31 卷,人民出版社 1972 年版,第 181 页。
② 同上书,第 517、224、225 页。
③ 同上书,第 535—536 页。
④ 同上书,第 268 页。

近来受到各方面的打扰,本来今天就可以完工。"①

1867年4月初,马克思终于能够给恩格斯一个期待已久的消息,即这本书完成了。现在他要带着它去德国,他又一次被迫向朋友求助,这样他就可以把他的"衣服和表"②从当铺取出来,否则他就无法出门。

到达汉堡后,马克思同恩格斯讨论了迈斯纳提出的新计划:"他现在想把书分成三卷出版。尤其是,他反对照我原来打算的那样缩减最后一本书(历史文献部分)的篇幅。他说,考虑到书的销路问题……他的最大希望正是寄托在这一部分上。我告诉他,在这方面听凭他决定。"③

几天后,马克思给约翰·贝克尔(Johann Philip Becker)写了一封相似的信:"全书将分三卷出版。书名是:《资本论。政治经济学批判》。第一卷包括第一册:《资本的生产过程》。这无疑是向资产者(包括土地所有者在内)脑袋发射的最厉害的炮弹。"④ 稍后,马克思又写信给齐格弗里特·迈耶尔(Sigfrid Meyer)谈道:"第一卷包括《资本的生产过程》。……第二卷是理论部分的续篇和结尾,第三卷是十七世纪中叶以来的政治经济学理论史。"⑤

6月中旬,恩格斯参与了出版文本的修订。他认为,与1859年的第一分册相比,"在辩证发展的明确性上,前进了一大步"。对此,马克思深受鼓舞:"你到现在为止所表示的满意对我来说比世界上其他人可能做出的任何评价都更为重要。"但是,恩格斯注意到马克思关于价值形式的阐述过于抽象,对一般读者来说不够清楚;他同样感到遗憾的是,恰恰这一重要的部分"带有一些受痈困扰的痕迹"。在回复中,马克思诅咒了使其身体深受折磨的原因——"我希望资产阶级毕生都会记得我的痈"⑥,并说服自己增加一个附录,以便更加通俗地阐述他的价值形式思想。新增的20页完成于6月末。

---

① 《马克思恩格斯全集》第31卷,人民出版社1972年版,第279页。
② 同上书,第283页。
③ 同上书,第291页。
④ 同上书,第542—543页。
⑤ 同上书,第544页。
⑥ 同上书,第308、310、307、310页。

马克思于 1867 年 8 月 16 日凌晨 2 点完成论证校对。几分钟后，他写信给恩格斯说："亲爱的弗雷德：这本书的最后一个印张……刚刚校完。……这样，这一卷就完成了。其所以能够如此，我只有感谢你！……我满怀感激的心情拥抱你！"几天后，在给恩格斯的另一封信中，他总结了这本书的两个重点："（1）在第一章就着重指出了按不同情况表现为使用价值或交换价值的劳动的二重性（这是对事实的全部理解的基础）；（2）研究剩余价值时，撇开了它的特殊形态——利润、利息地租等等。"①

1867 年 9 月 14 日，《资本论》出版发行。经最后修订的目录内容如下：序言；1. 商品和货币；2. 货币转化为资本；3. 绝对剩余价值的生产；4. 相对剩余价值的生产；5. 对绝对剩余价值和相对剩余价值生产的进一步考察；6. 资本的积累过程；第一章第一节附录，价值形式。②

尽管经过长时间的修改和最后的增补，《资本论》的结构在接下来的几年里还是做了相当大的扩展，并对文本做了进一步的修改。因此，在第 1 卷出版后，马克思依然对它投入了大量精力。

四、追寻最后的版本

1867 年 10 月，马克思回到第 2 册的写作。与此同时，马克思仍然深受各种疾病的困扰。11 月底，马克思写信说："我的健康状况已经大大恶化，根本谈不上工作了。"③

1868 年，马克思的健康状况反反复复。3 月末，他告诉恩格斯他应该"把一切工作和思考都丢开一些时候"。但是他补充说，这对他来说"办不到"，即使他"有钱去游荡"。④ 正当他重新开始写第 2 册第二稿时，新的中断出现了。当年春，他完成了前两章，并着手写一组准备性手稿，涉及剩余

---

① 《马克思恩格斯全集》第 31 卷，人民出版社 1972 年版，第 328—329、331 页。
② 《马克思恩格斯全集》第 42 卷，人民出版社 2016 年版。
③ 《马克思恩格斯全集》第 31 卷，人民出版社 1972 年版，第 395 页。
④ 《马克思恩格斯全集》第 32 卷，人民出版社 1974 年版，第 51 页。

价值与利润率之间的关系,以及利润率规律和资本的形态变化——这些直到1868年末才完成。①

1868年4月末,马克思给恩格斯发了一份新提纲,特别提及"利润率的阐述方法",指出第2册中"资本的流通过程将根据第一册中所阐述的前提来论述"。他打算以更好的方式论述固定资本、流动资本和资本周转的"形式规定",研究"各个资本、资本的各个组成部分和收入(=m)互相之间的社会交错现象",然后在第3册将"剩余价值转化为它的各种不同的形式和彼此分离的组成部分"。②

然而,5月份健康问题又回来了。在8月的第二周,他告诉库格曼,他希望在1869年"9月底"之前完成整个工作。③但秋天,痈又复发了。1869年春,当马克思仍在写作第2册第三章时,他的肝病又恶化了。在接下来的几年里,马克思一直遭受着各种不幸和麻烦,致使他无法完成第2册的工作。

这种推延也有理论上的原因。从1868年秋到1869年春,马克思决心了解资本主义的最新发展,他从《货币市场评论》《经济学家》及类似刊物上摘录了大量关于金融和货币市场的文章。④

此外,1869年秋,马克思发现了有关俄国变革的新文献,于是决定学习俄语,以便进行研究。他以一贯的严谨追求着这种新兴趣,1870年初,燕妮告诉恩格斯:"他不去关心自己的健康,却非常热心地研究起俄语来,很少外出,饮食不定时,在腋下的痈已经肿得很大并且变硬以后才给人看。"⑤恩格斯赶紧写信试图说服他,"单是为了你的第二卷",也需要"改变一下生活方式";否则,如果"总是这样时断时续,反反复复",将永远无法完成这本书。⑥

---

① 最后一篇构成了第2册的第四稿,包含第一章的新版本"资本流通"和第二章"资本形态变化"。
② 《马克思恩格斯全集》第32卷,人民出版社1974年版,第70页。
③ 同上书,第545页。
④ 这些笔记尚未出版,都收录在 IISH, Marx-Engels Papers, B 108, B 109, B 113 and B 114。
⑤ 《马克思恩格斯全集》第32卷,人民出版社1974年版,第694页。
⑥ 同上书,第410页。

夏初，马克思告诉库格曼，他的工作"整整中断了一个冬天"，而且他"发现有必要认真学习一下俄文，因为在探讨土地问题时，就不可避免地要从原文材料中去研究俄国的土地所有制关系"。①

经历了各种中断以及伴随巴黎公社建立而投入了一段时间的政治活动之后，马克思重新回到第1卷的新版本。他对价值理论的阐述方式不甚满意，于是从1871年12月到1872年1月重写了1867年的附录，因而也重写了第一章。这次，除了一小部分的增补，马克思还修改了这本书的整个结构。②

这些修改和重写也影响到了法文译本。从1872年3月开始，马克思不得不修改译稿，这些译稿在1872年到1875年间被送给出版商。在修订过程中，马克思决定对基础文本做进一步修改，主要是关于资本积累的部分。在《资本论》第1卷法文版"跋"中，马克思强调它"在原本之外有独立的科学价值"③。

由于健康处于不稳定状态以及需要在某些领域拓展自己的知识，节奏没有以前快了，但马克思在他生命的最后几年继续写作《资本论》。1875年，他为第3册写了另一份手稿，即"关于剩余价值率和利润率的数学计算"。从1876年10月到1881年初，他准备了第2册的新手稿。④

马克思的一些书信表明，如果他不断吸收新的研究成果，也会更新第1卷。马克思的这部巨著中所蕴含的批判精神恰恰揭示了他离那些自以为是的作家们有多远，这些人既包括他的大多数对手，也包括许多自诩为马克思门徒的人。虽然它仍未完成⑤，但是今天那些想用最基本的理论概念来批判资本主义生产方式的人仍然无法放弃阅读马克思的《资本论》。

---

① 《马克思恩格斯全集》第32卷，人民出版社1974年版，第672—673页。
② 1867年，马克思把这本书划分成几章。1872年，他又将这些文章都变为节，并对每节做了更详细的划分。
③ 《马克思恩格斯全集》第44卷，人民出版社2001年版，第27页。
④ Karl Marx, "Manuskripte und redaktionelle Texte zum dritten Buch des 'Kapitals'. 1871 bis 1895", in *MEGA2*, Vol. II/14, pp. 19–150, 525–828.
⑤ 值得注意的是，这些文本都是基于马克思在其一生中的不同阶段写下的各种不完整的材料，其中的一些观点与《资本论》有所不同。无论如何，恩格斯出版了第2卷（1885）和第3卷（1894）。

马克思和恩格斯论社会主义*

丹尼尔·萨罗斯** 著　孙海洋 编译

[内容提要] 社会主义不仅是一种美好的理念，而且具有现实化的潜能。马克思和恩格斯在对资本主义社会现实予以总体性诊断和批判的基础上指出了社会变革的历史必然性，同时结合当时的革命运动实践不断对人类解放的现实可能性展开批判性的自我反思。在马克思和恩格斯看来，社会主义社会的建立依赖于特定的主客观条件，既需要满足一定的客观物质前提，具备充足的生产能力，也离不开无产阶级自觉的政治意识和普遍的社会交往。尽管最初的乐观信念在残酷的现实面前发生了动摇，甚至在个别问题的具体阐述上未予明确表态，但他们从未停止对新社会形式的图景展望，特别是对先锋政党的领导、人民群众的参与、革命斗争的策略、制度设计的形式、劳动分工的消灭、工作日的缩短等进行了自觉的设计。

[关键词] 马克思　恩格斯　社会主义　资本主义　生产力　交往形式

---

* 本文原载丹尼尔·萨罗斯的新著《信息技术与社会主义建构：资本的终结与向社会主义的过渡》(*Information Technology and Socialist Construction*: *The End of Capital and the Transition to Socialism*, Routledge, 2014)。译文原载《国外理论动态》2016 年第 12 期。

** 作者简介：丹尼尔·萨罗斯（Daniel E. Saros），美国瓦尔帕莱索大学经济学系助理教授，主要研究领域为经济学思想和方法论。

一、引言

在那些研究马克思和恩格斯著作的人中间存在着一种广为接受的观点，即这两位思想家在有关社会主义性质的问题上基本保持沉默。正如艾弗拉姆·诺姆·乔姆斯基（Avram Noam Chomsky）所言："马克思对社会主义不置一词，他不是一个社会主义哲学家——在马克思的所有著作中只有五句话提及社会主义。他是一个资本主义理论家。"尽管这种说法有些夸大其词，但马克思对有关社会主义性质的问题在很大程度上的确缄默不语。梅格纳德·德赛（Meghnad Desai）则提出了明显支持主流观点的另一种看法，即马克思对将人们从资本主义剥削中解放出来的未来社会的性质通常保持沉默。此外，需要注意的是，马克思从未讨论过中央计划，"因为对他来说，资本主义经济是一个自组织的过程。也许会有一天，'社会'可以有意识地运作经济，但那是将来的事情"。

列宁认为，马克思在规定社会主义的具体特征时的犹疑是其世界观使然。列宁解释道："马克思没有丝毫的空想主义，就是说，他没有虚构和幻想'新'社会。相反，他把从旧社会诞生新社会的过程、从前者演进到后者的过渡形式，作为一个自然历史过程来研究。他以无产阶级群众运动的实际经验为依据，竭力从这个经验中取得实际教训。"① 列宁还指出，马克思并没有"致力于发现从国家到非国家过渡的未来的政治形式"，相反，他通过考察失败的巴黎公社实验"来研究这一运动究竟采取了什么样的形式"。尽管这一做法在当时可能是恰当的，但考虑到社会生产力的发展程度以及变革生产方式需要一种自觉审慎的策略，可以说，上述做法不再合适。

马克思的方法极大地束缚了他自己，使其无法详尽地构想社会主义。迈克·查尔斯·霍华德（Michael Charles Howard）和约翰·爱德华·金（John Edward King）指出："马克思和恩格斯对社会主义传统思想的首要贡献是一种

---

① 《列宁选集》第 3 卷，人民出版社 2012 年版，第 152 页。

科学的观点,在这种科学的观点看来,社会主义因素作为资本主义自身发展的结果产生于资本主义内部。他们认为,这一点使得离开现存社会可能发生的事情去系统阐述社会主义理想的企图受到限制。"

以上述方式解读马克思和恩格斯在这一问题上的观点并不与如下看法相抵触,即如果这些理想有赖于未来生产力的发展(这使得资本积累得以可能),那么它们也可以在未来的某个时间得到阐述。霍华德和金认为:对马克思理论的解读正在进一步复杂化,这主要是基于如下事实:"在他的著作中,一方面是对社会主义取得成功所要求的条件进行慎重判断,另一方面是对资本主义的焦躁,二者呈对立'拉张'之势。"或许正是这种焦躁,致使马克思期待资本主义生产方式迅速终结,至少在其生涯早期是这样。

二、乐观的信念:社会变革的历史必然性

值得注意的是,马克思和恩格斯在《共产党宣言》中的确提出了具体的对策建议,从而为共产主义社会的变革奠定了基础。菲尔·加斯珀(Phil Gasper)认为,马克思和恩格斯在1872年已经逐渐放弃了《共产党宣言》中所主张的革命举措。这一逆转暴露了他们的观点中有关前进之路的不确定性因素。根据熊彼特的看法,马克思和恩格斯在《共产党宣言》中提出的对策"显然是为了掩盖尴尬的实践缺陷"。加斯珀也提出:"在1948年,马克思和恩格斯确实存在着这样一种缺陷,那就是对这些过程本身的迅速实现拥有一种过于乐观的信念。"除非我们认为马克思和恩格斯所写的一切都是错误的,否则就亟须另一种解释。

马克思在其早期著作中的确多次谈及社会主义及其基本特征。例如,在19世纪40年代的笔记中,马克思提供了对一个非异化社会的全面描述,在那里,"不再有贪婪、竞争、牟利、行骗、欺诈与剥削;毋宁说,所有的关系都处于一片和谐之中"。另外,马克思并不总是反对私有财产。埃·瓦·伊利延科夫(E. V. Ilenkov)指出,与之前的社会组织形式相比,"马克思主义一直看重私有财产在历史上的进步作用,并强调其优势";与此同时,"马克思和

恩格斯都是作为私有财产原则最坚定的辩护者来开启他们的职业生涯的"；而且在 1842 年，当马克思主编《莱茵报》时，既不渴望亦不考量在现实中实施共产主义理念或财产社会化的可能性。早年对这一原则的拒斥有助于人们理解为何马克思后来质疑社会主义革命的迫切性。

在将共产主义作为人类的终极目标而欣然接受之后，马克思对既有的共产主义方案展开了批判。马克思在《1844 年经济学哲学手稿》中批判了形形色色的共产主义思潮，其中的一种类型是"十分粗陋的和无思想的共产主义"，"是贪欲所采取的并且只是用另一种方式使自己得到满足的隐蔽形式"。① 马克思还批判了另外两种类型的共产主义，一种是民主的或专制的政治形式，另一种是废除了国家、但仍处于私有财产影响之下的形式。唯独"作为私有财产即人的自我异化的积极扬弃"的共产主义表征着"人向自身、也就是向社会的即合乎人性的人的复归"。② 对马克思而言，这是人与自然界之间、人与人之间矛盾的真正解决，从而终结了人的生产性生命活动的自我异化。在马克思看来，共产主义是"历史之谜的解答，而且知道自己就是这种解答"。这是通过扬弃私有财产来确立人与自然之间和谐关系的自觉选择。

在 19 世纪 40 年代中期，马克思坚信，无产阶级有能力在当时取得社会主义革命的成功。正如马克思所言："只有完全失去了整个自主活动的现代无产者，才能够实现自己的充分的、不再受限制的自主活动，这种自主活动就是对生产力总和的占有。"尽管马克思尚不清楚这一占有的性质，但他对无产阶级在当时历史条件的基础上完成这一事业的能力甚是确定。

为了更清晰地图绘马克思对未来社会主义社会性质的看法，有必要考察其晚期更为成熟的著作。1875 年，马克思致信德国社会民主运动爱森纳赫派的领导人，以回应其"纲领草案"，后者早先曾写信给马克思和恩格斯征求意见。根据罗伯特·塔克（Robert C. Tucker）的观点，马克思和恩格斯认为纲领草案存在着"根本缺陷"，但是 1875 年召开的哥达会议却最终采纳了上述

---

① 《马克思恩格斯文集》第 1 卷，人民出版社 2009 年版，第 183—184 页。
② 同上书，第 185 页。

草案。不过，马克思对纲领草案的批判性回应已经清晰地表达了他对共产主义低级阶段和高级阶段本质特征的看法，前者通常被称为社会主义，而后者通常被称为共产主义。

马克思关于社会主义的讨论尤其值得考察。他在《哥达纲领批判》中描绘共产主义低级阶段时写道，工人"从社会领得一张凭证，证明他提供了多少劳动……他根据这张凭证从社会储存中领得一份耗费同等劳动量的消费资料。他以一种形式给予社会的劳动量，又以另一种形式领回来"①。当然，马克思对那些与社会产品的构成和社会需要的确定相关联的关键问题并未做出回答。但是，他指出："劳动，要当作尺度来用，就必须按照它的时间或强度来确定，不然它就不成其为尺度了。这种平等的权利，对不同等的劳动来说是不平等的权利。"② 这就是说，工人要想享有获取报酬的平等权利，就应当接受由于其劳动贡献不同而导致的不平等报酬。工作时间易于衡量，但调节工作强度更为不易。

马克思在《哥达纲领批判》中对社会主义性质问题的部分解答促使约翰·罗瑟和玛丽娜·罗瑟夫妇（John B. Rosser & Marina V. Rosser）将社会主义伦理规定为"各尽所能，按劳分配"。相反，马克思将共产主义伦理指认为"各尽所能，按需分配"，但对共产主义从低级阶段向高级阶段的过渡则未予规定。同时，罗瑟夫妇还指出，和马克思一样，共产主义伦理并不意味着收入的完全平等，因为人们有着不同的需求。尽管劳动可以根据时间和强度来衡量，但需求的衡量则面临更大的问题。因此，共产主义社会的性质要比社会主义社会的性质更为晦暗不明，因为前者更强调人类需求。

马克思在《资本论》第1卷中同样提供了关于社会主义图景的部分描述："最后，让我们换一个方面，设想有一个自由人联合体，他们用公共的生产资料进行劳动，并且自觉地把他们许多个人劳动力当作一个社会劳动力来使用。……这个联合体的总产品是一个社会产品。这个产品的一部分重新用作

---

① 《马克思恩格斯文集》第 3 卷，人民出版社 2009 年版，第 434 页。
② 同上书，第 435 页。

生产资料。这一部分依旧是社会的。而另一部分则作为生活资料由联合体成员消费。因此，这一部分要在他们之间进行分配。这种分配的方式会随着社会生产有机体本身的特殊方式和随着生产者的相应的历史发展程度而改变。"① 马克思在这里并未指出两种生产方式在资源分配方式上有何主要区别，但他认为生活资料的分工形式会由于生产者的社会发展水平而有所差异，这一看法表明，分配原则是社会主义生产方式与共产主义生产方式最主要的差异所在。正如伊林·费切尔（Iring Fetscher）所说："要么沿着社会主义的路线，根据个人的工作量按比例进行分配；要么沿着共产主义的路线，根据真正的个人需求进行分配。"这就是说，按劳取酬符合共产主义的低级阶段，按需取酬则与共产主义的高级阶段相一致。

接下来，马克思提到了资源分配的问题，但他仅仅将评论局限于根据社会计划进行劳动分配的问题。这一计划的性质尚未指明，他便再一次将目光聚焦于分配问题。马克思解释道："仅仅为了同商品生产进行对比，我们假定，每个生产者在生活资料中得到的份额是由他的劳动时间决定的。这样，劳动时间就会起双重作用。劳动时间的社会的有计划的分配，调节着各种劳动职能同各种需要的适当的比例。另一方面，劳动时间又是计量生产者在共同劳动中个人所占份额的尺度，因而也是计量生产者在共同产品的个人可消费部分中所占份额的尺度。"② 这一社会计划的性质及其构成方式当然是社会主义之谜的重要组成部分，而且马克思鲜少谈及这些问题。

波兰著名经济学家奥斯卡·兰格（Oskar Lange）谈到了马克思在《资本论》第 1 卷中对社会主义资源分配的简要探讨。兰格指出，马克思"清楚地意识到了问题所在，尽管他试图以一种相当差强人意的方式加以解决"。兰格的结论是，马克思"似乎将劳动视作唯一有待分配的稀缺资源，并想诉诸劳动价值论来解决问题"，而兰格认为这是一种不尽如人意的解决方案。不过，马克思小心翼翼的用词表明，他用劳动时间来确定工人所获份额的思想不应

---

① 《马克思恩格斯文集》第 5 卷，人民出版社 2009 年版，第 96 页。

② 同上。

只按字面意思来理解。兰格对上述段落的字面解释表明，他或许是指责马克思在完全依赖劳动价值论方面走得太远。显然，马克思的研究路径基本正确，其表述只是想与商品生产相对应。

恩格斯对社会计划问题也提出了一种局部的解决办法。恩格斯认为，生产力的国家所有制不足以解决资本主义固有的阶级冲突，"这种解决只能是在事实上承认现代生产力的社会本性，因而也就是使生产、占有和交换的方式同生产资料的社会性质相适应"①。一旦社会主义得以确立，"当人们按照今天的生产力终于被认识了的本性来对待这种生产力的时候，社会的生产无政府状态就让位于按照社会总体和每个成员的需要对生产进行的社会的有计划的调节"②。对恩格斯来说，结果就是对生产的直接社会占有，以及对消费的直接个人占有。伴随着需求的不断变化，计划似乎也应随之不断变化。这一计划过程的具体细节则留给后人去发现。

艾伦·伍德（Allen Wood）写道："对于马克思和恩格斯而言，劳动的本质特征在于其合目的性，在于它是意志的表达这一事实。"马克思在《资本论》第1卷中解释最蹩脚的建筑师与最灵巧的蜜蜂的区别时强调了这一点。由此可见，作为工人阶级欲望的自觉表达，社会主义在变得具体之前应该首先成为一种精神产品。伍德也解释了社会生产力发展的不充分给人类带来的限制。伍德认为："在某一特定的历史阶段，人们无法自由选择他们对自然的把握程度，从而也就无法自由选择生产关系所采取的形式。"因此，人们无法独立于当时存在的生产力而自由地选择社会生产关系。

同样，当生产力发展到与社会生产关系相矛盾的某一时刻，革命势必发生，即便这一革命会导致共同的毁灭。伍德认为，马克思真正忧虑的是，普遍接受关于资本主义缺陷及其消亡条件的错误观念，会延迟这一变革并使其举步维艰。正如以赛亚·伯林（Isaiah Berlin）所指出的，马克思坚信社会主义终将实现，它或许会减轻分娩的阵痛。因此，在为社会主义而奋斗的未来

---

① 《马克思恩格斯文集》第9卷，人民出版社2009年版，第295页。
② 同上书，第296页。

革命斗争中，自由选择将会发挥重要作用。

在马克思看来，同样确凿无疑的是，对于即将建立的社会主义而言，必须满足一定的物质条件。塔克认为，马克思的唯物主义历史概念呈现在1846年致帕·瓦·安年科夫（P. V. Annenkov）的信中，后者请求马克思对蒲鲁东的《贫困的哲学》一书做出评论。在批判蒲鲁东时，马克思明确指出，人们无法"自由选择某一社会形式"，尤其是，"人们不能自由选择自己的生产力"。不过，为了避免被剥夺"文明的果实"，人们有时会"放弃他们在其中获得一定生产力的那种社会形式"。① 马克思断言，当"人们在他们的交往方式不再合于既得的生产力时"②，将会寻求社会形式的变革。无疑，对这一变革的先决条件的详细阐述优先于对新社会形式的说明，也优先于其迫切需要的普遍的社会政治意识。

需要再次强调的是，普遍的社会意识并非建立社会主义的充分条件，尽管它是必要条件之一。马克斯·瓦托夫斯基（Marx W. Wartofsky）准确地捕捉到了工人阶级意识的获得在马克思那里为何不足以实现社会主义变革。他认为，对马克思来说，"摆脱异化不仅仅依赖于对商品生产之社会性质的'承认'"，"如果摆脱异化仅仅通过启蒙来完成，那么马克思的千年本应随着《资本论》的出版而到来"。当然，人们可以合理地质疑这一启蒙能否随着马克思著作的出版得以实现。毕竟，读者正是应被启蒙的对象，而且仅仅是在从事这一艰难的批判工作之后才变得如此。不过，瓦托夫斯基的观点使我们不得不承认，即便地球上的每个人都接受马克思主义，除非一定的客观条件得以满足，否则社会主义不具可能性。这些条件是什么，成为必须回答的关键问题，而且正是在这一问题上，马克思和恩格斯几乎从未论及。

马克思关于建立社会主义所需客观条件的洞见，可以在《德意志意识形态》中找到例证。尽管这是马克思和恩格斯的共同著作，但第一部分通常被认为是马克思所写。在第一部分第一章"费尔巴哈"中，马克思详述了建立

---

① 《马克思恩格斯文集》第10卷，人民出版社2009年版，第42—43页。
② 同上书，第43页。

社会主义的客观条件:"组织共同的家庭经济的前提是发展机器,利用自然力和许多其他的生产力。"① 马克思提供了诸多实例,包括自来水、煤气照明、蒸汽采暖,以及消灭城乡之间的对立。没有这些条件,家庭经济将会缺少物质基础,"将建立在纯粹的理论基础上,就是说,将是一种纯粹的怪想,只能导致寺院经济"②。引人关注的是,在19世纪40年代中期,马克思仅仅指认了当时业已存在的生产技术和生产方式,似乎并未考虑社会主义生产方式有赖于尚未发现或发展的生产力的可能性。不过,马克思解释道,由于竞争,这会持续很长时间,直到这些个人联合起来,因为"大工业应当首先创造出必要的手段,即大工业城市和廉价而便利的交通"③。作为无产阶级联合的必要条件,廉价而便利的交通在《共产党宣言》中也得到了强调。

除此之外,马克思还强调:"如果还没有具备这些实行全面变革的物质因素……尽管这种变革的观念已经表述过千百次,但这对于实际发展没有任何意义。"④ 正如保罗·迪·阿玛托(Paul D'Amato)所言:"社会主义,简而言之,应该不只是一种美好的理念。必定存在物质的和社会的力量,在资本主义自身的摇篮中被创造出来,拥有使其现实化的潜能。"对迪·阿玛托而言,充分的生产能力是建立社会主义的一个充分条件。倘若生产力创造了社会主义革命的可能性这一基本论点是正确的,那么马克思的观点或许可以被用于理解20世纪社会主义革命的失败。

恩格斯同样强调指出,社会意识和决心不足以确保一场无产阶级革命的成功。尤其是在恩格斯看来,俄国工人协会的形式(公社)和土地公有可能不足以确保俄国社会主义革命的成功。恩格斯明确质疑,坚定的无产阶级如果不首先经历一个资本主义阶段,或者如果没有那些已然经过资本主义阶段的社会主义国家的帮助,能否成功地实现社会主义变革。

社会生产力发展的滞后一再被视为以往社会主义实验失败的一大原因。

---

① 《马克思恩格斯文集》第1卷,人民出版社2009年版,第568页。
② 同上。
③ 同上。
④ 同上书,第545页。

这种归咎于物质缺陷的看法包含着重要的真理要素。但是，需要指出的是，并不存在任何能导致过去的无产阶级革命取得成功的完美的人类物质条件，因为物质条件尚未得到满足。

在《德意志意识形态》中，马克思似乎同意迪·阿玛托关于社会主义的必要物质前提是充分生产的能力这一观点。马克思认为，为了通过革命克服异化，绝大多数人应该财产匮乏，并与这个财富世界对抗，但他强调生产力的高度发展同样必不可少。"如果没有这种发展，那就只会有贫穷、极端贫困的普遍化；而在极端贫困的情况下，必须重新开始争取必需品的斗争，全部陈腐污浊的东西又要死灰复燃。"① 除了充分生产的能力，生产资料的社会配置机制和使用价值的分配机制也必不可少，它们同样有赖于社会生产力的发展水平。

社会生产力必须首先在资本主义生产方式的背景下发展，空想社会主义者不理解这一点，因而认为社会主义可以独立于社会力量而被创造出来。根据熊彼特的观点，马克思之所以批判他之前的社会主义者，是因为他们的"计划在本质上是无法实现或不可操作的"。资本主义发展的前期阶段的必要性在马克思对英属印度的分析中可见一斑。在1853年为《纽约每日论坛报》撰写的两篇文章中，马克思写道，英国自由贸易的扩展破坏了印度的乡村体系，并导致了印度的"社会革命"。在马克思看来，英国不自觉地充当了导致革命的历史工具。可以推测，马克思将资本主义生产方式视为人类社会的必经阶段，通过它，人类得以在通向社会主义未来的道路上继续前行。这种对马克思理论的解读，在本质上就是德赛对20世纪管制性社会主义（command socialism）失败的解释。德赛认为，由于这种形式的社会主义并非"超越资本主义的社会主义"，因而注定会失败，并让位于资本主义。马克思对帝国主义在印度的分析指出："资产阶级历史时期负有为新世界创造物质基础的使命：一方面要造成以全人类互相依赖为基础的普遍交往，以及进行这种交往的工

---

① 《马克思恩格斯文集》第1卷，人民出版社2009年版，第538页。

具；另一方面要发展人的生产力，把物质生产变成对自然力的科学支配。"①

马克思的结论是，资本主义工业将会延续其支配性地位，直至这样一个时代的到来："伟大的社会革命支配了资产阶级时代的成果，支配了世界市场和现代生产力。"② 资本主义生产方式因此发挥了两大历史性作用：它促进了社会生产力的迅速发展，并创造了一个高度相互依赖的地球村，后者通过劳动分工的深化、劳动力市场的扩展以及交往方式的发展使得这样一种高度相互依赖得以可能。这两大功能显然无法轻易分开，因为二者相互加强并彼此巩固。如何驾驭这种伟大的社会革命的复杂后果，依然是有待解决的问题。

在讨论马克思的人类异化理论与19世纪40年代共产主义革命的进展时，猪木正道（Inoki Masamichi）强调："资本主义发展水平越高，即将到来的共产主义革命的客观条件就越成熟。换句话说，一个资本主义国家越发达，就越接近无产阶级革命。"猪木在这里提出了问题的关键，但对社会生产力发展到何种程度则未予说明。更确切地说，从纯粹定性的视角来看，何种生产力对于一场无产阶级革命必不可少目前尚不清楚。如果更多的关注指向这一问题，某些错误或许有可能避免。正如猪木所说，在马克思的理论中，"更多强调的是无产阶级革命的客观条件"，而且"无产阶级对革命的引领作用往往被贬抑为衬托作用"，结果就是"资本主义发展理论的庸俗化"，考茨基斥之为"一种高度决定论和宿命论的语调"。对于成功的无产阶级革命所需客观条件的详细考察或许已经揭示出，这些条件——从无产阶级本身的能力到对革命的引领——是相互依存的。由于无法阐明所需的客观条件，致使德国社会民主党人放弃了共产主义的革命理论，转而支持一种"社会主义的改良主义"，用猪木的说法，甚至使恩格斯在逝世前变成了一个改良主义者。因此，绝对不能忽视先进的社会生产力与具有社会意识的无产阶级之间的相互作用。对前者的过度强调会导致对社会主义必然性的错误信念。

人们这时一定会怀疑，社会变革的客观条件倘若在20世纪都未得到满

---

① 《马克思恩格斯文集》第2卷，人民出版社2009年版，第691页。

② 同上。

足,又何时才能具备呢。马克思的总体观点阐明了这一关键问题。在发表于 1859 年的《〈政治经济学批判〉序言》中,马克思对于一场成功的社会主义革命何时发生提出了一种初步认识:"无论哪一个社会形态,在它所能容纳的全部生产力发挥出来以前,是绝不会灭亡的;而新的更高的生产关系,在它的物质存在条件在旧社会的胎胞里成熟以前,是绝不会出现的。所以人类始终只提出自己能够解决的任务,因为只要仔细考察就可以发现,任务本身,只有在解决它的物质条件已经存在或者至少是在生成过程中的时候,才会产生。"①

讽刺的是,马克思可能因为给人类设定了一个无法完成的任务而要间接地为此负责。如果成功的社会主义革命所需的必要条件是一种只有在 21 世纪才得以可能的技术,那么这一任务的提出就显得为时尚早。也就是说,在解决其问题所需的物质条件出现之前,这一任务就已经被提了出来。因此,人们不仅无法解决问题,甚至无法想象要去这么做。结局只能是失败的尝试、政治权力的滥用以及普遍的失望和幻灭。

马克思在展望未来时似乎强调决定论,有时甚至过于注重社会生产力的发展,而忽视了自我意识的生成活动。马克思和恩格斯对资本主义社会生产力的大力强调在《共产党宣言》中尤为突出,在那里,马克思和恩格斯论述了资产阶级的革命性历史作用及其所召唤出的巨大生产力。对这一点的强调在《政治经济学批判大纲》中达到顶峰,在那里,马克思认为资本主义生产方式的崩溃不是由阶级斗争引起的,而是其内在动力或必然趋势导致的。马克思的这一观点值得关注,因为它揭示了马克思在社会主义革命性质问题上的不确定性。马克思显然意识到了生产力发展所发挥的关键作用,但又无法想象那种使无产阶级革命得以可能的生产力的特质。尽管被众人盛赞为先知,但是马克思的真正优势在于他对当下情境如何从过往条件中产生的深刻洞察力。

人们自然会质疑马克思在其全部著作中强调社会生产力的发展是否多于

---

① 《马克思恩格斯文集》第 2 卷,人民出版社 2009 年版,第 592 页。

无产阶级意识。马克思指出:"不是意识决定生活,而是生活决定意识。"①不过,社会主义似乎在相当程度上颠倒了这一关系。毕竟,无产阶级应该意识到自身的处境并努力改变它。如此,意识就会在决定社会主义社会的经济组织方面发挥重要作用。正如迪·阿玛托所言,"倘若这些关系符合当时得以可能的物质条件,并支持多数人去实施社会变革",观念就能改变物质关系。如果我们将马克思的观点解读为一般的历史模式,而不是运用于一切时间和地点的普遍规则,那么社会主义对这一关系的颠倒就并不违背马克思的观点。与这种解读相一致的是马克思在1843年写给阿尔诺德·卢格(Arnold Ruge)的信,他说:"我们只向世界指明它究竟为什么而斗争,而意识则是世界必须具备的东西,不管世界愿意与否。"②

这样,我们就有充分的理由相信,如果考察马克思的全部著作,就会发现他对工人阶级获得普遍的意识给予了同等关注。约瑟夫·熊彼特(Joseph Alois Schumpeter)似乎认为,观念变革或许是马克思著作的终极目标,同时也是其最大的挑战。关于社会主义的秩序,熊彼特补充说:"即使资本主义的发展以可以想象的最符合马克思主义的方式为它提供了一切条件,实现社会主义仍需特殊行动。"因此,对马克思而言,社会主义意识如果要表征真正的意识,就应当伴随着革命行动。关于解放的思想不仅应该批判世界,同时还要致力于改变世界。

三、批判的反思:人类解放的现实可能性

即便马克思认为意识的获得和社会生产力的发展是社会主义革命的充分必要条件,也并不必然意味着马克思就相信社会主义革命在其生前是可能的。随着时间的流逝,或许马克思已不再那么确信发生社会主义变革的潜在可能性。1848年革命的失败无疑对马克思产生了深远影响。例如,在1858年致恩

---

① 《马克思恩格斯文集》第1卷,人民出版社2009年版,第525页。
② 《马克思恩格斯文集》第10卷,人民出版社2009年版,第9页。

格斯的一封信中，马克思流露出对欧洲社会主义变革潜能的质疑。马克思问恩格斯："大陆上革命已经迫在眉睫，并将立即具有社会主义的性质。但是，由于在广大得多的地域内资产阶级社会还在走上坡路，革命在这个小小角落里不会必然被镇压吗？"① 马克思认为，在相当长的时期内，资本具有在全球范围内蔓生和扩张的潜力，因此，资本主义不太可能立刻终结。

19世纪60年代的诸多迹象也表明，马克思对近期社会主义革命的前景变得不那么乐观。塔克指出，许多人将马克思欢迎《十小时工作日法案》的通过视为19世纪晚期马克思主义社会民主运动的革命性不断衰退的征兆。塔克还解释说，1864年马克思致恩格斯的一封信表明，马克思为抑制"革命空谈"而采取了一种"策略"。不过，马克思在1864年撰写的《国际工人协会成立宣言》的内容才是更重要的，因为它使得我们可以洞悉马克思的思想是如何伴随着共产主义运动的深入而不断变化的。马克思认为，1848年革命的失败是"短促的解放梦"的消失，并且指出："《十小时工作日法案》不仅是一个重大的实际的成功，而且是一个原则的胜利；资产阶级政治经济学第一次在工人阶级政治经济学面前公开投降了。"②

在马克思看来，伴随着统治者思想与被统治者思想之间的这一冲突被超越，"劳动的政治经济学对财产的政治经济学还取得了一个更大的胜利"③，这里说的是合作运动的形式。马克思断言："对这些伟大的社会试验的意义不论给予多么高的估价都是不算过分的。工人们不是在口头上，而是用事实证明：大规模的生产，并且是按照现代科学要求进行的生产，没有那个雇用工人阶级的雇主阶级也能够进行。"④ 鉴于马克思和恩格斯在《共产党宣言》中对空想社会主义的尖锐批判，这一认可引人关注。当然，马克思在《国际工人协会成立宣言》中的确承认了这一运动的局限性，他也支持罗伯特·欧文（Robert Owen）所播下的"合作制"的种子。无论是否基于策略的考虑，马

---

① 《马克思恩格斯文集》第10卷，人民出版社2009年版，第166页。
② 《马克思恩格斯文集》第3卷，人民出版社2009年版，第12页。
③ 同上。
④ 同上。

克思关于近期无产阶级革命成功前景的看法变得更为复杂,即便他对资本主义和资产阶级经济学保持了一如既往的严厉批判。

尽管如此,不夸大马克思思想变化的程度尤为重要。塔克认为,1871年马克思致弗里德里希·波尔特(Friedrich Bolte)的信表明,他并未放弃革命的目标,尽管他对《十小时工作日法案》表示认可。在这封信中,马克思区分了"纯粹的经济运动"与"政治运动"。① 前者在特定的工厂内部采取罢工的形式迫使工作日缩短,后者则强迫颁布八小时工作日法案。在马克思看来,政治运动对于工人阶级以一种普遍的形式追求利益是必要的,这样一种政治运动必须源于工人们独立的经济运动。无论人们如何解读这封信的内容,值得注意的是,马克思既没有提及诉诸国家来实现生产力的集中化,也没有提到无产阶级专政。重点在于法案的变化,这种变化即便可能源于基层工人运动,但的确是在资本主义生产方式背景下发生的。工人阶级运动的目标依然不甚明朗。

马克思关于无产阶级运动性质和前景的立场在19世纪40年代的动荡时期发生了变化,并通过马克思1872年在阿姆斯特丹第一国际代表大会后的演讲得以强化。马克思认为:"有些国家,像美国、英国,也许还可以加上荷兰——工人可能用和平手段达到自己的目的。"② 但是,他也承认,在欧洲大陆的大多数国家,革命的发生依然需要暴力。即便如此,这也意味着他疏离了如下观点,即工人阶级必须武装并组织起来,以推翻资产阶级统治。问题依旧在于工人阶级的目标究竟能否在这些国家和平地实现。马克思坚持工人阶级在政治和社会基础上与日益分化的旧社会进行斗争的必要性,但这一政治行动应该采取何种形式则尚不明确。另一个更加令人不安的问题是:如果这些国家的工人阶级和平地实现了他们的目标,为什么他们还如此地犹豫不决呢?

人们应当先搁置上述麻烦的问题,先考量一下如下断言:马克思支持由

---

① 《马克思恩格斯文集》第10卷,人民出版社2009年版,第369页。
② 《马克思恩格斯全集》第18卷,人民出版社1964年版,第179页。

一个先锋政党来代表无产阶级进行统治。塔克对马克思作为一个政治理论家的分析阐明了这一问题。根据塔克对马克思的解读,国家"是人类权力的外在化",因此,"为了克服政治异化,人们应当通过革命手段来重新获得这一异化的社会权力"。但是,塔克强调,马克思和恩格斯"并不清楚未来无产阶级专政的具体设想。这就为后来马克思主义者在这一问题上的争论埋下了伏笔"。在塔克看来,上述问题缺乏清晰度促使列宁写下了《国家与革命》(1917),以证明苏联一党制国家的建立是"合法的马克思主义的行动"。塔克考察了下述两种可能性:其一,马克思和恩格斯的思想多年来经历了一个"民主的嬗变";其二,他们最终获得了一种清醒的、温和的同时又是民主的"成熟的世界观"。塔克并不同意这两种可能性,但却承认他们不再如年轻时那样是"充满激情的革命家"。塔克的让步意味着马克思和恩格斯的思想的确发生了某种转变,这一点很重要,因为它使得我们去思考这种转变何以发生。结论是:马克思和恩格斯并非仅仅随着年龄的增长而成熟,而是日渐意识到在特定的经济发展阶段实现社会主义变革面临障碍,需要代表工人阶级的人民群众广泛参与才能逾越。塔克得出结论:"没有证据表明,马克思设想的无产阶级国家声称代表无产阶级进行统治。"换句话说,无产阶级需要获得权力并直接统治,但如何实现呢?

可以明确的是,马克思对小规模的社会主义实验缺乏耐心。塔克指出,马克思在对1848年至1850年法兰西阶级斗争的分析中提到了路易·勃朗(Louis Blanc)的温和的社会主义形式。在马克思看来,像勃朗这样的改革家,凭借其"国家工厂"的计划,"梦想和平实现自己的社会主义",因而"它自然就把未来的历史进程想象为正在或已经由社会思想家协力或单独设计的种种体系的实现"。这些思想家可以继续发挥领导作用,"只有在无产阶级尚未发展为自由的历史的自主运动的时候,才是无产阶级的理论表现"。[①] 根据马克思的观点,这一转变只有在无产阶级发展成为"自由的历史运动"时才能实现。马克思和恩格斯后来对这一发展似乎不再那么确信。我们只是被

---

① 《马克思恩格斯文集》第2卷,人民出版社2009年版,第166页。

告知，唯有在现代生产力与资产阶级生产形式彼此冲突时，革命才是可能的。至于政治斗争应采取何种形式，他们依然未予说明。

一种观点认为，社会主义革命可能采取的形式萌芽于马克思对巴黎公社的分析。塔克指出，马克思的《法兰西内战》将巴黎公社视为"无产阶级专政的第一次伟大尝试"。恩格斯在为之撰写的导言中写道，巴黎工人的需求从根本上说是"消灭资本家和工人之间的阶级对立"，但他也承认，"至于这一点如何才能实现，的确谁也不知道"。① 如果共产主义者对这些问题无法给予指导，那么巴黎的工人们对于如何确定前进的正确道路就会始终含糊不清。因此，这些评论并没有使我们更接近答案，但他们确实表明了工人的某种直接参与必不可少。

作为上述难题的结果，恩格斯告诫说，进行社会主义变革为时尚早。他在1874年回复彼得·尼基季奇·特卡乔夫（Peter Tkachov）的信中指出，无产阶级革命的成功有赖于许多因素。例如，恩格斯认为，社会主义革命"不但需要有能实现这个变革的无产阶级，而且还需要有使社会生产力发展到能够彻底消灭阶级差别的资产阶级"②。当然，问题在于生产力发展到何种程度才能导致这种阶级对抗的最终消灭。恩格斯提供了部分解答，其中传递出一种行动为时尚早的警告。正如恩格斯所说："只有在社会生产力发展到一定程度，发展到甚至对我们现代条件来说也是很高的程度，才有可能把生产提高到这样的水平，以致使得阶级差别的消除成为真正的进步，使得这种消除可以持续下去，并且不致在社会的生产方式中引起停滞甚至倒退。"③ 值得注意的是，恩格斯同样强调了生产力提高到一定程度是消灭阶级差别的必要条件。这样一种思考模式也存在于社会主义者中间，只不过不像前面提及的那样盛行。需要指出，其他的必要因素还包括一种新的人类交往和互动形式，与生产丰富的使用价值相比，它明显在人类历史的晚期才会变得可能。

---

① 《马克思恩格斯文集》第3卷，人民出版社2009年版，第101页。
② 同上书，第389页。
③ 同上。

尽管存在诸多障碍，马克思似乎仍然拒绝公开承认社会主义在当前的历史时期是不可能的。不过，恩格斯好像更加倾向于承认这种不可能性。在逝世前的 1895 年，恩格斯为马克思的《1848 年至 1850 年的法兰西阶级斗争》撰写了长篇导言，后以小册子的形式出版。塔克指出："恩格斯向社会民主党、尤其是德国通过选举过程所取得的稳固进步表示敬意"，而且他似乎赞同德国社会民主党人"和平的政治策略"。在导言中，恩格斯承认历史已经证明了他和马克思的失误，因为条件完全改变了，"1848 年的斗争方法，今天在一切方面都已经过时了"①。恩格斯还进一步断言："当时欧洲大陆经济发展的状况还远没有成熟到可以铲除资本主义生产的程度。"② 不过，当他实际上否认了成功的无产阶级革命可能发生时，他走得更远了。恩格斯指出："在 1848 年要以一次简单的突然袭击来实现社会改造，是多么不可能的事情。"③ 相反，无产阶级应该"慢慢向前推进"④。当法国于 1870—1871 年卷入国内战争时，恩格斯依然坚持这一立场。恩格斯认为，巴黎公社证明了"工人阶级的这种统治还是多么不可能"。如果工人阶级的统治只有通过更发达的社会生产力才能实现，那就可以理解为什么成功是不可能的，失败是不可避免的。

恩格斯还承认："旧式的起义，在 1848 年以前到处都起过决定作用的筑垒巷战，现在大大过时了。"⑤ 在波拿巴战争结束时，恩格斯认为："除了空前酷烈而结局绝对无法逆料的世界战争以外的任何其他战争都成为不可能。"⑥ 改变了的条件使得旧式的反抗变得过时了。除此之外，在恩格斯看来，叛乱分子根本做不到"互相配合和协调动作"。而且装备精良和训练有素的工兵也变得更难以武装自己。他得出结论，情况发生了根本的变化："实行突然袭击的时代，由自觉的少数人带领着不自觉的群众实现革命的时代，已经过去。

---

① 《马克思恩格斯文集》第 4 卷，人民出版社 2009 年版，第 538 页。
② 同上书，第 540 页。
③ 同上书，第 541 页。
④ 同上。
⑤ 同上书，第 545—546 页。
⑥ 同上书，第 543 页。

凡是要把社会组织完全加以改造的地方，群众自己就一定要参加进去，自己就一定要弄明白这为的是什么，他们为争取什么而去流血牺牲。"①

人们可以同意恩格斯准确地指出了彻底的社会变革勇往直前所需的主要条件（如群众的广泛参与）。就具体解释人民群众如何实现其历史任务而言，恩格斯并未使我们接近这一难题的答案，考虑到他有限的历史观点便更是如此了。

斯韦托扎尔·斯托亚诺维奇（Svetozar Stojanovic）指出："温和的决定论认为，不只存在唯一的历史可能性，但历史可能性的数量是有限的。"这与如下观念是一致的，即人们决定他们生活的条件，但不是随心所欲地选择。当下的状况是过去的生产力和生产关系发展的结果。在这种背景下，人们可以选择改变（或不改变）生产方式的行动。正如斯托亚诺维奇所说："今天，甚至人类的幸存，更不要说社会主义，都被视为是不可避免的。社会主义产生与否，完全取决于人类及其行动。"我们需要对斯托亚诺维奇的最后陈述做一个限制，即从过去继承而来的客观条件应当与社会主义革命相一致。

因此，人类的未来在很大程度上取决于机遇与选择的结合。在对波拿巴政变的分析中，马克思得出的论断——现在被频繁地引用——强有力地支持了这样一种观点：未来社会主义革命的时间取决于机遇与选择的结合。正如马克思所言："人们自己创造自己的历史，但是他们并不是随心所欲地创造，并不是在他们自己选定的条件下创造，而是在直接碰到的、既定的、从过去承继下来的条件下创造。"② 由此可以断定，人们要想自觉地改造社会，就必须在历史规定的条件下进行。同样，卡莱尔·科西克（Karel Kosik）探索了历史作为一种戏剧的可能性，他写道："历史并非即将发生的必然性，毋宁说它是必然性与偶然性的相互交织。"这一论断与《共产党宣言》中的如下观点相一致：社会主义革命并不必然发生，因为相互对抗的阶级可能导致共同的毁灭。偶然性因素影响到了社会生产力发展的速度，以及类意识在人群中传

---

① 《马克思恩格斯文集》第4卷，人民出版社2009年版，第549页。
② 《马克思恩格斯文集》第2卷，人民出版社2009年版，第470—471页。

播的速度。

由于认识到社会主义革命并不必然发生,加斯珀面对今日的社会主义运动极为沮丧,他说道:"问题不是工人阶级革命是否不可避免,而是在21世纪的开端这是不是一种现实的可能性。"这一问题的答案部分地取决于资本主义发展和资本积累是否为社会主义变革创造了物质基础。在马克思看来,资本主义生产方式的发展将会最终导致其自身的终结,因为生产力的发展为人类交往的新阶段创造了条件。资产阶级并不知道,正是通过不断的资本积累和生产资料的革命化带来了自身的毁灭。它仅仅以利润为目标,并未意识到如此只能是杀鸡取卵,要么给被剥削阶级将资本主义生产方式变革为一种新的生产方式创造客观条件,要么不断推动资本积累并最终导致"对立阶级的共同消亡"。不管怎样,资本的扩张都是决定性的因素。

因此,随着时间的推移,马克思和恩格斯变得不再确信社会主义革命必然发生,更不用说在他们的有生之年发生。阿尔弗雷德·迈耶(Alfred G. Meyer)认为,马克思对解放全人类拥有乐观的信念可能在1848年之前,而不是之后。有人质疑:"为什么资本主义的成就无法将人们从邪恶中解放出来?"迈耶认为,这一问题依然伴随着我们,或许较以往更甚。社会主义的必要条件是普遍的社会意识和社会生产力的充分发展,缺少其一或两者皆缺,为这一问题提供了答案。马克思在1848年之后对人类解放的可能性变得不再乐观,这要么源于人们日益认同一场成功和持久的革命鉴于社会生产力的当下状况而不再可能,要么源于他坚信人类可能无法面对真理本身。

由于马克思和恩格斯仍一如既往地高产,所以人们有可能找到相关论断,表明他们对无产阶级革命即将来临依旧保持乐观。马克思在1879年回答《芝加哥论坛报》记者的提问时评论美国社会说:"从社会主义观点来看,对当前这个历史阶段实行革命的手段已经具备。"① 同样,恩格斯在1877年断言:"新的生产力已经超过了这种生产的资产阶级利用形式。"② 这些论断表明,

---

① 《马克思恩格斯全集》第25卷,人民出版社2001年版,第647页。
② 《马克思恩格斯文集》第9卷,人民出版社2009年版,第285页。

他们二人依然相信这种历史条件适合进行社会主义革命，但在晚年，他们对此已经变得不再那么确信。

四、前景展望：新的社会主义替代方案

鉴于对社会主义性质问题的普遍沉默，人们自然会怀疑社会主义能否在20世纪社会主义革命失败的余波中复兴。马克西米里安·吕贝尔（Maximilien Rubel）等学者在20世纪60年代意识到，社会主义国家尚无法得到正确辨识。用吕贝尔的话说："在今日世界不存在社会主义。由于普遍滥用而被如此指称的，事实上只是一种新的人剥削人、人奴役人的普遍形式：国家垄断或国家所有制，即使不是更甚，也像私人所有制一样糟糕至极。"吕贝尔的观点令我们质疑究竟何为社会主义。此外，为什么以国家为基础的方案在历史上的理论和实践中处于主导地位？

一种常见的观点认为，为了实现社会主义，个体必须与某种被称作"社会"的东西交互作用。这种交互作用的形式超越了个人在市场中与他者的交往。从概念上看，国家代替社会充当了这一角色。如果工人能够与国家相互作用，而后者是社会的表征，那么工人就能避免与资本家交往，从而避免受剥削。问题在于，国家本身变得具有剥削性，而且也不再代表社会。在《1844年经济学哲学手稿》对不同类型社会主义的批判中，马克思警告说："首先应当避免重新把'社会'当作抽象的东西同个体对立起来。个体是社会存在物。"[1] 因此，辨识个人在社会主义社会中与他人交往的方式对于充分发展他或她的类意识就显得尤为必要。因为，市场被认为与这一事业相对立，必须以一种新机制取而代之。

资本主义生产力与生产关系的潜在冲突的性质并未得到充分阐明。在《在〈人民报〉创刊纪念会上的演说》一文中，马克思写道："我们时代的生产力与社会关系之间的这种对抗，是显而易见的、不可避免的和毋庸争辩的

---

[1] 《马克思恩格斯文集》第1卷，人民出版社2009年版，第188页。

事实。"① 沃齐米日·维索罗瓦斯基（Wlodzimierz Wesolowski）强调，生产力的变化是生产方式革命的必要条件，这对于马克思而言具有核心的重要性。维索罗瓦斯基认为："在一定范围内，完善的工具和新的生产技术可以在生产关系不变的情况下发挥作用；不过，在生产力领域发生决定性的变化之后，就需要新的生产关系。"

对当时的马克思而言，知识分子在无产阶级运动中可以扮演重要角色。例如，马克思称赞1844年6月的西里西亚织工起义，因为他们有意识地反对私有财产制度。无产阶级的意识在这一起义中一开始便存在，而不像法国和英国的工人起义那样在结束时才出场。马克思在《1844年经济学哲学手稿》中也承认了优先掌握正确理论的重要性。关于共产主义革命，马克思强调："我们从一开始就意识到了这一历史运动的局限性和目的，并且有了超越历史运动的意识，我们应当把这一点看作是现实的进步。"② 就像工人首先在他或她的头脑中形成一幅完成作品的图画然后再着手生产一样，革命理论家应当首先形成一幅共产主义未来的图景然后再着手将其实现。最后，塔克指出，对马克思和恩格斯来说，"正确的革命理论可以有力地促进革命运动"，但这并非其必要条件。在我看来，一场成功的社会主义革命运动的发生，正确的革命理论确实是必需的。原因在于，社会主义必须借助绝大多数人的自觉行动。除非绝大多数人对成功的必要条件达成共识，否则他们不可能为新的社会秩序而战。

资本主义意识形态在发展到为其自身辩护之前，只是一种社会经济形态。然而，社会主义和共产主义在作为社会经济形态形成之前，需要意识形态的辩护。马克思谴责那种20世纪出现的基于国家的社会主义形式，他解释道："上层在各种细小问题的知识方面依靠下层，下层则在有关普遍物的理解方面信赖上层，结果彼此都使对方陷入迷途。"③ 这一循环的窘境决定了当马克思

---

① 《马克思恩格斯文集》第2卷，人民出版社2009年版，第580页。
② 《马克思恩格斯文集》第1卷，人民出版社2009年版，第232页。
③ 《马克思恩格斯全集》第1卷，人民出版社1956年版，第302页。

提及社会主义时他头脑中的确切所指。

马克思特别强调社会主义的一个方面就是其民主性质,虽然他曾再三谴责资产阶级民主。对于马克思而言,社会主义革命所采取的形式从根本上说是民主的。吕贝尔指出:"在马克思眼中,民主不仅仅是目的本身,它还是手段,如果被资产阶级政权推崇的话,它最终会反对统治阶级。"马克思没有证明,工人阶级如何以一种在内容和形式上都民主的方式让生产资料远离资本家阶级。

需要指出的是,以一种民主社会主义社会的前景填补这一空白是一个必要条件,但对于显示其正确性而言尚不充分。这还需要在实践中加以检验。正如路易·杜普雷(Louis Dupre)所说,人被环境所塑造这一论断要想为真,必须同时补充上他自身也能改变环境。马克思于是放弃了作为"唯物主义者"的费尔巴哈,因为后者没有看到"意识与自然之间关系的辩证特征"。因此,杜普雷得出结论:"除非理论变成实践辩证法的要素,因为,就其本身而言,实践包含了人的真理。"于是,任何社会主义革命理论的真理唯有通过那些建立理论并付诸实践者的活动才能得以实现。马克思《关于费尔巴哈的提纲》第二条与杜普雷的观点非常一致:"人的思维是否具有客观的真理性,这不是一个理论的问题,而是一个实践的问题。人应该在实践中证明自己思维的真理性。"[①] 理论本身是一种无意义的抽象。

马克思和恩格斯认为,未来社会主义革命的性质是民主的,这一点不容置疑。美国马克思主义者哈尔·德雷珀(Hal Draper)认为马克思和恩格斯的概念是"来自下层的社会主义",以此对立于"来自上层的社会主义",后者指的是精英阶级迫使被动的工人阶级做出改变。加斯珀解释说:"从历史上看,大多数自称社会主义的一直是各种'来自上层的社会主义',而这从马克思和恩格斯的观点来看绝非真正的社会主义。"在这里,问题涉及"来自下层的社会主义"如何实现及其可能采取的形式。除了对社会主义未来的困难进行设想之外,还有一个主要的障碍是无法凭借普遍的正义来激发工人阶级参

[①] 《马克思恩格斯文集》第 1 卷,人民出版社 2009 年版,第 500 页。

与无产阶级运动的兴趣。无产阶级意识的获得部分有赖于对承载价值的普遍性的拒绝。阿尔伯特·爱因斯坦说："社会主义直接指向社会伦理的终结。但是，科学无法创造目的，更不用说将其灌输给人类。"爱因斯坦的问题直接来自"是什么与应该是什么"之间的鸿沟。人们势必选择他们追求的目的，而且知识分子只是希望去教育和指导别人。这样，唯一的方案就在于说服足够多的人努力追求社会主义运动规律的实现，这一规律将会迫使少数人服从，直至变得习以为常。

我们将会寻找到真正民主的社会主义方案，而这又一次将无产阶级专政问题提了出来。在1852年致魏德迈的一封信中，马克思证明"阶级斗争必将导致无产阶级专政"，而且"这个专政不过是达到消灭一切阶级和进入无阶级社会的过渡"。① 马克思未明确规定这一专政的性质，但从其他著作中可以清楚地看出，他并未考虑到无产阶级的代表实施统治的问题，这也是接下来的难题。我们认为，只有在马克思写作时的特定历史时期才能在某种程度上把握无产阶级专政的性质，但仍无法全面理解其具体形式。只有伴随着社会生产力的更大进步，无产阶级专政的概念才能变成一个合理的概念。

在这个问题上，无政府主义曾经对马克思主义者发起猛烈的攻击。在19世纪70年代中期，马克思回应了俄国无政府主义者巴枯宁的批评。马克思站在一个有利的位置攻击巴枯宁，后者认为与"经济条件"相比，"权力意志"是社会革命的基础，但在无产阶级专政的性质问题上，马克思遭到了来自巴枯宁的更大挑战。巴枯宁指责马克思主义者的"谎言"掩盖了"进行统治的少数人的专制"，"更危险的是，它貌似所谓人民意志的表现"。马克思则回应说："在集体所有制下，所谓的人民意志消失了，而让位给合作社的真正意志。"② 我们很难弄清楚马克思这里指的具体是什么。合作社如何表达其真正的意志？它是依靠市场竞争来与其他合作社和工人进行交流以便寻求合作吗？如果不是，那么它又是如何与其他人彼此互动的？马克思在这一问题上保持

---

① 《马克思恩格斯文集》第10卷，人民出版社2009年版，第106页。
② 《马克思恩格斯文集》第3卷，人民出版社2009年版，第406页。

了沉默。

马克思在《国际工人协会成立宣言》中对合作社运动的高度赞许在对巴枯宁的批判性回应中荡然无存。马克思抱怨空想社会主义者"力图用新的幻想欺蒙人民，而不是仅仅运用自己的知识去探讨人民自己进行的社会运动"①。马克思拒绝从事这种空想计划的创造，这表明他相信有关商品交换的替代方案具有一定的可能性，这符合社会生产力的有效运行和持续发展。第一种可能性是，对于这一替代方案在逻辑上是不可能的这一点，马克思这时已经欣然接受。第二种可能性是，马克思此时相信，对于社会主义社会中人类交往的性质，只有根据未来时期的生产力才能予以理解，只有通过仔细研究资本主义的发展，答案才能最终呈现出来。当答案终于得以自我呈现时，解决方案就不再是空想。

一个密切相关的主题是马克思和恩格斯关于社会劳动分工的观点。塔克指出，马克思和恩格斯的社会主义"将未来的社会主义视作这样一种生产方式，只要技术允许，劳动分工将被消灭"。当然，完全废除可能是空想，因为，有效利用从资本主义那里继承的生产力至少需要某种程度的专业化。不过，马克思和恩格斯也考虑到了现代资本主义制造业中存在的极端劳动分工。正如恩格斯所说："为了训练某种单一的活动，其他一切肉体的和精神的能力都成了牺牲品。"② 事实上，没有人会选择用其一生致力于某一单调乏味的操作。

当然，人们应该明确社会主义劳动分工的性质。恩格斯总结了取代资本主义劳动分工的前景："旧的分工必须消灭。代替它们的应该是这样的生产组织：在这样的组织中，一方面，任何个人都不能把自己在生产劳动这个人类生存的必要条件中所应承担的部分推给别人；另一方面，生产劳动给每一个人提供全面发展和表现自己的全部能力即体能和智能的机会，这样，生产劳动就不再是奴役人的手段，而成了解放人的手段，因此，生产劳动就从一种

---

① 《马克思恩格斯文集》第 3 卷，人民出版社 2009 年版，第 407 页。
② 《马克思恩格斯文集》第 9 卷，人民出版社 2009 年版，第 308 页。

负担变成一种快乐。"①

关于如何取代劳动分工,恩格斯的论断是要消灭阶级差别。阶级分化本身表征着资本主义劳动分工的一个方面,因为,一些劳动生产使用价值,而另一些劳动则只是收集这些劳动果实,这些劳动者自身并不从事生产使用价值的劳动。与此同时,全面发展一个人的体能和智能并非禁止专业化。毋宁说,恩格斯的论断是禁止用专业化来控制和压抑人。因此,社会主义的劳动分工是可能的,只要它能为不同的职业选择创造平等的机会,而这一平等的机会将通过人类心智能力的训练而影响劳动过程的性质和条件。

马克思和恩格斯强调的另一特点——未来社会主义社会的核心特征——是更短的工作日。马克思将这一必然王国描述如下:"这个领域内的自由只能是:社会化的人,联合起来的生产者,将合理地调节他们和自然之间的物质变换,把它置于他们的共同控制之下,而不让它作为一种盲目的力量来统治自己;靠消耗最小的力量,在最无愧于和最适合于他们的人类本性的条件下来进行这种物质变换,但是,这个领域始终是一个必然王国。在这个必然王国的彼岸,作为目的本身的人类能力的发挥,真正的自由王国就开始了。但是,这个自由王国只有建立在必然王国的基础上,才能繁荣起来。工作日的缩短是根本条件。"② 因此,未来的社会主义社会必须通过联合生产实现人与自然之间交往的合理性调节,同时,这一调节形式必须促使工作日缩短到与这一目标相符合的最低水平。

五、结语

总之,马克思和恩格斯在很大程度上对社会主义生产方式的具体规定和细节保持沉默。如果马克思的基本想象大体正确,那么真正的社会主义替代方案仍未被发现。德赛对此的承认值得称道和引用。他写道:"'社会'如何

---

① 《马克思恩格斯文集》第9卷,人民出版社2009年版,第310—311页。
② 《马克思恩格斯文集》第7卷,人民出版社2009年版,第928—929页。

才能实施自觉的控制，人们的需求和设想才能得到沟通，这样的社会是如何决定节约和投资的，都是悬而未决的问题。甚至缺乏假设性的蓝图——对这一观点的模拟或方案构想。"

德赛将"超越资本主义的社会主义"这一马克思主义的图景描述如下："一旦人们自觉地把握到他们之间的互相依赖性——一旦对于每个人来说，亚当·斯密的看不见的手变得能够看见——那么，他们就可以依照这样的方式安排自己的经济事务，即满足每个人的需要成为首要的任务。人们将会继续工作——不是出卖自己的劳动力，而是成为一般化的社会交换的一部分。"值得注意的是，德赛提到，斯密的"看不见的手"变得人人可见。他的观点是正确的，因为超越资本主义的社会主义的确立，是以一种全新的机制取代市场机制，这种全新的机制是人类自觉设计的结果。正因如此，美国《科学与社会》杂志在 2002 年推出的一期专题便是基于如下共识：社会主义不能建立在看不见的手之上。迪瓦恩（Pat Divine）因此写道："本专题的参与者们共享同一个承诺：民主参与的社会主义"，而且拒绝市场社会主义。接下来的挑战便是描述一种普遍的社会交换如何取代目前存在的劳动力买卖双方之间的交换。

马克思的后资本主义社会思想的伦理学内涵*

彼得·胡迪斯** 著　梅沙白 译

[内容提要] 一直以来，人们普遍认为马克思几乎没有谈论过对未来社会的设想。本文通过对辩证法本质的揭示指出，马克思对未来社会有所展望，而且他的后资本主义社会思想包含着丰富的伦理学内涵。首先，马克思在剖析资本主义社会的过程中阐发了未来新世界的一般特征，他反对以康德式的"应然"来表述后资本主义社会，而是诉诸亚里士多德—黑格尔式的内在批判立场。其次，马克思对黑格尔颠倒主谓关系的批判具有规范性的意义，马克思在此基础上设想了一个完全不同于资本主义社会的未来社会，并将共产主义区分为初级阶段和高级阶段，到那时，人类能力就是目的本身。这些伦理原则贯穿于马克思思想的始终，他的后资本主义社会思想所具有的广度和深度对于解决当今时代的难题具有深远的意义。

[关键词] 马克思　资本主义社会　辩证法　主谓颠倒　伦理原则

在最近10年中，新社会运动此起彼伏，迫切要求我们重新检视马克思的

---

* 本文译自迈克尔·汤普森主编的《建构马克思主义伦理学》（Michael J. Thompson ed., *Constructing Marxist Ethic: Critique, Normativity, Praxis*, Brill, 2015）第十三章，注释有删节。译文原载《国外理论动态》2018年第5期。

** 作者简介：彼得·胡迪斯（Peter Hudis），美国欧克顿社区学院人类学部学者。

哲学贡献。更重要的是，与此同时，第一次完整呈现了马克思作品的《马克思恩格斯全集》历史考证版第 2 版（MEGA2）最终出版。近年来，很多学者开始重新理解马克思对辩证法的理论贡献，同时，由于 MEGA2 呈现的新文献，一些新的研究也应运而生，比如，马克思关于自然科学、非西方社会、性别的论述。还有一个重要的趋势是，人们对马克思关于资本主义替代方案的论述的兴趣也在与日俱增。是否真的如历代马克思的研究者所说，马克思几乎没有任何关于后资本主义社会的论述？马克思对未来社会的乌托邦式想象的拒斥是否意味着，在资本统治一切的当下，他无法为我们提供任何足以抵御资本力量的社会形态？如果确实如此，那么在某些自誉为"马克思主义"的社会已经失败并且人们普遍认为"资本主义别无选择"之时，马克思的遗产如何才能真正地回应我们时代的问题？在马克思本人的著作中没有直接的理论资源可以解决当今社会运动中所面临的最大难题吗？或者说，是否存在一种真正的替代性选择，可以同时超越"自由市场"和"社会主义"实验的双重局限？

在本文中，我将指出马克思对后资本主义社会的看法比通常人们所认为的要多得多。我希望证明，马克思的后资本主义社会思想是建立在与我们时代同等重要的规范原则的基础之上的。通过揭示马克思对新社会的设想的伦理学内涵，我们可以超越当今国家资本主义和自由资本主义等资本主义的变种，探索出一条更为全面和自由的替代性选择之路。

一、马克思对后资本主义社会问题的探讨

无疑，马克思关于后资本主义社会的论述寥寥可数。他从未把全部精力投入到这个问题上，或者说他并未把对这一问题的研究视为他的工作。他的工作是对"资本"这一资本主义社会的核心社会关系进行详细、全面、复杂的分析。倘若资本是一种简单的或不证自明的形式，那么马克思就不用花费将近 40 年的时间来分析它。资本的确是一种非常矛盾的现象，它同时既是产品又是生产者，既是结果又是原因，既是具体又是抽象。它是一种内在分化

的神秘现象。

使资本如此神秘的原因在于，它不仅是一种物，而且是物背后人与人之间的社会关系。资本并非简单凝结的具体劳动，否则就不会如此神秘。资本是抽象劳动的凝结，这是一种最特殊的劳动——抽象的、同质的、无差别的劳动——的凝结。马克思认为，抽象劳动是价值的本质，资本是能够自我增殖的价值。

鉴于资本作为一种社会关系的复杂性，以及马克思系统地分析资本运行规律需要大量的时间和精力，因而马克思并未论及后资本主义社会也就不足为奇了。然而，事实并非如此。马克思的著作中包含着对超越价值生产的后资本主义社会之本质的论述，有时还有明确的描述。那么，为什么马克思首先要分析资本主义社会的本质呢？

原因是双重的。首先，对马克思来说，斯宾诺莎和黑格尔都认为"一切规定都是否定"，实在自身包含否定，否定不仅揭示了物的界限，还扬弃了物的界限，作为否定之否定的某物，才是实有。正如黑格尔在《逻辑学》中所说："否定本身只是无形式的抽象；把否定或无说成是哲学上最后的东西，这绝不该归咎于思辨的哲学；对于哲学说来，无之不是最后，正如实在之非真一样。"① 更具体地说："假如在一般某物那里的界限就是现实，那么，某物必须在自身之中同时又超出界限，它自身对界限的关系就是对一非有物的关系。"② 对资本的局限性进行批判是马克思《资本论》的真正主题③，因此他必须以某种方式来阐明，社会主义代表着对资本主义局限性的超越。也正因为如此，即使马克思非常希望将分析限定于对现存事物的否定，但在许多情况下，包括在《资本论》中，他还是不得不讨论未来的后资本主义社会。

同样，在马克思与其同时代的社会主义者、共产主义思想家、活动家的

---

① ［德］黑格尔：《逻辑学》上卷，杨一之译，商务印书馆2009年版，第106页。
② 同上书，第128页。
③ 尽管马克思的《资本论》往往被视为关于资本主义发展的理论，但事实上这是不确切的，马克思通过客观分析揭示了资本主义必将灭亡。马克思的"历史唯物主义"不是单纯的描述性分析，其目的是揭示任何现存现象中的否定因素。

激烈争论中，我们也可以看到积极的东西是通过否定来揭示的，马克思批判了他们对资本主义替代方案的错误理解。这一点早在《1844年经济学哲学手稿》中就有所体现。马克思认为，蒲鲁东试图将基于社会必要劳动时间（对马克思来说，这是资本主义价值生产的基础）的价值量化方法应用于"社会主义"，这样"社会就被理解为抽象的资本家"①，从而替代了个别的资本家。这一批判在马克思后来的《哲学的贫困》《政治经济学批判大纲》《资本论》等著作中得到了深化。马克思一直激烈地批判那种将资本主义所特有的范畴套用于新社会的做法，所以可以认为，他的作品代表着一个不断同蒲鲁东及其追随者论战的过程。此外，马克思的著作还充满了对英国新李嘉图派社会主义者和德国国家社会主义者（主要是洛贝尔图斯和拉萨尔）的批评。② 这并非派系斗争，而是因为社会主义运动远未达到马克思所认为的可以根除资本主义的那种深度。如果人们想要获得马克思对后资本主义社会的看法，最好从他对当时激进倾向的批判中去寻找。

其次，马克思关于新社会的所有讨论的核心观念是，新社会只能从资本主义社会现存的条件中产生。正如他在《政治经济学批判大纲》中所说："如果我们在现在这样的社会中没有发现隐蔽地存在着无阶级社会所必需的物质生产条件和与之相适应的交往关系，那么一切炸毁的尝试都是唐吉诃德的荒唐行为。"③ 这一点被马克思反复强调。马克思注重对资本的批判，不是因为他认为讨论社会主义是多余的，而是因为他认为后者只有在前者的基础上才能实现。在这一点上，马克思采取了一种特别规范的或伦理的立场：资本主义的替代方案并不是诉诸一种康德式的"应然"（ought）来表达的，而应该以内在于认识对象本身的因素为基础。

---

① 《马克思恩格斯文集》第1卷，人民出版社2009年版，第167页。蒲鲁东认为，由于劳动者没有"公平地"得到他们劳动所生产的商品价值的那部分，所以应当改变流通关系，使劳动者得到他创造的全部价值。马克思批判这种说法的理由是，它只消除了资本的人格化，即资本家，却并未改变资本主义价值生产。

② 这种批判的基础同样首先出现在马克思的《1844年经济学哲学手稿》对"庸俗的共产主义"的抨击中。

③ 《马克思恩格斯文集》第8卷，人民出版社2009年版，第54页。

马克思从黑格尔那里继承了内在批判的思想。在那封写于19岁的、宣布他从康德转向黑格尔的信中,他对"现实的东西和应有的东西之间的对立"表示不满,并且声称要"向现实本身去寻求思想"。① 显然,马克思自其知识分子生涯伊始就不赞同康德的道德观,但这并不意味着他反对伦理学本身,因为他采取了亚里士多德—黑格尔式的内在批判的立场,试图以此超越康德的立场。②

二、辩证理性主义与传统理性主义

在探究马克思的后资本主义社会思想时,最重要的一点是马克思的辩证理性与传统理性主义的区别。

传统的启蒙理性源自孤立的、原子化的个人。思想家们从部分、从原子化的单元（the atomized unit）出发来理解整体（the whole）,但整体从未真正被理解,具体的总体性（concrete totality）往往被忽略。这是因为传统的理性主义是从对现实的特殊理解出发的,"现实"被定义为以数学方式可量化的事物,不能用数学术语量化表达的东西则被视为"非实在"的,不属于哲学分析的范畴。整个生活世界——非物质的实体、"形而上学的"观念、情感——都被忽略或简化为物质实体的"反映"。这样一来,传统的理性主义就把"绝对"从历史中剥离出去。

由于传统理性主义无法解释当下生活的总体性,非理性主义应运而生。非理性主义和直觉主义仅仅是传统理性主义缺陷的"另一面",直觉主义者认为"绝对"像手枪发射子弹一样可以一蹴而就,但是,由于他们把"绝对"从现实的历史发展过程中、从矛盾运动的不同阶段中分离出来,因而他们所

---

① 《马克思恩格斯全集》第40卷,人民出版社1982年版,第10、15页。
② 值得注意的是,上述这句话是马克思在1837年写的,此时他还根本没有想过要对资本主义进行批判。不过"在现实本身中发现观念"的想法,是他后来认为新社会的原则（意识）只能在足够发达的物质（或现实）条件的基础上才能形成的大致表达。这是马克思如何应用具体的规范性方法为"唯物史观"奠基的一个突出的例子。

设想的只不过是一种空洞的绝对。① 理性主义催生了反对自身的对手，就像高度发达的资本主义社会中日益合理化的社会关系为非理性的神秘主义奠定了基础。

众所周知，马克思并非一个传统的理性主义者，因为他不是从原子化个人的角度出发的，他也没有把现实简化到只能以数学来表达的地步。马克思从一种与众不同的现实观出发，这是一个在结构上逐步发展而成的整体，包含着内在与外在、物质与精神、主体与客体、绝对与相对。马克思是一个辩证思维的实践者，而非传统的理性主义者，这使得他能正确地理解资本主义社会的"具体的总体性"。

当然，只有社会本身以一个系统的形式出现，它才能被系统地理解为一种"具体的总体性"。前资本主义社会没有产生系统的经济学理论，是因为那时没有出现系统的经济。② 社会整体的再生产不能只归因于单一的原则或社会关系的总体化，而资本主义社会则恰好相反，是被"资本"这一单一原则统治的。

但是，把一种现象作为具体的总体性来把握，与描绘一种有关资本主义的替代方案之间有何关系呢？社会的未来与辩证的分析有何关系？新社会的图景是否内在于当下现实，从而能被提前知晓？如果我们从字面上理解黑格尔的格言"密涅瓦的猫头鹰只有在黄昏降临才会起飞"③，那么答案似乎是否定的。但这句话是否真的抓住了黑格尔的（更不用说马克思的）辩证理性的本质？

---

① 关于这一现象的最深刻看法仍然是黑格尔在《小逻辑》中关于"思想对待客观性的三种态度"的讨论。第一种态度是康德以前的经院哲学，它假定思维与存在具有同一性；第二种态度是革命性的康德批判哲学，它把认识局限于现象界。黑格尔并未把辩证理性作为第三种态度，而是指出第三种态度诉诸直接的信仰、直觉，例如，雅各比（Friedrich Heinrich Jacobi）的方法。就像黑格尔以"所有的母牛在黑夜中都是黑的"来嘲讽谢林的"绝对"概念一样，直觉主义者的"绝对"是空的，因为它直接代替了现象。参现黑格尔《小逻辑》，贺麟译，商务印书馆2012年版，第94—152页。

② 最早的经济学系统理论出现在18世纪中叶法国重农学派的著作中，尤其是魁奈（Francois Quesnay）的著作，他的《经济表》第一次详细阐释了社会再生产理论，这一研究得到马克思的多次赞扬，马克思在《资本论》第2卷以及其他地方都对它进行了重要的运用。

③ [德]黑格尔:《法哲学原理》，范扬、张企泰译，商务印书馆2016年版，第16页。

卡莱尔·科西克（Karel Kasik）在《具体的辩证法》中指出："理性的无理性，理性的历史局限，在于它拒斥否定性；而（辩证）理性的合理性则在于它假定或预期否定性为自身的产物，把自身当作连续不断的历史否定性。"①黑格尔和马克思认为否定性是思想的核心，而传统的理性主义则主张认识只能反映可量化的现存事物，从而拒斥了否定性，实证主义正是这种无力去思考否定性的最充分表现。既然无法想象否定，那么也就无法想象现存事物的另一面，思想就被局限在现存社会关系的视野里。社会主义和实证主义是被资本形塑的现代社会的意识形态囚徒。那么马克思呢？如果说马克思的工作只是对资本进行系统的分析，而对未来社会没有任何看法，那么社会主义又如何与实证主义有本质的区别呢？

在科西克看来："辩证法认为绝对和普遍是在历史进程中形成的。非历史的思维只知道形而上学意义上的绝对②，即非历史的永久的绝对。历史决定论把绝对和普遍全部从历史中剔除。③ 辩证法与这两者不同，它认为历史是相对中的绝对与绝对中的相对的统一。它把历史看作一个过程，在这个过程中，人、普遍、绝对既表现为一般先决条件，又表现为特殊历史成果。"④ 由于否定性贯穿于辩证法，因而它只能理解认识对象有限的、历史的、暂时性的本质，并抓住它所蕴含的未来变化方向。辩证法将对现存事物的否定理解视为其存在方式不可分割的一部分，因而必须探索未来。

所以，马克思不可能阻止自己以某种方式冒险进入对未来后资本主义社

---

① ［捷克］科西克：《具体的辩证法——关于人与世界问题的研究》，傅小平译，社会科学文献出版社1989年版，第75页。

② 科西克指的是柏拉图主义和新柏拉图主义的绝对观，认为"绝对"是超越历史偶然性的永恒形式。

③ 人们通常认为，马克思也是从历史中"剔除"绝对的。马克思当然不相信固定不变的和永恒的"绝对"。对马克思来说，每一个普遍的东西都是历史现实的一个要素，只存在于关系之中，但是这并不意味着他摒弃了一切绝对的或普遍的法则。我们可以在《资本论》第1卷中看到关于"资本主义积累的一般规律"的讨论。

④ ［捷克］科西克：《具体的辩证法——关于人与世界问题的研究》，傅小平译，社会科学文献出版社1989年版，第104页。

会的讨论，而黑格尔可能会使辩证法停下脚步，因为在《精神现象学》里，哲学史终结在他的笔下。正如拉雅·杜娜叶夫斯卡娅（Raya Duayevskaya）所说："无论黑格尔说了什么，意味着什么，密涅瓦的猫头鹰都不是简单地遵从客观性的驱动，只有当现实的条件成熟了，内在于现实之理想的东西才会显现出来。依据黑格尔的辩证法，没有什么事物可以逃脱（必然灭亡的规律），结论就是一个崭新的开始。思想不再受限，虽然它是有限的，但却可以突破现存的藩篱，超越历史的时刻。"①

三、后资本主义社会的伦理学

通过以上论述，我们可以更直接地转向马克思对后资本主义社会的论述及其伦理学内涵。

毫无疑问，马克思对资本主义的批判是以主体和客体的颠倒为核心的。马克思认为，资本是体现人的本质力量的人类活动的产物，并把生产者当作异己的外在力量。分工是历史发展的产物，让每个独立的个体都可以支配自己的命运。国家是主体间相互作用的结果，以一种半自治力量的形式出现，却忽略了赋予它力量的人的意志，是市民社会的超自然怪胎。② 同样，历史也是有意识、有目的的人类活动能力的产物，但它在个人背后运行着，不以人的意志为转移。马克思对阶级社会的全部批判植根于他反对人类对象化活动的产品或产物反过来统治主体的现象。

是什么导致了马克思如此强调主客体的颠倒，为什么他认为这是至关重要的？他对主客体颠倒的批判实际上远远早于他对资本主义及其生产方式的

---

① Raya Dunayevskaya, "Hegel's Absolute as New Beginning", in Peter Hudis and Kevin B. Anderson (eds.), *The Power of Negativity: Selected Writings on the Dialectic in Hegel and Marx*, Lanham: Lexington Books, 2011, p. 184.

② "民族的统一不是要加以破坏，相反，要由公社在体制上、组织上加以保证。要通过这样的办法加以实现，即消灭以民族统一的体现者自居同时却脱离民族、凌驾于民族之上的国家政权，这个国家政权只不过是民族躯体上的寄生赘瘤。"（《马克思恩格斯文集》第3卷，人民出版社2009年版，第155页。）

突破性分析，甚至早于 1842—1843 年间马克思受费尔巴哈批判基督教的影响——费尔巴哈把上帝视作人类主体的产物，上帝成为人创造出来的客观力量。① 马克思最早提到这种颠倒是在 1839 年他为准备博士论文《德谟克利特的自然哲学和伊壁鸠鲁的自然哲学的差别》而写的《关于伊壁鸠鲁哲学的笔记》中。他在批判普鲁塔克（Plutarch）的著作《科洛特》时提到了这一点，普鲁塔克宣称："所以对每一种质实际上都可以说，它的存在同它的不存在是一样的：对于感觉得到它的人来说，它是存在的；对于感觉不到它的人来说，它是不存在的。"马克思指出，普鲁塔克"谈论静止的存在或非存在就像谈论谓语一样"，但是"感性的存在"并非谓语，而是主体。最后，马克思总结道："在通常的思维中，总是存在现成的、被思维从主体分离出来的谓语。所有哲学家都用谓语做主体。"② 说所有的哲学家都混淆了主谓关系也许有些夸张，但这种颠倒的确由来已久，可以追溯到柏拉图的"理型"（Forms）概念，以及中世纪的学者们致力于把亚里士多德的"主动理智"（active intellect）解释为一种内在于我们思维的客观力量，而不是被我们思考的对象。

无论如何，马克思接下来将他反对主谓颠倒的规范性原则运用到对现代哲学的集大成者——黑格尔的批判中。在写于 1843 年的《〈黑格尔法哲学批判〉导言》中，马克思指出，黑格尔颠倒了市民社会与国家的关系，尽管市民社会中私人领域的抽象性是形成现代国家强制性的原因，但黑格尔仍将国家视为市民社会之上的"外在必然性"。马克思开始思考黑格尔为何会犯这个错误，他认为，原因在于黑格尔颠倒了"真正的主体"（即现实的人）与理念之间的主谓关系，"理念变成了独立的主体，而家庭和市民社会对国家的现实关系变成了理念所具有的想象的内部活动"③。在马克思看来，主词和谓词

---

① 费尔巴哈对主谓颠倒的批判最早出现在他于 1841 年出版的《基督教的本质》中，而在两年前，马克思已经在他博士论文的笔记中讨论过主谓颠倒的问题了。虽然费尔巴哈的著作在当时引起了巨大的轰动，但其实并不是什么新鲜事，因为 18 世纪法国的唯物主义者和休谟对这一问题的理解也已经大体达到了同样的高度。

② 《马克思恩格斯全集》第 40 卷，人民出版社 1982 年版，第 93 页。

③ 《马克思恩格斯全集》第 1 卷，人民出版社 1956 年版，第 250—251 页。

的倒置导致了黑格尔对国家采取一种不加批判的态度，而这也是预先把国家设定为自决理念（selfdetermining idea）之现实化的必然结果。由此，马克思找到了早在撰写博士论文时就困扰他的问题的答案：作为最出色的推崇否定性的辩证哲学家，黑格尔为何会将他的法哲学终结于现存的社会制度？

在《1844年经济学哲学手稿》中，马克思已经开始深入研究政治经济学（与1843年的情况不同），并对黑格尔的"颠倒"形成了不同的看法。他不再把黑格尔的主谓颠倒仅仅当作唯心主义的谬误，而是认为它包含了一种重要的唯物主义观点，因为黑格尔的"错误"反映了在现实的资本主义劳动过程中发生的现实的主客颠倒。①

马克思指出，在资本主义社会中，工人不仅简单地同自己的劳动产品相异化，而且同自己的生产活动相异化。人的主体活动变得具体化、物化，这种对象化形式成为支配所有社会交往的规范，主体活动创造的客观对象反过来统治了人。在马克思看来，当黑格尔通过把理念当作主词而混淆了主谓关系进而使理念非人化时，他是在资本主义生产过程中对异化的现实进行哲学表达。因此，马克思并未指责黑格尔没有论及现实，问题在于他论述得太好了！通过使辩证法的主体非人化，黑格尔对现代性的异化结构采取了不加批判的态度，从而无法显示其超越性。黑格尔的主谓颠倒致使他违背了自己的否定性辩证法。

在本文中，我们不可能探讨马克思对黑格尔的批判是否公平，也不可能深入研究他在《资本论》中如何深化了对这种颠倒的批判。对于本文的目的而言，更贴切的问题是，马克思对颠倒现象的规范性反对态度如何表达了他对后资本主义社会的看法。

---

① 这里应当说明，马克思对这种颠倒的批判与以"唯物主义"来取代黑格尔的"唯心主义"无关。正如马克思所明确承认的，黑格尔的思想中有唯物主义因素。马克思的思想中也有唯心主义成分。马克思反对所有主谓颠倒的情况，无论是出于唯心主义还是唯物主义。至于他自己的理论，马克思把自己的思想新大陆定义为唯心主义与唯物主义的统一："我们在这里看到，彻底的自然主义或人道主义，既不同于唯心主义，也不同于唯物主义，同时又是把这二者结合起来的真理"（《马克思恩格斯文集》第1卷，第209页。）

马克思指出，资本主义社会的核心问题是主体反过来被自己的劳动产品和生产活动所统治，因此一个新社会就代表了这种颠倒的复位，因为新社会消除了这种情况得以存在的任何条件。马克思在《政治经济学批判大纲》中指出，在资本主义社会中，"个人从属于像命运一样存在于他们之外的社会生产；但社会生产并不从属于把这种生产当作共同财富来对待的个人"①。但是，如果我们假设存在一个非资本主义社会呢？

> 最初在生产中发生的交换——这不是交换价值的交换，而是由共同需要、共同目的所决定的活动的交换——一开始就意味着单个人参与共同的产品界。在交换价值的基础上，劳动只有通过交换才能被设定为一般劳动。而在共同生产的基础上，劳动在交换以前就会被设定为一般劳动；也就是说，产品的交换绝不会是促使单个人参与一般生产的中介，当然，中介必定是有的。②

这表明，在后资本主义社会，劳动仍然是社会再生产的一个重要因素。但是，它的"一般性"不会建立在抽象劳动或无差别劳动的主导性之上。抽象劳动作为资本主义价值的实质，是使分散的劳动产品能够相互交换的共同点。价值生产的存在意味着人与人之间的关系只是间接的社会关系，因为个人之间通过抽象的统治形式（如金钱等）相互联系，劳动在资本主义中只具有间接的社会性。与此相反，到了后资本主义社会，在共同生产的基础上，劳动在产品交换前就具有"一般性"。自由联合的个体根据自己的需要分配生产要素，而不是由独立于个体之外的社会形式（如国家或市场）来调节。马克思在这里并不是指存在着一个在由价值生产所主导的世界中运行的孤立的小型共同体，而是指一个在整个制度层面取代了价值生产的社会联合体。在这种后资本主义社会中，劳动具有直接的社会性，因为，并非交换价值这种

---

① 《马克思恩格斯文集》第 8 卷，第 53 页。
② 同上书，第 66 页。

外在的独立力量，而是人类主体自身的行动和决定调节了人与人之间的关系。马克思说："中介必定是有的。"然而，一种独立于现实人类主体之外的力量无法调节社会关系，只有由个人组成的联合体的主体行为才能充当中介，也只有这样，才能取代主语与谓语的倒置。

当然，在这样一个新社会中，会出现某种形式的交换。但是，这与由商品交换占主导位置的资本主义社会本质上是不同的。在资本主义社会中，交换是基于交换价值、价格或市场的，而新社会的分配是由共同需要、共同目的所决定的交换活动来调节的，作为人类活动之产物的交换关系不再面对孤立的个人。而一旦出现新的、不存在异化劳动的自由人的联合体，交换价值——马克思认为它体现了抽象劳动的价值生产——就会消亡。

毫无疑问，这个观点与20世纪乃至今天大部分所谓的"社会主义"或"共产主义"都大相径庭。马克思在所有关于后资本主义社会的讨论中都没有提到国家。社会主义不是以国家控制社会，也不仅仅是以市场控制社会，而是通过自由联合的劳动者民主地组织生产和分配。

这一观点在《资本论》第1卷的"商品的拜物教性质及其秘密"一节中得到了进一步发展。卢卡奇指出，这一节"隐含着全部历史唯物主义，隐含着无产阶级的全部自我认识，也就是对资本主义社会的认识"[1]。然而，经常被忽视的一点是，这一节也是马克思对后资本主义社会最为全面的讨论之一。

马克思写道："最后，让我们换一个方面，设想有一个自由人联合体，他们用公共的生产资料进行劳动，并且自觉地把他们许多个人劳动力当作一个社会劳动力来使用。"[2] 紧接着，他更为具体地说明了这一点。首先，在后资本主义社会中，所有的产品都直接是使用对象，而不是一种价值形式。在马克思对后资本主义社会所进行的所有讨论中，价值和交换价值都将消亡。其次，后资本主义社会的特征是"自由人的联合体"——不仅仅是简单的联合，许多前资本主义社会也有集体组织，但这并未减少它们的专制程度。相反，

---

[1] 卢卡奇：《历史与阶级意识》，杜章智等译，商务印书馆2009年版，第259页。
[2] 《马克思恩格斯文集》第5卷，人民出版社2009年版，第96页。

新社会的社会关系是自由形成的。最后,新社会中的个人直接参与社会产品的生产、分配和消费。这就使得新社会没有社会劳动的客体化表现,从而不会出现异化的个人。

马克思继续写道:"这个联合体的总产品是一个社会产品",总产品的一部分用于更新生产资料,另一部分"则作为生活资料由联合体成员消费。"① 这个总产品是如何分配的?没有一个独立于生产者自由联合体的机制能够决定这一点,马克思没有详细说明分配方式的细节,因为它"会随着社会生产有机体本身的特殊方式和随着生产者的相应的历史发展程度而改变"②。他没有提及太多细节,是因为如若不然,就相当于给主体强加了一个固定的公式或计划——而这正是马克思在批判主谓颠倒时所极力反对的。

马克思随后补充道:"劳动时间又是计量生产者在共同劳动中个人所占份额的尺度,因而也是计量生产者在共同产品的个人可消费部分中所占份额的尺度。"③ 每个人在社会产品可消费部分中的具体份额是由他们在联合体中的实际劳动时间决定的。每一个生产者提供一定量的个人劳动时间,最后从社会储存中获得一份耗费同等劳动量的消费资料。

极其重要的一点是,我们必须认识到,马克思并非在暗示这种安排是由社会必要劳动时间所支配的。实际的个别劳动时间与社会必要劳动时间不同,在资本主义制度下,实际劳动时间不创造价值,只有平均的社会必要劳动时间才创造价值。如果中国工人平均用 18 小时安装一辆汽车,而底特律工人耗费 12 小时安装一辆汽车,那么中国工人在这额外的 6 小时里就没有创造价值。从资本主义的角度来看,这是浪费时间。这也就是为什么资本主义要不断革新生产关系,迫使工人在更少的时间内生产更多的产品。工人和资本家并非他们自己命运的主人,而是全部受到由世界市场确立的社会必要劳动时间的支配。

---

① 《马克思恩格斯文集》第 5 卷,人民出版社 2009 年版,第 96 页。
② 同上。
③ 同上。

那么，马克思为什么说在新社会里"生活资料是由劳动时间决定的"呢？答案就在于实际劳动时间与社会必要劳动时间的区别。后者统治旧社会，前者管理新社会。随着自由人的联合体的出现，社会产品的生产和分配都被计划好了，劳动不再从属于社会必要劳动时间这样一个外在的、抽象的、不可渗透的力量，而是劳动者自己意志和需要的真正体现。一旦时间成为人类协商和发展的空间，成为历史发展的产物，我们就不再被在背后操纵我们的抽象的平均时间所支配。由于生产关系已经发生了变化，作为一种抽象统治形式的时间得以废除，这就使得根据个人对社会贡献的实际劳动时间来分配社会产品成为可能。

那么，这些观点与伦理学有何关系？难道不是仅仅与经济学相关吗？[①] 当然，马克思为资本主义之后的社会设想了一种完全不同的经济秩序。但是，如果没有马克思早在1839年就采取的反对主谓颠倒的规范性原则，那么他也许就无法对未来社会的形态做出具体的解释。马克思对价值生产的全部批判，以及他对社会主义或共产主义社会不受其支配的坚定信念，都来自他在早期著作中阐发的道德原则。即便在马克思最具"经济学"价值的著作中，这一原则也贯彻始终，例如，他在《资本论》第3卷中指出了"作为目的本身的人类能力的发挥"[②]。马克思坚持认为，人类能力，无论是物质的还是精神的，社会的还是宗教的，都绝不应该仅仅被当作手段，或者被自己创造的劳动产品所约束，人类能力本身就是自足的目的。这个观点从一开始就内在于马克思的思想之中，正如马克思在1843年所说："任何解放都是使人的世界即各种关系回归于人自身。"[③]

马克思的解放理论所蕴含的伦理学意义在其1875年的著作《哥达纲领批判》中得到了最为明确的表达。《哥达纲领批判》之所以引起轰动，不仅是因

[①] 近来存在着一种明显的偏见，认为经济学与伦理学不相容，然而在古典政治经济学家和更早的经济学家的著作中却并非如此。亚当·斯密的第一部著作就是《道德情操论》，它在经济史上经常被忽视。

[②] 《马克思恩格斯文集》第7卷，人民出版社2009年版，第929页。

[③] 《马克思恩格斯文集》第1卷，人民出版社2009年版，第46页。

为它详细地探讨了后资本主义社会，而且还因为这是马克思首次在其著作中区分了新社会的初级阶段与高级阶段。然而，他并没有认为初级阶段就是社会主义，高级阶段就是共产主义，社会主义和共产主义在马克思的学说中是完全可以互换的术语，他从未将二者视作不同的阶段。"我们这里所说的是这样的共产主义社会（初级阶段），它不是在它自身基础上已经发展了的，恰好相反，是刚刚从资本主义社会中产生出来的，因此它在各方面，在经济、道德和精神方面都还带着它脱胎出来的那个旧社会的痕迹。"①

新社会的第一阶段的特征是什么呢？马克思描述道："在一个集体的、以生产资料公有为基础的社会中，生产者不交换自己的产品；用在产品上的劳动，在这里也不表现为这些产品的价值，不表现为这些产品所具有的某种物的属性，因为这时，同资本主义社会相反，个人的劳动不再经过迂回曲折的道路，而是直接作为总劳动的组成部分存在着。"②

为什么马克思认为在生产资料公有的情况下"生产者不交换自己的产品"呢？答案是，普遍的商品交换只有在具有相应条件的社会基础之上才是可能的，这就要求存在抽象的或无差别的劳动——异化劳动。而只要我们达到生产资料的"共同所有"，就能克服异化劳动，生产者就不再被异己的外部力量或阶级所控制。一种新的自由联合劳动已经诞生，它克服了具体劳动与抽象劳动的对立。但是，如果抽象劳动这一价值的实质不再存在，价值生产本身也就不再存在。而由于交换价值以货币形式体现了价值，则一旦价值生产消亡，交换价值也就不复存在。因此，即使在后资本主义社会的最初阶段，"生产者也不交换自己的产品"。

马克思指出了新社会对资本主义的一个彻底突破，即"社会主义"或"共产主义"并不意味着对价值更为公平的分配，而是意味着自其出现时起（即使在初级阶段）就废除了价值生产。

那么，与共产主义的高级阶段相比，低级阶段存在何种缺陷呢？共产主

---

① 《马克思恩格斯文集》第3卷，人民出版社2009年版，第434页。
② 同上书，第433页。

义的第一阶段消除了雇佣劳动这一资本主义社会的决定性特征。马克思在其著作中始终认为,雇佣劳动与资本的统治地位是分不开的。因此,在初级阶段,一种新的分配形式必须取代雇佣劳动。它是这样运作的:"每一个生产者,在作了各项扣除以后,从社会领回的,正好是他给予社会的。他给予社会的,就是他个人的劳动量。"每个劳动者从社会领得一张凭证"证明他提供了多少劳动(扣除他为公共基金而进行的劳动)",再以此"从社会储存中领得一份耗费同等劳动量的消费资料"。① 这基本上概括了马克思在《资本论》第一章中关于新社会的内容。马克思在这里再次表明,资本主义社会的工资是以社会必要劳动时间为基础的,生产者的劳动用社会平均劳动时间来衡量;新社会则完全不同,劳动时间只是指个人的实际劳动小时数。"各尽所能,按劳分配。"——这个马克思从未使用过的口号,却在他死后成为斯大林主义的主要内容,但是,即使在共产主义初级阶段也并非如此,因为在初级阶段,生产者的报酬不是根据某个单位时间内他所生产的产品或价值数量来确定的,而只是根据个人实际劳动的小时数来确定的。"各尽所能,按劳分配"不过是基于社会必要劳动时间的另一种形式的雇佣劳动,至于是通过计划还是市场分配,则无关紧要。无论哪一种方式,总还是被限制在资本主义社会关系的框框里。但是,当我们达到社会主义或共产主义的初级阶段时,也就远远超越了资本主义。

共产主义初级阶段与高级阶段的区别在于,初级阶段的分配形式仍然是有缺陷的,因为此时通行的还是商品等价物的交换中通行的同一原则。每一个生产者从社会领取的,正好是他给予社会的。他以一种形式给予社会的劳动量(他个人的劳动时间),又以另一种形式领取回来。交换价值确实被废除了,但是基于"平等的权利"——实际的劳动时间——的交换依然存在。虽然共产主义初级阶段不是简单地进行再分配,而是直接废除了价值,但分配正义的原则——我从社会领取的与我给予社会的一样多——仍然占据上风。

马克思承认,"在这里平等的权利按照原则仍然是资产阶级权利",因为

---

① 《马克思恩格斯文集》第3卷,人民出版社2009年版,第434页。

"生产者的权利是同他们提供的劳动成比例的"。① 鉴于每个劳动者的社会状况不同,有些人的劳动时间可能比别人长,从而导致生产者之间实际所得的不平等。由于这种平等的权利是按照同一尺度即实际的劳动时间来计量的,因而最终会产生不平等的结果。阶级消亡了,但是实际所得的差异依然存在。这是一个不幸的弊端,但在这一阶段却是不可避免的,因为"权利决不能超出社会的经济结构以及由经济结构制约的社会的文化发展"②。

相反,当我们进入共产主义高级阶段后,就有一种完全不同的、否定资产阶级法权的伦理原则。到那时,由于共产主义的物质基础已经具备,完善的社会条件业已出现,脑力劳动与体力劳动的对立也随之消失,劳动已经不仅仅是谋生的手段,而且还成为"生活的第一需要",生产力发展到了"个人的全面发展"阶段——显然,革命之后还需要一段时间才能达到这个程度。只有在那时,社会的分配原则才能变成"各尽所能,按需分配"。

到那时,分配不再以个人为社会付出的劳动时间为准绳,实际的劳动时间也不再是衡量社会关系的尺度。事实上,共产主义社会的高级阶段完全超出了资产阶级法权的狭隘眼界,任何一种"平等的尺度"都不适用于这个阶段。生产者根据自己各不相同的先天或后天能力,向社会提供他们力所能及的劳动,再从社会储存中领取他们需要的消费资料,这不涉及商品等价交换的原则,由于实际劳动时间不再是社会关系的尺度,因而"平等的权利"也就不复存在,等价交换的原则也不再适用。取而代之的是,个人只是根据自己的能力给予他人,也从他人那里获得满足自己需要之物。

换言之,在共产主义社会的高级阶段,每个人都是因其自身的原因给予他人,并不期待特定的回报,他人不再仅仅被视为手段。只要等价交换原则依然起作用,资产阶级法权就会继续占主导。但是,在一个更高的阶段,你给予他人是因为他们本身,同样,他人给予你也只是因为你自身。由于阶级社会几千年的历史,等价交换原则被我们视为"自然"一般理所当然,而在

---

① 《马克思恩格斯文集》第3卷,人民出版社2009年版,第434—435页。
② 同上书,第435页。

共产主义的高级阶段，它将被"各尽所能，按需分配"所取代。

在马克思关于共产主义高级阶段的观点中，我们不难发现亚里士多德体系的痕迹。亚里士多德在《尼各马可伦理学》中描述了三种类型的友爱：基于有用原因的友爱、基于快乐原因的友爱和完善的友爱。前两种友爱是低级的、有缺陷的友爱形式，因为这两种友爱只是达到另一个目的的手段；只有完善的友爱才是符合德性的，因而是值得追求的。真正的友爱是因朋友自身之故而给予，并不期望得到任何回报。他爱朋友，是因为朋友体现了善，因此完善的友爱是对善无条件的爱。这不是达到另一个目的的手段，其本身就是目的。对亚里士多德来说，这是最高的伦理原则。毋庸置疑，完善的友爱是一份罕见的礼物，并非每个人都配得上这种友爱，因为不是所有人都是好人。亚里士多德认为，在缺乏完善的友爱的情况下，需要一个公正的系统来联结社会关系，公正是冷漠而有距离感的，与温暖而亲密的友爱完全不同，但在这种情况下，公正又是必需的。因而亚里士多德指出："若人们都是朋友，便不会需要公正。"①

当然，马克思并不认为在新社会中我们与每个人都能达至完善的友爱，他是如此现实，因而不会相信这一点；马克思也不认为新社会与亚里士多德的贵族精英主义政治观念有丝毫相似之处。② 但是，亚里士多德伦理原则的基本结构在马克思关于共产主义高级阶段的思想中得到了体现。在共产主义高级阶段，我们不会把人当作手段以达到某种隐秘的目的，因为劳动不再是谋生手段，劳动本身将成为"生活的第一需要"——这是一个自足的（self-sufficient）目的，远远超越了资产阶级法权和分配正义的视域。此时，盛行于主体间的将是一个更温情的原则："各尽所能，按需分配。"人类将发展到能够建立不受等价交换的狭隘眼界限制的社会关系，虽然摩擦和矛盾在社会活动中不可避免，但是我们不再把人类的能力当作手段，而是将其视为目的本

---

① 亚里士多德：《尼各马可伦理学》，廖申白译注，商务印书馆2003年版，第250页。

② 亚里士多德认为，一个拥有德性的人不可能与平民或奴隶达至完善的友爱，因为后者在精神上不够完满。这只能说明，亚里士多德被深深打上了阶级社会的烙印——将脑力劳动与体力劳动对立起来。

身来实现。与亚里士多德一样，马克思也认为至善本身就是完满的、自足的目的。当他将人类能力视为"目的本身"时，还能意味着什么？

四、结论

从过去一个多世纪困扰马克思主义的历史悲剧来看，马克思的后资本主义社会思想的深度和广度似乎没有得到足够的重视。我们听到的都是他对"乌托邦"以及对描绘"未来蓝图"的拒斥，而他对一个非异化社会的愿景所产生的影响却没有引起关注。这并不是说马克思提供了一种关于后资本主义社会的理解模式，也不是说所有与马克思主义相关的问题在马克思死后不会再出现。今天，我们可以在马克思的著作中发现重要的迹象，告知我们人类必须追求何种社会，才能克服资本主义的内在矛盾——这一自我灭亡的驱动力不仅威胁到社会的未来，甚至威胁到地球的生存。所以，现在是重新审视马克思的后资本主义社会思想可以教会我们什么的时候了。

但是，马克思毕竟没有系统地阐述资本主义社会灭亡之后的情况，当然我认为他也不可能提供这样的论述。如前所述，只有当社会本身以一个系统化的形式出现时，才有可能建立一种系统的社会理论。资本主义显然就是这样一个社会，但是在我看来，如果取代资本主义制度的社会得以实现，它将不会是一种系统化的形式。一旦作为支配一切的社会权力的资本被彻底根除，我们就可以在更高的层次上复归人类早期由多种原则支配的社会形式。我们不需要、也不应该事先回答关于新社会的所有问题，因为那就意味着设定了原本有赖于主体自身才会形成的发展过程，这样一种倾向是马克思坚决反对的。

当然，认为马克思的后资本主义社会思想建立在具体的伦理原则的基础上是一回事，认为这些原则是他的整个工作的内在组成部分则完全是另一回事。马克思毕生致力于揭示资本逻辑的运行规律，那么他对后资本主义社会的评论究竟在多大程度上反映了其道德框架的存在呢？从马克思关于共产主义初级阶段和高级阶段的论述中可以看出，马克思将践行道德原则的能力与社会历史和经济发展的水平联系在一起。如果我们的社会关系和个人关系在共产主义初级阶段还无法摆脱资产阶级法权观念，那么仍然生活在资本主义社会中的我们就更加无法做到这一点。马克思对为当下的我们制定道德行为规范并不感兴趣，因为他所追求的道德价值只有在社会主义社会中才有可能实现。

不过，这并不意味着伦理价值观与马克思主义是不相容的——正如许多马克思著作的评论家所宣称的那样。只有当马克思主义对资本主义的替代方案无话可说的时候，情况才会如此。但是，如果马克思主义不能回应这个问题，那么当初成为一个马克思主义者有什么意义呢？马克思批判资本，目的是要把我们的思想从当下的狭隘视野中解放出来，并从我们身上看到实现共产主义的希望。马克思通过对资本的批判所揭示的未来社会形态，实际上使我们认识到人类一直希望探索和拥有的伦理原则。没有它们，我们的生活将更加没有价值。

政治的狮皮：马克思论共和主义[*]

杰弗里·C. 艾萨克[**] 著　　彭　斌　于天洋 译

[**内容提要**] 许多政治理论家认为，卡尔·马克思认可"个人主义的神话"，因而没有认识到共和主义在现代社会中的重要价值。本文指出了上述解读的错误性，并且提出，只有将共和主义作为一种主要的关注对象，才能更好地理解马克思的理论与实践。本文进一步主张，考察和审视马克思对共和主义的批判不仅具有重要的史学价值，而且也可以为当代研究共和主义和共产主义的理论家提供重要的启示。

[**关键词**] 马克思　共和主义　自由主义

当前，共和主义研究已经成为政治学界的流行话题。为了批判当代各种既存在于资本主义民主国家又存在于共产主义国家中的社会与政治安排，那

---

[*] 本文原载《政体》（*Polity*）1990 年第 22 卷第 3 期。译文原载《国外理论动态》2017 年第 1 期，译文有删节。需要说明的是，1956 年出版的《马克思恩格斯全集》将"the lion's skin of politics"译作"政治外貌"，2002 年出版的《马克思恩格斯全集》第 2 版第 3 卷则将其译作"政治狮皮"，并在第 656—657 页做出注释："政治狮皮出典于希腊神话中的大英雄海格立斯，海格立斯因误杀音乐老师而被放逐，他扼死了涅墨亚大森林中长着钢筋铁骨的猛狮，剥下它的刀枪不入的狮皮，一直披在自己身上，以自炫其力大无穷，不可战胜。"

[**] 作者简介：杰弗里·C. 艾萨克（Jeffery C. Isaac），美国印第安纳大学政治学系学者。

些通常所谓的共和主义者激活了各种关于美德、爱国主义和共同体的主题。共和史学派试图在近现代政治话语中确立上述这些主题的地位，颠覆那些乐观的自由主义者持有的所谓辉格党人的观点，同时也颠覆那些具有批判精神的马克思主义者所持的观点。然而，这些学术研究项目是通过许多复杂的方式彼此关联的，任何人都不能确定无疑地断言它们是哪位特定的作家以何种方式提出的。但是，下述两方面的论证显然是可以相互补充的：一方面是那种认为现代性体现出某种重要的共和主义传统的历史论证，另一方面则是那种认为像这样的共和主义是当前值得追求的选择的道德论证。

那种关于卡尔·马克思的阐释体现在共和主义以诸种维度从上述两方面所展开的论证中。约翰·波考克（J. G. A. Pocock）提出了一种非常有影响力的史学观点，即马克思赞同某种"自由主义的神话"。波考克指出："众所周知的是，许多马克思主义者通常会坚持和维护'资产阶级'价值观的统治地位。"显然，这种神话是非常幼稚的。如果马克思赞成"自由主义的神话"，那么我们就只能认为他对现代政治的理解存在着严重缺陷。这种错误的观点也导致了下述第二种通常的论点，即马克思持有一种关于现代政治话语的扭曲观点，其结果是，他企图用一种官僚制的国家主义来取代他所厌恶的个人主义。换句话说，马克思不仅没有像历史学家那样认识到共和主义在现代社会中的重要价值，而且也没有像道德主义者那样赞美它的德性。

在本文中，我将批判上述两种观点。因为只要简单地阅读马克思的文本就可以发现第一种观点的谬误，所以我将首先分析这种观点。马克思不仅认识到共和主义话语的生命力，而且他的大半生都参与到共和主义运动中去了。马克思首先是一位共和主义的支持者，其次才是其批评者。有分析认为，他这么做的原因不仅在于他对历史学的兴趣，而且也清晰地显示出上述第二种论点的缺陷。简而言之，从任何直觉的意义上讲，马克思所持的社会主义视角和愿景并不会否定和拒斥共和主义，但是它彻底突破了19世纪共和主义所设想的统治形式。之所以会如此，原因在于马克思本人的政治理论非常复杂。然而，即使那些像波考克那样强调语境解释之重要性的学者，也往往将马克思的政治理论想得过于简单。这也表明，那种不加批判地将共和主义应用于当代世界的做法是危险的。当然,本文运用的是批判的方法,而马克思也曾用这样的方法来借用这些共和主义的术语。我所认知的马克思,与其说是一名共和主义者或共产主义者,不如说是一位针对现代社会的基本信念和发展方向进行激烈批判的批评家。

令人惊奇的是,由于"共和主义"术语的大多数使用者——无论是其支持者还是批评者——都是在明显具有分歧的意义上运用它,因而使它变得模糊不清。下面,我将阐明我对该术语的理解。共和主义政治观念的灵感来自古希腊与古罗马时期的古典思想,它强调公民德性与公共参与在社会生活中的首要价值。用波考克的话来讲,共和主义高度赞扬"一种投身于公民的基本政治行动和城邦事务的生活方式"。波考克进行史学研究的开创性成果就是,通过一种具有实质性的标准将亚里士多德、西塞罗、波里比阿、马基雅维利、哈林顿、伯克、卢梭和杰斐逊等都运用共和主义的话语联系起来。在近代政治思想史上,共和主义的理念扮演了一种重要的,然而却通常被忽略的角色。但是,正如我在其他地方指出的,那种将共和主义与自由主义割裂开来的做法也引起了严重的问题。

我应当在开篇就指出,那种认为马克思在他关注的所有事务中都发现资产阶级个人主义的观点具有某些合理性。这种观点可以在《共产党宣言》经常被引用的论述中获得其最重要的文本支持:"资产阶级……使人和人之间除了赤裸裸的利害关系,除了冷酷无情的'现金交易',就再也没有任何别的联系了。……总而言之,它用公开的、无耻的、直接的、露骨的剥削代替了由宗教幻想和政治幻想掩盖着的剥削。……一切固定的僵化的关系以及与之相适应的素被尊崇的观念和见解都被消除了,一切新形成的关系等不到固定下来就陈旧了。一切等级的和固定的东西都烟消云散了,一切神圣的东西都被亵渎了。人们终于不得不用冷静的眼光来看他们的生活地位、他们的相互关系。"①

在上述文本中,政治意识形态看起来甚至不属于附带产生的幻象与错觉。

---

① 《马克思恩格斯文集》第2卷,人民出版社2009年版,第33—35页。

马克思的论述说明，资本的不断扩张使所有的幻象都破灭了，仅仅留下占有性个人主义、市场交易，并且会导致这种社会关系产生明显的冲突。但是，这似乎不太可能。第一，这样的观点显然与马克思的下述方案存在冲突："使世界认清本身的意识，使它从对于自身的迷梦中惊醒过来，向它说明它自己的行动。"第二，正如波考克曾教给我们的，我们只有通过确定文本的语境和写作背景才可能理解文本。所以，那种按照字面意思来理解马克思的大胆陈述——即资产阶级会毁灭一切幻象与错觉——的做法将会导致严重的误解。在这里，马克思的语境和写作背景是明晰的。从政治上讲，他当时是在为共产主义者同盟写一本政论性小册子，准备在席卷欧洲的革命前夜分发给群众。为了援引历史方面的证据，同时也为了唤起欧洲工人对共产主义政治理想的支持，马克思在修辞学的意义上勾勒出一种宏大的历史叙事。因此，在文本中，他有关"金钱交易"的评论部分并非是偶然出现的。马克思预计到资产阶级在即将到来的红色恐慌时期不可避免地会指责共产主义者是无政府主义的、道德堕落的，等等，所以，他预先指出，资产阶级具有革命性，它在道德上是放纵的，不会尊重任何传统、宗教信仰、政治和家庭。然而，如果离开了其语境和时代背景，那么马克思的上述论断就无法被理解了。归根结底，《共产党宣言》并不单纯是一种描述性叙事。

它是针对资本主义的道德批判，同时也是针对那些困扰着欧洲各种社会主义与民主主义团体的幻想的批判。马克思相信，像这样一项事业使政治意识形态几乎成为不必要的和多余的。

马克思撰写的《路易·波拿巴的雾月十八日》也是支持波考克论点的文本来源。在该著作中，马克思同样注意到："旧的法国革命时的英雄……同旧的法国革命时的党派和人民群众一样，都穿着罗马的服装，讲着罗马的语言来实现当代的任务，即解除桎梏和建立现代资产阶级社会。"他随后写道："新的社会形态一形成，远古的巨人连同复活的罗马古董——所有这些布鲁土斯们、格拉古们、普卜利科拉们、护民官们、元老们以及恺撒本人就都消失不见了。冷静务实的资产阶级社会把萨伊们、库辛们、鲁瓦耶-科拉尔们、本杰明·贡斯当们和基佐们当作自己真正的翻译和代言人……资产阶级社会完全埋头于财富的创造与和平竞争，竟忘记了古罗马的幽灵曾经守护过它的摇篮。"①

在这里，尽管意识形态扮演了至关重要的角色，然而，似乎正如马克思所说，那些犯有时代错乱症的共和主义政治意识形态的幽灵不可避免地会给古典政治经济学和市场观念让路。但是，由于马克思分析的重点在于罗马的"服装和语言"，所以，这就很难证明波考克的观点是正确的。如果是这样的话，那么也就几乎不能证明马克思没有认识到共和主义思想观念的重要性。

在驳斥了波考克的最显著的理由后，我将分析马克思运用共和主义的下述三种语境：他早期曾经清晰阐释共和主义主题的有关民主的著作，他早期对政治解放与资本主义国家的批判，以及他对1848年革命失败的分析。需要重申的是，我坚持认为，对马克思而言，共和主义既是现代政治富有活力的特征，同时也是其成问题的原因。

一、马克思早期的共和主义思想

马克思最早期的政治著作在下述两种意义上可以被解释为共和主义的著作。第一，这些著作清晰地阐述了共和主义的主题：拥护一种建立在理性参与的美德基础上的普遍的国家，反对君主制，反对各种业已确立的特权，无论是宗教特权还是公司特权。正如马克思指出的："任何的现代人……理解到并应该理解到国家不外是他的全部同国籍人的共同领域。"② 第二，这些著作被他同时代的人列入共和主义著作范围之内。

众所周知，青年马克思是"青年黑格尔派"的成员。该派别想要使黑格尔的理性主义的人文主义变得更加激进，并且激烈地批判那些政治和宗教上的当权派。这个群体显然是激进的，它既不愿接受德国自由主义反对叛乱的立场，也不会接受其立宪君主制的倾向。正如阿尔诺德·卢格（Arnold Ruge）

---

① 《马克思恩格斯文集》第2卷，人民出版社2009年版，第471—472页。
② 《马克思恩格斯全集》第1卷，人民出版社1956年版，第133页。

指出的:"德国社会不得不采用一种以自由人作为其原则、以人民作为其行动目的的新的思维方式。换句话说,它将自由主义转换成了民主。"在19世纪40年代中期,这种倾向被贴上了"人文主义""民主""共和主义"等各种政治标签,有时也被贴上了"共产主义"的标签。上述这些对我们而言具有不同内涵的术语被混为一谈,值得关注。然而,那种受到卢梭激励的、被认为具有普遍性的政治观点更为重要,它以普遍主义的民主国家和人文主义的名义批判一切形式的特殊主义。

马克思是作为一名新闻记者开始其职业生涯的。他的第一篇文章《评普鲁士最近的书报检查令》是1842年为卢格的《德法年鉴》而写的。戴维·麦克莱伦(David Mclellan)引用了黑格尔派中持保守立场的卡尔·罗森克朗茨(Karl Rosenkranz)的评价:"非常可惜的是,这份期刊开始时非常好,但卢格却完全屈从于激进的倾向……《德法年鉴》一语道破天机,即除非它用直率的、咄咄逼人的、无神论的、共和主义的语调写作,否则就不可能被人接受。"马克思那篇针对普鲁士1841年书报检查令提出尖锐批评的文章满足了上述那些形容词的所有要求。

与洛克的观点遥相呼应的是,马克思也指出,恣意限制思想自由会使"我的生存遭到了怀疑,我的最隐秘的本质,即我的个体性被看成一种坏的东西"①。在一个得到恰当构建的国家中,"我只是由于表现自己,只是由于踏入现实的领域,我才进入受立法者支配的范围。对于法律来说,除了我的行为以外,我是根本不存在的,我根本不是法律的对象"②。马克思指出了下述情况的荒谬性,即:"每一滴露水在太阳的照耀下都闪现着无穷无尽的色彩。但是精神的太阳,无论它照耀着多少个体,无论它照耀着什么事物,却只准产生一种色彩,就是官方的色彩!"③这就预示着后来的密尔的观点。通过运用青年黑格尔派的无神论思想,马克思批判了书报检查令中禁止传播反宗教

---

① 《马克思恩格斯全集》第1卷,人民出版社1956年版,第17页。
② 同上书,第16页。
③ 同上书,第7页。

思想的规定。马克思认为，这是对宗教保守主义的赞同，是对德国自由主义的赞同，是"把宗教信条狂热地转移到政治中去"①。马克思清晰地阐明了政教合一的国家与政教分离的国家之间的根本区别：政教合一的国家必然会导致社会陷入不宽容和狂热之中，并且会赋予某些宗教信仰以特权，从而排除其他宗教信仰。他写道："因此，或者你们就根本禁止把宗教拖入政治中去（但你们是不愿意这样做的，因为你们想使之成为国家支柱的并不是自由的理性，而是信仰，对你们来说，宗教也是现实世界的普遍肯定）；或者你们就允许把宗教狂热地转移到政治中去。"②

显然，上述话题都属于自由主义的主题。马克思比当时德国大多数自由主义者所习惯承认的做法更好地坚持了这些主题。有趣的是，这些话题显然也很容易与共和主义的主题结合起来。与卢梭的观点相呼应的是，马克思指出，审查制度损害了共同善，因为它"不是国家为它的公民颁布的法律，而是一个党派用来对付另一个党派的法律。追究倾向的法律取消了公民在法律面前的平等。这不是团结的法律，而是一种破坏团结的法律，一切破坏团结的法律都是反动的"③。马克思通过比较公民的不信任与"道德的国家"后继续指出："即使公民起来反对国家机构，反对政府，道德的国家还是认为他们具有国家的思想方式。"④ 因此，从青年黑格尔派的哲学话语出发，这种检查制度确实是不合理的；而从法权的角度讲，它也是不合法的。不仅如此，它反而滋生了共和主义话语意义上的特权、腐败和纷争。因此，马克思认为，这项法令不仅是不公正的，而且"是对公民名誉的一种侮辱，是威胁着我的生存的一种阴险的陷阱"⑤。

1842年，马克思给《莱茵报》写了第一篇关于出版自由的文章。在这篇文章中，同样可以找到自由主义与共和主义观点的结合。就像对洛克观点的

---

① 《马克思恩格斯全集》第1卷，人民出版社1956年版，第13页。
② 同上书，第14页。
③ 同上书，第17页。
④ 同上。
⑤ 同上。

回应一样，马克思在该文中也对审查制度与出版法里的诽谤中伤罪进行了区别。他写道："法律不是压制自由的手段，正如重力定律不是阻止运动的手段一样。……恰恰相反，法律是肯定的、明确的、普遍的规范，在这些规范中自由的存在具有普遍的、理论的、不取决于个别人的任性的性质。"① 马克思不假思索地用共和主义风格的话语继续写道，法律不再是那些压制个人行为的被普遍化的规则，而是为了捍卫不可分割的共同利益，"法典就是人民自由的圣经"②。

实际上，马克思的这篇文章清晰地体现出卢梭式的公众自我立法的观念。马克思写道，与普鲁士国家令人恐惧的状况形成鲜明对比的是，"如果国家像古代雅典那样把寄生虫和阿谀逢迎之徒看作违背人民理性的例外和痴呆，这样的国家就是独立自主的国家"③。他还补充说："自由出版物的人民性……以及那种赋予它以独特性质并使它表现一定的人民精神的东西——这一切对诸侯等级的辩论人说来都是不合心意的。"④ 马克思强调指出，与中世纪封建等级制的成员不同的是，"公民不承认以特权形式存在的权利"⑤。

马克思指出，代议制政府尤其需要公众的关注，需要将议员之间的辩论"转变成全国公众听得见的声音"。否则，这种代表就是虚假的。其理由在于："脱离被代表人的意识的代表机关，就不成其为代表机关……这是一个极其荒谬的矛盾；其荒谬之处在于，我的独立活动包藏在我所不知道的别人的活动中。"⑥ 因此，马克思得出结论认为，审查制度会使政治生活令人沉闷窒息，使国家政体腐化堕落："最大的罪恶——伪善——是同它分不开的；从它这一根本劣点派生出它的其他一切没有丝毫德行可言的缺陷，派生出它的丑陋的（就是从美学观点看来也是这样）劣点——消极性。政府只听见自己的声音，

---

① 《马克思恩格斯全集》第1卷，人民出版社1956年版，第71页。
② 同上。
③ 同上书，第41页。
④ 同上书，第49页。
⑤ 同上书，第52页。
⑥ 同上书，第55页。

它也知道它听见的只是自己的声音，但是它却欺骗自己，似乎听见的是人民的声音，而且要求人民拥护这种自我欺骗。至于人民本身，他们不是在政治上有时陷入迷信有时又什么都不信，就是完全离开国家生活，变成一群只管私人生活的人。"①

马克思在1843年撰写的《黑格尔法哲学批判》中进一步展示出一种与共和主义之间更加模糊的、不明确的关系。在某种程度上讲，这篇文稿非常清楚地体现了马克思在民主共和主义立场上的延续。对马克思而言，与之相伴的是，黑格尔将真实的历史神秘化了，因而不能认识到现代国家的特殊性。所以，黑格尔的谬误在于，他对中世纪和现代采取了"最坏的一种混合主义"②，并且为一系列在马克思看来是荒谬的、过时的实践提供了理性说明。

与托马斯·潘恩（Thomas Paine）相呼应，马克思在批判君主制时写道："这样一来，在国家最高峰上面做决断的就不是理性，而只是肉体的本性，出生像决定牲畜的特质一样决定了君主的特质。"③ 他评论道，等级制度"最可笑不过的是，黑格尔用立法者即公民代表的'天生的'使命来对抗'选举的偶然性'所产生的使命。作为市民信任的自觉产物的选举在同政治目的的必然联系方面，似乎和肉体出生的偶然性并不完全不同……在这种体系中，自然界就像生出眼睛和鼻子一样直接生出王公贵族等等。令人奇怪的是，这种体系居然把具有自我意识的类的产物拿来冒充自然类的直接产物……贵族的秘密就是动物学"④。

与杰斐逊所主张的"世界属于生存者"（The earth belongs to the living）的观点相呼应，马克思写道，长子继承制和那种预定继承人顺序的限定继承权意味着"私有财产的'不可转让'同时就是普遍的意志自由和伦理的'可以转让'"，"主体是物，谓语却是人。意志成了财产的财产"。⑤ 与现代私人

---

① 《马克思恩格斯全集》第1卷，人民出版社1956年版，第78页。
② 同上书，第364页。
③ 同上书，第285页。
④ 同上书，第376—377页。
⑤ 同上书，第371、378页。

财产权所具有的自由相比，中世纪固定僵化的土地所有制就显得"粗暴愚蠢"，"在所有这些特质中我们透过私有财产听到了人心的跳动，这就是人对人的依赖"①。马克思对黑格尔限制立法机关的主张所进行的批判，实际上就是回应了卢梭和杰斐逊的观点。"要使人有意识地做他平日无意识地被事物本性支配着做的事，就必须使国家制度的运动，即它的前进运动成为国家制度的原则，从而必须使国家制度的实际体现者——人民成为国家制度的原则。"②马克思反对普鲁士的官僚体制，同时也反对其关于专家阶层应当享有特权的主张。这不仅可以追溯到卢梭，而且可以追溯到亚里士多德："在合乎理性的国家中，与其考一考那些想成为执行权的国家官吏的人，还不如考一考想当鞋匠的人，因为鞋匠的手艺是一种技能，人没有这种技能也可以成为一个好公民，成为一个社会的人，而必需的'国家知识'则是这样一种条件，不具备这种条件的人虽然身在国家之中，但犹在国家之外，他脱离自己，脱离空气而生活着。'考试'无非是共济会的那一套，无非是从法律上确认政治知识是一种特权而已。"③

由于黑格尔有关"正—反—合"中"合"（syncretism）的思想并不是要坚持过去的糟粕，所以马克思也没有简单地从现代民主共和主义的角度去批判黑格尔的时代错乱症。他批评说，作为一位最卓越的研究现代国家的理论家，黑格尔的理论受到挑战并非因为"他如实地描写了现代国家的本质，而在于他用现存的东西来冒充国家的本质"④。马克思认为，在这方面，黑格尔是孤立地、个别地去看待现代政治的核心特征，即国家与市民社会的分离、资产阶级与公民的二元对立。马克思指出："在现代国家中，正如在黑格尔的法哲学中一样，普遍事物的被意识到的真正的现实性只不过是形式的东西，或者只有形式的东西才是现实的普遍事物。"⑤ 黑格尔所遇到的一切困境，以

---

① 《马克思恩格斯全集》第 1 卷，人民出版社 1956 年版，第 372 页。
② 同上书，第 315 页。
③ 同上书，第 307 页。
④ 同上书，第 324 页。
⑤ 同上书，第 323—324 页。

及他为激活一些已经消亡的政治实践所进行的曲折尝试，都来源于他想要将这种国家事务合理化的努力。马克思认为，黑格尔"从市民社会和政治国家的分离（从现代的情况）这个前提出发，并把这种状况想象为理念的必然环节、理性的绝对真理"①。

马克思指出，现代国家是一种伟大的进步。在人类历史上，现代代议制国家用人民主权取代了君主的主权，种族平等和人的共同本性第一次获得了普遍承认。但是，这种进步仅仅是形式上的，因而也是有缺陷的。现代国家"不过是特殊形式的国家"，并不具有真正的、普遍性的内容。在这种政治共和国中，"国家、法律、国家制度是统治的东西，却没有真正在统治，就是说，并没有物质地贯穿于其他非政治领域的内容"②。正如保罗·托马斯（Paul Thomas）指出的，这是一种"异化政治"的形式。马克思认为，与之相反的是，在真正的民主制中，"国家制度、法律、国家本身都只是人民的自我规定和特定内容，因为国家就是一种政治制度"③。宪法"是作为人民自己的事业而建立的"。

正如什洛莫·阿维内里（Shlomo Avineri）已指出的那样，在这里，马克思不是作为一名共和主义者而是作为共和主义的批判者在发表观点。他既批判了共和主义对公民社会的消极接受，也批判了它在学术和宗教上自诩为使人的普遍性得以具体化、人格化。马克思在先前的文章中认为，政治民主能够消除审查制度和镇压所产生的种种迷信；然而，他在这里却将政治共和国本身的各个方面也视为迷信。在这个意义上，《黑格尔法哲学批判》标志着马克思朝着从社会主义的角度批判共和主义的方向迈出了重要的一步。

阿维内里无疑是想要强调马克思思想的连续性，强调他在早期倡导的"真正的民主"与后来拥护的社会主义之间存在着有机联系。我们当然可以承认，马克思的思想无疑是在一种螺旋式的辩证过程中发展的。我们没有理由

---

① 《马克思恩格斯全集》第1卷，人民出版社1956年版，第336页。
② 同上书，第282页。
③ 同上。

假定，马克思在批判黑格尔时所提到的公社或"共产主义本质"与他后来的著作中所倡导的共产主义是同样的事物。在这里，这个词的含义似乎更接近于人的"类存在"和普遍平等这类词。而且，马克思对政治共和主义的批判本身也具有共和主义的痕迹。在这里，他确实认为普选既是抽象化的现代国家的形成，"同时也是对抽象的超越"。然而，马克思对结构性意义上的政治解放所持的乐观态度，却被他后来的著作中针对这一主题的更加具有批判性的洞见所代替。作为马克思发展成熟的理论体系的基石，阶级与阶级斗争的概念根本就没有出现在他此时的论证中。在完成《黑格尔法哲学批判》一年后，马克思批评了法国大革命中共和主义者未能认识到国家是社会问题的根源。他们"把大贫和大富仅仅看作纯粹民主的障碍"①，而没有分析国家与市民社会之间的关系。马克思的《黑格尔法哲学批判》似乎持有同样的反对理由。尽管它明确批判了现代国家与市民社会的分离，然而却是以彻底实现政治理性和公民权利的名义，而不是以无产阶级社会主义的名义进行批判的。因此，我们很难同意阿维内里的下述论断："马克思的普选主张并非来自一种有关民主的或共和的激进主义的主题。"当马克思展现出摒弃现代共和主义的姿态时，他在批判黑格尔的时代错乱症时所运用的卢梭式的论点和理由，似乎也延续至对黑格尔的现代主义的批判。总之，无论人们怎样理解《黑格尔法哲学批判》，它都明显地展现出马克思早期的共和主义主张，同时也预示了马克思后来对共和主义的批判。

二、马克思对政治理性的批判

马克思在 1843 年撰写的《论犹太人问题》标志着他彻底放弃了共和主义。这篇文章的直接目的是批判布鲁诺·鲍威尔（Bruno Bauer）有关犹太人解放问题的分析，但是，更一般性的目标则是要提出一种针对政治解放——在国家领域内消除所有社会差异——的批判，并且批判那种将政治解放与真

---

① 《马克思恩格斯全集》第 1 卷，人民出版社 1956 年版，第 480 页。

正的人类解放混为一谈的政治观点。在这篇文章中，马克思总结了许多在批判黑格尔的过程中形成的论点，但是他也深化了对共和主义的批判。

马克思认为，鲍威尔所信奉的政教分离将导致宗教会被废除的观点存在两种基本的缺陷。第一种是在广义的哲学上的缺陷，即认为哲学的任务是进行神学批判，也就是对宗教的批判。这种世俗的人文主义是青年黑格尔派的典型观点。依据其观点，破除宗教迷信可以培育人类的理性法则，也可以产生合适的政治化身（political incarnation）——政治上的共和政体。针对这种观点，马克思反驳说："我们不把世俗问题化为神学问题。我们要把神学问题化为世俗问题。"① 换句话说，理论的任务应当是超越宗教方面的批判而进行政治和社会的批判，各种现存的"缺陷"或"不合理"应该在社会组织中而不是在认知错误上去寻找原因。这就预示了马克思在《德意志意识形态》中的观点，即思想观念来源于有形的现实世界，因此思想批判也必须扩展到对现实世界的批判。总之，马克思反对将宗教与启蒙思想中的理性特征对立起来，并且认为理性的种种现代形式可能本身就是意识形态化的和被扭曲的。

对马克思而言，上述观点在方法论上的缺陷将不可避免地与一种更广泛的政治错误联系起来。这种政治错误相信，现代代议制国家体现了一种真正的理性和普遍性，其构成原则——政治解放属于大多数人的共和国——是真正至高无上的。但是，马克思却认为并非如此："当国家宣布出身、等级、文化程度、职业为非政治的差别的时候，当国家不管这些差别而宣布每个人都是人民主权的平等参加者的时候……尽管如此，国家还是任凭私有财产、文化程度、职业按其固有的方式发挥作用，作为私有财产、文化程度、职业来表现其特殊的本质。国家远远没有废除这些实际差别，相反地，只有在这些差别存在的条件下，它才能存在。"②

因此，民主共和主义的"政治立场"是具有局限性的，同时也是虚幻的。

---

① 《马克思恩格斯全集》第 1 卷，人民出版社 1956 年版，第 425 页。

② 同上书，第 427 页。

依据马克思的观点，可以推导出若干重要的见解。

首先，与《黑格尔法哲学批判》的立场相反的是，作为19世纪的民主共和国的主要目标，普选权不能等同于真正的民主的胜利，也没有使大众战胜财富和特权："像北美很多州所发生的情形那样，一旦国家取消了选举权和被选举权的财产资格，国家作为国家就废除了私有财产，人就宣布私有财产在政治上已被废除。"① 从政治立场上看，事实的确是"平民战胜了私有者和金钱……尽管如此，但从政治上废除私有财产不仅没有废除私有财产，反而以私有财产为前提"②。由于普选权在这里被视为国家与市民社会相分离的构成要素，所以，这是一种针对国家与市民社会的分离而提出的比《黑格尔法哲学批判》更加激进的批判。

其次，这就产生了马克思的第二个见解：现代公民权利的提高与共和主义并不仅仅是一种认知方面的偏误，而且是一种成其为原因的有效的幻觉。总之，马克思将共和主义作为意识形态进行了批判，同时也指出，共和主义的公民身份和共同体的理念在成为现实的组成部分的同时也错误地描绘了现实。对于马克思而言，共和主义既具有一种历史的维度，也具有一种结构性的维度。从历史的角度讲，共和主义意识形态是政治解放斗争过程中不可或缺的武器："政治革命打倒了这种专制权力，把国家事务提升为人民事务，把政治国家确定为普遍事务，即真实的国家；这种革命必然要摧毁一切等级、公会、行帮和特权，因为这些都是使人民脱离自己政治共同体的各种各样的表现……（使它）不再同市民生活混在一起，把它构成为共同体、人民的普遍事务。"③

但是，正如马克思接着指出的："国家的唯心主义的完成同时也是市民社会的唯物主义的完成。"④ 为了证明这一点，即，政治解放既释放出公民美德的话语又释放出个人权利的话语，马克思研究了法国的《人权宣言》以及美

---

① 《马克思恩格斯全集》第1卷，人民出版社1956年版，第427页。
② 同上。
③ 同上书，第441—442页。
④ 同上书，第442页。

国宾夕法尼亚州和新罕布什尔州的宪法等现代政治的核心文本。马克思认为，这些文本清楚地说明，自由主义与共和主义是现代政治生活的构成原则，并且前者是其实质，而后者则是其形式。

然而，不应当将形式主义的公民身份简单地视为不真实的，因为它的内容是由市民社会决定的。"在政治国家真正发达的地方，人不仅在思想中，在意识中，而且在现实中，在生活中，都过着双重的生活——天国的生活和尘世的生活。前一种是政治共同体中的生活，在这个共同体中，人把自己看作社会存在物；后一种是市民社会中的生活，在这个社会中，人作为私人进行活动。"① 政治参与不过是一种"诡辩"，"这种诡辩不是个人性质的，而是政治国家本身的诡辩"②。马克思在嘲弄青年黑格尔派共和思想的理性主义时声称，民主共和国中的公民都是笃信宗教的。"人把处于自己的现实个性彼岸的国家生活当作他的真实生活……政治民主国家之所以是基督教的，是因为在这样的国家，人——不是某一个人，而是一切人——是有主权的人，是有最高权力的人，但这是……偶然存在的人，本来面目的人，被我们整个社会组织败坏了的人，失掉自身的人，自我排斥的人，被非人的关系和势力控制了的人，一句话，还不是真正的类存在物。在基督教是想象情景、幻觉和教条的事物，即人的主权……在民主国家，却是感性的现实性、现在性、世俗准则。"③

因此，共和主义是一种重要的话语，它体现在宪法、成文法、政治修辞以及那些生活在现代国家的公民的日常意识中。马克思将人所具有的作为公民的公共身份戏称为"政治狮皮"。对于公民而言，这种公共身份与其作为社会成员的私人身份是在一种不安的、持续紧张的状态中共存的。公民身份为市民社会中"一切人反对一切人的战争"提供意识形态上的合法性而发挥作用，并且通过将异化的人提升到类存在的地位以弥补日常生活实际上的贬值。

---

① 《马克思恩格斯全集》第1卷，人民出版社1956年版，第428页。
② 同上书，第429页。
③ 同上书，第434页。

当然，这种提升是虚幻的。这既不意味着真正的、有效的平等，也不必然使社会存在实现真正的人性化。众所周知，马克思将其论点总结为主张人类解放。但是，很少为人所知的是，马克思也认为，那种"纯粹政治上的观点"——共和主义——在其本质上混淆了自身与人类解放的区别。马克思的政治著作的主要目的就是揭示这种幻象，并呼吁人们不仅要抛弃各种幻象，而且要抛弃那些依赖各种幻象的社会机制。

于是，马克思开始进行政治经济学批判。他一方面批判性地分析了市民社会，另一方面则继续对共和主义抱有兴趣。这两方面并不矛盾。实际上，市民社会的存在是以国家为前提的，而马克思的经济学研究也需要关注它。马克思1844年的《评一个普鲁士人的〈普鲁士国王和社会改革〉一文》就被认为是这方面的重要文献。这篇文章的主题在表面上是关于1844年6月4—6日西里西亚纺织工人起义的，但是马克思却运用这一时机与昔日同事卢格的共和主义思想决裂了，并且对阶级斗争进行了某些一般性的思考。

卢格既代表着一个特殊利益集团的特殊利益，同时也象征着普鲁士政治落后的症状。他将工人的叛乱看作严重的错误。卢格写道："像德国这样的非政治的国家，我们无法向它证明工厂区局部的贫困是关乎一切人的事。"其言下之意就是，只要政治能够得到充分发展，也就是，民主共和主义能够胜利，那么工人的困境就可以被当作一种有关公共利益的问题获得解决。对马克思而言，这仅仅是又一个关于政治观念的幻觉的例子。他指出，无论是英国的《济贫法》和法国革命公约的法令，还是拿破仑的法典，它们对于改变无产阶级的贫困和贫困率都没有任何显著效果。马克思认为，国家已经证明它自身实际上无力解决这种问题，因而最终不是依赖慈善，就是依赖各种贫乏无能的行政措施。他主张："从政治的观点来看，国家和社会结构并不是两个不同的东西。国家就是社会结构。"① 因此，国家不会承认，社会弊病的根源就蕴含在社会结构之中："要消除在行政机关的任务、它的善良意愿和它所能采取的手段、办法之间的矛盾，国家就必须消灭自己，因为国家本身就是以这个

---

① 《马克思恩格斯全集》第1卷，人民出版社1956年版，第478页。

矛盾为基础的……因此，行政机关不得不限于形式上的和消极的活动；因为哪里有了市民生活和市民活动，行政管理机构的权力就要在哪里告终……现代国家要消灭自己的行政机关的无能，就必须消灭现在的私人生活。"①

在马克思看来，共和主义政治思想仅仅局限在政治和国家行为的框架内考虑问题，它不能理解各种社会弊病，也不能认识到政治活动运作所受到的诸种约束和限制。对马克思而言，没有任何例子比法国共和主义更能说明这一点："典型的政治理智时代就是法国革命。法国革命的英雄们根本没有在国家的原理中去寻找社会缺陷的根源，相反地，他们却认为社会缺陷是政治上混乱的原因。例如，罗伯斯比尔把大贫和大富仅仅看作纯粹民主的障碍，因此他想建立一种普遍的斯巴达式的朴素生活。政治的原则就是意志。"②

雅各宾派陶醉在有关政治意志的力量与公民美德的幻觉中。马克思在《神圣家族》中把握住了这个主题，并且用一种足以使当代共和主义者羞愧的方式引用罗伯斯比尔的话指出："民主的或人民的政府的根本原则是什么？是美德。我说的是公共的美德，这种美德曾在希腊和罗马做出了那么伟大的奇迹，并且将在共和的法兰西做出更令人惊异的奇迹来。我们说的美德就是热爱祖国和祖国的法律。"③ 但是，尽管共和主义者呼唤美德，然而，他们最终却不得不面对现代社会的现实。那种重建古典美德和节俭的努力却导致了一场恐怖，继而产生了政治上的衰竭。雅各宾派成了他们自身政治幻想的殉道者。"罗伯斯比尔、圣茹斯特和他们的党之所以灭亡，是因为他们混淆了以真正的奴隶制为基础的古代实在论民主共和国和以被解放了的奴隶制即资产阶级社会为基础的现代唯灵论民主代议制国家。一方面，不得不以人权的形式承认和批准现代资产阶级社会，即工业的、笼罩着普遍竞争的、以自由追求私人利益为目的的、无政府的、塞满了自我异化的自然的和精神的个性的社会，另一方面又想在事后通过单个的人来取缔这个社会的各种生命表现，同

---

① 《马克思恩格斯全集》第1卷，人民出版社1956年版，第479—480页。
② 同上书，第480页。
③ 《马克思恩格斯全集》第2卷，人民出版社1957年版，第155页。

时还想仿照古代的形式来建立这个社会的政治首脑,这是多么巨大的错误!"①马克思并没有宣称雅各宾派共和主义的过分做法代表了资产阶级政治的一般形式。他认为,共和主义——雅各宾主义是其极端表现形式——是现代政治所具有的普遍特征。

然而,《评一个普鲁士人的〈普鲁士国王和社会改革〉一文》并不仅仅是对雅各宾派政治观念的批判,更是马克思第一次从工人阶级社会主义的角度对共和主义提出批判。与卢格相反,马克思认为,工人阶级激进主义的重大缺陷并非在于它对政治缺乏理解,而是在于它对政治具有透彻的理解。马克思指出,工人们对政治的理解越深刻,就越会发现问题的根源在于国家和国家意志,就越会无意识地运用他们的力量来对抗政治权威,并在起义或造反中耗费他们的力量,以致经常会"被淹没在血泊中"。就如所见证的里昂工人起义一样,那种以争取国家中的成员身份为出发点的政治斗争仅仅是一个危险的幻想。"里昂的工人们以为自己追求的只是政治的目的,以为自己只是共和国的战士,可是事实上他们却是社会主义的战士。"② 马克思因而主张:"工人所离开的那个共同体,无论就其现实性而言,无论就其规模而言,完全不同于政治的共同体。工人自己的劳动迫使他离开的那个共同体就是生活本身,也就是物质生活和精神生活、人的道德、人的活动、人的快乐、人的实质……由此可见,正像人比公民以及人的生活比政治生活意义更加深邃一样,消灭这种孤立状态,或者哪怕是对它进行局部的反抗,发动起义,其意义也是更加深邃的。"③

最后,他呼唤在德国进行一场真正的社会革命。由于这样的革命是以国家作为革命目标的,所以它将是政治领域的革命;同时,由于它的目标不仅涉及政治生活,而且涉及社会生活的革命化,所以它也是社会领域的革命。正如马克思指出的:"只要它的组织活动在哪里开始,它的自我目的,即它的

---

① 《马克思恩格斯全集》第 2 卷,人民出版社 1957 年版,第 156 页。
② 《马克思恩格斯全集》第 1 卷,人民出版社 1956 年版,第 486 页。
③ 同上书,第 487 页。

精神在哪里显露出来，社会主义也就在哪里抛弃了政治的外壳。"①

三、1848 年：革命的失败与共和主义

正如阿兰·吉尔伯特（Alan Gilbert）指出的，马克思的政治思想是非常微妙的和语境化的。因此，强调下面这一点至关重要，即尽管马克思对民主共和主义持批判态度，然而他却为实现这种席卷欧洲的、有限的、"部分的解放"而处在斗争的最前线。马克思甚至在他持有本质主义观点之前的《论犹太人问题》中就指出："政治解放当然是一大进步；尽管它不是一般人类解放的最后形式，但在迄今为止的世界制度的范围内，它是人类解放的最后形式。"②

举例来说，卡尔·海因岑（Karl Heinzen）倡导一种美国式的联邦共和主义，指责社会主义者专注于阶级斗争。马克思在《道德化的批评和批评化的道德》中批评了海因岑。对海因岑而言，君主制是一切社会弊病的根源。马克思评论指出，海因岑"把德国血统的人们划分为国君和臣民"，并且坚持认为那种体现了"全人类利益"的共和制是恰当的方案。③ 马克思反驳道："这种社会愈发达……社会问题就愈尖锐……共和制的国家又比君主立宪的国家尖锐。"④ 然而，"海因岑先生却硬要一切阶级在'人性'这个炽热的思想面前消失"⑤。在马克思看来，"阶级间的社会差别"是社会问题的核心。依据马克思的观点，海因岑的看法是一种危险的"资产阶级的幻想"，是无益于无产阶级的。然而，这并没有让马克思轻易地否定海因岑的共和主义思想。马克思认为，工人"不仅能够而且应当参加资产阶级革命，因为这个革命是工

---

① 《马克思恩格斯全集》第 1 卷，人民出版社 1956 年版，第 489 页。
② 同上书，第 429 页。
③ 《马克思恩格斯全集》第 4 卷，人民出版社 1958 年版，第 344 页。
④ 同上书，第 335 页。
⑤ 同上书，第 344 页。

人革命的前提。但是工人丝毫也不能把资产阶级革命当作自己的最终目的"①。在马克思看来,英国宪章派的做法——为了反对《谷物法》而与资产阶级激进派联合起来,不过,他们对这种联盟的短暂性具有清醒的认识——就很好地说明了上述观点。

在《共产党宣言》中,这种战略性的观点得到了最乐观的表达。正如许多评论者指出的,1848年革命的失败尽管没有使马克思放弃与资产阶级联盟的设想,然而却令他对这种联盟持更加怀疑的态度,并且倾向于主张工人阶级采取一种更加独立的政治活动。并不奇怪的是,马克思的反思又一次涉及对共和主义的批判。对他而言,当共和主义者关于反抗路易·菲利普的二月革命的幻想让位于阶级斗争和资产阶级镇压的残酷事实时,共和主义就成为妨碍1848年革命成功的重要绊脚石。马克思在他那篇著名的《新莱茵报》社论——《六月革命》中写道:"这就是博爱,就是一方剥削他方的那些互相对立的阶级之间的博爱,这就是在二月间所昭示的,用大号字母写在巴黎的三角墙上、写在每所监狱上面、写在每所营房上面的博爱。用真实的、不加粉饰的、平铺直叙的话来说,这种博爱就是内战,就是最可怕的国内战争——劳动与资本间的战争。在6月25日晚间,当资产阶级的巴黎张灯结彩,而无产阶级的巴黎在燃烧、呻吟、流血的时候,这个博爱便在巴黎所有的窗户前面烧毁了。"② 然而,对马克思而言,工人的失败与政治反抗的升级并非毫无意义,因为它拨开了"共和主义意识形态天空中的迷雾",并揭露了那种由"'爱国主义'情感所组成的鸦片"的麻醉作用。

在其经典著作《路易·波拿巴的雾月十八日》中,马克思深化和拓展了上述批判。对我们而言,重要之处在于,马克思在其叙述的核心内容中揭示了共和主义幻想的"滑稽剧"。马克思在开篇就提及罗马的服装和1789—1794年第一次法国大革命中的措辞。他评论道:"不管资产阶级社会怎样缺少英雄气概,它的诞生却是需要英雄行为、需要自我牺牲、恐怖、内战和民族间战

---

① 《马克思恩格斯全集》第4卷,人民出版社1958年版,第347页。
② 《马克思恩格斯全集》第5卷,人民出版社1958年版,第154页。

斗的。在罗马共和国的高度严格的传统中，资产阶级社会的斗士们找到了理想和艺术形式，找到了他们为了不让自己看见自己的斗争的资产阶级狭隘内容、为了要把自己的热情保持在伟大历史悲剧的高度上所必需的自我欺骗。"①

共和主义的幻想再次成为资产阶级革命的基本特征。但是，如果说这种"借来的"共和主义的"语言"在1789年是服务于进步的、伟大的事业，那么它在1848年却是服务于幽灵般的、荒谬可笑的反动势力。

马克思描述了1848年2月那场反对资产阶级君主制的错综复杂的革命运动如何产生了资产阶级共和国。"以前是由资产阶级中的一小部分人在国王的招牌下进行统治，今后将由全体资产阶级借人民的名义进行统治。"② 随后，这种国家所具有的资产阶级特征被工人们的六月起义以及对它的镇压所打断。这就揭示出"资产阶级共和国在这里是表示一个阶级对其他阶级实行无限制的专制统治"③。需要着重指出的是，对马克思而言，尽管这一事件凸显了政治权力所具有的强制性，然而并不需要采用"阶级专政"这一概念来说明国家纯粹是一种镇压机器。正如马克思指出的，它更意味着"现代的资产阶级财产关系靠国家权力来'维持'，资产阶级建立国家权力就是为了保卫自己的财产关系"④。换句话说，与强制性机关一样，各种国家机构、立法机关和司法机关都是为了维护资产阶级私有制体系及其阶级统治关系。在六月起义被镇压后，马克思阐明了他有关资产阶级共和国的论述。他指出，资产阶级共和国确立了一系列的自由——"人身、新闻出版、言论、结社、集会、教育和宗教等自由"，并且"这些自由中的每一种都被宣布为法国公民的绝对权利"⑤。换句话说，共和国使那种普遍性的原则得以具体化。但是，马克思补充说，这种自由是受到限制的，"它只有在不受'他人的同等权利和公共安全'或'法律'限制时才是无限制的，而这些法律正是要使各种个人自由彼

---

① 《马克思恩格斯文集》第2卷，人民出版社2009年版，第472页。
② 同上书，第478页。
③ 同上书，第479页。
④ 《马克思恩格斯全集》第4卷，人民出版社1958年版，第331页。
⑤ 《马克思恩格斯文集》第2卷，人民出版社2009年版，第483页。

此之间以及同公共安全协调起来"①。

从国家的角度来看,这种限制非常合理,它平等地适用于所有人,没有建立任何特权。但是,马克思指出,这些限制的内容和应用完全是不同的事情:"后来,这种构成法由秩序之友制定出来,所有这些自由都加以调整,结果,资产阶级可以不受其他阶级的同等权利的任何妨碍而享受这些自由……仅仅为了保证'公共安全',也就是为了保证资产阶级的安全,宪法就是这样写的。"②

对于劳工联盟而言,资产阶级秩序得以巩固和发展的非常重要的后果就是,共和主义成了反面角色。马克思不止一次地指出了这一点。他以1830年法国共和党人的《九月法令》——它"煽动各阶级的居民互相反对"——为例,批评其犯有严重的政治罪行。这一问题成了马克思的社会主义区别于资产阶级共和主义以及他一贯嘲讽的各种形式的"真正的"社会主义和空想社会主义的分水岭。

但是,马克思的分析并不仅仅局限于揭露资产阶级的虚伪性。他的分析也揭示出,共和主义通过各种方式迷惑了所有那些曾经为反对君主制而斗争的力量。他写道,小资产阶级民主派山岳党的立场是"掩盖"阶级斗争,它将自己限制在"保护'永恒的人权',就像近150年以来每个所谓的人民党派所多多少少做过的那样"③。他认为,"社会民主派"具有更多的包容倾向,它将小资产阶级民主派、社会主义者和工人阶级组织联合了起来,但是它同样被纯粹政治理性的幻象所迷惑。马克思写道:"社会民主派的特殊性质表现在,它要求把民主共和制度作为手段并不是为了消灭两极——资本和雇佣劳动,而是为了缓和资本和雇佣劳动间的对抗并使之变得协调起来。"④ 马克思在一定程度上将这种视角还原性地与小资产阶级的经济利益联系起来,但是,对我们来说,更重要的是他的批评:"民主党人自以为完全超然于阶级对抗之

---

① 《马克思恩格斯文集》第2卷,人民出版社2009年版,第483页。
② 同上书,第484页。
③ 同上书,第498页。
④ 同上书,第501页。

上。民主党人认为，和他们对立的是一个特权阶级，而他们和全国所有其他阶层一起构成了人民。他们所维护的是人民的权利；他们所关心的是人民的利益。因此，他们没有必要在临近斗争时考察各个不同阶级的利益和立场。他们不必过分仔细地估量自己的力量。他们只要发出一个信号，人民就会用它的无穷无尽的力量冲向压迫者。"①

总之，就像资产阶级共和派所做的一样，社会民主党人也认同那些关于国家的公共性的幻象。因此，他们没有"把各个党派的言辞和幻想同它们的本来面目和实际利益区别开来，把它们对自己的看法同它们的真实本质区别开来"②。

依据这种情况，就会产生一种言过其实的政治权力意识，同时也会产生如下两方面的错误认识，一方面是对政治冲突中至关重要的现实问题和对抗的错误认识，另一方面是对在社会领域中构建真正的人性化道路上的实质性障碍的错误认识。这些幻象削弱了所有具有社会主义倾向的重要运动。因此，马克思指出，无产阶级运动必须打破过去的共和主义思想观念："19世纪的社会革命不能从过去，而只能从未来汲取自己的诗情。它在破除一切对过去的迷信以前，是不能开始实现自己的任务的。从前的革命需要回忆过去的世界历史事件，为的是向自己隐瞒自己的内容。19世纪的革命一定要让死人去埋葬他们的死人，为的是自己能弄清自己的内容。从前是辞藻胜于内容，现在是内容胜于辞藻。"③

马克思曾经期望："无产阶级革命……则经常自我批判，往往在前进中停下脚步……它十分无情地嘲笑自己的初次行动的不彻底性、弱点和拙劣。"④然而，在20世纪，马克思对无产阶级革命在这方面的期望已经被证明是令人可悲可叹的——如若不是让人感到啼笑皆非的话。但是，不论人们如何解释马克思式的社会主义的历史，这种要求批判各种政治幻象并创造出新的"革

---

① 《马克思恩格斯文集》第2卷，人民出版社2009年版，第504页。
② 同上书，第499页。
③ 同上书，第473页。
④ 同上书，第474页。

命灵魂"和新"诗篇"的号召,既没有失去它的实用性,也没有失去它的效力。

四、论对共和主义政治幻象的批判

应该清楚的是,那种认为马克思赞同自由主义神话的观点极其具有误导性。鉴于马克思完全认清了资本主义社会的支配倾向,所以他确实理解资产阶级价值观在现代政治话语中的统治地位。但是,他认为资产阶级价值将会被占有性个人主义败坏殆尽的观点则完全是虚构的、错误的。马克思相信,共和主义已经被纳入资本主义社会的话语中,资产阶级公民的"政治狮皮"已经是一种为人所理解和论战的、发挥着作用的意识形态现实。

然而,正如前文已经提到的,重要的是确认一些限定条件。首先,在马克思作为社会主义者的整个生涯中,各种共和主义运动都在设法将政治解放事业推向前进。马克思既认识到了现代共和主义思想的历史进步性,同时也积极支持它。尽管如此,马克思也认识到共和主义运动的局限性。他不仅将资产阶级的生产力,而且将已经实现政治解放的资产阶级国家看作人类解放的必要条件。此外,他总是寻求广泛的民主联盟的政治策略也反映了这一点。对马克思而言,像阿维内里那样过分高估政治民主与社会主义民主之间的连续性是错误的,然而,低估这种连续性同样也是错误的。

马克思不仅对政治共和主义持批判性支持的态度,而且他本人对社会主义的理解——即使它没有"从过去汲取诗情"——看起来也带有一些共和主义的色彩。因此,人"不仅是一种群居的动物,而且也是只有在社会之中才能保持个性的动物",社会主义则被认为是一种使社会存在被个人天赋与兴趣(美德?)所控制的"自然化的人道主义"。这种灵感显然来自亚里士多德。那种关于巴黎公社工人阶级"社会共和国"的主要原则的灵感来自卢梭。那种被许多当代理论家误解的无产阶级专政的概念则有着古罗马表达方式的血统。那种提倡牺牲、警惕和团结的尚武形象就使人想到波考克在《马基雅维利时刻》中的很多描述。甚至马克思在《资本论》中的剥削理论也与共和主义的意象有关联。其中，资本被描绘成吸血鬼，它使工业界承担着沉重的负担，使工人自身的独立及其技能都陷入危险中。有趣的是，在马克思对公社所进行的明显是共和主义的论述中，他所描述的资本家与法国的腐败官员别无二致，"把现今吸吮着他们鲜血的公证人、律师、法警和其他法庭吸血鬼，换成由他们自己选出并对他们负责的领工资的公社勤务员"①。

然而，那种认为马克思简单地复述了亚里士多德或卢梭的观点的看法是十分错误的，即使这种论调在当前的知识界非常有吸引力。尽管马克思吸收了共和主义的各项主题，然而他最终还是共和主义意识形态激进的、彻底的批判者——依据马克思的观点，共和主义的主题已经融入现代世界。与他那个时代的共和主义不同的是，马克思的"红色共和主义""社会共和主义"和社会主义都涉及对现代资产阶级政治的基本原则——政治解放——的革命性批判，同时也涉及对运用这项原则以获得合法性的经济与国家方面的制度安排的革命性批判。马克思并不寻求依据某种模糊不清的共同体主义标准而对现有的制度安排做出简单的判断。他想科学地分析和批判资本主义社会的结构，以及资本主义社会的宣言、潜在的对抗性和未来的可能发展。马克思并没有从他对社会生活的缺陷的分析中推断出，要解决这些缺陷就要构建一个更加完美的、更有能力培育真正的公民美德意识的政治国家。更确切地说，他的分析结论是，创造出一种挑战资本主义国家特有结构的革命运动在道德和实践上都是必要的。

我在本文的开篇部分就指出，对当代共和主义史学观点的批判可以揭示出它们所具有的约定俗成的观点的局限性。简而言之，它们没有充分理解马克思对早期现代共和主义的批评，这就使它们忽视了马克思的批判对它们的信念所带来的挑战。马克思对现代共和主义的批判显然是很有道理的，我们也可以从中学到很多东西。

第一，在政治理论中，必须在现象与事实之间做出区分，必须清楚"政党所运用的语言和它们所设想的愿景都来源于现实的利益和实际的组织"。马

---

① 《马克思恩格斯文集》第 3 卷，人民出版社 2009 年版，第 161 页。

克思明确指出，现代共和主义是一种哲学上的唯心主义——它过于夸大了政治意愿的作用和思想观念单独具有的影响力，它运用一种具体的共同体观念来操控公众的感情和德行，但是却忽视了政治生活中那些结构性的约束与规定的作用。马克思主张，我们不能简单地将各种现有的关于共同体的知识和信念看作既定的事物，我们更应该研究的是各种信念具有的结构性原因与后果——这可能是那些拥有这些信念的人所没有认识到的。当代共同体主义者将"具体化的自我"（embodied selves）与"公共美德"作为自身的写作主题，并且要求我们培养对既有共同体的忠诚和依恋之情。他们从马克思的上述主张中学到了部分内容。然而，共同体主义的论点通常没有任何关于我们的政治痼疾的结构性维度的调查分析，而是代之以对公共善的一般性呼吁。就此而言，共同体主义可以被视为一种关于解释社会学的更为普遍的主题的变种。正如马克思所理解的，信奉公共美德并不能解决我们的公共问题。那种能够解决公共问题的做法就是去关注那些导致公共问题的权力关系和物质领域中的实践。

第二，共和主义话语在历史上曾经为资本主义的社会制度提供了至关重要的意识形态支持。当然，这并不意味着所有的共和主义观念或者受共和主义启发的观念在意识形态上都受制于现状。但是，这也确实表明，资本主义社会有关历史、宪法和修辞的话语都会弥漫于共和主义的语言和意象中。这显然具有一种历史的维度。毋庸置疑，共和主义的主题曾经在很大程度上激励了那些在现代世界中最具影响力的自由主义革命——1642年的英国革命，1776年与1861年的美国革命，1789年与1848年的法国革命，并且贯穿于这些国家随后的整个历史进程中。不过，共和主义也具有一种非常持久的意识形态维度。我在这里不仅仅是指乔伊斯·阿普尔比（Joyce Appelby）和艾萨克·克拉尼克（Isaac Kramnick）所描绘的那种支持"资产阶级道德"的"商业共和国"，而且还包括那种由有关腐败的危险、美德和警惕性等共和主义修辞组成的特殊的政治力量。像这样的语言和意象通常是要维持某种幻想和错觉，而不是阐明某种真正民主的社会的本质属性。塞缪尔·约翰逊（Samuel Johnson）的俏皮话"爱国主义是无赖们最后的避难所"可能并不具有不言而喻的道理。然而，对当代社会批评家而言，这句话可能不是一句糟糕的格言——他们可以更好地研究国家和市民社会所具有的支配关系，分析在当代世界中国家中心主义和民族利己主义所引起的危险，而不是为公共美德的诸种德性进行辩护和美化。

　　为了调和既有的权力与利益方面的分配并使之实现和谐，共和主义激励我们依据现存的政治惯例和共同归属感进行思考，同时也激励我们援引它们进行论证。马克思对共和主义的批判则促使我们批判性地分析这些惯例和归属感，挑战它们所支持的权力和利益。通过规劝我们摆脱共和主义的"披风"，马克思要求我们明确批判当前的政治惯例，并且清晰地展现出有关未来的愿景，以此教育、动员和组织被压迫群体进行斗争。他强调指出，只有斗争而不是诉诸公共善，才能够挑战统治阶级和统治集团的利益。像这样的愿景并不是要求我们放弃那些已经取得的政治民主的成果，而是激励我们继续拓展和深化它们。这就表明，我们只有摆脱了"政治的狮皮"，才有希望使人类解放而不仅仅是政治解放的愿景付诸实现。

马克思与后殖民主义

特雷尔·卡弗** 著　覃诗雅　译

[内容提要]　在传统的评论中,马克思的思想常常被解读为现代主义和工业化的历史演进学说,也因此被冠以欧洲中心主义和历史决定论的立场。这种解读方法的前提是把马克思视为黑格尔思想的继承者。本文的主旨在于提出一种重读马克思的新策略。在重新诠释马克思有关殖民主义和帝国主义的新闻评述、关于亚细亚生产方式的讨论和《共产党宣言》的过程中,作者试图扬弃简单的二元对立和共时确定性的隐喻,恢复黑格尔式解读中缺失的阶级斗争和全球视角,建构一个后殖民主义的马克思。后殖民主义的马克思并非某种封闭的观念体系的产物,而是一种具有开放性、多义性和生命力的思想形象。

[关键词]　马克思　后殖民主义　多义性　欧洲中心论　阶级斗争

从"西方"的视角把马克思解读为现代主义者,必然会把马克思视为欧洲中心论者和卓越的东方学家。但是,这种解读的前提是把马克思看作一个

---

*　本文系作者直接供稿。译文原载《国外理论动态》2017年第1期。
**　作者简介:特雷尔·卡弗(Terrell Carver),国际著名马克思和马克思主义史专家,英国布里斯托大学政治学系教授。

黑格尔式的历史哲学家，众所周知，他已经在多种场合反驳了这种立场。这种"标准"解读中的目的论和决定论产生于传统的评论——马克思主义的、非马克思主义的、反马克思主义的。

为针对马克思的欧洲中心主义和东方主义的指控进行有条件的、有偏见的辩护毫无意义。更确切地说，一旦黑格尔式的假设被摒弃，《共产党宣言》中的阶级斗争视角被当作可替代的透镜，那么对于解读马克思来说就有了更令人兴奋的、与今天的全球问题更相关的方式。这个著名的文本表达了一种清晰的全球视角，它把欧洲工业化看作殖民地征服及应运而生的帝国主义的共同建构。《共产党宣言》在马克思的著作中独一无二，今天它被视为以后殖民主义的视角思考政治和"全球本土化"以及反抗新自由主义的重要来源和主要影响因素。

本文阐述了马克思在不同时期和不同文本中关于殖民主义和帝国主义的观点：

19世纪40年代的早期思想，作为国际新闻记者而阐发的"中期"思想，以及主要体现在通信中的晚期思想。这些文献广为人知，但是通常被建构在反映评论者的欧洲中心论观念的术语中。这些评论者塑造了20世纪50年代至20世纪90年代的马克思，学者们则普遍学习有关马克思的标准文本和思想传记。

自20世纪80年代以来，作为重要的重新解读，后殖民思想已经挑战了这些假定，并在马克思的文本和观点中发现了类似的证据。所以，我们通常对马克思的认识存在着不连续性，因为我们的认识依赖于我们的假定。这些假定包括我们的下述主导思想：作为时间和地理学叙事的人类文明，尤其是帝国主义和殖民主义在工业化历史中的位置，全球贸易的增长和资本主义经济发展的动力。后殖民主义作为一种在当今具有高度影响力的趋势，挑战了英国和欧洲学术圈长期以来的传统观点，而马克思著作的复兴在这一进程中扮演着重要的角色。

一、马克思与现代主义

马克思一般被呈现和理解为典型的现代主义思想家,致力于一种与工业化相伴而行的历史演进学说。在这一框架中,他似乎对身陷全球资本主义、殖民战争和帝国主义工程中的人们少有同情。有选择地引用马克思的文本来证明这一点轻而易举,但这些引证常常缺少特定的语境。只有极少的例子既表明了马克思呈现的事实和观点,也展示了当引证的文本与马克思提出的问题关联不大时是什么样的,以及马克思预期的受众是哪些人,连接他与受众的那些概念术语和条件是什么:

> 所以几乎不言而喻,随着鸦片日益成为中国人的统治者,皇帝及其周围墨守成规的大官们也就日益丧失自己的统治权。历史好像是首先要麻醉这个国家的人民,然后才能把他们从世代相传的愚昧状态中唤醒似的。①
>
> 所以,印度本来就逃不掉被征服的命运,而它过去的全部历史,如果还算得上是什么历史的话,就是一次又一次被征服的历史。印度社会根本没有历史,至少是没有为人所知的历史。我们通常所说的它的历史,不过一个接着一个的入侵者的历史,他们就在这个一无抵抗、二无变化的社会的消极基础上建立了他们的帝国。因此,问题并不在于英国人是否有权利来征服印度,而在于我们是否宁愿让印度被土耳其人、波斯人或俄国人征服而不愿让它被不列颠人征服。②
>
> 战争使民族经受考验——这是战争的补偿的一面。正像木乃伊在接触到空气时立即解体一样,战争给已经失去了自己的生命力的社会制度

---

① 《马克思恩格斯文集》第2卷,人民出版社2009年版,第608页。
② 同上书,第685—686页。

作出了最后的判决。①

但是，有时甚至这样的引用也会使人们领会到，马克思是富有同情心地在讨论爱尔兰、苏联、印度、中国和其他地方的帝国斗争和贸易战争中日复一日的受害者，可以从他的著作的相关章节中找到类似的语境。

中国过去几乎不输入英国棉织品，英国毛织品的输入也微不足道，但从1833年对华贸易垄断权由东印度公司手中转到私人商业手中之后，这两种商品的输入便迅速地增加了。从1840年其他国家特别是我国也开始参加和中国的通商之后，这两项输入增加得更多了。这种外国工业品的输入，对本国工业也发生了类似过去对小亚细亚、波斯和印度所发生的那种影响。中国的纺织业者在外国的这种竞争之下受到很大的损害，结果社会生活也受到了相应程度的破坏。②

这样一来，英国就建立起这样一种丑恶的"社会条件"，使一个小小的特殊等级——贪婪的小贵族可以对爱尔兰人民为所欲为，任意规定他们在什么条件下才能使用土地和靠土地生活。人民的力量还太弱，不能对这些"社会条件"进行革命，他们只好诉诸议会，要求至少把这些条件缓和和调整一下。但是，《泰晤士报》说："不"，如果你们不是生活在正常的社会条件下，议会就不可能改善这种状况，而如果爱尔兰人民按照《泰晤士报》的劝告，试图明天改善他们的社会条件，那么这个《泰晤士报》又会第一个求助于刺刀，痛斥和责骂"克尔特族的劣根性"，说他们缺乏盎格鲁撒克逊人那种对于和平进步和合法改良的爱好。③

但是，甚至这些引用也普遍地被评论者建构在关于马克思的历史决定论

---

① 《马克思恩格斯全集》第11卷，人民出版社1962年版，第585页。
② 《马克思恩格斯文集》第2卷，人民出版社2009年版，第608—609页。
③ 《马克思恩格斯全集》第12卷，人民出版社1998年版，第173页。

和技术决定论的总体叙事之中,类似于那些不言而喻是在为西方化辩护的政治学说。从这个角度看,马克思的共产主义目标——工业的但非商业的——就像资本主义普遍被认为的那样只是西方的,从而也是欧洲的。它也像英国和欧洲术语中具有政治意图的扩张主义一样,假定这个世界的人类就是——且正在成为——工人。

在这种主流方法中,马克思或多或少对历史的受害者表现出同情,但又总是作为黑格尔的决定论和目的论的继承者采取西方化或东方化的视角。戴维·麦克莱伦(David McLellan)在他标准化的思想传记中很好地概述了这种主流方法:

> 马克思也写作了大量关于远东尤其是印度的文章。他把殖民主义现象普遍看作是不可避免的,因为资本主义在它被推翻之前必须包围全世界。就像西方的工业化,它既是进步的又是破坏性的。①

当然,麦克莱伦的传记早于爱德华·赛义德那部权威性与争议性兼具的《东方主义》(1978),也早于后来后殖民主义方法的观点及其发展,尤其是历史和社会理论的后殖民主义方法。麦克莱伦熟知关于马克思、殖民经济尤其是19世纪中叶帝国战争的文献(可以参看麦克莱伦的《马克思:生平与思想》,他在书中引用了什洛莫·阿维内里1968年的文献)。但是,这本传记在很大程度上遭到了学术和政治主流的排斥,因为马克思关于该主题的论述大多出现在新闻评论中,它们被认为是马克思打的"零工",与马克思其他已出版和未出版的大多数著作比起来缺乏高度(也许层次更低)。

评论者倾向于在一个强有力的框架中考察重要的历史事件及其推动力,在这个框架中,强大的权力也是发达的经济,它是国内与外部或国际的关系中最主要的部分。显而易见,帝国主义在理论上和经验上都被纳入到马克思主义经济学研究之中,最著名的当属列宁。但是,它又不是这些工业资本主义研究的中心,而是被用来解释西方马克思主义在国内环境中遭遇的政治问

---

① David McLellan, *Karl Marx: His Life and Thought*, Lodon: Macmillan, 1973, p. 289.

题。相比之下，当代政治和世界历史的后殖民主义方法鼓励反思"已知的"二元对立和等级，如西方/东方、发达国家/第三世界、殖民地化/国家建构、大都市/殖民地，以及大量其他的例子。它也把种族主义、现代经济和发展看作与支配、剥削、战争、大屠杀和死亡的政治事业紧密相连的知识策略（knowledge-strategies）。后殖民研究寻求尊重"他者"的证据，关注暴力、人民（或并非人民的）运动（这种运动是由发起者自己来界定的）、被殖民者的反抗和串联、殖民者的颠覆和暴行，以及物质、观念和人的资源在多重方向和空间中的流动和文化变迁，而不是历史目的论和均质化的宏大叙事。

二、后殖民主义的马克思？

关于马克思再造或论述殖民主义的话语，存在着很多争议，这种话语是全球资本主义的帝国工程推进的中介。但是，这里的目的不是去寻找一个"真实的"后殖民主义的马克思，而是去寻找对一种过于为人们所熟悉的和教条化的形象的替代方案。传统的马克思是被评论者塑造出来的，他们通过预先"知道"那里有什么可以让我们发现，从而控制我们的阅读，但是本文的要义是要重读马克思，从而获得意外发现和多义性解读，特别是评论者未经深思而据以推测的那些二元概念所引起的关于马克思的判断：欧洲中心主义、种族中心主义、东方主义、西方化。因此，寻找后殖民主义的马克思——如果存在这样的马克思的话——就包括寻找当代后殖民主义思想的主体或者当代主体的位置，据此，我们可以判断马克思是不是后殖民主义的，当然，还要把时间过程和习俗的变化考虑进去。最后，英语学术界的马克思研究还涉及一个我们本身的问题：我们之中谁是后殖民主义的、非欧洲中心主义的、非种族中心主义的、非东方主义的？"我们"之中的某人如何以这样的视角进行写作？他会说些什么？在分散的章节或通篇著作中，寻找其他——可能是或已经是——殖民主义的、欧洲中心主义的、种族中心主义的、东方主义的作者（可以是马克思、他的合作者，或者他之后的任何人）究竟意味着什么？

事实上，我们并非寻找一个后殖民主义的马克思，就算存在这样一个马克思，他也只是广袤时空中的一个点。我们试图寻找的是更令人感到意外的马克思，他在困惑、不确定性、需要冒着说错或被误解的风险来表达观点等方面与我们没有多大差别。像我们一样，这个马克思在某种程度上是语言的囚徒，更确切地说，是传播经济学（the economy of communication）中必要的通用语言的囚徒。除了对不同的人意味着不同的事物，马克思正在引导我们探讨历史的而非当代的思想传统，并且其使用的语言也不是英语（而主要是德语），是翻译者根据不同的观点进行了有选择的过滤。这个马克思是不确定的、不可判定的、开放的、多义的，（有时并且在表面上）可能是混乱的、矛盾的、令人迷惑的，令人迷惑这一点对我们而言最为重要。不过，马克思至少是令人兴奋的。

这个马克思与我们过去习惯的马克思很不一样。过去绝大多数的评论都在寻找一个确定类型的人或思想家。评论者确信马克思拥有坚定的信念，确信他在反复陈述这些信念，确信有关他的著作发生了显著变化的解释只具有有限的价值，确信他是坚定的教条主义者。这也适用于那些富有同情的评论，这些评论的目的是根据上下文的语境比马克思更清楚地呈现他的观点，但又以一种相当例行公事的和"已经被领会"的方式来呈现。通常，这种话语尽可能地再造出人们熟悉的内容，以加强任何新事物与标准叙事或可靠叙事之间的匹配。这种"匹配"通常成为真理的主要甚至唯一标准。

我们对马克思的认知很大程度上是由这种对马克思思想的叙事决定的，这种叙事的"意义"体现为人们对其学术和政治观点的接受，而不是"文本中"的内容。当然，这种接受产生于最初的传记（在马克思那里是自传），并成功地再造出人们熟悉的内容，并且继续进行调整和通俗化。

这一情况并不局限于或独存于评价马克思以及其他思想人物的悠久传统中。总体上看，我们希望评论者可以解决困惑、消除歧义，而不是制造困惑和歧义并使它们保持开放性。我们希望以一种积累的方式从已知前进到未知，获得进步。我们希望存在差异和分歧，甚至公开表现矛盾，但是它们实质上是评论者而非主体的差异、分歧和矛盾。主体，例如马克思，一般是以一种共时性和目的论的方式被考察的——这种主体拥有业已形成且人所共知的观点（成熟时期的观点）。在这种具有共时的确定性（synchronic certainty）的隐喻中，评论者还提供了另一种隐喻，即在明确表述差异的同时也消除了差异：发展性的叙事，描述主人公成长过程的小说，展现年轻人热情和老年人觉悟的发展轨迹。这种曲线式的发展通常以阶段或时期来明确表述，展现出一些持续变化的标记，正是这种明确表述提供了大多数思想传记的叙事驱动力。也正是通过思想传记，我们获得了关于马克思及其思想的知识；见证了以赛亚·伯林（Isaiah Berlin）和（他的学生）麦克莱伦关于马克思的观点在欧洲英语世界的中心地位。

当然，使某个主体的思想"知识化"还存在其他方式，比如，关于斯大林的短期课程，红宝书及其他初级读本，耸人听闻的入门小册子或——不带成见地说——"傻瓜"读物，还有参考书、网络资源和标准教科书。但是，在本文的讨论中，我们关注的是学术评论，而学术评论是由期刊、出版者、印刷媒体和其他编辑机构建构出来的——也是这样被认可和宣传的——以使马克思在无数的思想巨人中保持自己的同一性。

因此，后殖民主义的马克思不是来自马克思本人，而是来自我们，我们认为马克思已经给出了问题的答案。当然，马克思在一生中写了大量信件，其中一些是与那些提问者的通信，有时他会以惊人的篇幅做出答复。《马克思恩格斯全集》中的通信集记录了相当多的人名，他们主要（或者只是）以这种方式为我们所铭记：路德维希·库格曼、约翰·施韦泽、弗里德里希·波尔特、威·白拉克、彼得·拉甫罗夫、尼古拉·丹尼尔逊、约翰·贝克尔以及其他很多人。当然，在普及版本和翻译出版物中一般出现的是马克思的回复，而非来自第三方的最初提问。下面是一些有代表性的段落：

> 我越来越确信——问题只在于要让英国工人阶级也确信——，只要英国工人阶级对爱尔兰的政策还没有和统治阶级的政策一刀两断，只要英国工人阶级还没有做到不仅和爱尔兰人一致行动，而且倡议取消1801年所实行的合并，代之以自由联盟的关系，它在英国本土就永远不会有所作为。这是必须做到的，这并不是出于对爱尔兰的同情，而是基于英

国无产阶级利益的要求。①

在印度，不列颠政府面临着的，即使不是一次总起义，也是严重的麻烦。英国人以租税、对印度人毫无用处的铁路的红利、文武官员的养老金、阿富汗战争及其他战争的支出等等形式，每年从印度人那里拿走的东西，他们不付任何代价地从印度人那里拿走的东西——不包括他们每年在印度境内攫为己有的在内——，即仅仅是印度人被迫每年无偿地送往英国的商品的价值，超过六千万印度农业和工业劳动者的收入的总额！这是残酷的敲骨吸髓的过程！②

由此可见，在《资本论》中所作的分析，既不包括赞成俄国农村公社生命力的论据，也不包括反对农村公社有生命力的论据。但是，从我根据自己找到的原始材料所进行的专门研究中，我深信：这种农村公社是俄国社会新生的支点，可是要使它能发挥这种作用，首先必须肃清从各方面向它袭来的破坏性影响，然后保证它具备自由发展所必需的正常条件。③

马克思逝世于1883年，之后他的所有著作和文献逐步得到出版。重要的是，尽管马克思没有直接参与其中，但是随着这一进程的推进，这类问题以及具体问题本身必然已经发生了变化。从那时起，一个关于他的生平和事业、工作和活动、观点和发展轨迹的解释框架被建构起来，这有助于整理出他被征询的问题以及他的答复的确切语义。学者和广大公众也用上述框架考察马克思已面世的著作和传记，依照他们所理解的马克思的重要性对这些文献进行排序。在这个熟悉的框架中，新发现的手稿的地位高于已出版的著作，甚至高于经马克思本人审定并推介的著作，而且我们语境中的"热门"话题的地位明显高于"可靠且经证实的"研究，除非存在着强有力的论据来反对这

---

① 《马克思恩格斯文集》第10卷，人民出版社2009年版，第314页。
② 《马克思恩格斯全集》第35卷，人民出版社1971年版，第151页。
③ 《马克思恩格斯全集》第19卷，人民出版社1963年版，第269页。

种研究旨趣的复苏。而后者才是后殖民主义的马克思。

三、建构性争论

在对后殖民主义的马克思的探寻中，最初的争论大概是关于亚细亚生产方式的，尽管这场争论的根源是20世纪早期对生产方式的解释，但它实际产生于20世纪50年代的历史和社会学研究。因为这对恩格斯（在1859年提出）的"历史唯物主义的概念"非常重要，而历史唯物主义是马克思没有使用过的含糊的描述性短语。这一建构源于马克思的《〈政治经济学批判〉序言》的问世（也在1859年），尽管这个简短而神秘的文献没有详尽地讨论各种术语及其差异，且在20世纪前对其鲜有研究，但它概述了马克思的一般结论和指导思想，并提出了四种生产方式。马克思和恩格斯关于亚细亚生产方式的观点在19世纪50年代的报纸杂志中已经得到了丰富的发展和记录，当时殖民政治是世界性新闻，尤其是当时的英国和其他欧洲国家正加入到对中国、印度及其他地区的军事和商业侵略中。马克思主义历史学家埃里克·霍布斯鲍姆在1964年经典地概括了这种处境：

> 马克思首先被认为——如《〈政治经济学批判〉序言》所显示的——建构了关于所有社会变革的一般机制……《序言》甚至没有提到"阶级"这个词，因为阶级只是特定历史时期中社会生产形式的特例，尽管这个时期会很长。
>
> 而且关于历史形式和历史时期唯一的现实表述是简短的、未经证实的、未经解释的"社会经济形式的演进时代"的名单，即"亚细亚的、古代的、封建的和现代资本主义的"，其中最后一种经济形式是最终的"社会生产过程的对抗形式"。
>
> 与《序言》相比，《政治经济学批判大纲》中的"前资本主义的经济形式"一节更为基本，也更为具体，尽管两者在严格的意义上都不是"历史"，从一开始就讲清楚这一点很重要。一方面，通过运用黑格尔的

辩证法……这部手稿试图在社会革命的分析中发现关于任何一个主题的辩证的或令人满意的理论的任何一个特征，尽管是以唯物主义而不是唯心主义为基础。

"前资本主义的经济形式"力图以最一般的形式系统阐述历史的内容。这个内容就是"发展"。①

西方殖民主义始于西班牙征服美洲，1493 年，西班牙和葡萄牙设立划分领土的教皇子午线，葡萄牙声称对子午线以西的领土拥有主权。西方殖民主义从来不缺少争议，但从全球的角度看，它是欧洲强国的工程。可是，这种常见的观点忽视了中国和其他帝国在东亚和东南亚实施的工程，这些工程比"地理大发现时代"要早好几个世纪。因此，殖民主义是西欧商业和军事的冒险故事，它把传统元素中的领土扩张与"黄金之城"、掠夺和战利品联系在一起，并把它投射到在技术和道德上居于次等地位因而需要基督教和重商主义的人们身上，我们也可以在旅行者的故事中看到类似的故事。正如人们所认为的，走在这条路上的一些人天生只能做奴隶。他们因此被当作商品化的劳动力进行买卖，而不是作为人获得报酬和保护，纵使只是在有限的程度上也是如此。

当马克思在 19 世纪 40 年代开始研究政治时，他最初关注的是欧洲后封建制度的法律状况和政治状况，尤其是德意志各州和公国的情况。他认为，与重商主义和制造业居世界领先地位的英国、处于发展初期的法国和比利时相比，德意志相对落后。通过这面透镜，他考察了 200 年前的殖民主义，因而在最开始时就抹除了或者至少是边缘化了其他社会形态。这至少在政治热点问题上部分地反映出一种观点：马克思和他的朋友们把西班牙、葡萄牙、土耳其和俄罗斯帝国看作政治反动派，它们充斥着宗教和堕落，为了支配世界上有待发现的地区的利润、贸易保护、宗教和文化进行最新的殖民竞争。

---

① Eric Hobsbawm, *Pre-capitalist Economic Formations*, London：Lawrence & Wishart, 1964, pp. 11 – 12.

这种观点也部分地反映出考察陌生事物的难度，尽管马克思想要这样做：大多数思想资源——例如黑格尔和孟德斯鸠的世界历史理论、斯密和魁奈的世界经济学——只是建构在真理的有限范围内，殖民冒险和教化任务只有在这种真理的有限范围内才有意义。当然，这并不意味着所有这些思想家拥有整齐划一的观点。

在判断马克思的观点到底是什么时，需要充分考量的不仅是他的政治和思想文本（只要我们认为我们可以认识它），也包括这些文本在那个时代对这些事物究竟有多少认识，可能清楚而合法地传达了什么观点，以及研究与众不同的事物存在多大的困难。毕竟，在19世纪40年代，马克思的世界中，认识前中世纪世界的主要权威是罗马的历史学家和《圣经》。例如，对那些被西班牙人和葡萄牙人"发现"的人的认知并不被认为是知识，而是出现在旅行者所记录的猎奇故事中，这些被猎奇的对象常常不被视为人类。中国和其他"东方"文明，例如土耳其和奥斯曼帝国，也被如此看待。

殖民主义是一项认知工程，正如萨义德在1978年对东方主义的批判（这一批判引发了争议）中所指出的。但是，顾名思义，东方主义阐明了西方或欧洲中心主义对文明的"他者"的知识建构。依据这种"知识"，"东方"被理解为次等的，但又是神秘的，比西欧的主导国家更加不文明，并且缺少工业和技术。当这种东方主义与殖民工程（包括领土保护和附庸国的建立）交织在一起时，并非针对"土著人"，这主要是因为在很多方面被建构起来的东方——鉴于它是反文明的集合——包括了不时卷入到和西欧国家同样的活动之中的民族和帝国：阿拉伯半岛和非洲之角的奴隶贸易，中东和北非的宗教皈依和领土合并，对安纳托利亚的军事控制，以及维也纳城门遭受的占领威胁。对于西欧人及其册封和保卫的"殖民者"和混血社会而言（或者至少对于那些殖民事业的自我形象而言），这些人当然是"他者"，但并非"东方的"。这些人的定居点是分散的、非城市化的，不是通过书面的交流形式进行自我组织的，也不重视和生产已知的、重要的知识和技术。因此，马克思所能获得的知识以及充斥在马克思周边的政治论述完全是东方主义的。马克思的评论是以受众能够理解的术语表达的，这一点并不令人感到意外；同样不足为奇的是,他不需要探讨统治土著人的那些殖民者的未来,也不需要详尽考察中国的早期工业化及之后资本主义为什么没有得到发展。

但是,将殖民主义和东方主义视为对全球的地理划分是错误的,因为东方的每一个地方几乎都有"部落"居民,或者杂交文化和混合的边缘群体,甚至出现在他们都市空间的内部及交界处。印度曾是(且现在仍是)一个鲜明的例子。另一个例子是,一些欧洲群体并不必然与东方或其他地方的边缘群体完全不同,但是他们却被西方用政治术语建构为不同的形象,(通常是)基督徒(或者有时是穆斯林)和穷人。这样,他们就处于欧洲内部,即殖民主义和东方主义的发源地之中,或者如这一话语传达给我们的那样。正如赛义德及其之后的后殖民主义思想家会迅速指出的,从西方土地中生长出来的自我形象、自我理解和自我宣传的政治是在"他者"之中并通过"他者"建构起来的,这些"他者"是东方的和"原始的"或"野蛮的",这样,西方的、欧洲的、基督教的重商主义(包括传教士和慈善工作)就能够借助自信和残忍的决心被创造出来并得以推而广之。

四、回到马克思的未来

某些人(其实是很多人)并非没有怀疑殖民主义和东方主义。但是,这并非告诉我们,马克思在任何特定的时期和语境中也是这样怀疑的。

大多数接受资产阶级宏大叙事——比如《共产党宣言》中的著名阐述——的评论者都会本能地推测,马克思是在黑格尔的影响下写作的,即历史哲学家告诉我们历史的必然进程,并把这个必然进程看作某种决定人类个体意志以实现某一目标的主体或力量。黑格尔的现代化思想就像中世纪的工艺品,与此不同,马克思显然是工业化的神父,他使工业化成为现代历史的重要力量。此外,马克思还令人兴奋地描述了工业化在欧洲的起源及其向外部的扩张,它有力地克服了所有阻力,势不可当地向前发展。为了建构对人类世界发展的线性解释,评论者们引用了马克思的新闻评论,这些评论与黑格尔和那些比较历史学家相呼应,因为这位伟大的哲学家的思想正是起源于后两者。这些段落表明，与基督教的、工业化的、文明的国家或欧洲的"白种人"相比，像印度这样的国家是没有历史的、一成不变的，并且落后得令人绝望。

这种阅读《共产党宣言》的方法源自一种假定（可以追溯到恩格斯1859年的传记），这种假定认为，马克思并非黑格尔名副其实的继承者，而是比后者更胜一筹：他是一切事物，尤其是历史的解释性和预言性叙事或哲学的创造者。这种方法很容易把《共产党宣言》看作另一部欧洲中心主义的文献，一种对工业化的非批判性论述，这种非批判性论述将工业化的源头仅仅追溯至欧洲，否认西方的发展主要依赖于对每一个地区的控制、剥削、征服和资源掠夺，这种观点之所以能大行其道，只是因为自我利益导致了边缘地区的持续不发展和经济贫困。

我们可以重读《共产党宣言》，颠覆上述方法，或者至少从其他视角来审视这部著作。对马克思——作为一个历史哲学家——的黑格尔式解读遗漏了《共产党宣言》中的阶级分析所展现的纯粹野蛮，尤其是遗漏了马克思所抨击的资产阶级或商业阶层在欧洲（不仅仅是在殖民地和东方）对生命、价值甚至环境所实施的暴行：

> 资产阶级在它已经取得了统治的地方把一切封建的、宗法的和田园诗般的关系都破坏了。它无情地斩断了把人们束缚于天然尊长的形形色色的封建羁绊，它使人和人之间除了赤裸裸的利害关系，除了冷酷无情的"现金交易"，就再也没有任何别的联系了。它把宗教虔诚、骑士热忱、小市民伤感这些情感的神圣发作，淹没在利己主义打算的冰水之中。它把人的尊严变成了交换价值，用一种没有良心的贸易自由代替了无数特许的和自力挣得的自由。总而言之，它用公开的、无耻的、直接的、露骨的剥削代替了由宗教幻想和政治幻想掩盖着的剥削。
>
> 资产阶级抹去了一切向来受人尊崇和令人敬畏的职业的神圣光环。它把医生、律师、教士、诗人和学者变成了它出钱招雇的雇佣劳动者。
>
> 资产阶级撕下了罩在家庭关系上的温情脉脉的面纱，把这种关系变

成了纯粹的金钱关系。①

资产阶级的可取之处不是作为历史的载体，而是不自觉地在全世界创造了自己的掘墓人，即无产阶级。通过取消阶级斗争，对这一文本和马克思思想的黑格尔式解读把工业化视为一种孤立的现象，而马克思和恩格斯首先是通过阶级斗争来清楚地阐述全球历史的。对于他们而言，历史的意义在于生产出一个在现代工业中处于不利地位的阶级，这个阶级代表着人类通过高水平的工业生产力使生活革命化的潜能，并且是通过他们作为政治主体的力量、理性和价值组织起来的。

黑格尔式的解读还遗漏了"第三世界"——过去曾被控制、征服、剥削和掠夺——的资源如何成为工业发展的第一原因，从而推动了西欧的资本主义和军事主义。当然，黑格尔式的历史观从进步的、发展的文明内部向外审视全球边缘地区始终落后的、非欧洲的、不文明的甚至原始的和粗暴的"野蛮"人，因而无论如何都是一种明确的欧洲中心论，所以被称为"密涅瓦的猫头鹰"。

因此，基于我们对马克思已经建立起来的"认知"，评论者们用欧洲中心论来判断《共产党宣言》是什么类型的文本以及我们应如何"理解"它。一种对《共产党宣言》更为微妙的解读不是从黑格尔关于历史、进步和必然性的假定出发，而是从文本固有的元素——阶级斗争和全球交往——出发，将欧洲和工业化视为处于全球进程之中并通过全球进程进行的建构，而不仅仅是自成体系的地区和独立发展的源泉。黑格尔根本不在《共产党宣言》之中，《共产党宣言》并非如过去所说是辩证的，《共产党宣言》的话语也不是一种黑格尔式的超越历史的主体和力量，无论如何，马克思和恩格斯早就彻底而激烈地批判过这种超越历史的主体和力量。如果欧洲中心论意味着将非欧洲的国家和人类消灭掉或者边缘化，那么我们很难在《共产党宣言》中找到它。可以说，《共产党宣言》是与此相反的观点的来源，或者至少是主要启示。

---

① 《马克思恩格斯文集》第 2 卷，人民出版社 2009 年版，第 33—34 页。

五、结论

本文的主要目的并非使马克思免遭欧洲中心主义和西方现代主义的诘难，而是试图将马克思从那种简单化的解读方法中拯救出来，这种解读方法使马克思丰富的文本和旨趣被简单化。尤其令人恼火的是，问题被拙劣地简化为欧洲中心论与非欧洲中心论的二元对立，在这种二元对立中，"我们"这些受过教育的英语世界的人知道，"什么才可能是非欧洲中心论"这一问题本身就是一个开放的、备受争议的问题。如果有人以资本主义、新自由主义、新殖民主义或帝国主义作为研究主题，那么至少在那些肤浅的人眼中，他就难以避免被视为欧洲中心论者。虽然有办法可以避免这种情况，但是设想一个人可以满足所有批评者是愚蠢的。

与现在相比，马克思在当时只拥有极为有限的材料，可以使他避免这种情况，尤其是在19世纪40年代。如果马克思确实犯了用黑格尔解释中国、其他"种族"和文明的错误，我们就需要仔细考察（在德语、法语或英语中）他还可能接触到哪些其他材料，以及他会首先试图对谁做出何种评价。这可能比某种线性历史理论的第一步更微妙和令人关注。无论如何，他最初的欧洲中心主义显然出现在大多数早期著作中，只是因为他所研究的政治并不关注殖民主义（当时德意志还不是一个国家，所以它没有任何殖民地），并且阶级斗争和自由主义革命在当时比之后更具有爆发的可能性，如最终爆发的1848年革命。

就像马克思从思想、经济、政治和社会的角度考察德意志一样，在我们的研究中，将德意志的落后视为欠发展是一种颇为有用的建议。如果我们想要像今天对世界问题的考察一样，去探究什么是马克思对世界问题的看法，那么上述观点显示了一种正确的策略。马克思几乎完全被忽视的早期新闻评论是针对他所居住的普鲁士莱茵省封建农民和失业葡萄园工人的，这些新闻评论既不是田园牧歌也非轻蔑之词。作为一名知识分子型的新闻工作者，在这些早期的新闻评论中，马克思并没有命令封建农民和失业工人走进工厂，成为工人阶级和无产阶级。相反,他用政治术语将他们描述为阶级政治的牺牲者(这种阶级政治被资本家和贵族的财产利益所驱动),也描述了他们遭受的苦难和日益恶化的处境。这个欧洲"发展中"地区的处境可以被描述为一个殖民工程,而统治阶级的活动可以被看作外国征服者的行为。马克思真正描述的是农业企业的孕育,它可能出现在今天的巴西或任何一个英国—欧洲经济体的外围。

桑卡兰·克里希纳(Sankaran Krishna)将庶民研究描述为松散的思想学派,这个学派认为:"现代性作为一个进程是全球性的和同时进行的,殖民主义和征服是现代性的构成部分。"这种解读很像《共产党宣言》:

> 美洲的发现、绕过非洲的航行,给新兴的资产阶级开辟了新天地。东印度和中国的市场、美洲的殖民化、对殖民地的贸易、交换手段和一般商品的增加,使商业、航海业和工业空前高涨,因而使正在崩溃的封建社会内部的革命因素迅速发展。①

但是,我们似乎并不需要以这种方式解读这之后的马克思,以一种微妙的方式探究其中的差别也许令人关注且富有成效。《共产党宣言》对于世界而言并非无足轻重,对于马克思而言也不是不重要。它是马克思生前为数不多的再版著作之一,而且他在1872年还介绍了它的第2版。下面引用了他著作中的一段评论:

> 因此,泰霍夫就"设想"我编写了一本"无产者问答书"。他指的是"宣言",其中批判了,如果泰霍夫愿意的话,也可以说是"讥笑了"形形色色社会主义的和批判的空想主义。不过,这种"讥笑"却不像他所"设想"的那样轻而易举,而是需要花一番力气的……泰霍夫还"设想"我"剪裁了"一套"体系",哪儿的话,我甚至在直接为工人们写

---

① 《马克思恩格斯文集》第2卷,人民出版社2009年版,第32页。

的"宣言"里,也抛弃了一切体系,而代之以"批判地了解实际社会运动的条件、进程和一般结果"。但是,这样一种"了解",既不能跟在别人后面死板地重复,也不能像做一条子弹带那样来"剪裁"。泰霍夫所"设想"的、并背地塞给我的对贵族、资产阶级和无产阶级的相互关系的那种看法,是天真得相当出奇的。①

就这么结束这场关于一个政治思想家的讨论也许很奇怪,这位政治思想家因为他的"历史理论"、对无产阶级革命的拥护、对以工业为基础的社会主义和共产主义的坚持、对必然胜利的呐喊而闻名。但是,如果那是我们所赋予他的全部,那么也就是他所呈现的全部。倘若我们把黑格尔搁置一边(反对大家认可的评论者),回归作为阶级斗争记录者的马克思,那么我们就会获得一个完全不同的、更加生动的形象。

---

① 《马克思恩格斯全集》第 14 卷,人民出版社 1964 年版,第 476 页。

马克思遗失的理论*
——民族主义的政治

迈克·戴维斯** 著　罗雪芳　译

[内容提要] 有关民族主义的讨论五花八门，纷繁复杂。总体而言，大致有三种分析路径：其一为方法论上的民族主义，把当代社会等同于民族国家，将国家等同于政治的民族；其二是强调民族主义的自主性及其独立地作为历史发展动力的推动作用；其三则是自由民族主义与保守民族主义的二分法。传统视角普遍认为，马克思缺乏有关民族主义的研究，但通过对《1848年至1850年的法兰西阶级斗争》和《路易·波拿巴的雾月十八日》的再研读可以发现，民族主义研究并非马克思理论的缺失。事实上，马克思的民族主义理论是一种"经济—财产—阶级—民族国家"的逻辑实现路径。大部分马克思主义者关于民族主义或政治分析的主要问题并非拒绝承认言论、文化或族群的自治，而是认为其不能全面反映财产关系以及由此衍生的矛盾。

[关键词] 马克思　民族　民族主义　阶级　革命

---

* 本文原载《新左翼评论》（*New Left Review*）2015年5/6月号（总第93期）。译文原载《国外理论动态》2016年第11期，译文有删节。

** 作者简介：迈克·戴维斯（Mike Davis），美国加利福尼亚大学河滨分校创意写作系教授。

当我们谈论民族主义时，我们究竟所指何为？似乎，我们总是谈论得太多。一位社会学家抱怨道："有关种族、人种和民族主义的学术研究过于繁杂。"一位著名的历史学家认为，民族主义的这些研究"令人难以忍受地变化无常"。英国社会学家、民族主义研究书目的主要编纂者安东尼·史密斯（Anthony Smith）在其最近出版的入门读物中将知识的蔓生比作洛杉矶："这些讨论思维发散，议题广泛。它们不仅与民族主义的意识形态相关，也不仅仅是特定理论之间的碰撞。这些讨论在关键概念的界定上存在着根本性的争执，对于民族的历史有着广泛的分歧，对于'未来的发展状况'也有着相反的论述。"作为当前论战中的一方，史密斯区分了"原生论者""永恒主义者""新永恒主义者""工具主义者""现代主义者"（本还可以加上"建构主义者""新韦伯主义者""新比尔德主义者"）。同时，史密斯将自己描述为一位"民族符号主义者"，他把民族主义解释为一种固有文化认同的现代化产物。面对纷繁复杂的分类、相互矛盾的类型学和各自不同的学科视角，民族主义研究似乎如克利弗德·纪尔兹（Clifford Geertz）所说的那样，裹挟了一种"因概念模糊而产生的乏味光环"。

直到近期，这种错综复杂的争论终于在三种较少受质疑的核心假设上达成了共识。第一种假设是"方法论意义上的民族主义"，它将当代社会等同于民族国家，将国家等同于政治的民族。第二种假设是把民族主义的自主性甚至可以说是原始性作为历史发展的动力。政治哲学家埃里卡·本纳（Erica Benner）对这一观点嘲讽道："民族主义就是一套特殊的民族价值观，它们为该民族的大多数人所珍视，并且只要民族主义者振臂一呼，它们的地位就会轻易地超越其他的观念和利益。"第三种假设认为自由民族主义与保守民族主义具有根本区别。对这种二分法的观念最具影响力的表述出现在流亡的捷克人汉斯·科恩（Hans Kohn）里程碑式的著作《民族主义观念》（1944）中，在该书中，科恩反对将"西方公民"的（政治）民族主义同"东方民族"的（文化）民族主义相提并论。

一、没有民族的民族主义

这些基本假设和史密斯的范式受到 20 世纪 90 年代年轻一代的布迪厄主义和新韦伯主义社会学家的激烈批判。20 世纪 90 年代是矛盾的 10 年：原先的国家计划经济被整合为全球市场经济，发生在一度被称为"第二世界"的国家中的极端民族主义和国内战争大潮不期而至。不过，70—80 年代的学者——厄内斯特·盖尔纳（Ernest Gellner）、本尼迪克特·安德森（Benedict Anderson）、安东尼·史密斯、艾瑞克·霍布斯鲍姆（Eric Hobsbawm）——主要对当代民族国家产生的条件和形式感兴趣，想当然地认为他们之后的国家将是"静态的、有界限的、同质的实体"。在一个可能已经"全球化"的世界里，新一代学者面临着灾难性的后共产主义的民族主义突然出现的状况。他们对"民族、种族或民族团体相对快速变化的动力因素"有着更大的兴趣，特别是在科恩的二分法开始变得不再适用的情况下。在罗杰斯·布鲁贝克（Rogers Brubaker）的笔下，民族主义"在规范和经验上都难以捉摸"，以至于不能进行清晰的、比较的、经验的以及道德层面的解析，尤其是在像"种族的"这种修饰语一样抽象的情况下。另一方面，布鲁贝克认为，"群体性"（groupness），无论是作为民族还是国家，都"是一个变量，而非常量；不能被预先假定"。因此，有必要"将对国家地位和民族属性的研究从把民族作为具有重要意义的实体、集合体或共同体的研究中分离出来"。

布鲁贝克是反对"本质主义"的先驱之一。他在其具有重要影响的《民族主义重构》（1996）一书中考察了民族主义在苏联和南斯拉夫的国家体系解体过程中的复兴。布鲁贝克质疑复杂的、层级化的国家认同如何突然被"对于先验民族性的极端简化"所推翻。他反对"睡美人"的论点，该论点认为，被共产主义联合起来的国家只是在等待西方民主用亲吻唤醒。布鲁贝克认为，理论家应放弃对"民族"本质的研究，而去关注"民族主义形成的动力"。

简而言之，我的论点是，我们应关注作为实践范畴的民族、作为制度化的文化和政治形式的民族身份、作为偶然事件或发生状况的民族性。应适度地将"民族"这一模糊概念视为重要的、持久的共同体。

布鲁贝克进一步指出:"用布迪厄的话说,民族主义'不是由民族产生',而是产生于特殊的政治领域,说它因诱导而产生或许更为妥当。物化是一个社会化的过程,不只是学术上的实践过程。因此,物化是民族主义现象的核心。"

西尼沙·马莱舍维奇(Siniša Malešević)更为尖锐地评论说,民族认同"是一个概念上的妄想,不具有严肃分析的价值。民族主义是一个理论上乏味的概念,缺乏清晰的实证参照对象"。马莱舍维奇特别反感将"身份认同"视为随便解释"任何事物的涵盖性术语,一条避免精确解释的捷径"。"文化差异被建构为民族的差异,这只有在文化差异是积极的、动态的和活跃的之时——即政治化时——在社会学上才是可行的。"因为种族划分是政治构造(并非一个族群,而是一种社会关系的形式)。这意味着将民族视为"政治化的种族划分"的观点只是一种简单的同义反复:"更重要的是,这种观点并没有清晰地区分在所有种族关系中发挥作用的那种全球性和跨历史性集体差异的政治化过程,以及塑造民族形式的一系列特定历史事件和实践。民族性完全是一个历史上出现过的、极度偶然的新奇事物。"

马莱舍维奇赞同厄恩斯特·哈斯(Ernst Haas)的"人造共同体"(a synthetic Gemeinschaft)思想,他将融合亲密社会的"热情"与官僚社会的"冷漠"的能力视为一种神秘的力量:"换言之,民族主义意识形态试图通过将民族描述为一个亲密友人聚集的共同体或是一个巨大的家庭,弥合民族国家中'国家'部分与'民族'部分的分歧。"然而,他强调,本土情感与抽象信仰的融合并非安东尼·史密斯和雷吉斯·德布雷(Régis Debray)所假设的"集体行动的宗教结构"。"尽管民族主义的确经常表现出类似宗教性质的吸引力,依赖神化仪式,借用精神形态的语言和意象,也倾向于把民族描绘成半神圣的实体,但是这仍旧无法解释最重要的部分,即社会与神灵的关系。"马莱舍维奇称史密斯的想法"仍受涂尔干思想的束缚",他指出,涂尔干受困于循环的辩证法之中,用社会来解释神圣,用神圣来解释社会。"宗教和作为一种政治宗教形式的民族主义'是否表达了群体所既有的团结,或带来了这种团结呢'？新涂尔干主义者无法二者兼得。"马莱舍维奇还批评史密斯过于重视规范的整合，而对社会矛盾的强调不够：就后者来说，"在展现任何突发且深刻的社会成员关系方面，最为重要的就是对潜在或现实的社会冲突的探讨"。

布鲁贝克和马莱舍维奇致力于复兴古典社会学尤其是建构主义的头号人物马克斯·韦伯丰厚的学术遗产，他们的研究工作打开了政治经济学的大门，也引发了激进历史学家创造性的回应。通过引导舆论远离"民族的实质"或"种族的核心"，他们让学界关注民族主义的现实演进状况，并通过创造有关民族认同的幻想培育和助长这一研究兴趣。布鲁贝克和马莱舍维奇的学术重点在于研究社会互动与冲突的物理形态，它们开始于家庭、教会、军队、足球俱乐部等紧密的团结关系，而这些是想象的民族共同体的情感来源。

然而，对于将部门利益内化为民族利益的政治化学反应——或是创造一种民族利益以整合各种局部利益——以及这些利益不断变化的结构，必须从另一个角度来阐述；并且，一个更可取的理论视角应当与这样一个古老的问题相联系，即社会经济的宏观结构（生产关系、阶级划分、财产形式之间的关系）以及根深蒂固的种族体系、族群或宗教压迫的内部结构如何影响甚至塑造了民族主义者的行为信条。从历史的视角来看，这样一种理论不应进行类别的划分，而是必须把民族主义置于更广泛的政治领域进行研究。这可能有助于简化分析，民族主义的政治史与民族国家的经济和社会史之间并没有隔着"万里长城"。

二、马克思反对马克思

20世纪90年代论战的另一位参与者本纳宣称，这一理论的框架隐藏在意想不到之处。她一直致力于推动民族主义者重新研读马克思的作品。她在牛津大学的博士论文《现实存在的民族主义：马克思与恩格斯的后共产主义视角》（1995）虽然有时被人们所忽略，但仍是对90年代民族主义批判的宝贵贡献。像其他人一样，本纳不想参与史密斯一派与盖尔纳一派无休止的论战，即有关"民族（不是民族主义）是长久以来就存在的实体，还是现代性的新奇产物（并且有可能也是短暂的产物）"的争论。通过回归马克思，本纳逆当代强劲的后马克思主义潮流——重申弗朗茨·博克瑙（Franz Borkenau）的老生常谈，认为"民族主义已是事实，马克思主义理论反对这一点，就会失去其解释力"——而动。因此，汤姆·奈恩（Tom Nairn）在1975年写道："民族主义理论象征着马克思主义巨大的历史性失败。"厄内斯特·拉克劳（Ernesto Laclau）同意这一说法，指出马克思拒绝承认"民族认同的独特性和不可还原性（irreducibility）"。德布雷极其夸张地认为，马克思主义者无法理解支配"人类集体的文化结构"的法则——"民族在作为理论的马克思主义和作为实践的社会主义的大灾变中就像一个原子核"，他声称，"就像语言一样，民族超越了生产方式，恒久不变"，他还认为马克思没有政治学理论。

但是，身为知名马基雅维利研究专家的本纳发现，马克思（某种意义上包括恩格斯）更为引人关注之处在于他强调"民族主义的有限自治"以及"跨越国际化进程在唤醒当代'民族意识'和民族建设的努力中所扮演的角色"。她指出，许多诠释者"往往基于马克思和恩格斯最抽象的理论阐述来重构他们关于民族问题的观点，却忽略了他们提出的具体策略的特殊政治背景"。或者更明确地说，他们没有认识到："一种策略性的政治理论是以分析阶级冲突为核心的，但又不局限于此。"本纳解释说："马克思和恩格斯仍将阶级视为集体行为的基本分析单位和框架，但是，阶级与民族主义者的目标之间、阶级与民族'意识'之间的关系远比阶级还原论者的解释更为复杂和多变。"至于后马克思主义者，"他们的大多数尖锐批评都源于有关什么才是对民族主义的恰当解释的错误假设"。这在某种程度上只是历史观上的无知。柏林墙倒塌后，"似乎有理由认为一切后共产主义的民族主义都应当是民主的和西化的。这一简单的假设在1989年的剧变之后受挫，就好像1848年的事变颠覆了将共和兄弟会等同于民族性的马志尼式方程式"。

本纳或许比其他读者更能读懂马克思的文章，她对马克思思想的重构堪称杰作。尽管有大量文献就马克思和恩格斯的殖民主义观点（所谓"没有历史的民族"以及民族自决权）进行讨论，但本纳是第一位民族主义思想置于政治唯物主义理论背景下进行考察的学者。本纳对马克思的解读（加之我的补充）是对马克思和恩格斯有关阶级政治和民族主义的广泛分析中的矛盾内容最好的重构：那些有关1848年的文章、评论和宣传册虽然著名，但仍在很多方面不为人知。在由共产主义者同盟创办于科隆的《新莱茵报》上，马克思和恩格斯全面记录了巴黎、柏林、维也纳和布达佩斯的暴动进程，并通过民主力量的广泛联合"自下而上地"支持德国统一。恩格斯认为，"民主波兰的创建是创建民主德国的第一步"，这种特别的斗争形式在后来有关爱尔兰和美国黑人的论述中以一种惊人的形式重现。恩格斯和马克思赞同与俄国作战，与革命的法国结盟，以波兰的解放为首要目标，认为这是将民主的民族主义带入中欧的唯一途径。

1849年8月流亡伦敦后，马克思将关注点转移到法国的二月革命，并撰写了纪念文章。《1848年至1850年的法兰西阶级斗争》及其续篇《路易·波拿巴的雾月十八日》最好作为一个单一的文本来阅读：无法理解前者，经常会导致误读后者。这组有关法国的文章反对把简单的分类作为理论，它认为最好将新闻和当时的历史理解成能在其中发展和运用一种理念的原创性政治写作，而不是为了思考和发布社会主义政纲抽象地建立某种政治理念。而且，马克思使用了"阶级分裂""小集团""派系的结合""流氓无产阶级"等术语，这可以被视为一种早期的政治社会学，它研究的是"生产关系"与"政治上有组织的经济利益冲突"之间的中间地带。特里尔·卡弗（Terrell Carver）认为："马克思引人入胜的、过度夸张的、杂乱无章的、表面上非理论的词汇实际上构成了最好的政治理论。"

马克思在这些有关法国的著述中提出的重要主张被诠释为各种理论命题，它们并不符合后马克思主义对"阶级对抗民族"或"生产关系在因果关系中具有永恒不变的优先地位"的固有成见。

●各地的革命在民族国家、世界市场和欧洲国家体系（神圣同盟）的三元空间中同时发展。马克思对这三者之间的联系尤为感兴趣：例如，资本主义的巨大推力如何通过鸦片贸易、荷兰征服爪哇、澳大利亚和加利福尼亚的淘金热进入了东亚和太平洋地区？这种扩张如何影响了欧洲革命的氛围？或者大陆的革命如何激化了英国的宪章运动？

●在《共产党宣言》中，马克思和恩格斯写道："工人没有祖国。"但他们马上又补充道："无产阶级首先必须取得政治统治，上升为民族的阶级，把自身组织成为民族。"① 他们的这一模糊构想后来在科隆和伦敦时变得更加清晰。在科隆和伦敦，马克思认为对抗神圣同盟的防御性战争是必要的，通过战争，法国的工人阶级和德国的革命的民主主义者有机会与农民和中产阶级一起赢得"政治统治"。

●最初，1848 年革命仅仅是城市起义。马克思强调下一步应该是与农民建立民主联盟。农村要么是确保革命民主暴动的胜利，要么是成为其掘墓人。在革命的民族主义地区以及对抗外国干涉的过程中，必须建立这样的联盟。社会主义者应当做的不是谴责民族主义，而是组织民族防线。

●在出现僵局或是阶级斗争不成熟的情况下，国家机器可以成为"执行委员会"，并有能力根据其自身的利益行使权力。

●政治/民族主义的经济内涵——除了危机时期或在最发达的国家中——通常源自"各种间接的剥削形态"或不同类型所有权的冲突。事实上，马克思在 19 世纪 50 年代的大多数时间里都在试图理解货币和信用政治的自主性，这种政治在法国和其他地区的革命中扮演了重要角色。

三、阶级与民族主义

在充满尖锐性、讽刺和"拉伯雷式的神韵"的行文中，马克思对法国社会各阶级在民族层面以及借助民族利益话语的战略行为能力做出了虽不完美、但依然非常卓越的分析。1848 年的法国革命仅仅是劳动与资本进行较量的前兆：以共和党人的名义发动的六月起义是宣告历史新纪元的一道闪电，但也仅此而已。仍以农业为主的法国经济正在经历生产方式和剥削形式的转变。

---

① 《马克思恩格斯文集》第 2 卷，人民出版社 2009 年版，第 50 页。

如果工业革命在一些城市和地区建立了现代化的生产领地，那么还不属于社会阶级的工厂中的工人阶级及其雇主会有意识地在全国范围内组织生产。诚然，多样化的社会主义在巴黎远比在其他地区要强大得多：比如，巴黎在1851年有将近200个"社会主义激励下的工人联盟"。不过，左派源自世界主义的、由手工业劳动者组成的前工业文化，他们与主张民主共和的小资产阶级组成了雅各宾派。而最大的势力——蒲鲁东的追随者——则是反独裁主义的结社主义者和联邦主义者。对他们而言，能支付工资的地方——自己的家园、城市或地区——才是真正的祖国。

在马克思看来，民族主义首先是无组织的社会世界（social worlds）或"准阶级"（quasi-classes）的鸦片，它们由绝大多数法国人组成：一方面包括城市手工业者、店主、小商业者；另一方面包括乡村的小自耕农。就像左拉在其20卷本的卢贡·马卡尔（Rougon-Macquart）家族系列小说里详细记载的那样，这些群体在法国社会的现代化以及由此导致的工人阶级与大资本家的两极化过程中遭受的损失最大。对小业主和独立生产者来说，1848年的"民族"代表着阶级斗争的中止和社会力量的虚假均衡。城市与农村追随着完全不同（即使有些许重叠）的大众民族主义和历史记忆。仍然忠诚于1792—1794年的记忆的城市小资产阶级在很大程度上欢迎的是民主的民族主义，然而大部分农村人口渴望的则是他们的父辈和祖辈所处的帝国和拿破仑时代的那种辉煌。在社会主义者遭遇六月大屠杀之后的制宪国民议会中，赖德律-洛兰（Alexandre Ledru-Rollin）领导的共和主义多数派以民族的名义挥舞起三色旗。但是，在马克思看来，他们并非一个真正的政治政党，而是"由一些抱有共和主义思想的资产者、作家、律师、军官和官吏组成的一个派系，这个派系之所以有影响，是由于全国对路易-菲力浦个人的反感，由于对旧的共和国的怀念，由于一群幻想家的共和主义信仰，而主要是由于法国人的民族主义。这个派别对于维也纳条约和同英国联盟，始终怀有这种民族主义的仇恨"[1]。

---

[1] 《马克思恩格斯文集》第2卷，人民出版社2009年版，第481页。

同时，在农村，拿破仑"长生军"的子孙们被债务和税赋压垮；另一方面，分割继承制缓慢、残酷地缩小了农场规模，使农村更为贫穷，使农民变成了"穴居人"（troglodytes）。马克思估计："法国土地所负担的抵押债务每年从法国农民身上取得的利息，等于英国全部国债的年债息。"① 对共和国期待的快速幻灭、即刻上涨的农村税负，加深了人们对帝国的思念之情。在帝国时代，农民平等地拥有土地、未抵押的土地使用权和民族的荣耀。所罗门·布鲁姆（Solomon Frank Bloom）认为，对马克思而言，"每个阶级都会按照自己的想象描绘国家，这有时是整个种族的倾向。然后开始崇拜这种想象。每一个阶级都有不同的'祖国'。对农民来说，他们的工作服是他们自己国家的服装；战争是他们的诗歌；他们的一亩三分地在他们的想象中得到拓展和美化，是他们的祖国；爱国主义是他们财产意识的理想形式。"尤金·韦伯（Eugen Weber）对此有过著名的描述：直到19世纪晚期，法国农村强烈的地方主义都很难与大城市和边缘地区达成民族认同，而对"帝国"的记忆好比"空地上的奶牛"。

但是，无论是债务缠身的城市小资产阶级，还是税负沉重的乡村小农户，在行动时均无须考虑主动还是被动，他们看重的是最能表达他们诉求的、有组织的阶级或政党。本纳写道："马克思否认准阶级成员具有先天的排外性，或者倾向于使用'虚假意识'的诡计，虽然恩格斯并不总是这样认为。他们对具体的民族主义政策的支持被认为是有条件的、并非完全理性的；其决定性的条件是在安全和物质富足方面的具体利益。"马克思暗示，受欢迎的民族主义的逻辑取决于牺牲与收获的结合：其给出的承诺不仅是天堂和荣耀，而且是解除受压迫的枷锁，甚至是对他人的土地进行再分配。换言之，只有保守的农民才仅仅需要"一袋马铃薯"。马克思清楚地看到，阶级形成的过程从根本上来说是偶然的，取决于经济发展的水平以及阶级—政治行为体将自身作为国家的合法代表的能力。本纳强调："在这种语境下，国家意识形态并非占统治地位的阶级固定的、单一的机制，而是争夺政治权力的主要舞台。"

---

① 《马克思恩格斯文集》第2卷，人民出版社2009年版，第570页。

"事实上,雾月几乎成了主要行为体战略决策的资产负债表。马克思对阶级立场、经过谈判达成的集团利益以及这些利益的政治代表作了清晰的区分。在第二共和国,现代意义上的政党顶多处于胚胎状态,没有任何社会阶级是团结的或拥有将其单一的民族主义言论强加给其他阶级的政治谋略。巴黎的无产阶级在1848年不成熟的、缺乏组织的起义中被击溃,早早离开了舞台,而一旦障碍扫除,社会主义者被即刻处决或流放到阿尔及利亚时,暧昧的广大资产阶级并不能作为领导阶级组织起义。"正如马克思在《德意志意识形态》中所说:"单独的个人所以组成阶级只是因为他们必须进行共同的斗争来反对某一另外的阶级;在其他方面,他们本身就是相互敌对的竞争者。"①

马克思让读者感到不满意的是,他将法兰西国家的专制主义传统当作"独立的权力"。但是,当第二共和国国内的冲突没能给任何阶级或阶级联盟带来稳定议会秩序的权力时,危机便由公民裁决来解决。雾月以国家对社会的诡异胜利结束,党派超越了阶级,民族主义(以原始的形式)超越了民主。如果第二帝国迅速崩溃(马克思最初的设想),人们可以视其为特殊现象不予理睬;但是,这一帝国持续了一代人的时间,拿破仑三世对欧洲大陆的统治产生的重大影响已经超出了马克思最初的预期。因此,资产阶级审慎地将他们在这一国家中的权力让渡给作为一种独裁主义国家形式的"波拿巴主义"。在经典社会主义者的分析中,这一形式会不时再现,尤其是在恩格斯对俾斯麦造就的帝国的描述中,在列宁对克伦斯基政权的刻画中,在塔尔海默的法西斯理论和托洛茨基对希特勒之前的兴登堡·冯·巴本(Hindenberg-von Papen)政府的分析中。

马克思重回该主题是在1856年6月、7月和1857年5月,他就动产信贷公司(Creédit Mobilier)写了文章,发表于查尔斯·德纳(Charles Anderson Dana)的《纽约每日论坛报》。得益于塞尔吉奥·布罗那(Sergio Bologna)在1973年做出的大量高度原创的注释,这些文章得到意大利自主论马克思主义者的重视,并在20世纪70年代的危机期间对通货膨胀和货币政策进行了分

---

① 《马克思恩格斯全集》第3卷,人民出版社1960年版,第61页。

析。动产信贷公司是有限责任投资银行和控股公司，由圣西门的信徒皮耶兄弟（Péreire brothers）创办，为工业和公共工程调动资本，其中包括乔治-欧仁·奥斯曼（Georges-Eugène Haussmann）对巴黎的重建。通过只投资股份公司，动产信用公司推动了法国工业的融合与重组。马克思谴责其为巨大的投机诈骗商，认为它的崩溃将导致政权的迅速垮台："相反地，目前的投机狂的代表者——Creédit Mobilier 的指导原则，却不是在一个固定的方面进行投机活动，而是普遍地进行投机活动，并且把它集中起来的骗术推行到一切经济部门。"① 然而，马克思也承认："当然，不能否认，把股份公司的形式运用于工业，标志着现代各国经济生活中的新时代。一方面，它显示出过去料想不到的联合的生产能力，并且使工业企业具有单个资本家力不能及的规模。"②"拿破仑社会主义"比马克思预想的要更加坚不可摧。动产信贷公司催生的建设潮和资本投资狂热使得第二帝国顺利走出了 1857 年的萧条。

无论出于什么原因，马克思从未展开对"拿破仑社会主义"的分析（可能是出于对波拿巴本能的厌恶），他本可以在《资本论》或唯物主义政治理论的《政治经济学批判大纲》中写下更多章节，但却并未这么做。政权认同的基础是始于 1852 年的圣拿破仑节。该节日于 19 世纪走上历史舞台，动员巴黎的广大民众沐浴在"民族荣耀的普遍情绪中"，是一年一度最大的爱国事件或民族主义者的狂欢。如果说马克思高估了波拿巴的军事实力，那么他则严重低估了第二帝国的推动机制以及法国在产生现代民族主义范式上持续的领导地位（第三共和国时期得以继续）。

但是，马克思并未低估民族主义本身。他有关法国的作品很少提及主要的政治教训。与后马克思主义的成见相反，马克思非常明确地指出，军事民族主义是社会革命的重要动力，也是农民和中产阶级下层获得社会主义领导地位的前提条件。马克思和恩格斯在德国的例子中即做出了此论断，并继续在《1848 年至 1850 年的法兰西阶级斗争》中进行了论述，在论述中，他遗憾

---

① 《马克思恩格斯全集》第 12 卷，人民出版社 1962 年版，第 54 页。
② 《马克思恩格斯文集》第 2 卷，人民出版社 2009 年版，第 584 页。

地认为，与1848年和1792年相比，当时缺乏外国势力的干涉，也没有"整个民族共同面对的敌人"：

> 共和国面前一个民族敌人也没有了，于是也就没有什么重大的外部纠纷可以激发起活力，加速革命过程，推动临时政府前进或将它抛弃。巴黎无产阶级把共和国看作是自己创造的，自然赞同临时政府所采取的每一个有助于巩固其在资产阶级社会中地位的措施。……共和国［马克思正在写1848年革命最早的阶段］不论在国外或国内都没有碰到什么抵抗。这种情况就使它解除了武装。它的任务已不是要用革命手段改造世界，而只是要它自己去适应资产阶级社会的环境。①

当然，马克思并非倡导无产阶级的民族主义本身，而是倡导社会主义在国家防御方面的领导地位，旨在推动国内和邻国的革命性变革。这并非一次性的立场。出于同样的原因，马克思和恩格斯在1870年敦促德国的同志们支持普鲁士领导的同盟对抗拿破仑三世，尽管这仍是一场民族自卫战争。马克思相信，"法国人需要惨败。"他对恩格斯说道，德国人的胜利会将西欧"工人运动的重心"从法国转到德国。只需比较两国1866年以来的工人运动，便可发现德国的工人阶级无论是在理论上还是在组织上都优于法国工人阶级。德国工人阶级在世界舞台上的表现优于法国，也意味着其理论比蒲鲁东等人更为优秀。恩格斯在1849年预测道："在即将来临的世界大战中，不仅那些反动阶级或王朝，而且那许多反动民族也要完全从地球上消失。"② 他在1891年写给奥古斯特·倍倍尔（August Bebel）的信中又回到了这一主题。与俄罗斯的战争似乎已迫在眉睫：

> 有一点我认为是确定无疑的：如果我们被打败，沙文主义和复仇战

---

① 《马克思恩格斯文集》第2卷，人民出版社2009年版，第91页。
② 《马克思恩格斯全集》第6卷，人民出版社1961年版，第207页。

争的思想将在欧洲大肆蔓延很多年。假如我们战胜，我们的党就会取得政权。德国的胜利因而将是革命的胜利，所以，战争一旦发生，我们不仅应当期望胜利，而且要采取一切手段去争取胜利。①

四、利益计算

在后马克思主义者的描述中，民族和民族主义在马克思的著作中是一个难题。如果并非如此，又如何解释德布雷等人的诘难，即马克思的政治观是简单化的、阶级决定论的？撒切尔主义和里根主义向传统马克思主义证明了它们并不适用于马克思主义的分析，人们普遍认为"阶级政治"是话语实践和政治修辞虚构的产物，而不是有组织的经济力量。但是，作为话语的政治本身就是一种还原论，不仅否认经济的宏观结构，而且否定了政治制度及根深蒂固的利益和冲突模式。另一方面，选举、宪法和立法机构在马克思对1848年革命的分析中具有重要地位。马克思早期政治思想最好的展示可能是在罗纳德·阿明扎德（Ronald Aminzade）1993年出版的《选票和路障》中。这是一部研究19世纪中期三个法国工业化城市中的选举改革和工人阶级认同的专著，是对工人和手工业者如何从自身的艰辛生活出发来理解"共和主义"和社会主义的伟大探索。阿明扎德没有直接引用《1848年至1850年的法兰西阶级斗争》或《路易·波拿巴的雾月十八日》，但是他对阶级地位、组织机构和意识形态关系的描述具有代表性，与本纳对马克思的解读相一致：

> 基于个人作为地主、店主、工人或资本家的立场，阶级利益转化为主观的政治倾向或集体的政治行为，这一转变取决于政治进程。在这一政治进程中，政治制度，比如政党和意识形态（比如共和主义），扮演着关键角色。这些制度和意识形态并不独立于物质条件和阶级力量，也不

---

① 《马克思恩格斯全集》第38卷，人民出版社1972年版，第159页。

能不受物质条件约束，简单地从话语中创造利益。生产过程中的结构性立场（比如阶级立场）决定了一系列利益，这些利益是集体政治行动的潜在基础。这种行动取决于政治组织的建立和身份认同的创造，而不是政治舞台上客观立场的简单反映。政治舞台的规则是机会，也是约束，有多种可能的敌人和盟友。这意味着阶级因素无法单独决定政治规划和政治联盟中的利益界定，也无法单独决定以阶级为基础的主要政治利益（而非基于民族、种族、性别的非阶级利益）如何形成……认识到政治行为在制度和文化上的决定因素，并不一定会引发政治自治（即民族主义）或抛弃阶级分析。人们可以拒绝对政治进行阶级还原论的理解，然而还是要承认阶级关系在塑造政治行为方面的核心地位。

然而，这一绝妙的构想需要对"以阶级为基础的利益"进行更完整的界定。正如认真阅读过《资本论》的读者所知，阶级斗争或阶级竞争具有多种形式。例如，雇佣工人与资本家为控制生产过程的环节和组织而斗争，为劳动力的价格而斗争，为劳动的社会再生产而斗争。工人作为个人或集体与其他人或集体竞争工作机会或学徒身份。同样，同类产品的企业竞争"超额利润"，通过增加使用新技术或劳动分工提高生产力。国内市场的生产商支持关税保护，然而出口商则寻求自由贸易，或至少是互惠；但是，总的来说，制造商无论如何都需要用关税来保护自己的产品，本质上又支持全球自由贸易，以便减少工人的生活费用。与此同时，这种生产力经济在总体上（包括必要的商业和金融服务）面临着人们从土地和其他自然资产所有权中获得收入的情形。而其他寻租者则尝试通过操纵国家形成垄断，获得特权。构成形式多样化的金融资本将资金借贷给私有经济体和国家，而自己则经常处于所有者的地位。

在早期有关法国的著述中，马克思推演出具体的分析范畴，这被认为是马克思政治经济学批判的终极目的。他指出，当代法国以裙带资本主义为特征，两种非生产性的资本分支占主导地位：正统王朝派的地主；奥尔良派的金融家和投机者。这些坐收利息者掌管着国家，通过抵押贷款、债务和税收无情地剥削小资产阶级和小户农民。对这种阶级冲突的多元本质的认识是《1848年至1850年的法兰西阶级斗争》的重大创新。马克思认为，在对无产阶级的六月大屠杀之后，推动政治冲突向前发展的是"反对次一等的资本剥削方式的斗争，即农民反对高利贷和反对抵押制的斗争，小资产者反对大商人、银行家和工厂主的斗争"①。马克思补充道："七月王朝不过是剥削法国国民财富的股份公司。"②"在路易-菲力浦时代掌握统治权的不是法国资产阶级，而只是这个资产阶级中的一个集团：银行家、交易所大王、铁路大王、煤铁矿和森林的所有者以及一部分与他们有联系的土地所有者，即所谓金融贵族。"③

对生产毫无贡献或贡献甚微的卡特尔控制着国家的信用体系，在很大程度上也控制着政府的支出和税收；卡特尔鼓励国家债务——这些债务常常用于铁路等项目，卡特尔是其主要投资商——的扩大，而这些债务（卡特尔所有）通过向小生产者征收惩罚性税收来偿还。马克思认为，对农民的剥削"只是在形式上不同罢了。剥削者是同一个：资本。单个的资本家通过抵押和高利贷来剥削单个的农民；资本家阶级通过国家赋税来剥削农民阶级"④。他认为，二月共和国的主要任务本应是废除国家债务和与之相关的金融家；但是相反，国民议会成为他们的讨债公司，提高对农民的税收，纵容城市商人阶层陷入破产。马克思写道，1849年6月，秩序党对小资产阶级的镇压"并不是雇佣劳动与资本之间的流血悲剧，而是债务人与债权人之间的包藏大量牢狱之灾的可悲的正剧"⑤。被税收压迫致死的农村则渴望第二帝国："拿破仑在农民眼中不是一个人物，而是一个纲领。他们举着旗帜，奏着乐曲走向投票站，高呼：'取消捐税，打倒富人，打倒共和国，皇帝万岁！'隐藏在皇帝背后的是农民战争。由他们投票推翻的共和国是富人共和国。"同样，"对

---

① 《马克思恩格斯文集》第2卷，人民出版社2009年版，第89页。
② 同上书，第82页。
③ 同上书，第80页。
④ 同上书，第160页。
⑤ 同上书，第137页。

小资产阶级说来，拿破仑意味着债务人对债权人的统治"。①

  这里可以做一个有趣的对比。詹姆斯·麦迪逊（James Madison）在他著名的《联邦党人文集》第 10 篇（1787）中表达了同样的观点——灵感来自查尔斯·比尔德（Charles Beard）的《美国宪法的经济观》（1913）。麦迪逊反驳孟德斯鸠，认为按照古典共和理论，一个巨大的共和国，甚至大陆共和国，可以比小型参与式国家更好地包容派系斗争。麦迪逊称，宪法提案下利益集团的增加会降低破坏性冲突的可能性，鼓励联盟的建立，有利于国家立法机构的谈判。但是，麦迪逊对经济生活的事实直言不讳，认为派系斗争的不可控在于其产生于自由经济下财富累积的本质。这里存在着三种主要的冲突：

> 造成党争的最普遍而持久的原因，是财产分配的不同和不平等。有产者和无产者在社会上总会形成不同的利益集团。债权人和债务人也有同样的区别。土地占有者集团、制造业集团、商人集团、金融业集团和许多较小的集团，在文明国家里必然会形成，从而使他们划分为不同的阶级，受到不同情感和见解的支配。管理这各种各样、又互不相容的利益集团，是现代立法的主要任务，并且把党派精神和党争带入政府的必要的和日常的活动中去。

  马克思从未尝试对经济冲突进行规范化的分类，但从《马克思恩格斯全集》中，我们可以看到某种恰当的分类。阿明扎德认为，基本的阶级地位"界定了一种利益的联合，这种联合可以作为集体政治行为的潜在基础"，据此，我们必须在理论上重视这些"地位"，它们衍生于马克思的"间接的剥削形态"。正如鲍勃·杰索普（Bob Jessop）在阅读《路易·波拿巴的雾月十八日》后指出："政治的社会内涵主要与相互冲突的阶级和阶级派别在特定的事态和阶段以及特定的社会形式中的经济利益有关，而非与生产方式层面上定义的抽象利益有关。"马克思关于"中间阶层"的概念——这在他对二月革命

---

① 《马克思恩格斯文集》第 2 卷，人民出版社 2009 年版，第 116 页。

的分析中至关重要——在对其思想的后续继承中被大量遗失,尽管葛兰西力图复兴关于无产阶级与农民、小资产阶级共同的国家领导权的重要思想。此外,有必要指出,大部分马克思主义者关于民族主义或政治分析的主要问题并非拒绝承认言论、文化或族群的自治,而是不能全面映射财产关系以及由此衍生的矛盾。尽管这一说法可能离经叛道,但我们需要更多的经济解读,而非相反。

马克思论宗教[*]

戴维·麦克莱伦[**] 著　林进平 译

[**内容提要**]　成熟期的马克思对宗教的看法已经不再停留于"宗教是人民的鸦片"的表述,而是从历史唯物主义的视角揭示宗教存在的历史背景与条件,认为宗教是对社会物质生产的一种反映,是一种没有自主意识的意识形态,宗教在共产主义社会将如同其他社会意识形态一样趋于消亡。马克思对宗教的很多评论都富有理论的洞察力和启发性,但是,如果把宗教仅仅定性为社会缺陷的反映,则无法穷尽宗教的意义和重要性。

[**关键词**]　马克思　宗教　历史唯物主义　意识形态

马克思关于宗教最有名的论断是:宗教是人民的鸦片。不过,这个表面上很简单的描述所得到的各种解释却突出地表明了马克思在态度上可能是摇摆的。主流的马克思主义传统,如在列宁那里,已经把鸦片的类比视为完全

---

[*]　本文译自戴维·麦克莱伦的《马克思主义与宗教》(Marxism and Religion: A Description and Assessment of the Marxist Critique of Christianity, New York: Harper and Row Publishers, 1987),标题为译者所加。译文原载《国外理论动态》2015年第3期,译文有删节。

[**]　作者简介:戴维·麦克莱伦(David McLellan),英国学者,现为伦敦大学哥德史密斯学院政治学客座教授,之前是英国肯特大学政治学教授,国际知名的马克思主义研究者。

消极的。但另一方面，据称，马克思批判的目标局限于一种特别超脱尘世的新教，鸦片在那时的用途意味着它所具有的贬义远弱于当今，在同一段论述中，马克思认为宗教是"抗议"，等等。尽管如此，也有人宣称，无论马克思早期人道主义的形而上学论断对宗教信仰产生了多大的不利影响，都并不适用于他后期"科学的"研究工作——其旨趣至少对宗教持更为中立的态度。

一、马克思成熟作品中作为反映的宗教

随着马克思从巴黎移居布鲁塞尔和在布鲁塞尔细化自己的历史唯物论，他的思想经历了关键性的转变。虽然他之前的核心概念是异化，但现在是意识形态，且对宗教的评论常常以历史或民族志为背景。这并不意味着异化概念被抛弃了，而只是说明马克思现在感兴趣的是在变化的历史背景中说明宗教异化的不同形式。这时对费尔巴哈持批判性态度，最能说明马克思着重点的变化。在他著名的《关于费尔巴哈的提纲》第四条中，马克思总结了自己所看到的费尔巴哈宗教观的不足：

> 费尔巴哈是从宗教上的自我异化，从世界被二重化为宗教世界和世俗世界这一事实出发的。他做的工作是把宗教世界归结于它的世俗基础。但是，世俗基础使自己从自身中分离出去，并在云霄中固定为一个独立王国，这只能用这个世俗基础的自我分裂和自我矛盾来说明。①

马克思（与恩格斯合作）打算致力于探究基于社会的世俗基础的冲突，并据此探讨在实践中解决这些冲突的可能性。

马克思和恩格斯合作的第一个重大成果是题为《德意志意识形态》的手稿，这部手稿对他们之前的青年黑格尔派同仁做了长篇批判。手稿的前100页左右致力于详述《关于费尔巴哈的提纲》，它对我们后来所熟知的历史唯物

---

① 《马克思恩格斯文集》第1卷，人民出版社2009年版，第500页。

主义——认为个体和社会的本质最终取决于决定他们生产的物质条件——做了最为详细的论述。与他在《论犹太人问题》中的表述相呼应,马克思声称,他的前提完全是经验性的。

因而,马克思主义历史学家和宗教批评家的任务将是揭示宗教与社会中发展的生产力、逐渐增加的劳动分工和随之而来的阶级斗争之间的联系。正如他所说,宗教"从一开始就是产生于实际存在的生产力的超验的意识"[1]。在这方面,宗教正好类似于意识形态的其他形式,并且这种类似只会更甚。因而,宗教比意识形态的其他形式更缺乏自主的历史。这在很大程度上是因为马克思正在撰文反对他先前的青年黑格尔派同仁,他们以这样或那样的方式强调变革宗教观念的重要性。马克思多次反复阐明宗教没有自主性。他强调,"'基督教本身'没有任何历史",并继续指出,"在不同时代所采取的不同形式,不是'宗教精神的自我规定'和'它的继续发展',而是受完全经验的原因、丝毫不受宗教精神影响的原因所制构的"[2]。

后来,马克思在他于1859年对历史唯物主义所做的著名总结中以这样的方式重申了他的观点:"必须时刻把下面两者区别开来:一种是生产的经济条件方面所发生的物质的、可以用自然科学的精确性指明的变革,一种是人们借以意识到这个冲突并力求把它克服的那些法律的、政治的、宗教的、艺术的或哲学的,简言之,意识形态的形式。"[3] 在《资本论》中,为了回应宗教在不同时代(如中世纪)或多或少是有影响力的(正如政治学在古希腊罗马社会一样)这一批评,马克思强调说:"中世纪不能靠天主教生活,古代世界不能靠政治生活。相反,这两个时代谋生的方式和方法表明,为什么在古代世界政治起着主要作用,而在中世纪天主教起着主要作用。"[4]

尽管马克思非常强调宗教根源"完全经验的"本性,但他并没有深入到期望的那种细节之中。他指出,宗教的起源在于这样的事实:在原始社会,

---

[1] 《马克思恩格斯文集》第1卷,人民出版社2009年版,第587页。
[2] 《马克思恩格斯全集》第3卷,人民出版社1960年版,第163页。
[3] 《马克思恩格斯文集》第2卷,人民出版社2009年版,第592页。
[4] 《马克思恩格斯文集》第5卷,人民出版社2009年版,第100页。

自然界"是作为一种完全异己的、有无限威力的和不可制服的力量与人们对立的……人们就像牲畜一样慑服于自然界"。① 随着脑力劳动与体力劳动分工的出现,"意识才能摆脱世界而去构造'纯粹的'理论、神学、哲学、道德等等。但是,如果这种理论、神学、哲学、道德等等同现存的关系发生矛盾,那么,这仅仅是因为现存的社会关系同现存的生产力发生了矛盾"②。

马克思对宗教信念演进的概述并没有不同于19世纪赫伯特·斯宾塞等同时代人的阐述。马克思与他们不同的是:这些关于宗教历史的稀少事实被放置在包含关于什么是真实的这一非常具体的观念(这一观念认为,"宗教的幻想的生产"与"生活资料和生活本身的现实生产"③相对立)和人性观(在这种观念中,异化概念继续起作用,虽然马克思强调必须在"实际的经验关系"④中来分析它)的背景中。此外,他认为"在宗教中,人们把自己的经验世界变成一种只是在思想中的、想象中的本质,这个本质作为某种异物与人们对立着"⑤的观点使得他过于乐观,有时也直接对宗教信念的现状和未来状况做出错误判断,例如,在轻率地把无产阶级等同于"大多数人"之后,他断言,无产阶级的宗教观念"早就被环境消解了"⑥。

在《德意志意识形态》得出历史唯物论以及由此得出宗教在其关于事物的架构中的地位之后,在19世纪40年代末,马克思发现他不得不同一个有影响力的左派团体妥协,该团体认为,宗教信念不仅完全与社会主义相容,而且对社会主义也是一种激励。这是两条线的作战:首先,只有极少数基督徒对社会问题感兴趣并鼓吹一种社会主义形式的基督教;其次,也是更为重要的,马克思强烈反对那些宣称从基督教的基本教义中受到启发的社会主义者。上述倾向深深扎根于法国的社会主义传统,从圣西门的《新基督教》,到

---

① 《马克思恩格斯文集》第1卷,人民出版社2009年版,第534页。
② 同上书,第534—535页。
③ 同上书,第546页。
④ 《马克思恩格斯全集》第3卷,人民出版社1960年版,第317页。
⑤ 同上书,第170页。
⑥ 《马克思恩格斯文集》第1卷,人民出版社2009年版,第547页。

共产主义牧师拉梅内（Felicite Lamennais）有影响力的著作，再到卡贝（Etienne Cabet）、勒鲁（Pierre Leroux）等社会主义者的著作。恩格斯评论道：

> 奇怪的是，英国社会主义者一般都反对基督教，他们不得不容忍那些真正基督徒所持的种种宗教偏见，而法国共产主义者，虽然属于以不信奉基督教著称的民族，反倒是基督徒。他们最喜欢的一个公式是：基督教就是共产主义。①

同样的倾向在德国流亡工人中也得到了广泛传播，例如，漂泊不定的裁缝威廉·魏特林（Wilhelm Weitling）就宣扬弥赛亚共产主义。

马克思参加的第一个工人组织——正义者同盟，1847年更名为共产主义者同盟——在当时就深受魏特林思想的影响。可以表明马克思和恩格斯对同盟影响的是，同盟的活动口号从"人人皆兄弟"变为"全世界无产者，联合起来！"。马克思当时住在布鲁塞尔，利用那里受他指挥的共产主义通信委员会来迫使与魏特林的争论浮出水面。正是在这样的背景下，委员会向其成员们发布了一个通告（由马克思起草），谴责海尔曼·克利盖（Hermann Kriege）传播的被委员会视为"宗教的"共产主义，克利盖是魏特林的信徒，刚刚移民到美国。通告指出，克利盖"在共产主义的幌子下宣传陈旧的德国宗教哲学的幻想，而这种幻想是和共产主义截然相反的"。克利盖试图"使人们期待已久的有福的天国居民的共同体"变成现实的共产主义观，却完全"没有发现这些基督教的幻想只是现存世界虚幻的反映，因此它们的'现实性'已经表现在这一现存世界的丑恶的关系中"。② 马克思尤其嘲笑克利盖频繁使用"爱"这个词，嘲笑他提到无产阶级时喜欢用《圣经》中的形象，以及他通常用伤感的宗教术语来描述共产主义，以削弱共产主义的革命气势。《反克利盖的通告》是马克思坚决反对任何试图把社会主义与宗教结合起来的

---

① 《马克思恩格斯全集》第3卷，人民出版社1960年版，第483页。
② 《马克思恩格斯全集》第4卷，人民出版社1958年版，第14页。

强有力证据。

在有关基督徒赋予其宗教以社会主义倾向（而不是社会主义者使用基督教概念和表达方式）方面，马克思对基督教的反对同样是激烈的。在随后的一年中，马克思谴责报纸《莱茵观察家》所宣称的：资产阶级无法解决的社会问题，如果实行基督教的社会原则，那么像普鲁士这样的基督教国家就能解决。马克思将自己对后者的谴责总结如下：

>基督教的社会原则曾为古代奴隶制进行过辩护，也曾把中世纪的农奴制吹得天花乱坠，必要的时候，虽然装出几分怜悯的表情，也还可以为无产阶级遭受压迫进行辩解。
>
>基督教的社会原则宣扬阶级（统治阶级和被压迫阶级）存在的必要性，它们对被压迫阶级只有一个虔诚的愿望，希望他们能得到统治阶级的恩典。
>
>基督教的社会原则把国教顾问答应对一切已使人受害的弊端的补偿搬到天上，从而为这些弊端的继续在地上存在进行辩护。
>
>基督教的社会原则认为压迫者对待被压迫者的各种卑鄙龌龊的行为，不是对生就的罪恶和其他罪恶的公正惩罚，就是无限英明的上帝对人们赎罪的考验。
>
>基督教的社会原则颂扬怯懦、自卑、自甘屈辱、顺从驯服，总之，颂扬愚民的各种特点，但对不希望把自己当愚民看待的无产阶级说来，勇敢、自尊、自豪感和独立感比面包还要重要。
>
>基督教的社会原则带有狡猾和假仁假义的烙印，而无产阶级却是革命的。①

无论这些阐述作为历史的归纳可能存在多少问题，但考虑到它对压迫的记录，以及马克思认为基督教常常将问题转移至"天上"和认为基督教教导

---

① 《马克思恩格斯全集》第 4 卷，人民出版社 1958 年版，第 218 页。

奴性和懦弱这一尼采式的主题,这些阐述给人留下的深刻印象还是马克思对基督教"仁慈"的轻蔑。

在《共产党宣言》中,马克思简练地概括了他对基督教社会主义的看法。基督教在本质上是反动的,因而被衰落的封建贵族用以对抗资产阶级:

> 正如僧侣总是同封建主携手同行一样,僧侣的社会主义也总是同封建的社会主义携手同行的。

> 要给基督教禁欲主义涂上一层社会主义的色彩,是再容易不过了。基督教不是也激烈反对私有财产,反对婚姻,反对国家吗?它不是提倡用行善和求乞、独身和禁欲、修道和礼拜来代替这一切吗?基督教的社会主义,只不过是僧侣用来使贵族的怨愤神圣化的圣水罢了。①

在马克思强烈的决定论观点看来,"精神生产随着物质生产的改造而改造"②,宗教仅被视为一种反映:

> 当古代世界走向灭亡的时候,古代的各种宗教就被基督教战胜了。当基督教思想在18世纪被启蒙思想击败的时候,封建社会正在同当时革命的资产阶级进行殊死的斗争。信仰自由和宗教自由的思想,不过表明自由竞争在信仰领域里占统治地位罢了。③

因而,可以很确切地说,共产主义革命包含着废除宗教和道德,而不是在一个新的基础上重建它们;因为共产主义革命意味着"同传统的观念实行最彻底的决裂"④。宗教的消亡被铭记于历史的发展规律之中,任何将宗教与共产主义结合起来的企图都只不过是在表明对这些规律的无视。

---

① 《马克思恩格斯文集》第2卷,人民出版社2009年版,第55—56页。
② 同上书,第51页。
③ 同上书,第51页。
④ 同上书,第52页。

在1848年诸多革命的余波之后，马克思定居伦敦，撰写了有关政治经济学的著作。他对宗教的评论变少了，但并没有抛弃他之前的观念，这一点特别体现在《资本论》关于宗教的评论之中。在《资本论》第一章末尾关于商品拜物教的著名论述中，马克思就将商品拜物教与宗教进行了类比。马克思说："商品是一种很古怪的东西……因为商品形式把生产者同总劳动的社会关系反映成存在于生产者之外的物与物之间的社会关系。"① 换句话说，"人们自己的一定的社会关系……在人们面前采取了物与物的关系的虚幻形式"。正是在这里，马克思发现了它与宗教的相似之处：

> 要找一个比喻，我们就得逃到宗教世界的幻境中去。在那里，人脑的产物表现为赋有生命的、彼此发生关系并同人发生关系的独立存在的东西。在商品世界里，人手的产物也是这样。②

当然，这种解释与马克思早期著作中的鸦片比喻之间的区别在于：被类比为鸦片的宗教包含着对现实生活条件的（虚幻的）反抗；而用拜物教解释宗教则过于如实地反映了真实世界。然而，两种解释都把宗教看作被异化了的人类的幻想，重复着关于倒转主体和客体这一费尔巴哈式的主题。在《资本论》第1卷所谓的"第六章"（出于不为人知的原因，这一章在最终版本中被删掉了）中，这一点得到了清楚的表述。在那里，马克思讨论了"物对人的统治，死劳动对活劳动的统治，产品对生产者的统治"，断言"这是物质生产中，现实社会生活过程（因为它就是生产过程）中，与意识形态领域内表现于宗教中的那种关系完全同样的关系，即主体颠倒为客体以及反过来的情形"。③ 更为突出的是，马克思认可宗教在历史进程中具有积极作用，正如资本主义是社会主义的必要准备：

---

① 《马克思恩格斯文集》第5卷，人民出版社2009年版，第88—89页。
② 同上书，第90页。
③ 《马克思恩格斯文集》第8卷，人民出版社2009年版，第469页。

历史地看,这种颠倒是靠牺牲多数来强制地创造财富本身,即创造无情的社会劳动生产力的必经之点,只有这种无情的社会劳动生产力才能构成自由人类社会的物质基础。这种对立的形式是必须经过的,正像人起初必须以宗教的形式把自己的精神力量作为独立的力量来与自己相对立完全一样。①

但是,无论马克思多么强调"正像人,在宗教中,受他自己双手的产物的支配"② 这一类比,他坚持了这样的批判立场:费尔巴哈的简单方法缺乏任何历史唯物主义的基础。这一点清晰地出现在马克思讨论机器的发展和强调工艺的历史重要性的随后段落中。在这个段落中,工艺"揭示出人对自然的能动关系,人的生活的直接生产过程,从而人的社会生活关系和由此产生的精神观念的直接生产过程"③。他继续指出,甚至脱离这个物质基础来书写的宗教史也会是非批判的,接着,他继续对比了宗教研究中的两种方法:

事实上,通过分析找出宗教幻象的世俗核心,比反过来从当时的现实生活关系中引出它的天国形式要容易得多。后面这种方法是唯一的唯物主义的方法,因而也是唯一科学的方法。④

在此,马克思在批判"那种排除历史过程的、抽象的自然科学的唯物主义"⑤ 过程中,重申了他从 19 世纪 40 年代开始的对费尔巴哈的批判:是直接从天堂降到尘世,而不是相反。

---

① 《马克思恩格斯文集》第 8 卷,人民出版社 2009 年版,第 469 页。
② 《马克思恩格斯文集》第 5 卷,人民出版社 2009 年版,第 717 页。
③ 同上书,第 717 页。
④ 同上书,第 429 页。
⑤ 同上书,第 429 页。

二、马克思对宗教的经验性评论

在诸如《德意志意识形态》和《资本论》这样的成熟著作中,马克思关于宗教的主要论述具有纲领性。在这两部著作中,他非常擅于分析基督教的各种形式是如何"受完全经验的原因、丝毫不受宗教精神影响的原因所制约的"①,并且指出了宗教唯一"科学的"方法是"从当时的现实生活关系中引出它的天国形式"②。至于如何去做,遗憾的是,马克思本人只给出了最为粗略的想法。作为一名充满热情的辩论者,他非常擅于揭露他所认为的宗教特有的伪善性,因为宗教作为宾语"不过是人们关于其一定经验关系的观念的天国化了的名称,而这些观念后来由于某些实际原因仍被伪善地抓住不放"③。

在《资本论》中,马克思多次举例猛烈地抨击有关星期日劳动的法律的伪善,例如,"如果对于安息日的亵渎是发生在资本的'价值增殖过程'内,正统教徒的议会就充耳不闻了"。④他列举了约克郡贵格会的教徒实业家们那些年少的雇员在周末持续工作30个小时而只有1个小时可以睡觉这个例子。当被告上法庭时,

> 这些被告先生虽然没有发誓(他们这些贵格会会士都是谨小慎微的信教者,是不发誓的),但是硬说他们怀有怜悯之心,本来允许这些可怜的孩子睡4个小时,但是这些固执的孩子偏偏不肯睡!⑤

所有这些都只是要表明,"同批评传统的财产关系相比,无神论本身是一种很小的过失"⑥。马克思将最大的蔑视留给了英国国教,在那里,他看到了

---

① 《马克思恩格斯全集》第3卷,人民出版社1960年版,第163页。
② 《马克思恩格斯文集》第5卷,人民出版社2009年版,第429页。
③ 《马克思恩格斯全集》第3卷,人民出版社1960年版,第261页。
④ 《马克思恩格斯文集》第5卷,人民出版社2009年版,第306页。
⑤ 同上书,第280页。
⑥ 同上书,第10页。

它与"垄断资本"的共谋，并对1855年海德公园举行的反对控制酒吧和商店在周末营业的新法规的大规模示威游行感到欢欣鼓舞，他将这些法律看作"骄奢淫逸、腐化堕落、贪求享乐的贵族阶级和教会的联盟"①的产物。马克思在《资本论》序言中的观察体现了他的态度："英国高教会派宁愿饶恕对它的三十九个信纲中的三十八个信纲进行的攻击，而不饶恕对它的现金收入的三十九分之一进行的攻击。"②

马克思关于原始宗教的论述很少，只是指出"古代的自然崇拜"反映了"低水平的劳动生产过程"并因而"限制了人与自然之间的关系"③。关于古代社会的宗教，他也只是指出，它们真正的宗教是部落崇拜，并因之随着它们社会的瓦解而衰落，而不是相反。诚然，关于基督教，马克思有更多的论述，他把基督教的兴起仅仅视为对"古代'世界秩序'彻底瓦解"的表达。④然而，关于早期基督教，他仅提供了这些具体评论：最早的绝大多数基督徒都是奴隶这个看法是错误的，有关他们食人的看法也是荒唐可笑的。关于中世纪，马克思的评论更中要害，他认为封建宗教反映着封建社会的政治形式：

  教阶制是封建制度的观念形式；封建制度是中世纪的生产和交往关系的政治形式。因而，要把封建制度反对教阶制的斗争解释清楚，只有阐明这些实际的物质关系。⑤

更引人关注的是，在《资本论》中，马克思提到了天主教在封建社会中的支配地位，但否认这是历史唯物论的一个反例："中世纪不能靠天主教生活，古代世界不能靠政治生活。相反，这两个时代谋生的方式和方法表明，

---

① 《马克思恩格斯全集》第11卷，人民出版社1962年版，第364页。
② 《马克思恩格斯文集》第5卷，人民出版社2009年版，第10页。
③ 同上书，第97—98页。
④ 《马克思恩格斯全集》第10卷，人民出版社1998年版，第253页。
⑤ 《马克思恩格斯全集》第3卷，人民出版社1960年版，第191页。

为什么在古代世界政治起着主要作用,而在中世纪天主教起着主要作用。"①阿尔都塞和普兰查斯等受鼓舞的结构主义的马克思主义者将这一评论扩展为一种全形态的历史唯物主义。但是,马克思仍然没有对使得宗教在封建社会占支配地位的那种机制提供解释,除了对中间人在社会所有领域中必然兴起的模糊概括:"在宗教方面,上帝被'中介人'挤到次要地位,而后者又被牧师挤到次要地位,牧师又是善良的牧羊人和他的羊群之间的必然的中间人。"②这一观点是在论述资本主义租地农场主产生于16世纪英国(正好是"僧侣"权力衰落时)这种语境中表述出来的。

出于明显的地理和历史原因,马克思对基督新教最感兴趣。他相当钦佩作为经济理论家的路德,认为新教在那个时代发挥了进步作用。这在很大程度上是由于新教与资本主义之间的联系:

> 在商品生产者的社会里,一般的社会生产关系是这样的:生产者把他们的产品当做商品,从而当做价值来对待,而且通过这种物的形式,把他们的私人劳动当做等同的人类劳动来互相发生关系。对于这种社会来说,崇拜抽象人的基督教,特别是资产阶级发展阶段的基督教,如新教、自然神教等等,是最适当的宗教形式。③

尽管马克思认为"新教几乎把所有传统的假日都变成了工作日,由此它在资本的产生上就起了重要作用"④,但是他没有致力于确立资本主义与新教之间的任何因果关系。给马克思留下深刻印象的是两者之间的结构一致:

> 货币主义本质上是天主教的;信用主义本质上是基督教的。"苏格兰人讨厌金子"。作为纸币,商品的货币存在只是一种社会存在。信仰使人

---

① 《马克思恩格斯文集》第5卷,人民出版社2009年版,第100页。
② 同上书,第854页。
③ 同上书,第97页。
④ 同上书,第124页。

得救。这是对作为商品内在精神的货币价值的信仰，对生产方式及其预定秩序的信仰，对只是作为自行增殖的资本的人格化的各个生产当事人的信仰。①

因此，尽管马克思涉及了后来韦伯所探究的主题，但他并没有试图把新教与资本主义精神联系起来，韦伯则通过他的有选择的亲缘关系概念详尽地阐述了两者之间的联系。

马克思在其后期著作中的主要兴趣是宗教的政治影响。他高度肯定了"公社在铲除了常备军和警察这两支旧政府手中的物质力量以后，便急切地着手摧毁作为压迫工具的精神力量，即'僧侣势力'，方法是宣布教会与国家分离，并剥夺一切教会所占有的财产。教士们要重新过私人的清修隐遁的生活，像他们的先驱者即使徒们那样靠信徒的施舍过活"。② 与他的一些后继者和很多诸如布朗基和杜林这样同时代的社会主义者不同，马克思并不想责难宗教本身。但是，他也不赞成1875年的《哥达纲领》中宣扬的简单的宗教信仰自由。他声称，工人政党应该超越这一要求："每一个人都应当有可能满足自己的宗教需要，就像满足自己的肉体需要一样，不受警察干涉。"这是因为："资产阶级的'信仰自由'不过是容忍各种各样的宗教信仰自由而已，工人党则力求把信仰从宗教的妖术中解放出来。"③

除了基督教，马克思认真关注过的另一宗教是印度教。他对印度教信仰的苛责反映了他信息来源的匮乏以及怀有当时欧洲偏见所具有的文化傲慢，认为印度教中有着"野蛮的崇拜自然的迷信，身为自然主宰的人竟然向猴子哈努曼和牡牛撒巴拉虔诚地叩拜，从这个事实就可以看出这种迷信是多么糟践人了"④。然而，更为引人关注的是他对这种宗教的社会经济基础的阐释。他说，这个基础是亚洲的生产方式，这种生产方式在于成千上万有着原始生

---

① 《马克思恩格斯文集》第7卷，人民出版社2009年版，第670页。
② 《马克思恩格斯文集》第3卷，人民出版社2009年版，第155页。
③ 同上书，第447页。
④ 《马克思恩格斯全集》第9卷，人民出版社1961年版，第149页。

产技术的自给自足的、停滞的、孤立的农村公社,这些公社胜过需要中央集权政府来执行必要的大规模灌溉工程这样的专制国家。尽管马克思在给恩格斯的一封信中认为走向东方天堂的钥匙将在"消灭土地私有制"中找到,但是马克思对原始农村公社最为强调的是,他认为印度教是一种与这种社会组织相对应的自然宗教。实际上,这些农村公社比马克思所想象的自给自足程度小、流动性大;他也不赞赏印度教(其时为正教婆罗门所操纵)在部落层面或国家层面的政治、经济作用。

三、宗教的未来

马克思相信,随着共产主义的到来,宗教将会消失:

> 现在的变革和过去的一切变革不同的地方恰恰在于人们最终识破了这种历史变革过程的秘密,因而他们不再以崇尚词藻的超验形式的新宗教来崇拜这种实际的"外在的"过程,而是抛弃一切宗教。①

实际上,在马克思更为乐观的评论中,他相信,对于大多数人来说,宗教"早已被环境消解掉了"②。异化的层级使科学贯穿于政治学、法律、艺术和宗教之中,处于层级顶端的宗教注定要彻底灭绝,而不会取代(比如)艺术。然而,从阶级历史观看,可能有好的或不好的艺术,但不会有好的或不好的宗教。即便是同样注定被废除的国家在共产主义社会也仍然有立法、行政和裁决的职责。然而,通过类比,马克思并不认为宗教的制度性/压迫性方面可能会消失,而它的职能还会继续。

在他更为早期的把宗教视为鸦片的著作中,这种看法的原因在于,作为有着完全令人满意的人际关系的自我创造的社会(self-creating society)的共

---

① 《马克思恩格斯全集》第7卷,人民出版社1959年版,第240页。
② 《马克思恩格斯文集》第1卷,人民出版社2009年版,第547页。

产主义不需要以创造、依赖和中介为主题的宗教。换句话说,共产主义能够满足宗教以异化形式所表达的那些愿望,因为宗教只不过是更深层的、将被共产主义所克服的异化(特别是劳动异化)的表达。马克思在后期著作中更为强调作为幻想的宗教的本体论地位。在《资本论》中,他写道:

> 只有当实际日常生活的关系,在人们面前表现为人与人之间和人与自然之间极明白而合理的关系的时候,现实世界的宗教反映才会消失。只有当社会生活过程即物质生产过程的形态,作为自由联合的人的产物,处于人的有意识有计划的控制之下的时候,它才会把自己的神秘的纱幕揭掉。①

正是社会的这种半透明性,会以一种虚幻的(宗教的)形式来妨碍社会的表现。宗教在这里被视为一种意识形态;意识形态解决的是社会表面的问题,而不是它的本质;目前,宗教的虚假本性可以通过超越社会表面性而直达本质的马克思主义社会科学来揭露;在共产主义社会,宗教(实际上正如社会科学一样)将是多余的。

四、结论

就我看来,思考马克思关于宗教的看法的一大困难在于,这些观点大部分只是顺便传递出来的。他的观点中最为详尽的看法是,宗教是异化了的人类的幻想,这代表了他的早期思想。在后来的评论中,作为阶级意识形态和反映的宗教要素是主要内容。马克思一度认为宗教既是重要的,也是不重要的。重要,是因为宗教为人类提供的纯粹的精神补偿妨碍了物质改善的努力。不重要,正如他所认为的,是因为他的同仁特别是费尔巴哈已经充分揭示了宗教的真正本性。宗教只是次要现象,已不值得单独进行批判。

---

① 《马克思恩格斯文集》第 5 卷,人民出版社 2009 年版,第 97 页。

如果马克思使用的武器——黑格尔、启蒙理性主义、浪漫主义——是多变的,那么"宗教"一词在马克思那里就包含着广泛的含义,从观念体系到对流行信念的社会的和政治的利用。对"宗教"的诸多概括显然是基于小范围的例子,且缺乏宗教一贯的理论兴趣。马克思所引用的很多琐碎的经验证据事后看来是可疑的,而且他对宗教消亡的论述也是高度推测性的。因而,一些人怀疑马克思是否真的在抨击宗教本身。当然,基于特定的时间和地点,他对基督教的社会功能的谴责是一种相当粗糙的概括。即便不管那些马克思诉诸粗糙的经济还原论的段落,他把宗教看作经济安排的反映的观点仍是不充分的。假如说他关于政治和文化的很多观点逐渐被他的追随者们视为过度的还原论,那么这些观点也同样适用于宗教,仅仅把宗教定性为社会缺陷的反映无法穷尽宗教的意义和重要性。然而,马克思对宗教的很多评论富有洞察力和启发性,而且他所有的追随者——从那些不认为把他们的马克思主义与宗教信仰相结合有什么问题的奥地利马克思主义者,到其唯物主义形态排除了任何先天虚假的宗教论述的那些人——都可以在马克思本人那里找到某些支撑。

论革命：康德与马克思[*]

莱亚·易皮[**] 著　甄　龙　朱艳丰　译

[内容提要] 本文比较了康德与马克思关于革命的思想。文章尤其关注两个问题：革命热情对政治解放推动者之动因的影响，及其在阐明进步的可能性时对后世起到的教化作用。在这两个方面，康德与马克思对革命的辩护都是在阐明人类而非个体的道德进步可能性的背景下做出的，并且揭示了朝向一般性道德目标迈进的集体能动性的核心地位。探讨这些问题具有重要的历史意义：它让我们得以为对康德政治思想的这样一种阐释做辩护，即其思想深受历史发展的物质条件的影响；也使得我们可以将马克思从这样一种解读中拯救出来，即认为其历史哲学与道德无关。同时，反思具有变革意义的集体能动性的作用和前提同样具有规范性的意义：它令我们可以更好地评估政治事件的意义，即它首先重塑了政治可行性的边界，其次在激发未来进步的主动性时起到了教化作用。

[关键词] 革命　康德　马克思　进步　可行性

---

[*] 本文原载《政治理论》（*Political Theory*）2014 年第 42 卷第 3 期。译文原载《国外理论动态》2018 年第 1 期，译文有删节。

[**] 作者简介：莱亚·易皮（Lea Ypi），英国伦敦政治经济学院政府系政治理论专业教授。

一、问题的提出

从表层解读康德与马克思可以看到,两人在革命的问题上存在着极大的差异。康德通常被视为改革和渐进式政治解放的捍卫者;而马克思则被视为典型的革命理论家。康德强调善良意志对于自然的优先性;马克思则坚持这种善良意志符合"德国市民的软弱、受压迫和贫乏的情况,他们的小眼小孔的利益始终不能发展成为一个阶级的共同的民族利益"①。对康德而言,自由是理性的事实;对马克思而言,理性则是社会地建构出来的。康德被视为赞同契约关系对国家基础的作用,但马克思却将其描述为社会强制的隐蔽形式。

在关于革命的具体问题上,这种反差表现得更为尖锐。众所周知,康德反对革命的权利,而马克思则认为革命极为必要,甚至无须直接提及有关其可接受性的规范性问题。对康德来说,"没有暴动的法权,更没有叛乱的法权,尤其是对于作为单个人格(君主)的国家首脑……不能侵犯其人格,甚至侵犯其生命"②。对马克思而言,共产主义者"公开宣布:他们的目的只有用暴力推翻全部现存的社会制度才能达到"③。康德将任何颠覆国家的企图都视为严重的叛国,主张"这种方式的叛逆者,作为一个企图颠覆自己祖国的人,起码可以被处以死刑"④。马克思则宣告,我们应当"让统治阶级在共产主义革命面前发抖",因为无产者"失去的只是锁链"。⑤

的确,有大量文本证据支持认为,康德也许得了马克思在《路易·波拿巴的雾月十八日》中提及的"议会痴呆症",即对于在既有的制度框架内推进渐进式改革之可能性的一种天真信念,只有当这些制度最后无法发挥作用时

---

① 《马克思恩格斯全集》第3卷,人民出版社1960年版,第212页。
② Immanuel Kant, "The Metaphysics of Morals" (1797), in *Practical Philosophy*, ed. Mary Gregor, Cambridge: Cambridge University Press, 1999, p. 463.
③ 《马克思恩格斯文集》第2卷,人民出版社2009年版,第66页。
④ Immanuel Kant, "The Metaphysics of Morals", p. 464.
⑤ 《马克思恩格斯文集》第2卷,人民出版社2009年版,第66页。

才承认其失败。然而,我们也可以基于文本证据建构一种关于康德与马克思的反叙事。马克思在其学术生涯早期曾阅读过康德,并且在那个时期,相较于后来的德国观念论代表人物,似乎更为欣赏康德这位普鲁士哲学家。在那封写给父亲的著名纲领性书信中,青年马克思坦言自己深受康德和费希特观念论的影响。他后来对康德哲学应当被视为"法国革命的德国理论"的论断,不应被解读为一种批判。这一论断与马克思的朋友兼合作者海因里希·海涅的判断不谋而合,对海涅来说,康德的《纯粹理性批判》标志着"一场德国智识革命"的开端。海涅认为,这场革命提供了"与法国物质革命最为奇异的类比",并且似乎与法国革命"同样重要"。其后,恩格斯在尝试阐述革命运动面临的挑战时提到,康德也与这些评论相一致。他认为:"我们这个党派必须证明,德意志民族在哲学上所做的一切努力,从康德到黑格尔所做的一切努力,要么毫无裨益——其实比毫无裨益更坏,要么一切努力的结果应该是共产主义。"①

显然,马克思主义者对康德的援引不仅以一种批判的方式揭露德国观念论的政治局限性,而且还会以一种更为建构性的方式发掘其解放潜能。但是,对文献的解释大都忽略了后一点,即一种更具同情性的理论邂逅。即使在强调二者连续性而非差异性的时候,也主要关注分析康德对一种致力于改革(而非革命)的马克思主义的影响,例如,考察研究康德对法国以及俄国社会主义者让·饶勒斯(Jean Jaures)、查尔斯·拉波保尔特(Charles Rappoport)、尼古拉·别尔嘉耶夫(Nicolas Berdyaev),对奥地利马克思主义者奥托·鲍威尔(Otto Bauer)和麦克斯·阿德勒(Max Adler),对包括赫尔曼·科亨(Hermann Cohen)和保罗·纳托普(Paul Natorp)在内的马堡学派代表,以及对德国民主社会党人如爱德华·伯恩施坦(Eduard Bernstein)的影响。

在下文中,我将致力于对康德与马克思的一些重要文本做直接的比较分析。从历史的视角来看,这会非常有趣,它支持一种认为马克思的进步理论与启蒙运动的观念论之间具有传承性的解读,同时也支持将康德的历史哲学

---

① 《马克思恩格斯全集》第 3 卷,人民出版社 1960 年版,第 492 页。

解读为受到了历史发展的物质条件的影响。标识出那种初看起来关联较弱的潜在共性——即康德与马克思对革命的分析——可以彰显出两位作者引人入胜的新思想。它允许我们将康德解读为一个支持社会与政治变革的理论家，也允许我们将马克思阐释为一个继承而非颠覆启蒙运动概念工具的哲学家。

从规范性的视角来看，对康德与马克思的革命观点的比较分析同样令人感到兴奋。目前，对革命合法性的解释往往要么关注于在个人道德的基础上为革命辩护，要么从一种法律制度主义的视角对其进行批判。正如我们很快将会看到的，康德与马克思的分析既不可被还原为个人道德主义，也不可被还原为制度法律主义，在这一点上，二者是有交叉的。而这关系到对变革性政治事件中集体行动的作用的辩护，这些行动首先重塑了政治可行性的边界，其次在激发未来的解放主动性时起到了关键的教化作用。

二、康德与革命

任何想要重新思考康德对革命的分析并将其与马克思进行比较的尝试，都应当从面对一种模糊性开始。康德在其政治和法律著作中毫不犹豫地拒斥革命的权利，但当历史性的事件发生时，他却是最富激情的支持者之一。据说，在得知共和国在法国成立的消息之后，这位65岁的哲学家欢呼道："现在我能和西蒙一样说：'上帝啊，请让您的仆人安息吧，因为我已经活过了这个值得纪念的日子！'"

康德传记中关于这一时期的描写充满了对他如何热切关注法国大革命进展的叙述。他急切地阅读每天的报纸，并且每当有朋友从法国归来时，他都不停地打听最新的消息。法国大革命期间，他的朋友兼合作者约翰·雅赫曼（Johann Benjamin Jachmann）评论道，康德的谈话"失去了一部分令人难以置信的多元性"，法国大革命"将他完全占据了；他将一切事情都与之联系起来，并且从不缺乏对运动进程及其领导者性格的有益观察"。此外，与许多一开始拥护革命事业、却在恐怖时期不再支持革命的德国知识分子不同，康德似乎从未改变过态度。正如康德的学生兼合作者弗里德里希·尼古洛维乌斯

(Friedrich Nicolovius)所说,康德通常坚持认为:"所有在法国发生的恐怖都不能与专制政权中人民的遭遇相提并论,或许雅各宾派的所作所为都是正确的。"

这些记录了康德在法国大革命中的立场的同时代人并未仅限于指出这位哲学家对这一事件的热烈情感,他们同样清楚地确立了康德的政治立场与其哲学著作之间的联系。这在1793年6月15日康德的学生约翰·基塞韦特(Johann Kiesewetter)写给他的书信中表达得尤为清楚。基塞韦特写道:"每个人都真心地渴望看到您的道德体系的展现,甚至现在更加渴望,因为法国大革命重新引发了大量的此类问题。我相信,对于成为法国大革命之基础的一些基本原则的合理性,有许多令人感兴趣的东西可说,只要谨慎地写出即可。"

以上论述对当前的一些阐释提出了质疑,这些阐释试图从康德对法国事件的历史立场及其作为一名普通公民对该事件的同情中理清他关于革命的系统性反思,而在康德同时代人的眼中,在评价当下的政治条件时应当且能够诉诸这位哲学家的著作。但是,这使得康德对革命所持立场的模糊性问题更加难以解决。康德如何才能在实践上如此赞同一个自己在理论上似乎绝对谴责的事件呢?如何理解"目前现存的立法权威应当被服从,而不论其来源是什么"[1] 这一康德在《权利的科学》中的洞见?这些传记细节又如何与康德的"人民有义务忍受对最高权利的滥用,即使这种滥用被伪称为是无法忍受的也要容忍它"[2] 这一观点相容?

一种解决此问题的方式是,认真考虑基塞韦特关于审查制度之威胁的评论,以及他认为在将康德的观点与法国大革命的思想联系在一起时需要审慎的观点。这种解读认为,为了避开普鲁士的审查机关,康德或许觉察到,为了为法国革命者的事业辩护,他需要公开谴责其所使用的手段。

在这种情况下,康德对革命权利的拒斥也许要基于审慎的考虑来解释。

---

[1] Immanuel Kant, "The Metaphysics of Morals", p. 462.

[2] Ibid.

康德的论断应该被视为一种面对怀疑——如果不是公开敌对——的策略性应对，普鲁士官方以那种怀疑对待任何试图参与到被认为是破坏既有制度秩序的话题之中的知识分子。对革命权利的否定由此可以被视为一种让步，旨在向官方保证康德哲学学说的温和性。

基塞韦特的评论并非没有说服力，但它似乎忽略了康德并不总是反对革命权利的事实。在早期著作中，康德追溯了"叛乱"与"抵抗"之间的区别，以便批评前者，并给予后者一种更加微妙的解释。但是，即使基塞韦特关于自我审查的评论令人信服，也最多只是证明了康德对革命权利保持缄默，而并非我们在《权利的科学》的多处段落中发现的那种对它的直接拒斥。毕竟，正如康德在给摩西·门德尔松（Moses Mendelssohn）的早期信件中写道："尽管我对自己思索的许多东西怀有最清晰的信念和极度的满意，但却永远没有勇气说出来，不过，我永远不会说出我没有思索过的东西。"①

还有一种分析强调一些或许会引发普鲁士发生革命的历史条件，参照德国人民的相对落后状态——他们并不能被视为已经为这种极端的发展做好了准备——来解释康德的立场。但在其他地方，康德似乎并不特别热衷于这种论证。正如1793年他在《纯然理性界限内的宗教》一书的一个脚注中所说："我承认，我确实不能苟同于一些聪明人也使用的下述说法：某个（正在探讨一种合法的自由的）民族对于自由是不成熟的；一个庄园主的农奴们对于自由还不成熟；此外还有，一般人对于信仰自由还不成熟。按照这样一种前提条件，自由就永远不会出现。因为我们如果不事先被置于自由之中，对于自由就不可能成熟起来。"

可以肯定的是，康德坚持认为，一个人最初的努力尝试将会比他虽服从命令但同时也受权威保护时更为艰难。但是，康德认为："不借助自己的尝试（要想做这些尝试，我们就必须是自由的），我们永远无法以其他方式在自由

---

① Immanuel Kant, *Correspondence*, ed. Arnulf Zweig, Cambridge: Cambridge University Press, 1999, p. 90.

中成熟起来。"① 那么显然，普鲁士人民的落后状态并不能阻碍其接受革命的权利，由此可以找到一个为革命所进行的道德辩护。

第三种对康德立场的解读强调，康德对法兰西共和国的认可与其对革命权利的拒斥并不矛盾。毕竟，法国发生的事件并不能恰当地被认为是革命性的，因为它们是由一次三级会议触发的，三级会议则可以被合理地认为是主权权力的合法代表。在这种情况下，仅有的革命者恰恰是路易十六及其支持者。康德主义的批判进而指向了波旁王朝，并有可能被阐释为是对旺代叛乱、反对法国的反革命战争、英国支持旧秩序的干涉主义态度的反应。然而，类似的解读却没有注意到康德明确支持其他非反动运动的情况，例如，美国革命和爱尔兰抵抗运动。在这里，类似于上面提到的那些论据更加难以组织起来。

最终，我们或许想要通过指出康德对革命权利的拒斥根本不构成问题来消解整个问题，因为康德所要反对的是革命权利，而非推翻一个非法政府的道德诉求。暂且不考虑正义与道德之间的复杂关系，以及在康德的思想体系中分离这两个概念所付出的代价，上述反驳似乎忽略了一个事实，即康德不仅在其法哲学著作中，也在其他文章中批判了革命权利（比如《永久和平论》），而其主张所基于的准则在被普遍化时变得相互矛盾起来。康德批判革命权利的基本理由深深植根于其道德哲学，并且强调革命与所谓"公共权利的先验公式"不相容。他说："一切与其他人的法权相关的行动，其准则都与公开性不相容者，皆是不正当的。"② 由此，叛乱的准则——即使是反对一个非正义的政府——也与公共性原则不一致，因为，如果该准则被公开承认，"将使其自己的意图成为不可能"③。

一个更好的回应也许是承认康德的模糊立场虽难以澄清，但却并没有引

---

① Immanuel Kant, *Religion within the Boundaries of Mere Reason and Other Writings*, Cambridge: Cambridge University Press, [1793] 1998, p. 204.

② Immanuel Kant, "Toward Perpetual Peace" (1795), in *Practical Philosophy*, ed. Mary Gregor, Cambridge: Cambridge University Press, 1999, p. 347.

③ Ibid., p. 348.

起矛盾。在这种情况下,重点不应放在为现存政治环境中特定个体的行动进行辩护,而应当关注从人类的视角出发的革命理由。如果区分这两种视角,我们就能够理解为何一个事件从个体的视角出发似乎很难得到辩护,而一旦行动者的动机及旁观者的倾向公开地展现出来,却可以被视为有益于人类的进步。这里,康德的立场虽然依旧令人困惑,但却是明显一致的,因为正如西德尼·阿克辛(Sidney Axinn)所说:"我们容许矛盾的谓语,如果足够谨慎地将它们与不同的主语相连接。"① 在这种情况下,我们必须将关注点从康德明确拒斥针对合法政府的革命权利的著作转向那些他认为历史进程导致正确政治关系的确立并有益于人类道德解放的著作。

令人关注的是,这正是康德与马克思的相似性开始显现之处。无论其各自的阐释有何不同,如果我们的研究不是始于如何为革命辩护,而是始于如何不去为它辩护,那么二者的共同特征就出现了。正如我们很快将要看到的,两位作者对我们所谓的个人道德主义与制度法律主义都抱以怀疑的态度。他们都认为,对于回答革命的合法性问题而言,通过评判一种特定制度框架的可接受性来唤起个人的道德观,或是通过诉诸一种对政治权威的法律主义理解,都具有误导性。相反,他们的辩护策略——如果我们能够谈论辩护的话——是认可历史上相应的集体行动者的视角,并反思其对人类道德进步的贡献。对康德而言,这些历史上相应的集体行动者就是共和制的国家;而对马克思而言,社会阶级充当了这一角色。通过革命过程反映出的这种能动性,重塑了政治可行性的边界,并为未来的解放主动性提供了学习的平台。在从这两个维度论述革命的作用时,强调两位作家的相似性是接下来的任务。

三、革命热情

康德为法国大革命所做的著名辩护在其著作《学科之争》中被清晰地勾

---

① Sidney Axinn, "Kant, Authority, and the French Revolution", *Journal of the History of Ideas* 32, no. 3 (1971): 328.

勒出来。这一辩护通过尝试驳倒针对道德进步可能性的怀疑论展开，并为道德法则在经验世界的作用提供了保证。"保证"问题源自澄清道德行动何以成功的条件以及在自然限制与理性要求之间寻求中介这两种需要。换言之，这是一个涉及道德法则可行性以及人类行动打破现状制约可能性的问题。

虽然康德在其早期的著作中捍卫了由自然过渡到自由的可能性，即借助大自然的良性干预推动人类道德计划的实现，但我们在《学科之争》中所寻求的是另一类不同的事件。重点不再是大自然如何推动人类合作来为道德进步做准备。相反，紧随《判断力批判》的系统发展，《学科之争》面向的是行动者，并关注于历史地存在着的人类禀赋。

康德意识到了这种由关注点改变而带来的特殊困难。他认为原因在于，当询问历史是否真的在进步时，我们考虑的是自由人的行为，对这些人而言，道德只能命令他们应当做什么，却无法预言他们最终是否真的会如此做。要询问某种道德进展是否可行，就意味着能够择选出一种经验，"作为一个事件"指示出"人类的禀赋和能力是他们朝着自身发展的动因"。但是，认为某事件是可能的，并不等于认为它将会发生。康德指出，从一个既定的原因出发预言一个作为结果的事件，只有在"对其起作用的各种情况都呈现出来"时才是可能的。并且，即使此类有利的情况能够一度被认为呈现了出来，也很难推论出它们将总是如此。通过标识出一个揭示过去人类道德禀赋的事件，我们所能得到的结果不是一个"历史的原因"，而仅仅是一个"历史标记"。这一标记能够作为一个例证去说明人类作为一个整体的趋势，即"不是按照个人来看"，而是从他们所属的"部族和国家"来看。

由此，康德是从作为制度化的集体行动者的人类发展而非从个体生活中寻找进步依据的。他关于通过创造集体制度来发展人类禀赋的分析与马克思强调人是"类存在"并无太多不同。马克思认为，作为类存在的人的"有意识的生命活动"是由其生活中的物质生产活动表现出来的，并且人还将自身理解为"普遍的因而也是自由的存在物来对待"。[①] 我们将在下一节回到这一

[①] 《马克思恩格斯文集》第1卷，人民出版社2009年版，第161页。

问题。但在此以及完全把握这种类比的相关性之前，需要考察使得进步的能动性得以迸发的"事件"的性质。康德认为，此类事件既不是按照特定的世界历史的引领者的伟大行动或深重罪行来叙事（伏尔泰的《路易十四时代》），也并非依照辉煌的古代政治结构的出现与消亡来叙事（孟德斯鸠的《罗马盛衰原因论》）。相反，它只是"旁观者的思维模式"，是一种"在伟大革命的博弈中公开地"揭示自身的态度，它透露出"对一方博弈者的一种如此普遍却又不谋私利的同情，来反对另一方博弈者，甚至甘冒这种偏袒会对他们非常不利的危险"。康德强调说，这种思维模式包含"一种旁观者近乎热情的参与渴望，其表现本身就带有危险"。① 康德宣称，这种普遍性例示出人类的某种一般特征，而其无私性则证明了人类禀赋的道德特性。

由此，康德便在"热情"之中确认了一种道德进步的标记，即那种站在有利于整个人类事业一边，且将自身从个人利益中超拔出来，甚至不惜牺牲生命的态度。一个引人关注的考察是，青年马克思如何在由一群人的事业——这些人代表整个社会担此重任——所产生的"热情"中寻找到政治解放的标记。马克思指出："纯政治的革命的基础是什么呢？就是市民社会的一部分解放自己，取得普遍统治。"但是，"任何一个阶级要能够扮演这个角色，就必须在自身和群众中激起瞬间的狂热。在这瞬间，这个阶级与整个社会亲如兄弟，汇合起来"，"并且被看作和被认为是社会的总代表"。马克思继续指出，在这一热情的瞬间，行动者的"要求和权利真正成了社会本身的权利和要求"，并且它所产生的行动是"社会的头脑"和"社会的心脏"。②

也许有人会反驳说，在这一点上，康德与马克思具有根本性的区别。后者将进步奠基于一种在革命与其参与者所产生的激情之间的本质联系之上，而前者只是对旁观者的态度感兴趣。一些学者曾主张，在康德那里，进步的可能性是通过强调热情所扮演的角色例证出来的，这种热情通过对法国大革

---

① Immanuel Kant, "The Conflict of Faculties" (1798), in *Religion and Rational Theology*, Cambridge: Cambridge University Press, 1996, p. 302.

② 《马克思恩格斯文集》第 1 卷，人民出版社 2009 年版，第 14 页。

命的欣然接纳而产生，但康德对于这一事件本身的性质及其领导者的立场却未必感兴趣。

对这种反驳有许多可选的回应。首先，我们应当强调，根据经验性的证据，康德的论证是不正确的。法国大革命并没有在所有公众那里激起无可争议的热情。至少艾德蒙·伯克（Edmund Burke）就是一个持有不同态度的旁观者。如果康德对这一事件都不关心，他又能基于何种理由选择那些赞成而非反对革命事业的人的态度作为权威呢？为什么他认为革命而非反革命才是有意义的驱动力？

其次，决不能认为热情仅仅是一种以旁观者而非卷入法国事件的行动者为特征的情感。正如康德在《学科之争》第六节的结论段落所指出的："真正的热情总是朝向正确的东西，并且它并不能嫁接到自私自利之上。金钱报酬并不能使革命者的对手产生纯然的法权概念在革命者心中所产生的那种热忱与灵魂的伟大；甚至古代军事贵族的荣誉观念（类比于热情），也会在那些眼中盯着他们所属的本族人民的法权、且将自己视为守护者的人们的武器面前消失。"

显然，热情并不仅仅是促进革命成果的无私民众所共有的态度，它同时也驱动着革命者本身。它是与一种为了谋求推进全人类利益的事业而行动的高尚联系在一起的情感，这种动机的力量在促进此类一般性目标的追求过程中被揭示出来。由此，道德进步的"标记"在由出于义务行动和反对自利的禀赋所触发的情感中显现出来，它是一种道德理念力量的可感表现，这种理念使得参与此类事件的人得到提升并变得高尚。

同样（虽然是以一种更为激情的语气），马克思对比了巴黎公社保卫者（"一个新的和更好社会的自我牺牲的胜利者"）英勇无私的态度与旧秩序的资产阶级卫道士们腐败与诽谤的行为。热情，以及由巴黎工人所展现出的英勇的自我牺牲，通常被视为其斗争的特点，它本身"奠定了真正民主制度的基础"[①]，是"一种非常灵活的政治形式"。马克思写道："为公社慷慨赴死的巴

---

① 《马克思恩格斯文集》第 3 卷，人民出版社 2009 年版，第 157 页。

黎人，数目之多超过历史上的任何战斗"；妇女们"在街垒旁和刑场上都是视死如归"；"公社在处于绝对统治地位的两个月内表现得十分温和宽厚，而与此形成对照的是，它在保卫战中则表现得英勇无比"。① 在这里，理想的力量同样在革命者的行动中得到了切实表现，这些革命者将自身的存在置于全人类的集体利益之下，从而推进了人类的道德事业。

当然，这并非否认，在评估一种影响到行动者或旁观者且展现出变革性政治环境中道德理念力量的情感时，对康德与马克思的反思完全不对等。旁观者的热情在康德的著作中明显比在马克思那里具有更大的意义，而后者的视角更多地关注行动者。的确，鉴于马克思对现代自由国家及其社会角色分布的分析，一个中立的、观察性的旁观者范畴对其而言并没有太大的意义：所有的旁观者同时也是活动家，在不同的政治背景下同样投入到与对手的斗争中去，从错误中学习并从行动中获得启发。而在康德这里，出于历史的、也是观念的原因，旁观者与行动者的区分更加明确。可以认为，康德的旁观者来自受过教育且政治进步的精英，他们在公共场合运用理性倡导立法改革，旨在改善不同民族国家的代议制。在这里，由于进步的行动者是在民族而非阶级的意义上被理解的，因此就需要一个更为宽泛的视角（既包含活动家，也包括作为观察者的公众），以便说明政治事件对于那些地理距离遥远且可能不会立即受到影响的人的意义。而在马克思那里，地理边界不再规范性地发挥作用，因为进步性变革的机制并非受限于领土内的立法改革，而是集体努力去纠正那些本身超越了国界、但却依旧允许国家制度发挥作用的冲突。无论如何，对于康德与马克思而言，热情仍是一种独特且重要的情感，它例证了道德理念的力量及其激发政治行动的能力，并展示了人类能够进行进步性的历史变革。但是，正如康德所反复指出的那样，热情这种情感究竟是如何通过历史而为人类进步提供一种可见的标志呢？作为道德进步原因的革命与作为热情之结果的革命之间的本质联系是什么？马克思的政治变革观念如何才能支持一种类似于康德的分析？

---

① 《马克思恩格斯文集》第3卷，人民出版社2009年版，第175—176页。

四、热情的目标：革命与政治解放

要回答上一节结尾的问题，我们需要回到《学科之争》，康德在其中几节中澄清了热情作为道德目标——即那些由革命者以及认同权利原则的同情者所推动的目标——的结果何以重要。法国大革命事件揭示了一种只能通过"大自然与自由在人类身上按内在的权利原则相结合"才能允诺的进步趋势。康德的确认为："真正的热情总是朝向理想的东西，准确地说，朝向纯然道德的东西，比如法权概念，它不可能被嫁接到自私自利之上。"①

这里需要注意，正如在马克思的著作中那样，热情是与一种思考模式联系在一起的，这种模式与一个能够超越自身利益、认同普遍理想、且为全人类代言的特殊公民群体的行为相关。如前文所述，对马克思而言，只有一个能将自身超拔出既有冲突从而结束一切冲突，并能够维护社会一般权利的阶级，才能拥有使他人从属于其下的权力。其政治解放行动的基础在于"形成一个被戴上彻底的锁链的阶级"，"一个由于自己遭受普遍苦难而具有普遍性质的领域"，一个阶级"不要求享有任何特殊的权利，因为威胁着这个领域的不是特殊的不公正，而是普遍的不公正"，并且"它不能再求助于历史的权利，而只能求助于人的权利"。②

在这里，历史进步的动力同样是其目标与全人类的目标一致并能够通过一种道德解放规划来促进政治解放的行动者。当然，如上文所述，康德并未关注按财产被区分为不同阶级的特殊行动者的行动，而是关注被划分为不同民族和国家的个体的行动。但是，他与马克思都认为，我们不应尝试通过单个个体的行动和动机来阐释历史进步的标记，如他所说，那只会产生"无休止的列举和计算"。相反，我们应当努力理解集体行动者以及与特定历史条件相关的制度的作用及其所要调解的冲突。

---

① Immanuel Kant,"The Conflict of Faculties"(1798),1996,pp. 301-302.
② 《马克思恩格斯文集》第 1 卷，人民出版社 2009 年版，第 16—17 页。

同马克思一样，康德的论证基础是经验性的。他认为，按照民族和国家划分的人类是相互关联的，且应当被视为"在世间相互对抗"。鉴于特定政治制度的性质和发展，明智的做法是重视推动者对这些制度发展的参与，及其行动对经历这一过程的人们的影响。马克思也有类似的论述，但他却为冲突的来源提供了一种不同于康德的历史性阐释，指出冲突并不在于不同民族的争斗，而在于不同阶级的交锋，而这是由他们的立场——这一立场与物质生活条件的变化相关——决定的。

康德同样坚持认为，物质条件与特定的历史发展相关。如果我们探究为什么康德用来例证历史进步的相关元素是通过民族和国家——而非单个个体——在制度上组织起来并联系在一起的，那么他与马克思的一些最为显著的相似性就显现出来了。这个论证关系到康德对文化特别是他所谓的"熟巧的文化"（the culture of skill）所起作用的目的论理解，文化为使自然逐步转变以适应人类的目的准备了条件。

劳动分工与不平等的发展对于理解这一点至关重要。康德解释道，技能只能借助人类的不平等和劳动分工才能发展起来，"大多数人只是为别人的舒适和方便提供生活必需品……其他人则从事着不太急需的文化、科学和艺术部门的工作"①。这些人的需要的直接满足及其人口增加的过程，导致了社会领域的转型以及冲突的剧增。劳动者与剥削者之间的紧张关系进一步助长了外部的暴力及内部的不满。然而，这种发展却为一种公民条件的建立准备了基础，其中人与人之间的关系服从于强制执行的共同法律。

熟巧的文化是以促进个人目标的工具性态度为基础的，并且往往终结于一种正式条件的达成，通过这种条件，人类得以解决影响彼此身份的分歧。政治制度在此至关重要，因为它使人类的需要和利益从属于人类合作的一般模式。但是，只有当这些政治制度开始走向更为慎重的方向，即通过立法的努力来保障每个人的自由与他人的自由彼此相容时，才能期望一切敌意的终

---

① Immanuel Kant, *Critique of the Power of Judgment*, ed. Paul Guyer, Cambridge：Cambridge University Press，2000，p. 299.

结。考虑到这一点，显而易见的是，就目前而言，法国革命者及其同情者有益于建立起一种共和秩序，让彼此自由的和平共存原则成为公共法律体系的一部分，从而有益于进一步发展熟巧的文化。

这一观点在《判断力批判》第 65 节的一个脚注中得到了阐释，康德在此明确援引法国来说明一种相似性，即在我们赋予自然有机物的目的与近期的一件历史事件（即"一个民族完全转变为一个国家"）之间所展现出的一致性。在这种有机合作形式中，每个成员都有益于整体的发展，同时其在系统中的位置本身又由整体的理念所决定。革命者的行动导向了人与人之间不平等所造成的冲突的终结，并且有助于建立一种道德准则得以进入政治领域的公民秩序，使人类能够有意识地重塑历史进程。革命者的热情是一种标记，使得曾被视为乌托邦的道德禀赋发展成为一种切实的实践可能性。

尽管存在着非常重要的区别，但马克思也有类似的历史发展观念，并且他也坚持认为，劳动及其对人类产品有意识的创造与人作为"类存在"的自我理解相关。正是在对世界的改变中，人类活动才首次被视为"类生活"，"自然界才表现为他的作品和他的现实"。理解历史进步的方式有赖于自然和宗教的去神秘化，即并不追问自然为人类做了什么，而是追问人对自然做了什么。只有当人成为自身置于其中的自然进程的主人时，他们才能将自身视为这一进程的主体。马克思认为，"意识一开始就是社会的产物"①，但只有当它满足需要的进程发展到了一定程度时，才能被如此理解，也就是说，"从这时候起，意识才能摆脱世界而去构造'纯粹的'理论、神学、哲学、道德等等"②。

引发人性自我理解的这种进程是进化论式的，并且经历了若干阶段。马克思对此的评论与康德相似。起初，人类与动物并没有太多不同，劳动只是单纯为了满足基本需要。随后是工具性动机的阶段，随着需求的增加以及社会角色多元化导致了更为复杂的社会交往形式，又反过来奠定了社会不平等

---

① 《马克思恩格斯文集》第 1 卷，人民出版社 2009 年版，第 533 页。
② 同上书，第 534 页。

的基础。而后者又导致了阶级的社会分工,这些阶级中的一部分人为了他人的享受和利益而劳动。这又转而引发了社会冲突。为了解决这种冲突,人们建立了能够遏制和超越这种冲突的政治制度。在康德和马克思看来,一代人在技能、知识和协作能力方面所达到的水平被转移到另一代人身上,通过具体的道德、政治和社会发展,使人类的自然禀赋得以不断进化。马克思强调,生产力是"人们应用能力"的结果,但这种力量本身取决于前一代人的成就。"后来的每一代人都得到前一代人已经取得的生产力","由于这一简单的事实,就形成人们的历史中的联系"。① 而康德也强调,理性"自身并不是依照本能起作用,而是需要尝试、练习、传授,以便逐渐地从洞识的一个阶段前进到另一个阶段"②。将历史反思性地视为个体能力不断完善的学习过程,为分析以独特的方式应对人类需要发展的社会和政治制度转型提供了基础。

然而,康德和马克思认为,在这些历史的学习过程中出现的社会冲突为更为进步的社会交往形式铺平了道路:例如,两人都提到了商业和贸易对形成人与人之间非社会的社会性(unsocial sociability)所起的作用。在康德那里,贸易的增长以及国与国之间逐渐增加的相互依存性,使得战争甚至威胁到了并未卷入其中的那些国家的商业利益。这就需要人为的干预,以便设计出维护和平的政治制度,在这里,他为法国革命家及其试图创立的共和政府所做的辩护非常重要。而对马克思而言,对抗的双方并非国家而是阶级,最终目的是由革命阶级而非共和制国家的联盟来实现的。但是,特殊利益之间的冲突,与此相应的人类技能的发展,以及由此进程产生的政治资源,都是在例证道德法则的可行性时起关键作用的要素。

对康德而言,法国大革命揭示了人类逐渐改变自然并摆脱经验束缚、使历史得以进步的可能性。当然这是有条件的:它总是要求以不断进步的方式去行动。进步并不有赖于被动地观察那些被划分为不同民族和国家的人所经

---

① 《马克思恩格斯文集》第 10 卷,人民出版社 2009 年版,第 43 页。
② Immanuel Kant, "Idea for a Universal History with a Cosmopolitan Aim" (1784), in *Anthropology, History, Education*, ed. Günter Zöller and Robert B. Louden, Cambridge: Cambridge University Press, 2007, p. 109.

历的政治动荡，它要求依照有助于加速其进程的原则而行动。但是，康德问道：我们如何才能知道人性是否一直朝着更好的目标不断前进呢？答案是：只有当我们能够先验地预见其发展时才有可能。同时他也强调，一种先验的历史只有当"预卜者自己早就并且安排了他事先宣告的事件"时才是可能的。

马克思在批评黑格尔《法哲学原理》中的逐渐过渡原则时提出了类似的观点。他认为，只有当我们有意识地引发一个事件时，才能预测它会如何展开。"逐渐过渡"这个范畴，"首先，从历史上看是虚假的，其次，它不能说明任何问题"①。要使国家制度改变，并且为了"使人有意识地做他一向无意识地被事物本性逼迫着做的事，就必须使国家制度的运动，使前进成为国家制度的原则"。同样至关重要的是，"使国家制度的实际承担者——人民成为国家制度的原则"。

总之，康德与马克思对自然目的论的颠覆以及对宗教的去神秘化，为政治解放行动开辟了新的可能性。革命作为一个政治事件是可以被辩护的，它有益于一种基于物质基础的政治解放进程。对康德而言，革命的法国显示的是基于冲突和战争的社会秩序终结的可能性，以及创造一种一切冲突可能走向终结的制度条件。革命者通过有意识地引发那些有益于协调自然限制与道德法则的事件来促进熟巧的文化。这与马克思所强调的一个特定的社会阶级超脱于特殊利益并促进一种普遍事业的解放力量产生了共鸣。在这两种情况下，人都是以全人类的道德目的为主旨的反思性目的论的核心。并且，革命行动所确保的是一种可行性边界的扩大，从而将前所未见的政治与制度选择深深地镌刻在了同时代人的概念版图之中。

五、旁观者的视角：革命与道德教育

在从推动历史进步的行动者的角度强调了革命的意义后，我们将转向康德在文章中提到的第二个方面，即它对旁观者的影响。如前所述，康德在无

---

① 《马克思恩格斯全集》第 3 卷，人民出版社 2002 年版，第 72 页。

私的公众对待法国大革命的热情态度中找到了人类道德进步的标记。这与康德在《判断力批判》中阐明人类如何逐步为道德禀赋的发展做准备时所引入的文化的第二个维度相一致，即"管教的文化"（the culture of discipline）。

事实上，如果说熟巧的文化规定了人通过学习而遵循集体政治制度权威的过程，那么管教的文化则确保了人的动物本能以及非道德态度在不间断的审美教育过程中得以改善。正如康德所说，艺术和科学等人类劳动的创造性产品有益于社会的完善，使其更加文明化，从而战胜野蛮的暴政，"为一个只有理性才应当有权力施行的统治"① 做好准备。这与后来马克思所谓的社会意识形态并没有太多的不同，马克思认为人与人之间的冲突还包括"一种是人们借以意识到这个冲突并力求把它克服的那些法律的、政治的、宗教的、艺术的或哲学的，简言之，意识形态的形式"②。

热情，作为康德用来理解法国大革命对道德解放的影响的一种相关思想方式，也有助于一种类似于审美教育的教育进程。正如康德在《判断力批判》中所指出的，热情是一种崇高心灵状态的标志，这种感情被定义为"带有激情的善的理念"，并且是一种没有它"任何伟大的事情都不可能完成"的条件。从早期的《论优美感与崇高感》到《判断力批判》中的分析，旁观者通过其热情所体验到的崇高感在康德的著作中得到了广泛讨论，因此，在法国大革命的语境中使用这一术语有着重要意义。崇高不同于其他道德情感，如对道德律的尊重。它"趋向于（实践）理念情感，即道德情感"，并且与一种独特的审美愉悦相联系，这种愉悦产生于"对生命力瞬间压抑的情感以及紧随其后的对情感更加强力的倾泻"。当然，康德对这个概念进行了稍许批判，热情终究是一种应当因其非纯粹性而受到批判的"情感"。但是，热情在审美上是"崇高的，因为它是通过理念而对自身力量的伸展，这些理念赋予了内心一种远比感官表象的推动更为有力和持久地起作用的热情"。

因此，就影响行动者遵循理性命令的决心而言，热情是一种值得颂扬的

---

① Immanuel Kant, *Critique of the Power of Judgment*, pp. 431 – 432.
② 《马克思恩格斯文集》第 2 卷，人民出版社 2009 年版，第 592 页。

思想动力。以象征的意义来说，它代表了道德理念的力量。在《判断力批判》中，康德列举了许多类似的理念：例如，作为教化的宗教理念，或作为培育特殊社会利益的文化理念。我们在《学科之争》中看到的评论与这些相符。由法国大革命事件所引发的思想模式，赋予了整个人类所致力于的道德理想以感性的表象。正如康德在《判断力批判》中所澄清的，崇高是基于自由的，但为使其具有启发性，仍需要培育；事实上，康德坚持认为，如果不是为"文化做准备"，所谓的崇高"对于粗人来说只会显得吓人"。经由热情这一情感而被体验到的崇高影响了法国大革命的旁观者，由此鉴证了旁观这一事件的无私公众所达到的启蒙程度，也揭示了理念获得感性表达的力量。热情有益于教化所有那些作为旁观者参与革命事件的人，它促进了管教的文化的发展，并间接促进了人类的道德解放。

但是，这一过程本质上无法在单个人生命周期内完成。热情对参与法国大革命的公众的影响会一直存在，即使这一事件本身走向了不同的轨道，或者革命的努力遭受失败。康德论述道："这一事件太重大了，与人类的利益交织得太紧密了，并且它的影响在世界上所有地区散布的太广泛了，以至于它在任何有利的情况下都不会不被各个民族所想到并唤起他们重新进行这种新的尝试。"人类的历史进步通过不懈的努力来实现权利原则。而关于过去解放事件的集体记忆由后代所继承，并得以成为培养道德禀赋的学习过程的一部分。正是通过反复的实验与失败，"人们所向往的体制最终必然在某个时刻达到一种稳定性，这种稳定性是经由频繁的经验而来的教诲在所有人的心灵中达成的"。①

马克思还讨论了革命对集体记忆的教化作用，这些记忆属于那些热衷于全人类正义事业的人。在关于巴黎公社的著作中，"工人的巴黎及其公社将永远作为新社会的光辉先驱而为人所称颂。它的英烈们已永远铭记在工人阶级的伟大心坎里"②。这种教化经验有助于那些需要在历史中持续努力去实现的

---

① Immanuel Kant, "The Conflict of the Faculties", p. 303.
② 《马克思恩格斯文集》第3卷，人民出版社2009年版，第181页。

理想。正如马克思所说："工人阶级并没有期望公社做出奇迹。他们不是要凭一纸人民法令去推行什么现成的乌托邦。他们知道，为了谋求自己的解放，并同时创造出现代社会在本身经济因素作用下不可遏止地向其趋归的那种更高形式，他们必须经过长期的斗争，必须经过一系列将把环境和人都加以改造的历史过程。"①

马克思在《路易·波拿巴的雾月十八日》的开篇强调指出，以往革命的历史经验宣告了当下追求政治解放的尝试。人们创造着自己的历史，但并不是每次都在全新的条件下，"而是在直接碰到的、既定的、从过去承继下来的条件下创造"②。马克思以散文式的风格写道："一切已死的先辈们的传统，像梦魇一样纠缠着活人的头脑。"③ 尤其是在革命危机的时代，当旧的世界正在挣扎、而新的世界尚未确立自身时，人们"战战兢兢地请出亡灵来为自己效劳，借用它们的名字、战斗口号和衣服，以便穿着这种久受崇敬的服装，用这种借来的语言，演出世界历史的新的一幕"④。马克思列举的历史例子非常丰富：路德仿效了使徒保罗；1789—1814 年的革命从罗马共和国获得灵感；1848 年的革命时而模仿 1789 年，时而模仿 1793—1795 年的革命传统；克伦威尔借用了旧约中的语言和热情。在所有这些例子中，马克思都坚持认为，即使"缺乏英雄气概"的资产阶级社会也需要理想、艺术形式以及过去的传统，以便将"热情保持在伟大历史悲剧的高度上"。这种对从前已经实现的东西的不断回溯，这种"复活亡灵"，服务于当前的目的，即"为了赞美新的斗争，而不是为了拙劣地模仿旧的斗争；是为了在想象中夸大某一任务，而不是为了回避在现实中解决这个任务；是为了再度找到革命的精神，而不是为了让革命的幽灵重新游荡"⑤。

但是，这并不是说所有的革命都是一样的；马克思观察到，资产阶级革

---

① 《马克思恩格斯文集》第 3 卷，人民出版社 2009 年版，第 60 页。
② 《马克思恩格斯文集》第 2 卷，人民出版社 2009 年版，第 470—471 页。
③ 同上书，第 471 页。
④ 同上。
⑤ 同上书，第 472 页。

命似乎是不断地取得胜利,并且只保留了胜利的记忆,但它们是短暂的。而另一方面,无产阶级革命"经常自我批判,往往在前进中停下脚步,返回到仿佛已经完成的事情上去,以便重新开始把这些事情再做一遍;它十分无情地嘲笑自己的初次行动的不彻底性、弱点和拙劣的地方","直到形成无路可退的局势为止"。① 这种反思过程对于试图从过去的革命中获取灵感非常必要,即从它们的错误中学习,在同时代人的想象中恢复特定历史变革中的道德影响,并使他们去塑造当下无法获得的禀赋和权力。因此,康德与马克思都坚持认为,革命经验与那些革命的行动者的集体记忆的形成相关。他们对进步的论证既是面向未来,也面向过去。我们回顾过去的经验,并在由变革性政治事件所引发的热情中发现道德理念的力量。这种被赋予的情感转而决定了我们未来如何判断道德进步的前景,以及支持政治解放行动的决心。除政治解放外,革命事件还起到了教化作用;就使人类更加趋近道德进步而言,对它们的记忆与其实际发生同样重要。革命的发生,无论是面向未来还是面向过去,都揭示出那种迫使人类走向历史进步的力量并非自然的,而是道德性、历史性和反思性的。

六、结论

尽管过去一系列研究过于强调康德与马克思之间的重大差异,但两人关于革命的反思仍有许多重要的交叉点,本文揭示出了这些共同点。这并不是说康德是一个正宗的马克思主义者或马克思应当被视为一个康德主义者,而是要强调政治热情中明显蕴含着的人类进步潜能。

无论是康德还是马克思,都不支持所有类型的革命。就有益于朝向更好的目标前进的事件而言,革命者的目标必须导向人类的整体利益。对康德和马克思而言,政治变革的原因都记录在对社会发展的物质性解读之中,其中冲突和不平等的出现推动了政治制度的发展,也推动了重塑我们对当下事件

---

① 《马克思恩格斯文集》第 2 卷,人民出版社 2009 年版,第 474 页。

理解的学习过程。他们都认为，人类进步的主角并非个人，而是身负特定历史使命的集体行动者，他们受到了人类使自然从属于自身的目的这一过程的影响。当然，康德重视的是旁观者的品格以及热情对其禀赋的影响，而在马克思这里，行动者占据了核心地位。但是，正如我们所看到的，康德对激发革命行动者的原则并非漠不关心，而马克思也为革命事件在广义上的道德教化作用留下了空间。

我们通常可以将从规范性的视角审视革命合法性的学者划分为：或者基于制度法律主义批评革命，或者基于理想的道德主义支持革命。理想的道德主义者认为，如果革命的目的是正当的，那么革命本身就不可能是错误的。制度法律主义者则认为，如果革命的手段是错误的，那么革命本身也不可能是正当的。本文在为革命进行辩护时回避了这种划分。这是因为本文不仅关注革命者自身的行动和目标，同时也关注革命对于那些跨越时空的亲身经历者的影响。正当的革命改变了适用于公众的规范性和概念性范畴，同时去除了与其所向往的政治原则相关的可能限制。在空间上，它们有益于政治解放的进程，这拓宽了政治判断的视野，并调节了人们对于未来可能性的评估。在时间上，它们则充当了在学习过程中起道德教化作用的角色，而后人则可以通过这一过程从寻求激进的制度变革中获益。对这些主题的进一步讨论超出了本文的范围，但我希望康德与马克思之间已经显现出的交叉点可以为下一步研究提供一个合理的起点。

第二部分

国外马克思主义思潮

马克思主义与主体性[*]

米歇尔·盖伊　拉乌尔·基尔希迈尔[**]　著　　吴子枫　译

[内容提要] 本文评述了卢卡奇和萨特两位哲学家将"主体性"引入马克思主义的两种不同路径，进而指出，不以某种历史哲学为先决条件，不以某种已然封闭的总体、某种有待实现的可能性的总体为先决条件，卢卡奇就无法构想历史。所以，卢卡奇难免会用一套阶级主体哲学的术语、一套自反性的术语来构想主体性。而萨特之所以将卢卡奇的论证斥之为"唯心主义辩证法"，是因为这种辩证法失去了真实的效力，只能保证一种业已存在的总体变成现实，只让主体性在一个预先被决定的过程中扮演旁观者的角色。因此，必须呼唤一种新逻辑，即自我解放的逻辑。而自我解放需要用反自然主义充当自己的哲学前提，因为自我解放存在于解放过程中并通过解放过程来实现。于是，萨特构想了一种反自然主义的唯物主义，唯物主义的作用是对剥削的状态进行辨识，而反自然主义的作用是为自由的行动留下可能的空间。所以，

---

[*] 本文是米歇尔·盖伊和拉乌尔·基尔希迈尔为他们整理出版的萨特的著作《什么是主体性？》(*Qu'est-ce Que La Subjectivité?*, Préface de Michel Kail et Raoul Kirchmayr, Les Prairies ordinaires, 2013) 所写的"序言"，中文标题为译者所加。译文原载《国外理论动态》2017 年第 1 期。该书首次完整再现了 1961 年 12 月萨特应葛兰西学院之邀在罗马做的报告（报告的主题是"马克思主义与主体性"），以及报告之后意大利共产党员知识分子与萨特的讨论，讨论生动地记录了萨特与意大利马克思主义者一次面对面的思想交锋。该书中文版由上海人民出版社于 2017 年出版。

[**] 作者简介：米歇尔·盖伊（Michel Kail），巴黎第五大学历史学和心理学教授。拉乌尔·基尔希迈尔（Raoul Kirchmayr），意大利的里雅斯特大学学者。

必须从对主体性的反自然主义理解出发来重新奠定唯物主义的基础,使唯物主义哲学继续忠于自己的使命,一种关于自由的哲学的使命。

[**关键词**]　马克思主义　萨特　卢卡奇　主体性

我们将要读到的是 1961 年 12 月让-保罗·萨特应葛兰西学院之邀在罗马做的报告,此前的 1960 年 4 月,他刚出版了《辩证理性批判》。这部哲学巨著构成了一次与马克思主义的交锋,虽然这种交锋的前提是对马克思主义的悖论性评价:一方面,马克思主义已停滞不前①;另一方面,它又构成了我们时代不可超越的视野②。

为什么这次报告会是在罗马而不是在巴黎举办呢? 早在 1952 年,萨特就成为共产党的"同路人",但 1956 年,萨特谴责苏联对匈牙利的干涉,宣布不再扮演"同路人"的角色,从那以后,法国共产党就再也不可能向他发出邀请了。相反,意大利共产党因为在文化和知识上的开放态度,不可能不注意到萨特的著作。政治学家马克·拉扎尔(Marc Lazar)强调了一个事实,即法共最多只是为知识分子保留一个专家的角色,而意共则更愿意他们介入到哪怕是政治的定义中来:"尽管在一些时期,比如在冷战期间,党的领导与知识分子之间爆发过一些冲突,但文人学者的思考,尤其是在葛兰西学院内部提出的一些思考,对制定党的政策仍有所贡献。有知识分子(常常是哲学家和历史学家)在党的领导身边,更有利于催生内部的理论和文化探讨。"③ 罗

---

① "马克思主义已停滞不前。正是因为这种哲学希望改变世界,因为它的目标是'哲学变成世界',因为它是且希望成为实践的,所以在它之中发生了一种真正的分裂,把理论扔到一边,把实践扔到另一边。"参见[法]萨特:《辩证理性批判》上卷,林骧华等译,安徽文艺出版社 1998 年版,第 22 页。(译文有修改。——译者注)

② "因此,它[马克思主义]仍然是我们时代的哲学:它是不可超越的,因为产生它的情势还没有被超越。""但是,只要社会关系的变化和技术进步还未把人从匮乏这个桎梏中解放出来,马克思的命题在我看来就是一种不可超越的证明。"参见[法]萨特:《辩证理性批判》上卷,林骧华等译,安徽文艺出版社 1998 年版,第 28、32 页。

③ Marc Lazar, *Maisons rouges. Les Partis communistes français et italiens de la Libération à nos jours*, Paris, Aubier, 1992, pp. 257–258.

马的葛兰西学院尤其发挥着"名副其实的党的领导的思想实验室"① 功能,这样的学院希望聆听《辩证理性批判》的作者的声音,也就可以理解了。

从发言一开始,萨特就把自己的抱负确定为将主体性置于马克思主义分析的核心,以重新赋予它一度失去的活力。与此同时,萨特还对格奥尔格·卢卡奇进行了激烈的批判,尽管在那个时代,并且直到现在,卢卡奇的主要著作《历史与阶级意识》(1923)都被看作对萨特所持有的那种抱负的回答。

卢卡奇无可争辩地出现在萨特的思考中。在《方法问题》(1969)中,萨特提到了卢卡奇的著作《存在主义还是马克思主义?》(*Existentialisme ou marxisme?*),并误引为《存在主义和马克思主义》(*Existentialisme et marxisme*)(这个笔误并非没有意味,而且对当前的评议来说,肯定具有意义)。在这部手法平庸的著作中,卢卡奇将本质上是萨特式的存在主义揭露为一种新的、变形的唯心主义,而唯心主义本身只不过是资产阶级用来保障自身合法性的意识形态武器。卢卡奇否认一切唯科学主义(并没有说服人),以发展出一套非机械论的唯物主义而自豪。所谓的非机械论的唯物主义,即不是静止的,而是在其发展中抓住实在性的本质。然而,这并不能避免机械论,因为发展的每一阶段都是被动地得到意识的反思。

但是,必须注意,在整个20世纪60年代和20世纪70年代,法国读者更多地转向《历史与阶级意识》这部在哲学上质量完全不同的著作,该书法文版序言介绍说,它是一本"关于马克思主义的该死的书",获此头衔的还有卡尔·柯尔施(Karl Korsch)的《马克思主义和哲学》(1923)。正统马克思主义和社会民主党一样,都发出了强烈谴责,指责卢卡奇和柯尔施是修正主义、改良主义和唯心主义。科斯塔斯·阿克谢洛斯(Kostas Axelos)提醒我们注意,对卢卡奇和柯尔施的这些批评受到了对唯科学主义和对自然科学的客观主义崇拜的影响,并受到关于真理的庸俗实在论定义的滋养,这种庸俗实在论将真理定义为表述与其外在对象的符合。

---

① Marc Lazar, *Maisons rouges. Les Partis communistes français et italiens de la Libération à nos jours*, Paris, Aubier, 1992, p. 114.

卢卡奇的方案是掌握通过社会实践和阶级斗争而展开的社会、历史经验的总体性。中介（médiation）这个范畴有助于理解这样一种过程，它保证了附着于人为性的直接性与正在生成的总体之间的联系，并允许持续不断的超越。党具有一种"有意识的总体意志"，所以有能力把理论和实践结合起来，有能力决定无产阶级的阶级意识的形式。正因为如此，卢卡奇才致力于分析物化。物化把一切都变成商品，把一切都规定为"理性主义的虚假客观性"或"唯心主义的虚假主体性"。作为由人类的生产创造的总体，世界就像陌生物一样矗立在意识面前。资本主义生产方式使物化达到其极点，多亏了党，无产阶级担负起结束物化的任务。

在题为《阶级意识》的那篇文章中，卢卡奇引入了客观可能性的概念："将意识与社会整体联系起来，就能认识人们在特定的生活状况中可能具有的那些思想、感情等等，如果对这种状况以及从中产生的各种利益能够联系到它们对直接行动以及整个社会结构的影响予以完全把握，就能认识与其客观状况相符的思想和感情等等。"① 作者更明确地指出，这类状况只是以有限的数目出现，但同时，理性、适当的反应就必须被赋予（adjugée）生产过程所造就的状况类型——而这种反应不是别的，就是阶级意识。作为总体的阶级在历史上的决定性行动就是由这一意识所支配的。同样重要的是，不要把阶级意识混同于无产者个人或群体的心理意识，因为它是"有意识的对阶级历史状况的感觉"。阶级意识属于赋予（adjudication）②逻辑的范围，它是由阶级利益"决定的"（imputée）③。卢卡奇在这篇文章的题记中引用了一段马克思和恩格斯的话，这段话萨特也提到了："问题不在于某个无产者或者甚至整个无产阶级暂时提出什么样的目标。问题在于无产阶级究竟是什么，无产阶

---

① ［匈牙利］卢卡奇：《历史与阶级意识》，杜章智等译，商务印书馆1992年版，第104页。——译者注

② "赋予"原文为"adjudication"，前文"赋予"的原文为"adjugée"，它们的动词形式为"adjuger"，意为"判给""拍卖给""裁定给"（某人）。——译者注

③ 德语词组"zugerechneten Bewusstsein"（被赋予的意识）在法语中被翻译为"conscience adjugée"（被赋予的意识），同样也被翻译为"conscience imputée"（被决定的意识）。值得注意的是，"赋予"（adjudication）是一种"强行变卖"。

级由于其身为无产阶级而不得不在历史上有什么作为。"①

这样的分析使得卢卡奇指责"庸俗马克思主义者"没搞清楚，对社会本质的理解只有对无产阶级来说才是决定性的武器，这种专有性来自它所发挥的作为阶级意识的"独特功能"：它使得无产阶级得以从社会中枢出发，把社会理解为一个严密的整体，与此同时，它还使得无产阶级能够以中枢方式行动；无产阶级的阶级意识使理论与实践重新结合起来。

在一部严厉批评萨特的著作中，梅洛-庞蒂对卢卡奇的一些论点表示了赞赏，他称赞卢卡奇与其反对者相反，想要保存"一种把主体性融入历史又不将它当作一种派生现象的马克思主义"②。

我们从卢卡奇的论据和莫里斯·梅洛-庞蒂的判断所得出的东西，肯定会让萨特大为满意，并使他承认卢卡奇是一位思考主体性的思想家，是那种只满足于把所谓的客观条件变成所谓的辩证运动的马克思主义的对手。更何况，萨特着重指出，卢卡奇对停滞不前的马克思主义（一种唯意志论的唯心主义）的诊断是中肯的，他与这位匈牙利哲学家分享了同样的主题：意识和总体性。

萨特的保留意见来自哪里呢？在报告中，萨特赋予了主体性两个特点，一个是"非知"（non-savoir），另一个是"要成为"（avoir à être）③。《自我的超越性》（1936）和《存在与虚无》（1943）的读者很熟悉这两个特点，并且无疑可以感觉到它们与萨特著作中启人深思的直觉具有明显的连续性。

他将重点落在非知上，目的是打破主体哲学赋予作为意识特征的反思的优先地位。这位哲学家强调指出，意识就其定义来说就是自我意识，因而就是非反思的自我意识。既然反思的自我意识是间歇性的，所以实际上就必须承认，在各个反思阶段之间存在着某种荒谬的东西，即无意识的意识。换句话说，自我意识并不是自我认识。"要成为"是意识的存在方式，因此它是一

---

① 《马克思恩格斯文集》第 1 卷，人民出版社 2009 年版，第 262 页。——译者注

② Maurice Merleau-Ponty, "Sartre et l'ultra-bolchevisme", in *Les aventures de la dialectique*, Paris, Gallimard, 1955, p. 57.

③ 中文版《存在与虚无》将其译为"应该是"，参见萨特：《存在与虚无》，陈宣良等译，生活·读书·新知三联书店 2014 年版，第 144 页。——译者注

种现存（existant）。主体由存在（être）支撑着，但意识却不被任何存在支撑，因为意识——萨特告诉我们——是一种绝对，一种实存（existence）的绝对。意识尤其不是某个主体的意识。如果是的话，它的功能无非只是对那个主体的存在进行反思（在主体哲学中，自我意识必然是一种反思的自我意识，即一种使人返回到主体的存在的意识）。意识并不是主体的意识，因为在萨特精心构造的概念秩序中，意识会取代主体的概念——这个提法仍然不完全正确，因为意识不会占据主体的位置。这个提法重新绘制了主体哲学先前制定的地理学。这里还没有考虑到另一些作家，他们在不经意间指出，萨特为可怜的客观主义环境注入了一定剂量的主体性。

关于"要成为"的论述将萨特的反思置入了一种完全反自然主义的视角，而西蒙娜·德·波伏娃（Simone de Beauvoir）早在自己的巨著《第二性》（1949）中就预先深入研究了这种视角并使之系统化了。必须强调，萨特的"要成为"并没有陷入亚里士多德关于潜能和活动的模式中，后者要求预先存在一个可能的位置，它具有存在（除了它的实现之外）的全部规定性。这个可能的存在在著名的四因论中被归为形式因，它包含了一种本质："本质是一切构成某个事物的可能性的东西的内在第一原则。"[①] 然而，本质主义要求在必然、实在与可能之间有一种特殊的结合。本质标出可能存在的范围，而可能存在无非就是存在的原则，它在权利上和事实上都是第一位的。这样一来，实在就仅限于扮演中介的角色，它是必然由以展开自身效果的介质，并通过这种展开显示出必然与可能的巧合。它扮演的只是一个衬托的角色、场合（潜在性变成实在的场合）的角色。萨特明确表达了自己的反对意见："自在的存在既不能'在潜能中'，也不能'拥有潜能'。它自在地在它同一性的绝对充实中是它所是。云不是'在潜能中的雨'，它自在地是一定数量的水蒸气，在特定的温度和压力下，它严格地是它所是。自在是一种活动。"[②] 因而，

[①] 李秋零主编：《康德著作全集》第4卷，中国人民大学出版社2005年版，第476页脚注1。（译文有修改。——译者注）

[②] ［法］萨特：《存在与虚无》，陈宣良等译，生活·读书·新知三联书店2014年版，第137页。——译者注

为了在世界上有可能，就必须引入一个其本身就是其可能的存在，即自为的存在——意识。

尤其意味深长的是，在这次报告中，就在萨特打算对主体性的唯物主义身份做出界定时，会如此急于阐明"非知"或"前反思的"自我意识与"要成为"之间的联系。"主体性的一个首要本质特征是：主体性之所以根据定义是非知（哪怕是在意识层面上），是因为个体或有机体要成为其存在。"① 萨特补充说，这只通向两种可能性：一种就是成为其物质存在，比如在纯物质系统（范围）中，缺陷就简单地留在了那里；另一种致力于修正整体以保障自己的续存，比如在实践中。从前者到后者，有一个内在性条件，即这个整体不是给定的、在受到威胁时才会进行自我保存的东西，而是总是在进行自我保存的东西，因为它永远不会被最终给定。

因此，萨特一方面提出内在性是一个条件，另一方面提出整体"要成为"，换言之，它永远在总体化的过程中，包括涉及一个有机物的整体时。这两个命题使我们认出在这种内在性中可以被称为"调节—被调节"（conditionnant-conditionné）的东西。说是一种被调节，因为这种非给定的整体，只有当它被某种倾向赋予活力时，才能持续存在，而那种倾向与这个整体的建构无非一回事："实际上，整体就是一种不断地内在化和重新组织化的法则，或换句话说，有机体首先是一种总体化而不是一个整体。整体是一种定向的自主调节，但它不断地引起这种作为总体化的内在化。总体化通过对有问题的、变化着的外部进行整合而完成，偏盲症就是一个例子。总而言之，整体与一般的冲动并无差别。换句话说，冲动和需要在这里是一体的，是一回事：存在的首先不是一些需要，存在的是一种需要，就是有持续生存要求的有机体本身。"② 不能用决定论的语言来翻译这种表现为内在性的调节作用，因为决定论假定整体是被限定的，假定整体为内在性赋予了这样那样的内容；而应该把这种调节作用理解为为了像正在进行的总体化一样延续下去而对内

---

① Michel Kail et Raoul Kirchmayr, *Qu'est-ce Que La Subjectivé?*, Les Prairies ordinaitres, 2013, p. 52.
② Ibid., p. 53.

在性的激发，或者更准确一点，理解为内在化的过程。说是一种调节，是因为这个在永远不断的总体化过程中的整体，只有拜内在化过程的恩赐才能存在。要成为、内在化、总体化，都是同义词，都属于实存的范畴①："这种实践的和辩证的统一就是群体，并且使群体在一体化时努力否定统一，这就是我们在别处所说的实存。"②

以上介绍的这些方面，现在无疑足以让我们更好地估量这次报告的价值和现实意义。因此，把萨特的论证在意大利知识分子那里所激起的讨论整理在一起，将会非常有意思。他们当中最接近现象学家的几位一直与萨特讨论到最后，并且完全理解萨特发言的关键，比如，弗朗西斯科·瓦伦蒂尼（Francesco Valentini）的发言就显示了这一点。但大多数人尽管确实关注萨特的哲学演讲（与法国共产党相比，这种态度也是一个例外），却并不能摆脱这样一种看法或感觉，即放弃客观主义的姿态就等于对唯物主义框架的否定和对资产阶级意识形态的屈服。尽管他们接受一定剂量的主观主义，却无法放弃唯物主义的客观主义基础，同时也不明白他们自己仍然是主体—客体二元性的俘虏。他们会认同卢卡奇提出的黑格尔式的解决办法，因为这种解决办法准许他们继续相信这种二元性，虽然他们同时也毫无偏见地预见到了它的超越。因为，正如大家都知道的那样，辩证的超越保存了被超越之物。这样一种对客观主义的依恋主要是为了消除反自然主义引起的恐惧，反自然主义似乎在通过要求去自然化（dénaturalisation）而达到去现实化（déréalisation）。然而，反自然主义绝不是主张没有给定的东西，而是主张不应该用自然的词语来阐释给定的东西。要注意的是，当不诉诸这些词语时，给定的东西就无

---

① 为了排除所有的混乱，值得强调的是，萨特的这一定义了主体性地位的论点是建立在整部《辩证理性批判》对"有机论幻象"的不断批判的基础之上的。这种幻象是关于群体的永久诱惑："群体总是被赋予有机论的含义，因为它遵从这条严格的法则［永远改组并永远不成功的总体化法则］：如果它能够达到有机统一（实际上不可能），它就因此而成为超有机体（因为它将是根据一种排除偶然性的实践法则而产生的一个有机体）；然而，既然这种地位对它来说是严格禁止的，它就继续作为总体化，作为在实践有机体之内的存在，并作为它的一个产物。"参见萨特：《辩证理性批判》下卷，第713页。（译文有修改。——译者注）

② ［法］萨特：《辩证理性批判》下卷，第740页。——译者注

限丰富，因为正如我们此前所指出的那样，它是关系性的。

然而，在萨特看来，这位匈牙利哲学家肯定过于黑格尔主义了。无论他对客观主义的拒绝表现如何，他都一如既往地借助于调节性的历史哲学观来思考历史，这种观点根据超验主义原则来整理真实的历史，其方式是，以康德式的论证把现象整理到各种知性范畴中。历史哲学一劳永逸地提前给出了真实的历史，它划定历史的可能范围，它就是本质的历史。只有参照历史哲学，才可能构建"客观可能性"这个概念，才可能为这个概念辩护。因此，主体性是在将历史哲学描绘在空中的可能性现实化的借口下，以"阶级意识"的名义被召唤（应该注意到"召唤"这个词的用法中的指派口吻）、赋予或决定的。意识，无产阶级的意识，要成为这种历史哲学为其保留的可能意识。"连革命工人的意识状态和真正的无产阶级阶级意识之间也是存在距离的，因此，我们决不能忽视这一距离。"①

卢卡奇所描绘的意识的这种"要成为"，与构成意识存在本身的"要成为"非常不同。萨特认为，卢卡奇的无产阶级意识要成为的东西是在这种意识之外的，是一种它应该去契合的标准。对此还必须补充的是，无产阶级意识可能因此被责令占据一个由生产过程指派（第二次指派）给无产阶级的位置。可以说，这样一种意识，从下面看，完全被经济决定论所框定；从上面看，完全被意识的理想所框定。如何想象这样一种意识有力量摆脱自己的现实，去符合自己的可能呢？关于这一点，卢卡奇提到了"无产阶级的内在转变问题"。然而，限定意识的概念框架并未给意识留下丝毫余地，以证明其具有任何独立自主性。此外，在《历史与阶级意识》一书的核心章节"物化和无产阶级意识"中，卢卡奇把意识的能动性限定在非常狭隘的范围内（我们得说，这与其分析的前提完全一致）："因此，无产阶级意识中反映的东西就是从资本主义发展的辩证矛盾中迸发出来的积极的和新的东西，它绝不是无产阶级杜撰的或是无中生有'创造'出来的东西，而是总的发展过程的必然结果；但是这东西首先要被提高为无产阶级意识的一部分，要由无产阶级使

---

① ［匈牙利］卢卡奇：《历史与阶级意识》，第142页。——译者注

之成为实践的,它才能从抽象的可能性变为具体的现实。但是这一变化绝不是纯形式的变化,因为一种可能性之变为现实,也就意味着是社会发生了具体的变化,是它的环节的功能发生了变化,并因而是全部单一的对象发生了结构上和内容上的变化。"① 以上强调部分的意义和功能,只不过是要在难题提出之前解决它:说到底,就是要取消难题。

不以某种历史哲学为先决条件,不以某种已然封闭的总体、某种有待实现的可能性的总体为先决条件,卢卡奇就无法构想历史。面对这样一种总体,他难免要用一套阶级主体哲学的术语、一套自反性的术语来构想主体性,而这套术语的使命就是担负这个总体的存在,包括以辩证的方式担负它的存在。萨特之所以将卢卡奇的论证斥为"唯心主义辩证法",就在于这种辩证法被剥夺了真实的效力,因为它只能保证一种已经存在的总体变成现实,只让主体性在一个预先被决定的过程中扮演旁观者的角色。另外,萨特之所以批判卢卡奇是"唯意志论的唯心主义者",是因为这位匈牙利哲学家诉诸主体性,只是为了让它泰然接受由历史哲学建立起来并预先位于舞台入口的双重必然性。萨特已经用坚决的方式指出,意志与自由相比是第二位的,要抬高意志,只能牺牲自由。这就对被萨特视为空洞无物的唯意志论进行了界定。②

让我们试着从一种政治观察的角度来重复这一理论观察。

资产阶级强迫人们承认它是一个解放的阶级,因为它贬低贵族以世袭方式授予自己的各种特权。然而,资产阶级并没有完全消灭那些特权。

所以,波伏娃在《特权》(1955)一书的"序言"中声称:"这些文章尽管从不同的视角出发写于不同的时期,但回答的都是同一个问题:特权享有

---

① [匈牙利]卢卡奇:《历史与阶级意识》,第299页。
② "然而更有甚者:意志绝不是自由唯一的、或至少享有特权的表现,相反,它像一切自为的事件一样,假设了一种原初的自由作为基础,以便可以把自己构成为意志。意志事实上是作为相对某些目的而言的反思决定而被确立的。但是意志并未创造这些目的。"参见萨特:《存在与虚无》,第539页。(译文有修改。——译者注)离开原初的自由,意志本身是无法提出目的的,因为它唯一的能力就是成为手段的管理者,因此它承认由神的意志所支撑的真理和价值的秩序,或符合被认为是必然的经济秩序的要求。人们赖以恢复政治之威望的政治唯意志论,实际上是对超越的秩序的无能和屈服的同义词,无论这秩序是由上面(神的秩序)还是由下面(自然的秩序)建立的。

者如何思考自己的处境？过去的贵族忽视了这样一个难题：他们捍卫自己的权利，行使自己的权利，不用费心去证明这些权利是合理的。"相反，新兴的资产阶级却必须为自己编造一套有利于自身解放的意识形态，而一旦成为统治阶级，它就不打算放弃遗产了。但整个思考瞄准的是普遍性：以普遍的形式为占有特殊利益进行辩护并不是一件容易的事情。①对普遍性的瞄准带来了一种对于资产阶级统治地位的合法性来说不确定的东西。这样一来，人们就会想去揭露资产阶级的解放使命与其统治地位之间的矛盾，即：一方面，资产阶级通过启蒙哲学的普遍主义来表达其自我意识；另一方面，它的统治地位所保障的是满足它自己特殊的、自私的利益。但是，作为后果，它所能带来的就是人们期待更多的解放这一逻辑。这个逻辑是双重的，只有通过这样一位解放者才能起作用，即他要把自由给予根据他自己的标准被判定为值得解放的人。求解放的人接受自由，自由的身份因此具有一种被给予的性质，而不是一种"要成为"的意识存在。在这一点上，被解放者在双重意义上是"subjet"②：一方面，他是有能力运用自由（这是解放赋予他的工具）的主体；另一方面，他又是附属的臣民，就像国王的臣民一样，只不过现在是解放者的臣民。在这个意义上，解放者保持自己的特权符合解放的逻辑。解放的标准就像主体哲学的"主体/臣民"一样，在同一个概念网中兜来转去。主体实际上被当作某些性质或属性的支撑物，包括自由的支撑物。解放者可以把自由赠予这样的主体，正如当选人把荣誉勋章别在忠诚的合作者的衣领上。由此，自由被贬低到意志的行列，并被宣判为唯意志论的无能。

要想打破这个逻辑，就必须呼唤一种新逻辑，即自我解放的逻辑。而自我解放需要反自然主义来充当自己的哲学前提，因为（自我）解放存在于解放的过程中，并通过解放过程来实现，而并非像在解放的形象中那样，由解

---

① Simone de Beauvoir, *Privilèges*, Paris, Gallimard, Les Essais LXXVI, 1955, p. 7。关于"特权"这个概念和波伏娃对它的差异化使用，参见 Geneviève Fraisse, *Le Privilège de Simone de Beauvoir suivi de Une Mort si douce*, Arles, Actes Sud, 2008。也可以参考我们对这部作品的书评：Michel Kail, *Travail, Genre et Sociétés*, Paris, La Découverte, 2012/2, n°28, pp. 212 – 214。

② 在法语中，"subjet"具有"主体"和"臣民"双重含义。——译者注

放者的解放意志事先预告，或通过某种可能，由随便哪种历史哲学宣布出来。更严格地说，它需要萨特正在构想的那种反自然主义的唯物主义，其中，唯物主义的作用是对剥削的状态进行辨识，而反自然主义的作用是为自由的行动留下可能的空间。这两个环节没有时间上的先后，而是同时到来。马克思主义能够划出一条不可超越的地平线，因为它抓住机会，提出了关于唯物主义本身的问题，而萨特告诉我们，除非从一种不妥协的反自然主义立场中得到启发，否则这个问题不会带来任何结果。在马克思主义的组织之上加进主体性是不够的，那样总是容易激起某种否决，必须从对主体性的反自然主义理解出发来重新奠定唯物主义的基础，使唯物主义哲学继续忠于自己的使命，一种关于自由的哲学的使命。

分析的马克思主义与社会正义*

罗德尼·佩弗** 著　李旸 译

[内容提要] 20世纪，在道德、社会和政治哲学领域发生了两个至今仍具有深远影响的重大理论事件：一是罗尔斯社会正义理论的提出；二是分析的马克思主义学派的兴起。罗尔斯的"作为公平的正义"的社会正义理论并不像人们通常所误解的那样，是一种赞成资本主义优于社会主义的资产阶级意识形态；相反，它是中立于资本主义社会和社会主义社会的一种规范性思考。罗尔斯提出的广义的反思平衡方法是证成一般的规范理论和正义原则的理想方法。分析的马克思主义者不仅对马克思主义的经验理论和社会科学理论进行了阐释和重构，而且在围绕罗尔斯的社会正义理论所展开的重要哲学争论中发出了有影响力的声音，特别是柯亨提出了自己的激进平等主义的分配正义原则。我认为，我在对罗尔斯的理论进行修正的基础上提出的"作为公平权利的正义"理论既优于罗尔斯的原初理论，亦优于柯亨等分析的马克思主义者提出的激进平等主义理论，并且是可被接受的最合理的平等主义理论。

[关键词] 分析的马克思主义　罗尔斯　社会正义　平等主义　差别原则

---

* 本文系作者2018年5月在北京大学召开的第二届世界马克思主义大会提交的论文。

** 作者简介：罗德尼·佩弗（Rodney G. Peffer），美国"分析的马克思主义"的代表人物之一，美国圣地亚哥大学哲学系教授。

20世纪晚期,在道德、社会和政治哲学领域发生了两个至今仍具有深远影响的重大理论事件:一是约翰·罗尔斯(John Rawls)的社会正义理论的提出;二是分析的马克思主义学派的兴起。第一个事件始于1971年罗尔斯《正义论》的出版,第二个事件则始于1978年G. A. 柯亨(G. A. Cohen)《卡尔·马克思的历史理论:一个辩护》的出版。在本文中,我将集中讨论20世纪发生的这两大事件的意义,揭示它们如何影响了马克思主义的道德、社会和政治理论以及我本人的理论研究。从1978年发表《为福祉权辩护》[1]时起,我就尝试提出一种充分的马克思主义道德、社会和政治哲学,并在1990年出版的著作《马克思主义、道德与社会正义》[2]中继续这一工作,后续也发表了多篇论文。

本文的结构如下。在第一部分,我将简要介绍分析的马克思主义学派及其重大影响。在第二部分,我将简要说明罗尔斯的"作为公平的正义"的社会正义理论,并指出对其理论的一些重大误解导致人们认为他的理论仅仅是一种赞成资本主义优于社会主义的资产阶级意识形态。在第三部分,我将提出我自己的"作为公平权利的正义"的社会正义理论。这一理论是罗尔斯式的,但我认为它优于罗尔斯的原初理论。这一理论若与一系列最基本的马克思主义经验命题相结合,则可以证明市场社会主义社会的正当性。在第四部分,我将探讨分析的马克思主义的领军人物柯亨的分配正义理论,并尝试论证指出:过于激进的平等主义分配正义原则在合理性上逊于我基于罗尔斯的差别原则提出的"修正的差别原则"。当这一"修正的差别原则"以词典式的(lexically)排序方式依次适用于不同的收入人群并与我的"基本权利原则"相结合时,就是可以被接受的最合理的平等主义原则。

---

[1] Rodney G. Peffer, "A Defense of Rights to Well-Being", *Philosophy & Public Affairs*, Vol. 8, No. 1, Fall 1978.

[2] Rodney G. Peffer, *Marxism Morality and Social Justice*, Princeton University Press, 1900. 我的这部著作有两个中文译本,分别由高等教育出版社(2010年)和重庆出版社(2018年)出版。

一、分析的马克思主义

分析的马克思主义是一个运用分析哲学的一般方法研究马克思主义哲学、社会科学、政治学和评价性（道德）内容的学派。分析哲学的一般方法无非包含以下两方面：（1）概念分析（以确保概念的清晰性）；（2）对论证的审慎关切。概念分析意指尽可能清晰地说明我们所使用的概念并在必要时对它们进行分析。在这方面，分析的马克思主义者和所有分析哲学家一样，与大多数大陆哲学流派（包括大陆马克思主义哲学流派）大相径庭，后者并不将概念清晰作为至高要求，并且常常允许语言和论证的模糊性。概念清晰性和论证严谨性的缺失的确会影响人们对思想本身的理解。分析哲学家的目标，或者说所有严肃的哲学家和思想家的目标，并不在于吸引眼球，而在于清晰地传达自己所相信的内容，并使人们能够对其所说所写进行合理的理性探讨。如若写作风格过于模糊，以至于只有少数评鉴家才能够领悟其所写，那么这种写作将是无用的，将是一种最糟糕的精英主义。当然，许多大陆哲学家特别是后结构主义哲学家宣称，他们更关注关于意义、真理和合理性的相对性和非客观性，并且这些东西是私人的、他人不可理解的。但反讽的是，早在20世纪50—60年代，在后结构主义还未成为一个专门的流派之前，诸如威拉德·蒯因（W. V. O. Quine）、威尔弗里德·塞拉斯（Wilfrid Sellars）、希拉里·普特南（Hilary Putnam）和理查德·罗蒂（Richard Rorty）等分析哲学家就已经全面考察和探讨过有关意义、真理和合理性的问题。这些思想家都不赞同在上述问题上的彻底相对主义，而只承认在高度的哲学抽象中也许存在着某种不可还原的关于这些范畴的相对主义。

然而，对概念清晰性的这种要求并不意味着概念分析能够（并且将会）像后维特根斯坦时期的传统日常语言哲学所宣称的那样解决任何哲学问题（因此便不存在真正的哲学问题）。[1]

---

[1] Ludwig Wittgenstein, *Philosophical Investigations*, 4th Edition, New York: Wiley-Blackwell, 2009.

事实上，必须摒弃这种传统日常语言的立场，因为：（1）认为所有哲学问题都可以通过概念分析完全解决的观点显然是错误的；（2）哲学家不仅对具体的哲学问题感兴趣，而且还对其他可受益于哲学的那些领域里的问题和理论感兴趣。例如，许多分析的马克思主义哲学家还从事历史理论（比如柯亨）、社会学理论（比如乔恩·埃尔斯特和埃里克·欧林·赖特）、政治学理论（比如亚当·普沃斯基）、经济理论（比如约翰·罗默和大卫·施韦卡特）和发展理论（比如普拉纳布·巴德汉）的分析和重建工作。此外，凯·尼尔森（Kai Neilsen）、乔治·布伦克特（George Brenkert）、艾伦·布坎南（Allen E. Buchanan）和我本人也试图分析和重建马克思的规范性（道德）承诺或价值，以便提出一种充分的马克思主义道德和社会正义理论。

"对论证的审慎关切"是指：（1）理论家必须为自己的立场提供可靠的论证（并在恰当的情况下与其他立场进行辩论）；（2）他们随时准备阐释所提出的论证，以便明确其内容；（3）他们随时准备解释和反思自己的论证并尽可能地为其辩护。有时，我们还应当审查我们所使用的语词或概念的前提。这种说法似乎与那些声称我们所使用的语言常常承载着各种未被意识到的前提的后结构主义理论家相一致。特别是当我们思考道德、社会和政治问题时，应当保持警惕，不要让我们所使用的语言把我们带入过度的偏见，而判断关涉这些问题的理论是否恰当的一个标准就在于与我们深思熟虑的道德判断达到广义的反思平衡（wide reflective equilibrium）。这里所说的"广义"，是指我们应当尽可能地确保我们的道德判断不因外部因素——比如成长的环境，抑或我们未察觉的语言和概念所附载的前提——而导致偏见。

分析的马克思主义者有时也使用博弈论、理性选择理论、公共选择理论和经济学中的一般均衡理论等技术性的理论工具（但不接受在西方占主导地位的主流新古典经济学理论的其他所有假设），当然，并非所有分析的马克思主义者都使用这些专业理论。许多最著名的分析的马克思主义者——包括上文提到的大多数人——都是柯亨于1978年在牛津成立的"九月小组"（September Group）的成员；但是，分析的马克思主义的产生先于这一小组。至少可以说，早在"九月小组"成立之前，就有既是分析哲学家同时又是马克思主义者的学者存在，其中包括尼尔森、米尔顿·菲斯克（Milton Fisk）、克里夫·杜兰德（Cliff Du-Rand）、弗兰克·坎宁汉（Frank Cunningham）、鲍伯·韦尔（Bob Ware）、施韦卡特和许多其他人。分析的马克思主义并不局限于"九月小组"的范围，我将我自己也视为一名分析的马克思主义者。马克思主义传统中有许多流派，但必须记住，所有的马克思主义者都共享特定的核心经验信念和核心道德价值观或原则。具体而言，他们都认为资本主义是一个（内在地）具有致命缺陷的社会经济体系，它无法克服自身的功能性障碍，如周期性衰退和萧条、股市恐慌、各阶层人口在收入和财富（以及政治权力）上的巨大差距，还有无法控制的无休止增长的普遍趋势（这从长远来看在生态上是不可持续的）。此外，所有的马克思主义者都认为，人道形态的社会主义比任何形态的资本主义都要优越；他们是根据其共同持有的诸如人道主义、平等主义和作为自我决定的自由（既包含消极自由，亦包含积极自由）等普遍价值来做出这一评价的。马克思主义者还总是设法促进工人阶级及所有其他受压迫人群的斗争，并致力于建立一个逐步迈向社会正义和人权等终极目标的社会。

分析的马克思主义对马克思主义传统做出了诸多有价值的贡献，特别是分析和尝试改进马克思主义的经验理论、社会科学理论及其一般的评价性（道德）观点的各个方面。在重释马克思的著作方面，柯亨对马克思的历史唯物主义理论的重构以及我对马克思所隐含的道德观的重构就是例证。而在尝试改进或补充马克思主义理论方面，分析的马克思主义者致力于使一些非马克思主义的理论工具在马克思主义传统中得到有效应用，例如，埃尔斯特用博弈论来阐释马克思主义的阶级和阶级冲突理论；罗默用社会选择理论和一般均衡理论为市场社会主义辩护；而我自己则在马克思主义经验理论的基础上用罗尔斯的社会正义理论来论证社会主义优于资本主义的观点。

除了对马克思主义的经验理论和社会科学理论进行阐释和重构以外，分析的马克思主义者在围绕罗尔斯的社会正义理论的重要哲学争论中也发出了有影响力的声音。特别是柯亨提出了自己的激进平等主义的分配正义原则。我将在最后一部分探讨他的理论。

二、罗尔斯的"作为公平的正义"理论及其意义

无论是罗尔斯的社会正义理论，还是他更广义的规范性政治哲学，其重要性都是难以估量的。他的一生著作等身，其中最重要的著作有《正义论》、《政治自由主义》、《万民法》和《作为公平的正义：正义新论》。诺曼·丹尼尔斯（Norman Daniels）曾经写道："在《正义论》于1971年出版之际，没有人敢料想罗尔斯的这部著作即使在非学术性报刊上也能获得如此广泛的赞誉和名声。"接着，他引用《泰晤士报文学增刊》的评论指出："该书可被认为是自亨利·西季威克和约翰·斯图亚特·密尔以来对英语世界的政治哲学做出最重大贡献的一部著作。"① 威尔·金里卡（Will Kymlicka）也指出："人们普遍认为，1971年罗尔斯《正义论》的出版标志着规范性政治哲学的复兴……他的理论主导着当代政治哲学的论辩，这并不是因为人人都接受他的理论，而是因为其他理论都是对他的理论的回应。"② 就连罗尔斯的论敌、他在哈佛大学的多年同事、自由至上主义者罗伯特·诺齐克（Robert Nozick）也表示，随着《正义论》的出版，罗尔斯的社会正义理论在当代政治哲学中变得如此重要，以至于人们要么赞同，要么不赞同，但绝不可能无视它。

尽管罗尔斯通常将自己的社会正义理论概括为两个原则，但实际上，将其概括为三个原则更为准确。按照（词典式的）先后顺序排序，它们包括：（1）最大平等的基本自由原则（Maximum Equal Basic Liberties Principle）；（2）公平的机会平等原则（Fair Equality of Opportunity Principle）；（3）差别原则（Difference Principle）（即收入、财富和闲暇等物质基本善的差别当且仅当能最大化地有利于处境最差者——亦即最贫困人群——时才具有正当性）。关键是必须认识到，罗尔斯的社会正义理论只适用于社会的背景制度

---

① Norman Daniels, "Introduction", in Norman Daniels (ed.), *Reading Rawls: Critical Studies on Rawls' A Theory of Justice*, New York: Basic Books, 1975, p. ix.

② Will Kymlicka, *Contemporary Political Philosophy*, Oxford: Clarendon Press, 1990, p. 10.

(background institutions)，即社会、经济和政治制度（包括财产法、税收政策、公共物品政策、最低工资政策、社会福利政策和环境立法及政策等）。在公平的背景制度下，由人们的自由选择所导致的无论何种关于财富、收入和闲暇的分配都是正当的。这也意味着，只要背景制度是真正公平的，并且只要人们遵循规则而活动，国家或政府就不会进行进一步的干预。此外，罗尔斯的社会正义理论并不集中关注诸如幸福或偏好满足等方面的分配，而是集中关注被他称作社会基本善的分配。这些社会基本善对人们实现人生目标来说具有基本意义，它们包括自由与权利、机会（教育、工作和职业方面的机会）以及物质善（收入、财富和闲暇）。罗尔斯后来又在物质善中加入了医疗保障，而我认为，鉴于当前环境问题的严重性，还应当加入健康环境。

尽管限于篇幅无法展开，但必须指出的是：（1）罗尔斯的理论并不为那种（霍布斯式的）基于理性自利的个体的社会正义原则辩护。① （2）罗尔斯为论证其社会正义原则而进行的关于社会契约的思想试验（即原初状态和无知之幕）实质是一种要求处于任何社会地位的人们思索自身如何做出这种决定的可普遍化的模板。② （3）在证成一般规范性原则和社会正义原则时，原初状态的策略只是从属于罗尔斯更一般的广义的反思平衡方法。（4）我们还可以追问，除了原初状态策略，社会正义原则的某一部分是否与我们深思熟虑的道德判断达到了广义的反思平衡。（5）与公平的机会平等原则和差别原则相比，罗尔斯的理论并非更支持资产阶级财产权（占有大型经济资产），因为他的最大平等的自由原则只承认拥有私人财产的权利，而非拥有生产性财产的权利。某个社会是否应当承认拥有不同类型的生产性财产（经济资产）

---

① John Rawls, *A Theory of Justice*, Revised Edition, Harvard University Press, 2005, pp. 12, 110 – 112; *Political Liberalism*, Columbia University Press, 1993, pp. 24 – 28; *Justice as Fairness: A Restatement*, Harvard University Press, 2001, p. 85; Rodney G. Peffer, *Marxism, Morality, and Social Justice*, Princeton University Press, 1990, pp. 371 – 377.

② John Rawls, *A Theory of Justice*, Revised Edition, pp. 15 – 19; *Justice as Fairness: A Restatement*, pp. 81 – 82.

的法权，这只有在该现实社会中适用全部正义理论后才能决定。① （6）罗尔斯清楚地指出，他的理论中立于资本主义社会和社会主义社会，并且他认为市场社会主义社会要比计划经济的社会主义社会更为可取。②

三、我的"作为公平权利的正义"理论

我对罗尔斯的社会正义理论进行了修正，并提出了我自己的"作为公平权利的正义"理论。在《马克思主义、道德与社会正义》（1990）一书中，我提出了对罗尔斯的正义原则的四个修正：（1）必须有一个最低的福利标准，确保人们不会生活在这一标准之下，并且这一原则必须优先于社会正义的其他原则；（2）在自由的价值方面必须至少实现大致的平等和自由本身的严格平等；（3）为了处于最不利地位的人，差别原则必须将自尊的社会基础——以及物质财富——作为一种最大化的善；（4）民主必须不局限于政治领域，还应贯彻到社会和经济领域，尤其是工作场所。③

随后，罗尔斯出版了另一部重要著作《政治自由主义》（1993），在该书中，他明确表示接受我提出的四个修正中的前三个（他拒绝接受第四个关于社会和经济领域的修正）。他写道："一种词典式的先后排序原则可能要先于涵括平等的基本权利和自由的第一原则，前一原则要求公民的基本需求必须得到满足。"④ 紧接着，他又在一个注释中提到我的著作："对这一［基本权利］原则的陈述以及从四个方面对我的两个原则所做的富有启发性的充分论

---

① John Rawls, *A Theory of Justice*, Revised Edition, p. 53; *Political Liberalism*, pp. 298, 338 – 340; *Justice as Fairness: A Restatement*, pp. 114 – 115, 177.

② John Rawls, *A Theory of Justice*, Revised Edition, pp. 235 – 242, 247 – 249; *Political Liberalism*, pp. 328, 338, 364; *Justice as Fairness: A Restatement*, pp. 114, 136 – 139, 178; Rodney G. Peffer, "Marx, Karl and Marxism", "Socialism", "Property-Owning Democracy" and "Basic Needs, Principle of", in Jon Mandle & David Reidy (eds.), *A Rawls Lexicon*, Cambridge University Press, 2014.

③ Rodney G. Peffer, *Marxism, Morality, and Social Justice*, p. 404.

④ John Rawls, *Political Liberalism*, p. 7.

述及重要修正，参见罗德尼·佩弗的《马克思主义、道德与社会正义》。"①在《作为公平的正义：正义新论》（2001）中，罗尔斯重申了这一点，他在谈到最大平等的基本自由原则时写道："在这个原则之前，可能还有一个词典式的先后排序原则，这个原则要求人的基本需求得到满足，至少满足他们的生存需求是公民理解以及能够充分行使基本权利和自由的一个必要条件。对这个原则的论述和进一步探讨，参见罗德尼·佩弗的《马克思主义、道德与社会正义》。"②

我自己的正义理论由六个原则构成，并按明确的优先顺序排序（但并不似罗尔斯的那种严格的词典式排序）。我将首先给出一个纲要，然后详细地解释每一个原则。

（一）作为公平权利的正义原则

1. 基本权利原则

（1）安全权；

（2）生存权。

2. 最大平等的基本自由原则

（1）公民自由；

（2）家庭权利；

（3）公民权利。

3. 公平的政治代表权原则

（1）对满足政治民主前提条件的社会来说，要求充分的政治权利及大致平等的权利价值；

（2）对不满足政治民主前提条件的社会来说，要求至少部分的政治民主和协商机制，以保证大众的意志能被传达给政府。

4. 公平的机会平等原则（在高等教育、工作、职业等方面）

---

① John Rawls, *Political Liberalism*, p. 7, fn. 7.

② John Rawls, *Justiceas Fairness: A Restatement*, p. 44.

（1）法律严格禁止公然的或蓄意的歧视；

（2）自早期教育开始具有普遍平等的接受高质量教育的机会；

（3）禁止私人关系影响上述关于机会的决策。

5. 修正的差别原则（可被允许的经济/物质不平等必须符合最贫困人口的最大经济利益），但是可被允许的差别不能超出破坏以下价值的限度：

（1）政治自由和正当的程序自由的平等价值；

（2）自尊的善。并且这一原则：

（i）直接适用于无能力者以及有能力但没有充分机会者，以便他们能通过自身的努力实现这一原则所规定的生活水平；

（ii）间接适用于有能力且有充分机会的成年人，以便他们能通过自身的努力实现这一原则所规定的生活水平。（通过设置足够高的最低工资水平和公平的税收框架、普遍的医疗和教育保障等背景制度，以保证他们能通过自身的努力实现这种生活水平。）

6. 社会和经济民主原则（比如工作场所中的民主），但是：

（1）这一原则不直接适用于私人团体或社团、小型私营或家族企业、家庭；

（2）并不意味着在大型的公共或准公共机构中每个人都有平等的权力或权威；

（3）这一原则并不自动得出这一结论：所有大型生产资料都应当为社会共有，即国有、合作社所有或社区所有。

（二）"作为公平权利的正义"原则的具体阐释

1. 基本权利原则

每个人的安全权和生存权都应当得到尊重和保护。

（1）安全权：国家和社会应当通过典型的制度措施来尊重和保护每个人身体的完整性，使其免于典型的威胁，例如谋杀、折磨、强奸、暴力袭击等，并且国家和社会组织本身不应参与这些行为；

（2）生存权：每个人都应当在标准范围内维持正常机能和公民身份

所需的标准资源方面得到保障，包括标准的或至少基本的医疗保障（及医疗救助）、基础教育（至少保证有效的政治参与或公民身份所需的文化程度）、充足的营养、饮用水和衣物、最低限度的体面居所以及有生活价值的环境等，而且每个有能力的成年人都应当被鼓励通过努力实现这些目标。

如果处于某一时期的某一社会不能为其居民提供这些资源，那么国际社会——特别是富裕国家——应当通过紧急援助或发展援助为其提供这些资源（直接援助或通过国际组织及非政府组织援助），直到该社会能自己提供为止，除非是在以下特殊情形下：

（i）这么做将会强化一个故意广泛侵犯基本权利的政权并因此延长其当政时间，而不这么做将可能导致另一个不会侵犯基本权利的政权的产生；

（ii）这么做将会由于一个得到援助的"非法"政府或政治运动而大幅增加大规模的外部或内部侵略（即军事或恐怖行动）的可能性，而不这么做则有很大可能导致这一非法政府倒台或这一政治运动失败，从而使大规模的外部或内部侵略的可能性不会大幅增加或大幅下降。

并且，为了满足人们的基本权利而对国际法和国际制度、国内外的政治政策以及经济安排进行的调整在道德上都是正当的，但是，我们也可以规范性地推定，除非某个权威性的国际组织适用于某种有限的、为了阻止某一国家或社会内部广泛违背基本的安全权和生存权而制定的武装人道主义干涉原则，否则一个国家或社会对另一个国家或社会的军事干涉仍然会遭到反对。并且全球资源（以及社会和经济方面的基础设施）应当在保证后代能满足其基本需求的限度内被可持续地使用。

2. 最大平等的基本自由原则

一种充分平等的基本自由的框架应包括：

（1）公民自由。例如：言论和集会自由，良心和思想自由，宗教自由，择业自由，免于任意拘捕和剥夺的自由（根据法治和正当程序的规定），在刑事和民事案件中享有公平审判的权利，持有私人财产的自由和权利（只允许小规模的生产性财产，关于大型的、基础性的生产性财产应当实行何种所有方式的问题需待一个社会适用全部正义原则后才能决定）；

（2）家庭权利。例如：抚养孩子、经营家族生意的权利。一些社会和文化也许对家庭有结构化的影响，但都必须在刑法、民法和家庭法的限度内；

（3）公民权利。例如：在公共领域或准公共领域——亦即在公共服务或直接受国家支持的机构、建制和经济领域，但不包括教会、私人俱乐部等不受国家支持且只服务于其成员的纯私人性协会或组织——不因种族、民族、国籍、性别或宗教而遭受歧视的权利。

3. 公平的政治代表权原则

必须从制度上保证所有公民都有公平的政治代表权。如果某一社会在某种历史条件下不能实现这一点，那么在实际的历史条件下必须从制度上保证所有公民尽可能在政治利益和政治关切方面拥有公平的代表权。

（1）对于满足政治民主前提条件的社会来说，这一原则要求诸如参与选举活动、投票、竞选（和担任）政治职务等方面的政治自由，并且这些政治自由——包括政治演讲和集会的自由——必须通过下面这些手段来保障其（大致）平等的价值，例如：公平的竞选财政法规，公平地获取支持政党和政治运动的大众传媒的渠道，对导致政治自由的平等价值失效的巨大的收入和财富差距的必要限制。

（2）对于不满足政治民主前提条件的社会来说，这一原则要求必须落实任何有可能落实的政治民主，并且在任何情况下都必须存在有效的协商机制，以便人民的意志可以传达给国家和政府，而国家/政府必须充分且公平地考虑这些观点和欲求。一旦条件成熟，这类社会必须立即实行尽可能充分和成熟的政治民主。

4. 公平的机会平等原则

在社会职位和公职的竞争中必须有公平的平等机会，也就是说，在某一职位和公职的相关方面具有大致相等的自然天赋和能力的人，在竞选这一职位时必须有大致相等的机会。在现代的巨型大众社会里，这意味着：

（1）不得有基于种族、民族、宗教、性别等因素的蓄意歧视，例如，不得在职业上歧视女性；

（2）确保所有儿童无论其家庭的收入和财富状况如何，从幼年时起都能普遍享有受到高质量的小学、初高中以及高等教育的（大致的）平等机会，并且确保成年人都有获得技术和职业培训和再培训的平等机会；

（3）在可行的范围内，做出以上决策的人不应被任何直接或间接的私人关系所影响。

5. 修正的差别原则（关于经济/物质的不平等）

在巨型的大众社会中，一定程度的物质善（收入、财富和闲暇）的不平等是不可避免的，只要能够激励人们更有效地参与教育、生产及创新活动，这种不平等也许还是可欲的。然而，当且仅当这种不平等能够最大化地有利于物质上处于最不利地位（最贫困）的人，并且与正义的救济原则（在经济和生态两种意义上）相一致时，它才具有正当性，而且不能超出将破坏以下价值的限度：

（1）由民法和刑法的正当程序所规定的自由的（大致）平等的价值；

（2）自尊的善（当这种善被物质善的实质差别所影响时）。

并且这一原则：

（i）直接适用于无能力者，国家或社会应当通过直接提供物品、服务、现金等来为这些人提供由差别原则所规定的物质生活水平；

（ii）间接适用于有能力的成年人，国家和/或社会应当通过建立和维持适当的背景制度、政策和规划来保证这些人有（真正的）机会，能通过自己的努力来实现差别原则所规定的物质生活水平。然而，如果不存在这种（真正的）机会，那么国家和/或社会就必须直接提供援助，以使他们达到这一差别原则所规定的物质生活水平。

然而，这一原则并不意味着那些在财务上缺乏责任心的人将会比在财务上拥有责任心的人得到更多的奖励，例如，嗜赌者将会比不嗜赌者得到更多的奖励。因此，背景制度、政策和规划将会考虑这类因素，并且不会补偿因嗜赌等行为造成的损失。这一原则仅仅适用于人们的税前总收入，而不适用于税后净收入。这一原则以词典式的排序方式依次适用于那些主要的经济团体，如果一个团体已不能再进一步最大化地有利于物质上处于最不利地位的人，那么这一原则将被应用于下一个主要的经济团体。并且，这一原则至少依次适用于有重大经济往来的社会，从长远目标来看，将在这些社会中实现自然资源人均利用量的大致平等。这一原则的应用与正义的救济原则相一致，每一代人都应留给下一代可持续利用的自然环境和生产能力，以便下一代能维持当前的差别原则所规定的生活水平。

6. 社会和经济民主原则

对成年人而言，在其所在的大型公共和准公共的社会及经济机构中，特别是在工作场所（企业）、教育机构和地方社区中，他们应当有平等参与决策过程的权利。然而：

（1）这一原则不直接适用于私人团体或社团（比如教会）、小型私营或家族企业以及家庭；

（2）这并不意味着在大型的公共或准公共机构中每个人都有平等的权力或权威，因为在有些情况下，行政等级可能是必要的；

（3）这一原则并不自动得出这一结论，即所有大型生产资料都应当为社会共有，或大型经济企业的员工在一切有关该企业的决策上都有平等的支配权。关于这些问题的决策必须在相关社会适用全部社会正义原则后做出。

必须指出的是，目前这一理论还未解决少数团体的权利、动物权利或自然环境的道德属性等问题，因此还不能成为社会决策意义上的完备道德理论（我目前正就这些问题对这一理论进行补充和发展）。但是，我的理论若适用于现代的巨型大众社会，就可以为关于社会基本善的分配等社会正义问题的决策提供充分的依据。我认为，如果将我的社会正义理论加以应用，并与马克思主义的经验命题——比如周期性的严重衰退和萧条等资本主义的功能性障碍是不可避免的——相结合，且假定一种民主的市场社会主义是可能的，那么这种经济和社会将（在道德上）优于任何一种资本主义形式和任何一种计划经济体制的社会主义。

四、分析的马克思主义、运气平等主义和作为公平权利的正义

从平等主义的视角来看，对罗尔斯的理论提出的最尖锐批评来自"运气平等主义"这一思想流派。在运气平等主义者看来，罗尔斯的理论不够平等，因为他未考虑到盲目的运气，包括人们在自然博彩和社会博彩中的运气，亦即他们在出生时被赋予的天赋、能力等自然潜能方面的运气和他们在成长过程中所处的社会和文化背景方面的运气。几乎所有自由主义的平等主义理论家都接受这样一种观点，即一种正确的社会正义理论必须满足：（1）敏于志向；（2）钝于禀赋。[①] 这意味着：一方面，人们应当因自身的志向和努力而获得奖励；另一方面，人们不应当自动地因在自然博彩中的坏运气（例如，在自然禀赋和能力方面低于平均水平）或在社会博彩中的坏运气（例如，出生在一个缺少高质量教育机会的社会环境中）而（在获得高收入的概率方面）受到惩罚。人们一般都同意，如果社会投入足够充分的资源，从而自幼年时起就为所有儿童提供高质量的教育机会，确保每个人都有充足的营养，且在高等教育、工作和职业发展的竞争中都有（大致）平等的机会（正如罗尔斯和我的公平的机会平等原则所规定的），那么社会博彩中的差异就可以被显著拉平。但是，人们也都承认，并非所有社会和文化环境的设置都能对所有儿童完全平等，至少在不侵犯人们生活和家庭权利的情况下是很难做到的。这

[①] See Ronald Dworkin, "What is Equality? Part I: Equality of Welfare", *Philosophy & Public Affairs*, Vol. 10, No. 3, 1981; "What is Equality? Part II: Equality of Resources", *Philosophy & Public Affairs*, Vol. 10, No. 4, 1981; Will Kymlicka, *Contemporary Political Philosophy: An Introduction*, 2nd edition, New York: Oxford University Press, 2002.

是因为，即便上述所有条件都满足，仍然会因为其父母和家庭成员在其性格养成阶段对其投入的精力、爱和支持等因素而造成童年经历质量的差异。

运气平等主义者认为，虽然人们应当对自己的自由选择负责，但是盲目运气的影响应该被最小化。这不仅指人们在自然和社会博彩中的运气，而且在某种程度上还指人们生活的走向。许多运气平等主义者批评罗尔斯的社会正义理论，认为差别原则既不符合"敏于志向"，也不符合"钝于禀赋"。柯亨和罗默等分析的马克思主义者就持这种批评观点。在他们看来，首先，差别原则不够"敏于志向"，因为这一原则确保每个人都有最低体面程度的生活水平，而无论他们付出的努力或拥有的志向如何，在这一点上，它并没有考虑人们的志向和勤奋。其次，差别原则也难以胜任"钝于禀赋"，因为它允许具有高禀赋和能力的人获得比低禀赋和能力的人更高的收入，但无论前者还是后者，都不应对自身的禀赋和能力水平负责。（柯亨还提出，差别原则破坏了社会团结或共享价值，我在下文会探讨他的批评。）

我从两个方面来回应上述两种批评。首先，我认为罗尔斯的原初理论对这些批评的敏感性实际上比批评者们所认为的要小。其次，尽管罗尔斯的原初理论存在一些问题，但我相信，我对其理论——"作为公平的正义"——做出的某些修正能够充分地回应这些批评。关于第一点，许多人错误地假定，差别原则仅仅规定了处于最不利地位的人的处境应当得到改善，但实际上罗尔斯要求的是他们的处境应当得到最大程度的改善（只要符合在词典式的排序中等级较高的"最大平等的基本自由原则"和"公平的机会平等原则"）。[①]此外，罗尔斯的理论中还有一部分也经常被批评者所忽视，即他要求差别原则要以词典式的排序方式依次适用于不同的人群。[②]这意味着社会、经济和政治的背景制度以及法律、政策和规划首先应当被安排得最符合处境最差人群（例如，人口中最贫困的10%）的最大利益。但是，如果由于某些原因，次一等级的最贫困群体（例如，处于第二贫困等级的10%人口）的生活水平也

---

① John Rawls, *A Theory of Justice*, Revised Edition, pp. 67 – 68.
② Ibid., p. 69.

能得到提高,那么就应当这么做;以此类推。因此,罗尔斯的理论实际上比人们所认为的要平等得多。此外,正如丹尼尔斯在一篇关于罗尔斯《正义论》的早期书评①中所指出的,罗尔斯的最大平等的自由原则不仅要求人们的政治权利在形式上平等,而且要求这些权利具有大致平等的价值。由于人们的政治权利只有在收入和财富水平大致平等的前提下才可能具有平等的价值,这就意味着收入和财富水平也应大致平等。因此,即便没有差别原则,罗尔斯的理论在可被允许的收入和财富差别方面也堪称平等主义。

我回应上述批评的第二个方面是要指出,我对罗尔斯的理论的修正足以回应这些批评。具体来说,我的理论的第一个原则中关于生存权的部分要求向每个人提供能够维持其正常生理机能和作为正常公民所需的资源(这不仅意味着人们的基本需求应得到满足,还要求有高质量的医疗保障和高水平的教育)。在几乎所有的社会中,差别原则将要求一种比生存权原则所要求的更高的最低生活水平。事实上,在相对富足的社会中,差别原则所设定的物质福利水平也许过高了。我认为,这些修正以及上文我对罗尔斯的理论做出的澄清足以回应那种认为罗尔斯的理论不够平等主义的批评。在我看来,我所提出的关于公平权利的正义理论具有任何平等主义理论应当具有的平等主义程度。

此外,我相信,我对罗尔斯的理论的修正也能充分回应不够"敏于志向"的批评。我曾明确指出,经我修正后的差别原则直接适用于无能力者,但只间接适用于有能力者。也就是说,社会和/或国家(通过福利制度)直接向无能力者提供物品、服务、现金,以确保他们享有差别原则所规定的物质生活水平。但是,对于有能力者来说,社会和/或国家只保证他们有切实的机会能通过自己的努力来达至这一物质生活水平。一个社会只需要在制度上实现高水平的最低工资、慷慨的失业福利、充分的就业培训和再培训、公平的累进式税收政策、对个体私人拥有大型经济资产的限制以及充足的公共福利(如

---

① Norman Daniels, "Equal Liberty and Unequal Worth of Liberty", in Norman Daniels (ed.), *Reading Rawls: Critical Studies on Rawls' A Theory of Justice*, New York: Basic Books, 1975.

医疗和教育），就能实现上述要求。我认为，我的上述解释应当可以回应认为罗尔斯式的理论不够"敏于志向"的批评。

然而，柯亨对罗尔斯的社会正义理论还提出了另一种批评。他认为，在当今的巨型社会中，人们仍然有可能仅仅基于共享或团结的观念而不是基于物质奖励来获得驱动力，从而发展自身的自然禀赋和能力并使它们得到充分释放。也就是说，他认为，即便在现代巨型社会中，人们也是可以完全利他的，并且这在道德上是更为可欲的。他在《为什么不要社会主义?》这本小册子中写道，他作为加拿大共产主义青年团成员时所唱的一首歌能够表达出这种理想："如果我们能互相对待，似邻居、朋友或兄弟，这世界就会是个极好、极好的世界。"① 这种情感的确令人尊敬，但对于巨型社会（相对于小型团体或社群）来说却是不现实的。柯亨还认为，社会成员在收入和财富上的显著差距会实质性地破坏共享或团结的感受，因此人们在收入和财富上不应当存在显著差距。他提出，无论人们从事何种工作，社会应当支付同等的时薪或月薪。除了一种情况，即那些从事特别危险或极其糟糕的工作的人们应当得到比其他人更高的工资，以补偿他们在这些不受欢迎的工作上的付出。基于此，柯亨批评罗尔斯的理论以及其他类似的理论过于关注收入和财富的分配原则，而不是关注在人们中间培育适当的"平等主义风尚"，从而使他们乐于接受这种激进平等主义的分配方案，并且在没有获得物质利益的情况下仍然愿意自觉付出充分的积极努力。因此，柯亨拒斥市场社会主义，而是主张一种计划经济社会主义。柯亨还错误地将出于自利的行为与错误的自私行为混为一谈，事实上，只有当出于自利的行为同样也是不公平的或不正义的时，它才是自私的。如果一种市场社会主义有着公平的背景制度，那么只要人们遵循规则、保持诚信，出于自利而行动就并非自私的。

最重要的是，在我看来，柯亨所预想的那种激进平等主义的模式是无法真正在现代巨型社会中实施的。很显然，在可预见的将来，我们不太可能实

---

① G. A. Cohen, *Why Not Socialism?*, Princeton University Press, 2009, p.51；中译本参见［英］G. A. 柯亨：《为什么不要社会主义?》，段忠桥译，人民出版社2011年版，第53页。

现马克思所说的共产主义高级阶段那样的物质丰富程度和人性的转化。当前，自然环境的困境已经为物质丰富设置了限度，而从人性的角度来说，在现代巨型社会中实现视所有人如兄弟姐妹的那种人性也是不太可能的。我认为，我们不需要将社会主义定义为这种公社式的社会，也不应将社会正义理论置于这种不现实的空想前提之下。人们并不需要彼此相爱才能实现社会正义或社会主义，人们只需要相互尊重。从现实层面来说，这是能够对人们寄予的最高期待，因此也应当是正义的全部要求。

G. A. 柯亨与分析的马克思主义的限度[*]

保罗·布莱克里奇[**] 著　曲　轩　林进平　译

[内容提要] G. A. 柯亨"从经济观点转向道德观点，但从未触及政治观点"的研究被认为是马克思主义作为科学事业走向没落、但作为规范事业获得重生的一个标志，然而这种认识是错误的。柯亨的研究并不代表从经典马克思主义向道德的转向，而是在前马克思主义的范畴之间的转变。事实上，经典马克思主义具有的理论活力和内涵远比柯亨所理解的要丰富得多，因为它不仅具有伦理的、历史的和经济的品质，而且还是一项政治事业。

[关键词] G. A. 柯亨　分析的马克思主义　经典马克思主义　实证　规范

在《如果你是平等主义者，为何如此富有？》一书中，G. A. 柯亨对自己的思想轨迹评论道，他已经"从经济观点转向道德观点，但从未触及政治观

---

[*] 本文译自迈克尔·汤普森主编的《建构马克思主义伦理学：批判、规范性、实践》(Michael J. Thompsoned, *Constructing Marxist Ethic：Critique, Normativity, Praxis*, Brill, 2015)，注释部分有删节。译文原载《国外理论动态》2018 年第 4 期。

[**] 作者简介：保罗·布莱克里奇 (Paul Blackledge)，英国利兹城市大学政治理论系教授。

点"①。这一简洁的描述不仅阐明了其学术生涯的轨迹,而且在更广泛的意义上也道出了分析的马克思主义与平等的自由主义相融合的事实。本文将聚焦这一轨迹的坐标,并对学界普遍存在的如下观点提出挑战,即柯亨思想的具体演进以及分析的马克思主义普遍趋向于平等的自由主义,这些都代表着马克思主义针对20世纪70年代以来左翼所面临的变局给予的最有力和最合理的回应。

我的论点部分根源于一个简单的解释困境,这涉及柯亨对其改变研究重点的说明。他认为,对马克思主义者来说,自己避开政治观点不仅是采取了一种特异的立场,而且与隐含在恩格斯的"马克思首先是一个革命家"这一著名论断中的对马克思主义的理解形成了鲜明对比。恩格斯的论断十分重要,因为它不仅涉及马克思的生涯中的那些个人特质,更重要的是,它还涉及他们两人在19世纪40年代为超越资产阶级思想的悖谬所做出的深远贡献。从哲学的这一革命视角来看,任何把经济的和伦理的观点与政治的观点剥离开来的企图,都将是对在《1844年经济学哲学手稿》《德意志意识形态》和《关于费尔巴哈的提纲》中得到阐释的"感性的人的活动""实践"等概念的严重损害和彻底背离。

接下来,我将就柯亨对马克思主义的理解做一简要批判,并代之以一种积极的伦理—政治观点。我认为,当柯亨转而拥护道德立场时,他并未修正那些理论弱点,而是用他的历史理论转化了它们,这一转化重演了早先存在于马克思主义史之中的一场类似的转变。实际上,他在重建爱德华·伯恩施坦对卡尔·考茨基唯物主义的康德式批判的过程中戏剧性地扮演了双重角色。而且,正如乔治·卢卡奇所认为的,伯恩施坦的主观主义和考茨基的宿命论代表了缺失的总体性范畴的两方面,我认为柯亨从经济观点转向道德观点并不代表从经典马克思主义转向道德,而只是在前马克思主义的范畴之间的转变。的确,鉴于在马克思有关人的能动性的思想中,最好不要把伦理和经济

---

① [英]G. A. 柯亨:《如果你是平等主义者,为何如此富有?》,霍政欣译,北京大学出版社2009年版,第4页。

理解为两个不同的领域，而应理解为在一个实践的总体概念中与政治同等重要，那种把马克思对道德立场的批判与虚无主义混为一谈的倾向是以马克思早已断然批判过的立场看待这一实践模式的不幸后果。

从经济观点转向道德观点

20世纪60年代末和20世纪70年代初，阶级斗争的兴盛态势使得左翼阵营出现了一个富有政治和思想创造力的时期。令人遗憾的是，这一复兴时期相对较短，工人运动随后遭受的挫败不仅为新自由主义敞开了大门，而且也为知识分子随之背离马克思主义敞开了大门。背离的一个表现就是阿兰·巴迪欧（Alain Badiou）所说的从马克思（政治）回归康德（道德论）。① 在这种社会不公感日渐强烈、且对社会主义式的社会变迁前景日感悲观的处境中，很多左翼转向对资本主义越来越抽象的道德批判——马克思借用夏尔·傅立叶的话称之为"在行动上却十分无能"② ——实在不足为奇。这一过程又受到路易·阿尔都塞对马克思主义的反人本主义解读——其目的是为了充分认识劳工运动在1968年达到高潮之后遭受的挫败——的失败的刺激。阿尔都塞对马克思的解读在20世纪60年代和20世纪70年代的左翼阵营中已经获得了一定程度的霸权，而这种霸权的瓦解有助于形成这样一种认知氛围，即由于马克思的论断——"至今一切社会的历史都是阶级斗争的历史"③ ——所遭受的这种所谓的失败，道德转向得以被证成。这一关于能动性的理论模式通常与重视"对个人的主观自由的认识"④ 的道德理论相对立，并且通过对比可以发现，它缺乏道德理论这一聚焦点。

分析的马克思主义是这一伦理学转向的先锋。针对这一趋向，威尔·金里卡（Will Kymlicka）指出，认为马克思主义随苏联共产主义的垮台而宣告

---

① Alain Badiou，*Ethics*，London：Verso，2004，pp.1–2，4.
② 《马克思恩格斯文集》第2卷，人民出版社2009年版，第451页。
③ 同上书，第31页。
④ Jurgen Harbermas，*The Philosophical Discourse of Modernity*，Cambridge：Polity，1987，p.17.

失败这一普遍看法至多只是部分正确。因为，随着经典马克思主义的退出，20世纪的最后20年以分析的马克思主义这种新形式见证了"西方马克思主义理论化的复兴"。金里卡遵循柯亨的观点认为，随着人们对马克思所宣称的资本主义终将崩溃、社会主义必将通过无产阶级革命取得胜利的驳斥，经典马克思主义者已经不再尝试为资本主义的动态结构提供一种科学解释，以便支持社会主义的分析哲学家们旨在将马克思主义重塑为一种规范性的政治理论的运动。这其中存在着一种看似无懈可击的逻辑轨迹：如果透过一种实证主义的视角将马克思理解为典型的经济决定论者和机械唯物论者（马克思通过蔑视道德理论致力于激励个人行动的价值观说明了他对历史变化的宿命论观念的拥护），那么那些把他的解释模式作为对人类行为的一种不充分解释加以拒斥的社会主义者就会有理由倾向于与规范性的理论再次联合。

然而，极具讽刺意味的是，柯亨的《卡尔·马克思的历史理论：一种辩护》（1978）——被视为支持所谓"正统的唯物史观"的最为复杂的论证——的出版预示了分析的马克思主义与伦理学理论的联合。柯亨的这部著作是在阿尔都塞作为学术左翼中的明星开始陨落时出版的，并且它在帮助英语世界的马克思主义将学术重心转向分析的马克思主义上发挥了多方面的关键作用。阿兰·卡琳（Alan Carling）指出，正如英国最重要的阿尔都塞学派学者保罗·赫斯特（Paul Hirst）和巴里·辛迪斯（Barry Hindess）一样，柯亨就马克思的历史理论开创了一种复杂的分析式解读，宣告了他们"对一般意义上系统的社会思想特别是马克思主义理论的彻底绝望"。[①] 因此，由于阿尔都塞的方案似乎失去了动力，一个替代选项正合时宜地出现并挑战了其在学术左翼中的霸权地位。然而，英语学界的马克思主义研究从占主导地位的阿尔都塞学派转向分析的论调，并不需要某种简单的认知突破。因为，虽然分析的马克思主义者试图扭转阿尔都塞将伦理道德问题清除出马克思主义理论的尝试，

[①] Alan Carling, "Rational Choice Marxism", in Terrell Carver and Paul Thomas (eds.), *Rational Choice Marxism*, London: Macmillan, 1995, p. 31.

但他们也认可他"把黑格尔式的思维模式从马克思主义理论中驱逐出去"①的做法。

  对马克思的这种解读只是在《卡尔·马克思的历史理论：一种辩护》中被顺带提及。柯亨认为，将马克思的理论进路与最近对科学哲学的无论哪一种"反实证主义的"贡献混为一谈都是错误的，因为马克思并未偏离"19世纪的科学观"，并且他这么做也并没有错。这是一个非常有争议的论断，它有违当代关于马克思的方法论的评论逻辑，这一逻辑将他定位为反实证主义传统的重要先驱，这一传统在罗伊·巴斯卡（Roy Bhaskar）等现代批判现实主义的科学哲学家的研究中达至顶峰。正如我们将会看到的，批判的现实主义直接向柯亨关于当代社会历史趋势的肤浅的实证分析提出了挑战。巴斯卡认为，现实应该被理解为一个分层的整体，在这个整体中，管理较高层级的律令产生于管理较低层级的律令，而不存在对较低层级律令的可还原性。更重要的是，由于经验世界是通过无数实体的相互作用构成的，每个实体都具有因果效力，在特定的情况下可能会现实化，也可能无法现实化，因此它对现实的作用不可能是明确的。这是因为，尽管因果效力是事物内在固有的，但它们是在开放的系统中实现的。这意味着它们对自身潜能的实现并非像大卫·休谟所认为的那样，是不间断的前后接续，而是作为趋势存在的。事实上，与实证主义这种"肤浅的现实主义"相反，巴斯卡的深刻的现实主义认为，社会科学的目标不应该是发现不间断的接合关系，而应尝试通过世界内在机制的解释力的逆向推论来解释社会过程。这种理论进路类似于马克思尝试通过"从抽象上升到具体"的过程认识世界，并与柯亨的实证主义信念形成鲜明对比，用乔利恩·阿格（Jolyon Ager）的话来说，柯亨"作用于事物的表现层面上"的实证主义信念足以认识世界。事实上，柯亨明确将唯物史观重构为一门实证主义科学，这与马克思所说的"如果事物的表现形式和事

---

  ① Alex Callinicos, *Against Postmodernism*, Cambridge: Polity, 1989, p. 3; Lawrence Wilde, Ethical Marxism and Its Radical Critics, London: Macmillan, 1998, pp. 4 - 5.

物的本质会直接合而为一，一切科学就都成为多余的了"① 相对立。

众所周知，柯亨在《卡尔·马克思的历史理论：一种辩护》中力求捍卫以如下两个关键命题为特征的唯物史观：首先，"生产力趋向发展贯穿整个历史（发展命题）"；其次，"一个社会生产关系的性质是由其生产力发展水平解释的（首要性命题本身）"。②柯亨以功能主义的方式将这种关系解释为："如果情况是这样，即如果 E 类型的一个事件将会在 t1 时发生，然后它将会在 t2 时造成 F 类型的一个事件，那么 E 类型的一个事件会在 t3 时发生。"③ 这是一种他称之为"后果律"（consequence law）的方式，但与前达尔文主义生物学的情况类似，它对律令可能借以获得解释的机制同样无知。

柯亨的确指出了发展命题的重要性，即在稀缺的情况下，人类主体发现，随时间的推移而发展生产力是合理的，这是因为"人……多少是有理性的"，他们生活在"一种匮乏的境遇"，并且他们"具有的那种一定程度的才智使他们能够改善其境遇"。④因此，柯亨对历史唯物主义的理解涉及对政治宿命论的独特辩护，这种政治宿命论植根于埃里克·赖特（Eric Wright）等人所说的关于人类理性的一种"超历史"的理论模式之中。所以，柯亨认为："在迄今为止的历史进程中，且更具体地说，未来的社会主义革命对于马克思而言是不可避免的，这并非不论人们怎么做都会如此，而是由于人们受理性约束不出所料会去做的。"⑤ 亚历克斯·卡利尼科斯（Alex Callinicos）在评论这一观点时准确地注意到，柯亨对历史唯物主义的重新解读所包含的必然主义结构（the inevitabilist structure）"几乎是"马克思的历史理论的"一个缩影"。

在为有关历史唯物主义的解释进行辩护时，柯亨认为，通过重构马克思的历史理论，使其不再充斥着那种散漫的马克思主义理论的"胡说"（bullshit）特征，他已经得出了隐藏在（通常是黑格尔式的）不可穿透的外表

---

① 《马克思恩格斯文集》第 7 卷，人民出版社 2009 年版，第 925 页。
② ［英］G. A. 科亨：《卡尔·马克思的历史理论：一种辩护》，高等教育出版社 2008 年版，第 163 页。
③ 同上书，第 297 页。
④ 同上书，第 182 页。
⑤ G. A. Cohen, *History, Labour and Freedom*, Oxford: Oxford University Press, 1988, p. 55.

之下的结论。这一进程大约是在1966—1967年间被触发的,当时,他向包括伊萨克·莱维(Isaac Levi)在内的学界听众宣读了一篇论文。莱维首先要求澄清柯亨提出的一个观点,然后在注意到柯亨的不安时大胆说出了如下的话:"你瞧,我不在意做事情的不同方式。我只是想知道基本的规则是什么。"从此,柯亨声称,他一提笔就想问自己这个值得称道的问题:"这句话对于进行说明或论证的确切作用是什么?"①

后来,柯亨力图将他对"胡说"的理解与哈里·弗兰克福特(Harry Frankfurt)对相同问题的讨论区分开来。弗兰克福特关注"关于日常生活的胡说",而柯亨更关注"出现在学术著作中的胡说"。区分这两种形式的胡说非常重要,且以意向性问题为中心:在弗兰克福特看来,胡说者只是在行为上积极地胡说;而在柯亨那里,胡说的学者所秉持的信念通常都是真诚的。这一区分产生了影响深远的后果,因为与那些并不真诚的胡扯之徒不同,一本正经的胡说者通常都会包容合理的批评和修正。

这一论点所隐含的学术概念有助于我们理解柯亨所从事的研究工作的大致面貌,否则,柯亨的工作对于一个马克思主义者来说可能就会显得很奇怪。经典马克思主义作家倾向于面向工人或社会主义活动家,但柯亨却是学院派的。这是显而易见的,例如,这体现在他对源于法国结构主义和后结构主义"胡说"的评论中。他对这种现象的解释部分依据的是以巴黎为中心的单极法语文化与基于"牛津、纽约、剑桥(至少包括两个)、洛杉矶、伯克利、悉尼等"多极英语文化之间的差异。

无论如何,这一转向都必定有助于柯亨摆脱马克思主义理论,因为马克思主义理论的发展超越了这些精英机构的范围。事实上,柯亨所鄙视的分析进路在其如下论点中显而易见,即他认为,尽管马克思主义的内在倾向既非分析性的也非胡说,然而"一旦这种(我们可以把它叫作)前分析的马克思主义遇到分析的马克思主义,那它必定要么成为分析的,要么成为胡说的"。更具体地说,他认为,由于"不存在能够挑战分析推理的辩证推理形式",因

---

① [英] G. A. 科亨:《卡尔·马克思的历史理论:一种辩护》,高等教育出版社2008年版,第7页。

而那些反对"并非胡说的"分析推理的马克思主义者之所以这么做,是基于最好能被描述为"非理性的蒙昧主义"的一种形式的视角。①

卡利尼科斯正确地评论道,柯亨对用来描述分析进路的"非胡说的马克思主义"这一标签"极为自负"的使用,在柯亨的研究工作与马克思主义的非分析传统之间的创造性对话中发挥的是阻碍的作用。遗憾的是,不仅柯亨较少参与非分析的马克思主义的争论,而且一种类似的轻视倾向也强化了金里卡的论断,即认为柯亨分析的马克思主义的发展轨迹相当于对(被视为一种歪曲的)经典马克思主义观点的最具创造性的马克思主义式回应。这一解读直接忽略了例如迈克尔·莱博维茨(Michael Lebowitz)的论点的力量,即认为关于分析的马克思主义的"基本要旨"不仅是错误的,而且实际上是"反马克思主义的"。②

引人关注的是,莱博维茨并没有展现柯亨在轻蔑地评论"辩证的"和"整体主义的"思想时所含有的那种混乱的思考,事实上,他针对柯亨所展开的黑格尔主义的马克思主义批判,与柯亨根据"微观结构和微观机制"解释变化的偏好可以相提并论。的确,莱博维茨指出,马克思"从未否认真正的人是唯一的行动者……然而,他一直强调他们是在规约之内行动的"。至少从表面上看,这一评论与柯亨历史唯物主义研究开篇的那句重要诗行所表达的情感有所重合:"这全部取决于你住什么地方和你只能用什么来建造它。"但是,正如莱博维茨所暗示的,辩证进路与分析进路之间的差别不是一方接受而另一方拒斥个体的能动性。相反,这首先涉及的是它们有多么深刻地表达了这些能动者的历史构成。分析进路往往认为,变化产生于——用柯亨的话来说——"独立于社会形态之外占有"财产的原始状态下的个体;而辩证的马克思主义者则接受了一种深刻的历史能动性概念,认为——正如马克思所坚持的——私人利益"已然是一种由社会决定的利益"。因此,马克思的历史理论旨在通过其所明确的那些由社会决定的利益的具体内容和历史性,进而

---

① [英] G. A. 科亨:《卡尔·马克思的历史理论:一种辩护》,高等教育出版社2008年版,第8—11页。

② Michael Lebowitz, *Following Marx*, Leiden: Brill, 2009, p. 41, 61.

与他更广泛的革命理论联系起来。

这并非柯亨对这一关系的理解,在他于 1996 年对关于其研究轨迹的问题所给出的答案中,这一点显而易见。当被问及自己研究轨迹的变化是否反映了他对历史唯物主义有所怀疑时,他的答案出人意料得模棱两可。他没有对这一问题直接展开讨论,而只是提出了将自己的新旧研究兴趣区分开来的一个显著标志:"我就是不认为[唯物史观]非常重要,但我却认为那些规范性问题非常重要。"① 显然,如果我们搁置社会—历史对人类主体性的决定作用,历史与道德之间的关系就只能依据隐含在这句话中的表达来理解。马克思的考虑则不同,而且柯亨在其关于这一主题的更为具体的思考中表明,马克思并未意识到个体理性深刻的历史构成。遗憾的是,他的理论没有达到实践性洞见的层次。因此,当他注意到自己的成长和教育经历与其根深蒂固的信念之间的联系时,他只想到这一认识可能对他关于人类理性的超历史性概念产生"令人不安的"后果。

这一令人遗憾的理论缺陷超越柯亨的个体理性概念,导致了如下问题:由于人类是通过改变世界来改变自身的,因此关于人类本质的超历史的理论模式往往将情境具体化,在其中,能动者如同能动性本身一样发挥作用。这就是为什么莫伊什·普殊同(Moishe Postone)的如下论点是正确的:柯亨的唯物主义类似于"马克思在《关于费尔巴哈的提纲》中已经批判过的"那种理论进路,即费尔巴哈"无法把握生命的主体维度以及无法将实践理解为社会性的构成"。② 这在被视为分析的马克思主义的最高成就之一的约翰·罗默(John Roemer)有关剥削的研究中显而易见。罗默的这一研究旨在破除马克思主义传统中可为之辩护的那些方面,尤其是传统马克思主义关于资本家剥削工人以及资本主义不可持续的观点,他认为由此得出的劳动价值论思想并不可信。据此,他坚称:"传统的剥削概念应当……被抛弃,而代之以直接根据

---

① G. A. Cohen, "Interview", *Imprints*, Vol. 1, No. 1, 1996, p. 11.

② Moishe Postone, *Time, Labour, and Social Domination*, Chicago: University of Chicago Press, 1993, p. 320.

生产方式中财产的不公平分配而提出的剥削定义。"① 柯亨同意罗默的这一观点，即认为劳动价值论已被断然否决，一种合理的剥削理论必须脱颖而出。

有关劳动价值论已被否决的论断第一次得到系统阐述可以追溯到拉迪斯劳斯·波特凯维茨（Ladislaus Bortkiewicz），他认为马克思把价值转换为价格的尝试存在内在的不一致性。虽然波特凯维茨试图表明马克思的这一理论计划一旦得到修正就仍是暂时可行的，但伊恩·斯蒂德曼（Ian Steedman）却通过论述价值概念对于计算的价格而言并非必要，从而阐明了其最具建设性的替代方案。这些看似晦涩难懂的观点具有深远的理论和政治重要性。因为，正如莱博维茨所指出的，在斯蒂德曼的理论模式中，资本主义往往作为一个特定的考察对象突然消失。事实上，通过将剥削的发生域从生产过程转移到流通领域，斯蒂德曼的新李嘉图主义作为一种机制，在区分对现代无产阶级的剥削与对前资本主义社会的生产者的剥削方面几乎没有发挥任何作用。与此类似，罗默尝试在个体能动性的微观基础上重建对剥削的理解，使其从马克思对特定资本主义剥削形式的分析转向一种"并未对资本主义生产关系与前资本主义生产关系做出区分"②的理论模式。同样，柯亨对价值理论的拒斥也使其接受了一种"有关剥削的非历史性解释"，以及一种类似的有关窃取劳动的非历史性解释，作为"反对资本主义的核心正义"③。

引人注目的是，在那些为马克思辩护的经济学家中，柯亨的批评集中在罗纳德·米克（Ronald Meek）的研究上。这一点具有重要意义，因为，在把马克思和李嘉图的价值理论混为一谈的 20 世纪的马克思主义学者中，米克最为突出。注意到这一混淆非常重要，因为一旦这两种价值理论被区别开来，波特凯维茨和斯蒂德曼所谓的马克思方法论的缺陷问题就会迎刃而解。马克思的抽象劳动概念对此具有根本的重要性。李嘉图无法解释如何才能将不同类型的劳动进行比较，而马克思通过提出劳动具有二重性的观点便可以解决

---

① John Roemer, "Introduction" and "Should Marxists Be Interested in Exploitation?", in John Roemer (ed.), *Analytical Marxism*, Cambridge: Cambridge University Press, 1986, p. 6, pp. 262–263.

② Michael Lebowitz, *Following Marx*, p. 56.

③ [英] G. A. 柯亨：《自我所有、自由和平等》，李朝晖译，东方出版社 2008 年版，第 166 页。

这个问题：劳动既是"具体劳动"（为生产有用的东西而工作的具体行为），也是"抽象劳动"（通过竞争秩序下具体劳动行为的平均化而创造价值的过程）。遗憾的是，米克和20世纪的其他马克思主义者都绕开了《资本论》第一章中对价值的探讨，把马克思的抽象劳动概念实际上还原为具体劳动概念（简单行为的集合）。斯蒂德曼对马克思的批判就是基于这一混淆，并最终掩盖了抽象劳动概念所充分阐释的内容：具有历史意义的资本主义生产的具体形式。

当然，如果波特凯维茨是正确的，并且马克思将价值转化为价格的尝试是自相矛盾的，那么马克思描述资本主义历史特殊性的尝试就必须被放弃。但是，我们不必这样做，因为波特凯维茨错误地认为，马克思假设商品投入生产周期的价值与其在周期结束时的价值相等。安德鲁·克里曼（Andrew Kliman）将这种关于投入和产出的价值"同时估价"的假设，与认为价值在生产过程中"暂时"发生变化的论断做了对比。他认为，马克思的再生产模式不能与前者保持一致，但可以与后者保持一致。

虽然克里曼并未试图证明价值理论的真理性，但与波特凯维茨相反，他确实证明了它并非自相矛盾。这一点十分重要，这既是因为柯亨对价值理论的拒斥假定了有关马克思的这一批判的有效性，也是因为马克思的反实证主义方法的力量只有通过他的价值概念才能得到更好的阐释。柯亨在分配层面对剥削的分析不仅是非历史的，而且还说明他的阶级概念只是作为个体的集合而与生产方式发生类似的关联。从这个角度来看，我们很容易想象，职业的不断多样化如何被解释为导致了阶级政治的消亡。相对而言，因为价值理论注重生产过程，能够在生产过程中出现各种内在关系的背景下形构这些差异，所以工人阶级的构成多于其（不断变化的）各部分之和。

更为重要的是，价值理论旨在揭示社会生活一般的动态轮廓。具体而言，价值概念的作用对于马克思来说非常类似于牛顿理论体系中的重力概念：正是处于现实世界核心的一个不可见的实体引发了现实的活力。所以，与柯亨试图将劳动价值论还原为一种（有缺陷的）理解剥削的方式相反，鉴于马克思的价值理论"并非对资本主义进行分析的一个方面，而是一切其他分析得以展开的理论核心",因此它充当了"揭开资本主义内在本质的钥匙"。事实上,价值理论阐明了处于资本主义核心的阶级关系,从而说明了作为一种阶级斗争体系的资本主义的本质。没有类似于这种资本主义的概念的存在,柯亨在《卡尔·马克思的历史理论:一种辩护》中对阶级能动性所做的正统评论充其量就只是偶发的:正如德伯拉·萨兹(Debra Satz)所指出的,没有充分的理由解释为什么其他非阶级的能动者不能充当社会变革的中介。

价值理论解释了资本主义的内在倾向——制度的老化、危机和阶级斗争。它既没有对资本主义进行不断的设想,也并未包含关于资本主义的那种"必然主义论断",而且柯亨在他对马克思的实证主义误读中所提出的对资本主义的革命性颠覆已被历史所否定。在柯亨看来,马克思主义者曾经相信,在有组织的工人阶级崛起和生产力发展的基础上,物质上的平等"既是历史发展所不可避免的,也是道德上正确的";而这些预言(也是柯亨所认为的)已被历史"打得粉碎":"最终,随着资本主义生产过程在技术上日益高精尖化,无产阶级发生分化,队伍减少",而"生产力的发展也遇到资源不足的障碍"。①

如果柯亨认为马克思是一个普罗米修斯式的思想家这一点经不住批判的审视,那么他对阶级的评论同样也是有问题的。他认为,对于马克思来说,无产阶级"构成了社会的大多数",他们"生产社会的财富","是社会中的受剥削者",也"是社会中的最贫困者"。因此,他们"可以并且将会对社会进行变革",因为他们在革命中没有什么可以失去的。②遗憾的是,他认为,虽然当今的某些群体符合这些分类中的这个或那个特征,但却没有哪个群体符合所有这些类别特征,因而也就无法发挥马克思之前赋予无产阶级的那种作用。与马克思的设想相比,社会主义者因此必须接受一个不那么"乌托邦的"社会转型方案,并且"多从道德的角度来维护自己"。③

---

① [英] G. A. 柯亨:《自我所有、自由和平等》,李朝晖译,东方出版社2008年版,第7—8页。

② [英] G. A. 柯亨:《如果你是平等主义者,为何如此富有?》,霍政欣译,北京大学出版社2009年版,第137页。

③ [英] G. A. 柯亨:《自我所有、自由和平等》,李朝晖译,东方出版社2008年版,第7、10页。

正如卡利尼科斯所指出的，柯亨对阶级的分析"尚未开始上升到主体问题所要求的层面"。而且，就柯亨所着力研究的马克思对社会阶级的阐述而言，他是完全错误的：马克思既不认为无产阶级是社会中的大多数，也不认为它是唯一被剥削的财富生产者，同时也不认为它是社会中最贫穷的群体。概括来说，没有任何严肃的马克思主义者认为，随着新自由主义的资本主义的兴起，阶级结构没有发生过重大变化。从马克思主义的观点来看，最重要的问题不是有没有变化，而是这些变化是否改变了资本主义阶级关系的本质，比如，致命地削弱了马克思主义者对无产阶级的期待。通过否认表象与本质之间的差别，柯亨的实证主义将二者混为一谈，从而在20世纪80年代接受了阶级政治正在走向最终衰落这一"常识性"的结论。事实上，他的实证主义不仅呈现出对当代社会政治趋势的一种肤浅而过分悲观的解读，而且也说明他拒绝容忍20世纪70年代和20世纪80年代工人运动遭受挫败之后的其他尝试。因此，柯亨的理论进路与时代精神产生了共鸣，因为它直面了20世纪70年代以来有组织的劳动者所经历的严重挫折。

事实上，当柯亨断言经典马克思主义的政治规划已被技术变革所破坏，而这又意味着"运动的阶级基础已经消逝"时，他在很大程度上忽视了对这种一般观点展开批判的丰富而有效的马克思主义文献。在质疑这一阐释的那些经典马克思主义者中，比尔·邓恩（Bill Dunn）在一篇有关20世纪70年代以来世界经济的许多关键领域——汽车、建筑、半导体和金融——的工人状况的系统性调查文献中指出，虽然某些社会进程在过去二三十年中强化了工人阶级分裂和分化的倾向，但其他进程则往往朝向相反的方向。更为重要的是，邓恩认为，政治结论不能从阶级结构的新旧中机械地解读出来；他还指出，他不认可劳动过程中的变革削弱了工人的力量这种简单化的看法，而是以汽车工业为例，认为："对于劳动者而言，决定性的挫败发生在实质性的重组过程之前，并且前者可能为后者奠定了基础，而不仅仅是它的后果。"[①] 最近，他对此进行了概括并进而论证指出，过去几十年劳动状况的转变"不需

[①] Bill Dunn, *Global Restructuring and the Power of Labour*, London: Palgrave, 2004, p.202.

要新的概念化,也不需要从头开始重构政治策略"。①

无论邓恩提出这些论断有无道理,他的论点确实非常重要。同样,也不能将马克思主义者对撒切尔时代在英国左翼中普遍存在的悲观主义的批判轻易地斥为胡说的乐观主义。柯亨对阶级的讨论与艾瑞克·霍布斯鲍姆(Eric Hobsbawm)对"劳工前进步伐的停滞"的分析有很多相似之处,像霍布斯鲍姆的论断一样,它也很容易受到批评,即它对阶级结构变化模式与社会主义的灭亡之间的关联设定了一种机械的解释。例如,鲍勃·卢克(Bob Looker)批评霍布斯鲍姆低估了政治对经济与意识之间关系的调解作用,尤其是忽视了劳工至上主义政治对劳工运动的破坏作用。事实上,卢克辩称,撒切尔夫人对工人阶级所取得的胜利与阶级结构模式的变化无关,但这只是有可能,因为前任工党政府的社会契约"既削弱了基层组织,也削弱了经济主义的战斗精神"②。

像霍布斯鲍姆一样,柯亨对马克思主义的必然主义解读(inevitabilist interpretation)说明了一种倾向,即回避对劳工危机做出政治性的阐释,从而对工人运动衰落的经济根源采取一种更为简单化的理解模式。这一做法具有重要的政治意涵。柯亨忽视了工党在对工人阶级遭受挫败的经济主义解释中所发挥的作用,从而加入了针对阿瑟·斯卡吉尔(Arthur Scargill)的"过时的"政治"现实主义"(劳工至上主义)批判者的行列:他的确认为,在现代世界中,革命的政治将落入资产阶级手中。正是在这种背景下,他才转而接受道德理论。这一改变使得他致力于批判他所谓的马克思的"分娩式政治实践概念"(*obstetric* conception of political practice),因为马克思将革命政治还原为一种类似于助产士的行为。他声称,马克思的必然主义(inevitabilism)终将导致一种政治观,使社会主义者难以考虑到他们意图实现的"理想",因为他们仅仅将自己的作用设想为"传递[着]在现实中发展的形式"。这种理

---

① Bill Dunn, *Global Political Economy*, London: Pluto, 2009, p. 225.
② Eric Hobsbawm, *The Forward March of Labour Halted*, London: Verso, 1981; Bob Looker, "Class Conflict and Socialist Advance in Contemporary Britain", in David Coates et al. (eds.), *A Socialist Anatomy of Britain*, Cambridge, Polity, 1985, p. 245.

论进路——或者说柯亨所坚持的——从根本上说是有缺陷的，因为它没有考虑到这样一个事实，即结果的必然性不能确保其可欲性。柯亨并不认为马克思没有道德信仰，而是认为马克思关于历史变革的必然主义理解模式使得这些想法至多只是不充分而已："马克思错误地认为，他不相信资本主义是不公正的，因为他对正义感到困惑。"① 正是为了弥补这一理论缺陷，柯亨才转而接受规范理论。

道德观点：为什么不是社会主义？

罗默尝试从马克思对劳动过程的分析中剥离出剥削概念，并代之以"生产性资产的有差异分配"（differential distribution of productive assets）对其进行解释，莱博维茨对此评论认为，"如果财产所有本身的原初不平等并非不公正的"，那么这一转向就为"不平等不是不公正"这一判断敞开了大门。这一实质性问题已经被约翰·埃尔斯特（John Elster）谈及，他认为剥削通常被视为不公正，因为从历史上看，剥削"几乎总有一个完全肮脏的因果性起源，包括暴力、胁迫或不平等的机会"。但是，莱博维茨问道："倘若原始积累有一条'干净的路'可走，又会怎样呢？"② 通过预设这一问题的答案，柯亨认为，即使假设资源分配最初是公正的，资本主义也会产生不公正的不平等。与罗伯特·诺齐克（Robert Nozick）认为平等导致对自由的压制相反，柯亨在《自我所有、自由和平等》一书中指出，虽然可以设想自由与平等之间可能存在冲突，但"平等和自由意志主义的右翼人士所说的自由之间不存在冲突"，而且事实上，平等与使大量人的自由受到侵犯的"自由资本主义"之间也不存在冲突。③

---

① G. A. Cohen, "More on Exploitation and the Labour Theory of Value," *Inquiry*, Vol. 26, pp. 309 – 331, 444. 诺曼·杰拉斯对这一矛盾的经典表述是："马克思确实认为资本主义是不正义的，但他并不承认自己是这么想的。"

② Michael Lebowitz, *Following Marx*, p. 53, 59.

③ [英] G. A. 柯亨：《自我所有、自由和平等》，李朝晖译，东方出版社2008年版，第44、129页。

柯亨积极致力于规范理论，这与他青年时期在国际斯大林主义运动中伴随其成长过程的反道德情绪是分不开的。柯亨通过他在1964年与其"姑父诺曼"所进行的一次对话阐明了这一态度。柯亨的姑父当时住在捷克斯洛伐克，是斯大林主义期刊《世界马克思主义评论》的编辑。柯亨询问了他对马克思主义与道德之间关系的看法，并对其回答深感震惊。诺曼认为，道德"是意识形态上的虚词假意，与资本主义和社会主义之间的斗争毫无干系"[①]。遗憾的是，柯亨在这一回答中看到的并非一个斯大林主义的官僚贫乏无力的回应，而是对"经典马克思主义"观点的一种"忠实"表达。

　　当然，这种对道德的轻蔑态度与将马克思恩格斯假设为实证主义者完全不同。但是，柯亨认为，一方面，他们从对一种基于"坚实的事实性"的"固执的历史分析与经济分析"的视角出发批判道德理论；另一方面，他们又坚信实践概念阐明了事实与价值既相互分离又超越了二者对立关系的那个（资本主义的）重要节点的历史坐标；而这两种观点是完全不相符的。因此，在《关于费尔巴哈的提纲》中，马克思并未否认行动的伦理方面，而是因其"抽象地"阐释了"积极的一面"，从而批判了现代道德理论。他认为，这是因为现代道德理论（唯心主义）是从市民社会的立场阐述的。由于这一立场将现代社会关系因而也是现代利己主义的个人主义自然化了，因此它无法将现代人性视为一种历史形式。结果，它不仅是一个无能而抽象的命令，而且还成为超越这种个人主义形式去设想生活的根本障碍。因此，像唯物主义一样，唯心主义无法完全掌握"感性的人的活动、实践"的丰富性。相反，马克思则坚持认为，他从工人运动的视角认识到的"新唯物主义"或"人的社会性"能够超越这些观点的局限，并为反抗异化、争取自由的斗争提供正当的基础。

　　斯大林把马克思主义变成唯心主义（他自己臆想的领导力）与唯物主义（生产力的自主发展）的一种彼此毫不相干的结合，这意味着从工人运动的视角向自相矛盾的资产阶级思想的根本倒退。此外，这也反映了他的"马克思

[①] ［英］G. A. 柯亨：《如果你是平等主义者，为何如此富有？》，霍政欣译，北京大学出版社2008年版，第130页。

主义"在20世纪30年代之前就已经变成了只是为了证明新的统治国家——资本主义官僚政治——行为的合理性（而这种证明很难令人相信），而且早在20世纪20年代之初就已经与工人运动决裂。

从捍卫马克思的历史理论转向阐明一种与经典马克思主义决裂的社会主义道德，柯亨对自己的这一转变的描述把斯大林主义的社会理论与马克思主义融合在一起。的确，只有通过这种融合，他才能指出，他的（抽象的）道德理想并不是对马克思主义的更为具体的道德维度的一个替代，而是对其（失败的）经济决定论的一种纠正。他在《回到社会主义的基础》中为这种抽象的道德提出了一种政治形式，他认为，虽然"社会主义价值观"已经失去了它们曾经拥有的，并且"滞留在资本主义的社会结构中"，但不应因共同体和平等这类价值的道德力量"从不依赖正在消逝的社会力量的支持"而被放弃。

柯亨的社会主义道德观中最容易被理解的部分呈现在其去世后出版的小册子《为什么不是社会主义？》中。在这本小册子中，针对市场资本主义，柯亨通过讨论他所认为的关于野营旅行的一种合理解释，提出了一个会迎合"所有人的善良意志"的社会主义替代方案。其核心是将平等主义的正义原则与共同体原则结合在一起的一种愿景。对于前者，通过努力纠正对基于等级身份的和由社会造成的对平等的限制以及天生不利的条件，柯亨将其"社会主义"的平等主义原则与"资产阶级"和"左翼自由主义"的其他替代选择区别开来。显然，尽管这一理论进路比罗尔斯的平等主义的自由主义更为激进，但是正如柯亨自己也承认的，它可能很容易被描述为左翼罗尔斯主义的一个变种。

尽管与罗尔斯存在这些重叠，但如下这点却不那么明确，即柯亨的共同体原则同样也很容易被纳入平等主义的自由主义论域。因为，与自由主义不同，他的共同体原则要求"人们互相关心，并且在必要和可能的情况下互相照顾，同时也很介意这种互相关心"①。他在其他地方把这种情况定义为"正

---

① G. A. Cohen, *Why Not Socialism?*, Princeton: Princeton University Press, 2009, pp. 34 – 35.

当的共同体"(justificatory community),其中"普遍存在着一种规范……具有广泛的正当性"。①这一论点是对罗尔斯的"差别原则"的缺陷的纠正,至少柯亨认为,罗尔斯的"差别原则"通过证明富人对穷人的实际勒索行为的正当性,从而损害了其著作所包含的激进的平等主义意旨。

通过聚焦市场力量的非道德后果("贪婪的动机和恐惧是市场所凸显的"),柯亨意在以他的平等和共同体原则对罗尔斯的平等主义展开强有力的左翼批判。然而,正如他本人所认可的那样,这两个原则实际上的一致性并非不言自明的。的确,尽管从相反的观点出发,杰夫·努南(Jeff Noonan)和诺曼·杰拉斯(Norman Geras)还是都认为,这两个原则并不一致。杰拉斯认为,社会主义最好是通过"由法律和处罚的适当政治架构所支撑的机会平等的正义的道德原则"来构想,而不是通过"对广泛的共同感情或共同体的假设"来构想,因为后者的假设并"不可靠"。②在阐述这一点时,他认为,虽然"慷慨的品质确实是普遍而广泛的……但它们所包含的力量也是有限的",因为没有充分的理由认为"共产主义式的友爱情感……可以在一个非常广泛的社会范围内获得,更不用说在世界范围了"。③

努南则认为,作为社会主义的基本原则,柯亨的共同体原则比其平等原则更具前景。如他所言,这是因为柯亨的平等原则关注的是被马克思正确地拒斥为资产阶级的"人与人之间有关某种抽象的平等尺度的比较"④。相较而言,共同体概念则为这样一种人性观敞开了大门,即个体之间形成只有"通过合作和资源共享"才能获得繁荣的互联网络。至此,我认为努南的论证比杰拉斯的论证更具吸引力。但是,如果没有杰拉斯所说的"共产主义式的友爱情感",努南的论证就会面临风险,即"只是通过改变抽象的道德准则的核

---

① G. A. Cohen, *Rescuing Justice and Equality*, Harvard University Press, 2008, p. 43.
② Norman Geras, "The Controversy about Marx and Justice", in Alex Callinicos (ed.), *Marxist Theory*, Oxford: Oxford University Press, pp. 211 – 267, 234.
③ Ibid., p. 237, 244.
④ Jeffrey Noonan, "G. A. Cohen and the Ethical Core of Socialism", *Socialist Studies*, Vol. 8, No. 1, 2012, p. 133.

心来反对资本主义"这一短板就会被发现。令人遗憾的是，柯亨关于现代阶级关系的讨论不遗余力地促使他否认这种可能性，即阶级斗争可以支撑这样一种共同体的出现。

走向革命伦理

同样，由于努南的共同体模式似乎并不植根于资本主义的内在旨趣，因而其论证就再现了雷蒙德·戈伊斯（Raymond Geuss）提醒我们的问题，即主导政治哲学的康德式进路所具有的那种更为普遍的缺陷。从设想人们应该如何行动出发，而不是在特定的"社会、经济、政治等体制"背景下从由历史和社会所铸就的真实个体实际上如何去行动的艺术或技巧出发，这样的道德进路是通过退出具有现实政治特性的权力关系发挥作用的，其方式与它所声称的旨趣形成了鲜明对比，并具有深刻的意识形态性。

正是为了反对有关这种政治模式的"真正的社会主义"变体，马克思恩格斯在19世纪40年代首次概述了他们的新世界观。这些真正的社会主义者预见了柯亨的社会主义，即为了"所有人的善良意志"的社会主义，称他们的理想是为了人类的普遍利益，而不考虑阶级或其他对抗形式。麦克斯·施蒂纳（Max Stirner）反驳说，隐匿在巧言之下的这种社会主义只是专制的道德主义的另一种形式。通过使自己远离"真正的社会主义"，马克思恩格斯对施蒂纳回应道，不论是真正的社会主义者还是施蒂纳，都不能把握现代主体性的丰富性。团结并非人类本质的一个超越历史的事实，也不是一种抽象的理想，而是作为一种需求和欲望出现在"新型的"工人阶级之中。正是因为理想与欲望之间的这一关联，而不是出于某种神秘的虚无主义，马克思恩格斯才认为"共产主义者"不向工人"进行任何道德说教"。马克思没有在他关于历史变化的理解中对道德理想的地位感到困惑，他只是假设了他所拒斥的抽象道德观念与当然也是由他提出的更为具体的伦理论断之间的区别。

对于有关社会变革的某种必然主义观念而言，这些伦理承诺当然并非不相干的另一面。相反，它们是主体性的丰富内涵所必不可少的伦理方面，这种主体性是扬弃马克思恩格斯在 19 世纪 40 年代所阐述的唯物主义和唯心主义的必然结果。马克思并未明确提出这些观点，然而这一事实并不意味着这些观点没有隐含于其著作中。在 20 世纪 50 年代新左翼论战的背景下，阿拉斯代尔·麦金太尔（Alasdair MacIntyre）阐明了拓展这一理论进路的一种最有力的尝试。他是通过如下论证达成的，即认为左翼应该寻求一种伦理"理论，把历史上发生的事件视作为我们的标准提供基础，而不会使历史进程充满道德至上性，也不会使历史进步自动发生"[1]。按照这种理解模式，植根于这种为了剥削马克思所说的"集体劳动者"而采取的特殊的资本主义模式之中的，是社会主义的可能性而非必然性。这是因为，在对抗资本的斗争中产生的团结是为了工人的客观利益而形成的，对于无产者而言，只有那种非常具体的共同体才有可能被理解为一种需求，同时也潜在地被理解为一种愿望。

　　这既不是一种机械论，当然也不取决于无产阶级是一个不可分割的整体。正如柯亨所指出的，工人阶级无疑是分裂的。柯亨的分析存在的问题并非他对工人阶级内部的分裂很敏感，而是他似乎没有意识到工人阶级向来如此。"技术的日益成熟"已不是什么新鲜事，而且工人阶级内部的分裂也始终伴随着工人阶级本身。价值理论的重要性源于其不仅能够指出被剥削者之间的差异，而且能够展现其内在关系，而利益的公共性正是通过这种内在关系广泛地存在于集体劳动者当中。在此起彼伏的阶级斗争背景下，积极的行动者们一直在调解着存在于工人阶级生活中的离心力与向心力之间的冲突。在由这些斗争所形塑的背景下，革命的政治最好被理解为对行动的召唤，它基于一种对可能的倾向性的评估。这一针对无产阶级革命潜能的开放式政治赌注既具有历史性又具有伦理性：因为社会主义的可能性具有历史根基，但却缺乏历史保障，因而必须与为其他目标而奋斗的有组织的力量做斗争。更重要的是，在这种理解中，自由的理想具有深刻的具体性——它内嵌于工人阶级的

---

[1] Alasdair MacIntyre, "Notes from the Moral Wilderness", in Paul Blackledge and Neil Davidson (eds.), *Alasdair MacIntyre's Engagement with Marxism: Essays and Articles 1953 – 1974*, Leiden: Brill, 2008, pp. 45 – 68, 57.

集体斗争之中。这是马克思及其"他的大多数富有洞察力的追随者"以反实证主义的方式理解历史唯物主义的一个例证。

鉴于此，马克思对道德主义的批判并非他所谓的实证主义的另一面，而是产生于他的如下认识，即抽象的道德概念不能"代替"对具体情况所做的具体的政治分析。同样，马克思最好被理解为一位对道德主义予以严厉批判的伦理思想家，在他那里，伦理理论被认为具有社会历史性和具体的根基，而道德理论涉及的却是抽象的行动命令。因此，马克思对道德主义的批判态度并未反映出他的研究中包含一种拒斥有目的的人类能动性的倾向。相反，从他的认识中显现出来的是，道德理论无法以人们具体的特殊性来识别人。在马克思看来，克服道德的局限性必须伴随着在具体而复杂地扬弃这些片面的能动性观念的过程中克服唯物主义的局限性。

令人遗憾的是，第二国际的马克思主义从这一有关能动性的愿景中退回到了再度出现的机械唯物主义。例如，考茨基以预言了柯亨的《卡尔·马克思的历史理论：一种辩护》的口吻指出："社会主义的生产必定并且即将到来。无产阶级一旦成为必然，它的胜利就会变成不可避免的。"正是针对这类论点的显著缺陷，伯恩施坦在提出社会主义者应该回到康德这一著名论断时，也同样预言了柯亨的道德转向。

这一交锋为列宁及其他人在1914年之后有效地重建马克思主义奠定了基础。就这场论辩而言，最具哲学复杂性的贡献来自乔治·卢卡奇，他认为伯恩施坦对康德主义的拥护并未克服第二国际的宿命论，而只是走向了其反面，即"缺失的总体范畴的主体性方面"。同样，列宁试图通过回归黑格尔来超越第二国际的二元论。列宁指出："为自己绘制客观世界图景的人的活动改变外部现实，消灭它的规定性（＝变更它的这些或那些方面、质），这样，也就去掉了它的外观、外在性和虚无性的特点，使它成为自在自为地存在着的（＝客观真实的）。"① 通过这一论述，对第二国际的超越进程预示了列宁对关于现实感官活动的思想的重建。在评论列宁关于黑格尔的哲学笔记时，斯塔西

---

① 《列宁全集》第55卷，人民出版社1990年版，第187页。

斯·库沃拉吉斯（Stathis Kouvelakis）指出："特别重要的是，列宁引述'革命的实践活动'的概念结束了关于'哲学唯物主义'的部分。"因为列宁认为，主观的实践活动处于"客观"世界的中心。他因此坚称，社会科学的规律不应"被盲目地崇拜"为不同于自觉的人类活动的事物，而应被认为必然是形成政治干预的"狭隘的、不完整的、［且是］大概的"尝试。① 由此，第二国际理论家解释了黑格尔的论断，即自由地行动意味着根据必然性以还原的方式去行动，而对于列宁而言，正如理查德·戴（Richard Day）所言："人的意识不仅反映客观世界，而且还创造客观世界。"② 同样，卡利尼科斯也指出，正是因为列宁认为未来是不确定的，他才带着影响历史进程的目的去行动：他的行动主义植根于他的信念，即"正是历史的不可预测性要求我们进行干预，从而有助于塑造历史"③。这一实践形式假设了一种导向性的理想，但并非柯亨想象的那种抽象的理想。正如恩斯特·布洛赫（Ernst Bloch）所认为的，马克思对工人阶级的看法不存在有待实现的理想性论断，它不应被机械地理解为暗示了马克思主义者没有一个关于更美好未来的愿景，其理想应被理解为"倾向于具体目标"，而非"被抽象导入的目标"。④ 因此，康德的绝对命令"缺乏一切真正的实践"，而马克思"培养的不是一般的、抽象的、而是一种具体而言（addressed）的人性"⑤。具体来说，依据工人阶级在反抗那些甚至最具压迫性的资本主义形式时所固有的社会主义潜能，马克思证明了他对工人阶级的倾向性，据此，马克思的辩证法超越了康德的形式主义。这并非历史走向某种必然性结论的一种目的论观点。历史并不取代主观性。相反，用亨利·列斐伏尔（Henri Lefebvre）的话来说，它"为我们对未来的

---

① Stathis Kouvelakis, "Lenin as Reader of Hegel", in Sebastian Budgen et al. (eds.), *Lenin Reloaded: Towards a Politics of Truth*, London: Duke University Press, 2007, pp. 164 – 204, 174, 186.

② 转引自 Kevin Anderson, *Lenin, Hegel and Western Marxism*, Chicago: University of Illinois Press, 1995, p. 113。

③ Alex Callinicos, "Leninism in the Twenty-First Century?", in Sebastian Budgen et al. (eds.), *Lenin Reloaded: Towards a Politics of Truth*, London: Duke University Press, 2007, pp. 18 – 41, 26.

④ Ernst Bloch, *The Principle of Hope*, Vols. I – III, Oxford: Blackwell, 1986, p. 173, 199.

⑤ Ibid., Vol. II, p. 872; Vol. III, p. 1357.

看法、我们的活动和我们的意识指明了方向，但它并未毁掉它们"①。

结论

认为柯亨的研究工作标志着马克思主义在作为一项科学事业没落的背景下又作为一项规范事业获得了重生，这种论断从根本上来说是错误的。由于马克思并非一位实证主义者，因此，指出对其著作的某种实证主义解读已被历史所否定，这种做法证明不了什么。在《卡尔·马克思的历史理论：一种辩护》中，柯亨试图把对历史唯物主义的实证主义式"重构"阐释为一种关于社会向前发展的必然主义模式，虽然这在理论上是深邃的，但却只是在表面上构成对马克思的社会变革模式的一种否定，他在理解 20 世纪 70 年代以来工人运动的失败方面把错了脉。他随后的悲观主义在他对不断变化的工人阶级的分析中得到了强化：与马克思的劳动价值论相背离，他把这一变化过程简单地阐释为工人阶级的还原和分化，而不是重组。② 假如他把这一点理解为对经典马克思主义的歪曲，那他就是以从"前马克思主义的唯物主义"转向"前马克思主义的唯心主义"的方式对此做出了回应：他将研究重点从关注经济和历史重新转向关注规范理论。

令人遗憾的是，他对规范理论的贡献只是将他对历史唯物主义进行重构的局限性倒转了过来。不论是面对人类理性还是面对正义，他都运用了超历史的范畴——以那些表明了他向前马克思主义的思想模式复归的方式，特别是一方面复归于他有关历史理论的粗俗的唯物主义，另一方面又转向其后期的规范性研究中抽象的道德规范。因此，他的确重演了考茨基唯物主义和伯恩施坦唯心主义对那场著名的修正主义辩论的贡献。而且，就像他著名的前辈们那样，在柯亨的经济理论和道德理论中，就如肖恩·塞耶斯（Sean Sayers）所指出的，社

---

① Henri Lefebvre, *Dialectical Materialism*, Minneapolis: University of Minnesota Press, 2009, p. 152.

② 特里·伊格尔顿在《马克思为什么是对的》一书中评论道："阶级的构成一直在改变，但这并不意味着阶级已经消失得无影无踪。"（新星出版社 2011 年版，第 10 页。）

会过程是"无生气的,没有任何独立的发展或内在的生命"。因此,"历史的动力来自历史的外部;而且如果没有外部的推动,社会机制就会停滞不前"。① 所以,正如他的历史理论(在马克思试图提供行动指南的理论空间中)所提供的必然主义论断那样,他的道德理论同样是抽象和空洞的。确实,这就是他所说的已经"从经济观点转向道德观点,但从未触及政治观点"的合理内核。

可以明确的是,柯亨对与考茨基和伯恩施坦有关的社会主义脉系都有所贡献。同样可以明确的是,这些传统都曾受到1914年之后被列宁重塑的马克思主义的有力挑战。令人关注的是,列宁对考茨基及其同道有一个著名的评论,其中写道,他们因为没有读过黑格尔,因而也就不能理解马克思。② 柯亨或许也被这么指责过,他的非政治的马克思主义可以被理解为他从另一方面拒斥了马克思对唯物主义和唯心主义的辩证扬弃。

柯亨对马克思的分娩式隐喻的批判也许是对这一误解的最好说明。他基于唯物主义与唯心主义之间的天然对立形成了这一批判:马克思(或正如他所认为的)是出于某种形式的经济决定论和政治宿命论而拒斥了道德。柯亨认为,自己走向道德理论的轨迹是对这一事业失败的最合理回应。但是,这肯定不是马克思对自身立场的理解。分娩式隐喻是不能从字面上理解的——社会并非孕育,而且社会变化也不像分娩。然而马克思正确地指出,对现状的唯一现实主义的替代选择是内生于现状的选择。因此最好不要把分娩式隐喻理解为马克思借以拒斥道德理论,进而转向目的论的媒介,而应理解为他探索资本主义伦理形式之丰富的社会历史内容的方式。马克思的历史理论旨在解释这些新奇的主体性形式的出现,从而阐明自由的具体内容,因为它是作为一种历史可能性出现的。③ 因此,经典马克思主义同时具有伦理的、历史的、经济的和政治的性质——它比柯亨实证主义的理解所呈现的内容要丰富得多,而且仍然是充满活力的理论富矿和政治事业。

---

① Sean Sayers, "Marxism and the Dialectical Method", in Sean Sayers and Peter Osborne (eds.), *Socialism, Feminism and Philosophy*, London: Routledge, 1990, p. 163.

② 《列宁全集》第55卷,人民出版社1990年版,第151页。

③ Alasdair MacIntyre, *A Short History of Ethics*, London: Rouledge, 1967, p. 204.

马克思主义与女性主义[*]

西尔维亚·费德里西[**] 著　张　也 译

[内容提要] 本文主要关注马克思理论中的女性主义和性别方面。马克思的方法论为我们将性别与阶级、女性主义与反抗资本主义联系起来进行思考提供了工具和范畴。然而，他的贡献并非直接的，因为马克思并未发展出一套关于性别的理论。对我们来说，将再生产劳动力、奴隶劳动力、移民劳动力、南半球劳动力以及失业者融入对资本主义及其劳动分工的批判性分析中是至关重要的。再生产劳动是我们这个世界上最广泛的人类活动，也是工人阶级内部发生分化的主要领域。20世纪70年代，女性主义者发现了一种完全不同的马克思，在其著作中寻求到一种从阶级观点出发阐释女性压迫根源的理论，从而形成了一场既改变了马克思主义也改变了女性主义的理论革命。承认女性的家庭无偿劳动在劳动力生产中的核心地位不仅重新定义了家务劳动，也重新定义了资本主义的性质以及反抗资本主义的斗争。这意味着我们要重新审视马克思及其著作，推动女性主义的发展。

[关键词] 马克思主义　女性主义　性别　再生产

---

[*] 本文原载《卢森堡》(*Lu Xemburg*) 2017年第2—3期。译文原载《国外理论动态》2018年第10期，译文有删节。

[**] 作者简介：西尔维亚·费德里西 (Silvia Federici)，意大利裔美国学者，美国霍夫斯特拉大学学者。

马克思主义与女性主义同为当代最重要的激进运动。理解二者之间的关系对于克服资本主义在全球无产阶级中制造的分化、回答建立一个更公正的社会需要何种策略和斗争的问题至关重要。在此，我试图评估马克思的著作对当代女性主义理论和运动的重要性，同时指出其主要的局限性以及我们应该在哪些方面超越马克思。

我的观点是，马克思为发展一种女性主义的视角做出了重要贡献，但同时，女性主义者也证明了马克思的分析尚存在局限性，这一局限性在于，其分析是从"第一国际"所代表的某一特定部门的工人、雇佣产业工人、有工作的男性的角度出发的，但是却将这个世界上的无薪群体——即那些虽然其劳动促进了资本主义积累、但却处于契约关系之外的人——的经历边缘化了。因此，马克思对资本主义关系的理解不够全面。

一、性别关系在马克思著作中的呈现与缺失

马克思对女性主义的贡献并非直接的，他的贡献存在于其方法论、唯物史观以及对资本主义剥削劳动力的分析中。对于像我这样的女性主义者来说，除非我们自下而上地改变社会，否则将无法消除性别压迫，而马克思的方法论为我们将性别与阶级、女性主义与反抗资本主义联系起来进行思考提供了工具和范畴。我们说马克思的贡献并非直接的，原因在于他从未发展出一套关于性别的理论。从其早期著作中，我们可以发现他多次表明了其对性别关系重要性的理解，并抨击了资本主义社会——尤其是资产阶级家庭内部——对女性的压迫。

在《1844年经济学哲学手稿》中，与夏尔·傅立叶（Charles Fourier）相呼应，马克思认为，男性与女性之间的关系是衡量社会进步的尺度，"这种关系表明人的自然的行为在何种程度上成为人的行为"[①]。在《德意志意识形

[①] 《马克思恩格斯文集》第1卷，人民出版社2009年版，第185页。

态》中,他谈到了"潜在于家庭中的奴隶制"①,因为父亲占有了妇女和儿童的劳动。在《珀歇论自杀》中,他展示了资产阶级道德对妇女生命的破坏经常致使女性自杀。② 在《共产党宣言》中,他嘲笑资产阶级家庭建立在崇拜的基础上,将妇女当作私有财产来对待。③ 这些著作均聚焦于私有财产及资本家阶级将妇女视为财产并利用她们进行私有财产的传承这一事实。在《资本论》第 1 卷中,马克思分析了资本主义对妇女劳动力的剥削,但是其关注的焦点是工厂中的女工。

很少有政治作家能够像马克思在分析工厂制度对妇女和儿童劳动力的剥削时所做的那样,有力地描绘出奴隶制之外的资本主义劳动的残忍。但是,尽管具有很强的说服力,马克思的阐释更多的只是描述性的,而非分析性的,并且没有讨论其已然提出的性别问题。

比如,除了对工厂劳动鼓励滥交行为、降低妇女的"品德"并使她们忽略自身的母亲职责所具有的影响进行道德评价外,马克思并没有讨论工厂中对妇女和儿童的雇佣如何影响到工人的斗争,其在工人组织中引起了何种争论,或者如何影响到女性与男性的关系。妇女从未被描述为斗争的主体,能够为自己而战。在大部分情况下,她们都以受害者的形式出现,尽管其同时代的人已经意识到她们的独立性和旺盛的生命力,以及她们捍卫自身的利益、反对工厂主试图改变她们的行为方式的能力。

马克思对待工厂制度中妇女劳动力的方式是由以下信念塑造的,即资本主义尤其是大规模的工厂为一种更高形态的家庭和社会以及男女之间更平等的关系创造了物质基础。他在《资本论》第 1 卷中指出,现代工业创造了一种不同类型的人,他们从人身依附关系中摆脱出来,不固定于任何特定类型的技能,因此能够从事广泛的活动并实现人类能力的持续发展。工业劳动对马克思来说是一种更高层次的工作形式,它克服了所有专业化(马克思认为这是令人

---

① 《马克思恩格斯文集》第 1 卷,人民出版社 2009 年版,第 521 页。
② 《马克思恩格斯全集》第 42 卷,人民出版社 1979 年版,第 300—317 页。
③ 《马克思恩格斯文集》第 2 卷,人民出版社 2009 年版,第 48—50 页。

失望的),并赋予了工人从事劳动的"普遍能力"(general ability)——也就是后来阿尔弗雷德·马歇尔(Alfred Marshall)所说的一种能力。

因此,在谴责工厂的野蛮工作条件的同时,马克思将女性在工业劳动中的就业看作一个积极的因素。它使女性得以摆脱父亲在家庭中的父权制控制,通过使女性与男性合作创造了更平等的关系,同时使女性可以接触更高层次的工作形式,进而消除所有的社会差异和生物差异。

我的上述考察主要来自《资本论》第1卷中马克思的零散表述。正如他之前的著作一样,性别问题在《资本论》中同样处于边缘位置。在这部数千页的三卷本文本中,我们只能在大约100页中看到有关于家庭、性以及家务劳动的表述,并且一般只是简短的考察。

二、马克思对再生产的理解

马克思承认,劳动力——我们工作的能力——并不是自然赋予的。由于在日常工作的过程中被不断地消耗,劳动力必须持续不断地得到(再)生产,并且这种(再)生产就像"擦洗机器"[①]一样对资本的价值规定必不可少,因为它是对资本家最宝贵的生产工具——工人自身——的生产。不过,马克思将再生产的实现仅仅局限在商品生产的循环之内。马克思认为,工人使用工资来购买生活必需品,并通过消费再生产了自身。换言之,劳动力的生产——工人的生产——是通过消费雇佣工人所生产的商品来实现的。因此,"劳动力的价值,就是维持劳动力占有者所必要的生活资料的价值"[②],并且取决于生产工人消费的商品所需的劳动时间。

在《资本论》中,马克思并未提及劳动力的再生产需要女性无偿的家务劳动——做饭、洗衣、抚养子女以及过性生活。相反,他坚持将雇佣工人的生产描绘成自我再生产。即使在考虑工人必须满足的需求时,马克思也只是

[①] 《马克思恩格斯文集》第5卷,人民出版社2009年版,第660页。
[②] 同上书,第199页。

将他们描绘为足以使劳动者个体能够维持自己生活的商品——食物、住房、衣服等必需品——的购买者,却没有探讨他们对性的需求(无论是通过家庭还是交易获得),这就暗示着一种一尘不染的男工的生活,而唯有女性在道德上被工业劳动所玷污。因此,妓女不被视为工人,而是作为女性堕落的例子被贬斥,被认为属于过剩人口的最底层,即马克思在《路易波拿巴的雾月十八日》中所描述的"由所有各个阶级中淘汰出来的""流氓无产阶级"。①

甚至在论述劳动力的代际再生产时,马克思也未提及女性的贡献,并排除了任何她们在生育问题上自主决定的可能性,称之为"人口自然增长"②,认为"资本家可以放心地让工人维持自己和繁殖后代的本能去实现这个条件"③。这表明生育只是一种自然现象,而这与他先前所引用的观点——工厂女工对其母亲职责的忽视实际上相当于杀婴行为——并不相同。

马克思还暗示,资本主义并不依靠女性的生育能力,而是通过技术革命不断地制造"过剩人口"来实现其自我扩张。在现实中,资本和国家——在许多情况下,即使在今天——十分关注人口流动,以至于资本主义的到来标志着它在禁止任何形式的生育控制方面所实施的扩张,同时也标志着资本主义强化了对女性擅自干预生育行为的惩罚。

马克思也没有意识到,对欧洲劳动力再生产最为重要的商品——糖、茶、烟草、朗姆酒、棉花等推动工业革命的商品——都是通过奴隶劳动生产出来的,并且至少自17世纪晚期以来,能够降低生产工业劳动力成本的国际劳动分工——国际装配线——就已经产生,通过预估对移民劳工的即时使用,这种分工将雇佣工人和奴隶工人整合在一起,用以降低生产工业劳动力的成本。种植园制度是国际劳动分工形成的关键一步,它将奴隶的工作整合到欧洲工业劳动力(再)生产的过程中,同时使奴隶工人与雇佣工人在地理上和社会上彼此分隔。不过,在《资本论》对劳动时间和积累过程的分析中,并没有

---

① 《马克思恩格斯文集》第2卷,人民出版社2009年版,第523页。
② 《马克思恩格斯文集》第5卷,人民出版社2009年版,第731页。
③ 同上书,第660页。

关于奴隶劳动力的讨论，只有一些简短的引述——虽然第一国际在美国内战期间支持对棉花的抵制。

为什么会存在这种忽视呢？诚然，我们在家务劳动的案例中可以看到一种男性偏见，这种偏见将再生产活动自然化，并且将其视为一种——相对于工业劳动力而言——很快会被工业化进程所取代的过时的形式。此外，在工人阶级家庭中，所有人都在从事工厂劳动，在家中很少进行家务劳动。另一个可能的原因是，马克思总是从组织化的层面进行思考，未能从革命的意义上看到变革家务劳动的社会力量。

三、"工资幻觉"及其后果

尽管如此，马克思的著作中还是拥有其他的重要元素。马克思并未将无薪群体作为资本积累以及反对资本主义的斗争的核心主体。用凯恩斯的理论来解释，马克思受到了"工资幻觉"（wage illusion）的影响，相信雇佣工业劳动是资本积累的主要场所，同时也是为人类解放而斗争的场所，而其他形式的劳动将会被资本主义的发展所取代。正如我在《卡利班和女巫：妇女、身体和原始积累》一书中所指出的那样，马克思对原始积累的分析集中于雇佣劳动的形成，而没有对改变家庭内部再生产活动的组织形式进行分析。[①]

这对马克思的理论和政治产生了重要影响。马克思在其对工作日以及针对工作日的斗争的理解中没有注意到，工资不仅动员了雇佣工人，而且动员了无偿劳动力，它同样从那些没有工资收入的人中攫取剩余劳动力，这意味着工作日要比在车间中计算的时间更长，而且范围更广。马克思对家务劳动缺乏理论阐述导致他的共产主义概念以及他对资本主义剥削的分析没能论及家务劳动这一世界上最广泛的活动以及家庭这一工人阶级内部发生分化的主要场所。

---

① Silvia Federici, *Caliban and the Witch: The Body and Primitive Accumulation*, New York: Autonomedia, 2004.

从政治上看，对无薪劳动者在资本主义积累及反对资本主义的斗争中的重要性的忽视导致当今的马克思主义无法回应在社会主义运动中占主导地位的一种假设，即雇佣产业工人的利益代表了整个工人阶级的利益，而这一假设又导致许多反殖民理论家认为马克思主义与他们的斗争毫不相干。马克思没有研究资本家阶级通过工资关系尤其是根据性别、种族和年龄在雇佣劳动者与无薪劳动者之间建构的分化对遏制阶级斗争的重要性。他也没有指出，资本主义通过建立一个"欠发达的"殖民世界而形成的全球扩张并不会将全球无产阶级联合起来，反而会加深他们之间的这些分化。

此外，马克思在《资本论》中经常提及的监督员和改革者的工作并不是一种懒惰的和虚伪的实践，而是无产阶级家庭重建过程的一部分，这一过程伴随着家庭工资的引入、女性从工厂的逐渐退出以及对劳动力再生产的投资，而这将需要很长一段时间来安抚工人阶级，同时刺激一种资本主义积累新形式的形成。

通过上述举措，资本就能消除工人阶级反叛的威胁，并创造出一种新型的工人，他们更强壮、更训练有素、更具适应能力，也更容易将资本主义制度的目标视为自己的目标，这种类型的工人会将资本主义生产的要求视为"理所当然的自然规律"①。正是这样的工人使得世纪末的英国和美国资本主义能够实现一种从轻工业向重工业、从纺织向钢铁、从建立在延长工作日基础上的剥削向建立在强化剥削基础上的剥削的技术和社会变革。这意味着工人阶级家庭及全职无产阶级家庭主妇的产生是从"绝对"剩余价值生产向"相对"剩余价值生产转变的重要环节和条件。在这一过程中，家务劳动本身经历了一次"实质吸纳"（real subsumption）的过程，首次成为国家特别倡导的、与劳动力的市场需求及训练有素的资本主义劳动紧密相连的目标。

如果我们想要区分在马克思的作品中哪些是至关重要的，哪些是需要发展的，并且坚信我们的任务——在这方面，我们赞同马克思——是建立一个"为了生活而生产，为了共同体的幸福而生产，而不是让生活服务于生产和私

---

① 《马克思恩格斯文集》第 5 卷，人民出版社 2009 年版，第 846 页。

人财富的积累"的社会,那么这些批评是非常有必要的。

四、女性主义、马克思主义与"再生产"问题

马克思倡导通过参与社会生产(主要被理解为工业劳动)实现"妇女解放",他的思想激励了一代又一代社会主义者。不过,在20世纪70年代,那些反对家务劳动、家庭生活以及对男人的经济依赖的女性主义者发现了一个不同的马克思,进而转向马克思的著作,以寻求一种从阶级视角来阐释女性受压迫根源的理论,最终导致了一场既改变了马克思主义又改变了女性主义的理论革命。

在这场革命中,玛丽亚罗萨·达拉·科斯塔(Mariarosa Dalla Costa)将家务劳动作为劳动力生产的关键因素来分析[1];塞尔玛·詹姆斯(Selma James)的分析将家庭主妇与"世界上的无薪群体"置于同一个序列中,并认为她们处在资本积累过程的核心位置[2];这场运动的其他活动家则把工资关系重新定义为将整个剥削领域自然化以及在无产阶级内部创造新的等级秩序的一种工具。所有这些理论发展及其所引申出的讨论有时被描述为"家庭辩论"(household debate),这一辩论被认为主要集中在家务劳动是否是生产性的这一问题上。但是,这是一种严重的扭曲。承认女性的无偿家务劳动在劳动力生产中的中心地位,不仅重新定义了家务劳动,而且重新定义了资本主义本身的性质以及反对资本主义的斗争。

马克思关于"简单再生产"的讨论对上述革命进程是一种理论启发,这一点并不奇怪,正如我们的怀疑——如果资本家阶级没有看到剥削的可能性,就不会允许如此多的国内劳动力存在——得到了证实一样。再生产劳动对于

---

[1] Mariarosa DallaCosta, "Women and the Subversion of the Community", in Mariarosa Dalla Costa and Selma James, *The Power of Women and the Subversion of the Community*, Briston: Falling Wall Press, Third edition, 1975, pp. 21 – 56.

[2] Selma James, "Wageless of the World ", In Selma James, *Sex, Race, and Class: The Perspective of Winning. A Selection of Writings, 1952 – 2011*, Oakland, CA: PM Press, 1975, pp. 102 – 109.

资本主义积累是必不可少的,这一点引出了我们的反抗所具有的阶级维度。它表明,这种总被轻视的、总被视为理所当然的、总被社会主义者斥之为落后的劳动,实际上是资本主义劳动组织的重要支柱。这就解决了性别与阶级之间的关系这一难题,并为我们界定家庭的功能、分析根植于资本主义社会的阶级对立的深度提供了概念工具。从实践的角度来看,它证明,女性并不需要在工厂中加入到男性之中,才能成为工人阶级的一部分,从而组织起反对资本主义的斗争。女性可以从作为劳动力生产之"神经中枢"的家庭内部的劳动出发,自主地进行斗争。并且,女性的斗争首先应该针对自己家庭内部的男性。因为,通过男性工资、婚姻以及爱的意识形态,资本主义赋予了男性支配女性的无偿劳动并规训其时间和空间的权力。

认识到再生产劳动对资本积累的重要性还引发了另一个问题:如果我们不从形成雇佣无产阶级的角度来看,而是从劳动力在厨房和卧室中日复一日地、一代又一代地被生产出来的角度来看,资本主义发展的历史又将如何呈现?

五、展望不同的未来

正是资本主义历史对性别维度的需要——超越"女性的历史"或雇佣劳动的历史——促使我们重新思考马克思对原始积累的分析,并发现16—17世纪的"猎巫"(witch-hunts)行为是女性劳动力贬值及特定的资本主义性别分工兴起的重要时刻。

生态女性主义的兴起强化了我们的立场,它认为,马克思之所以没有论及女性和再生产问题,与其所持的人类的历史任务是支配自然的观点是密不可分的。其中,玛丽亚·米斯(Maria Mies)[①] 和艾瑞尔·萨勒(Ariel

---

[①] Maria Mies, *Patriarchy and Accumulation on a World Scale: Women in the International Division of Labour*, London: Zed Books, 1986.

Salleh)① 的著作尤为重要，她们宣称，在马克思的《资本论》中，再生产活动的消失并非偶然，而是系统性的。萨勒强调，马克思所论述的一切都是在证实，人类和科技所创造的东西具有更高的价值。历史始于第一次生产行为。人类通过工作来实现自我。人类自我实现的衡量标准是其主导自然并使其适应人类需求的能力。此外，所有积极的变革性活动都被认为带有男性气质：劳动被描述为父亲，自然被描述为母亲，地球也被视为具有女性气质——马克思用"土地太太"（Madame la Terre）来对应"资本先生"（Monsieur le Capital）。

生态女性主义者指出，在对家务劳动的无视、对自然的低估以及对人类工业和技术生产的理想化之间存在着深刻的联系。随着工业化对地球的吞噬，以及科学家为资本主义发展服务而胡乱尝试的女性身体之外的生命的生产，那种将工业化扩展到所有生产活动中的想法无疑是一种灾难，比农业工业化时期我们所经历的还要糟糕。毫不奇怪，在激进分子的圈子中，我们已经目睹了一种"范式转变"（paradigm shift），将"机器"作为"历史进步"驱动力的希望已经被重新关注围绕以下问题——与我们的生命以及我们赖以生存的生态系统的生命的再生产相关的议题、价值和关系——所展开的政治活动所取代。

马克思在他生命的最后几年中重新思考了其历史观，并在了解美国东北部平等主义的母系共同体的基础上重新思考了其对资本主义工业发展的理想化，进而开始重视女性的力量。马克思以及整个马克思主义传统所倡导的普罗米修斯式的科技发展视角并未失去吸引力，而是卷土重来。对一些人来说，数字技术扮演了与马克思赋予自动化相同的解放角色，进而全世界的再生产和照料工作——女性主义者视其为变革和斗争的场所——将面临再度被其所掩盖的风险。尽管马克思在其作品中用有限的空间讨论了性别理论，并在随后的几年中可能改变了观点，但是对它们进行讨论并强调以下这一观点依然

---

① Ariel Salleh, *Ecofeminism as Politics: Nature, Marx and the Postmodern*, London: Zed Books, 1997.

重要，即马克思在这一问题上的沉默并非疏忽，而是其理论和政治研究的目标使然。

因此，我们在赞美马克思的理论研究的同时，应重新将政治聚焦于如何生产我们的物质生命以及我们赖以生存的生态系统的生命，并从那些对保护这些生命做出了最大贡献的人——从事照料工作的女性、自给自足的农民以及土著人——的经历中为当前的斗争汲取动力，并形成一种新的国际联盟，这样做是非常重要的，虽然这常常会与那些仍然认为其未来就是加入到资本主义对地球的剥削之中的人或者认为斗争的任务就是推动资本主义发展的人产生冲突。

反思全球化时代的马克思主义和民族主义[*]

约翰·施瓦茨曼特尔[**] 著　宋阳旨 译

[内容提要] 本文试图回顾马克思主义对民族主义现象的分析，文章呈现了经典马克思主义关于民族主义的核心思想，认为在当代全球化的时代背景下需要对这些思想进行反思和修正。马克思主义理论为民族主义提供了一种与众不同的研究路径，尤其关注资本主义在全球的扩张，认为需要各种形式的国际团结来对抗全球资本主义。但是，马克思主义需要更充分地把握民族主义的持久生命力及其对身份认同和自决等理想的诉求。当代马克思主义必须了解国际主义的新形式，认识到其推动力量与传统社会主义的国际主义大相径庭。马克思主义对于理解全球化时代的民族主义至关重要，十分有必要反思这种重要性。

[关键词] 全球化　国际主义　民族国家　民族主义　后民族主义

本文试图为马克思主义与民族主义之间的讨论提供一种新解读，因为经典马克思主义文本中关于民族主义的阐述尚不足以把握全球化时代和随之而来的民族国家危机中民族主义的本质和意义。然而，一种受马克思主义框架

---

[*] 本文原载《反思马克思主义》（*Rethinking Marxism*）2012 年第 1 期。译文原载《国外理论动态》2016 年第 11 期，译文有删节。

[**] 作者简介：约翰·施瓦茨曼特尔（John Schwarzmantel），英国利兹大学政治和国际关系学院学者。

启示的分析既能阐明民族主义的新形式,也能澄清国际主义思想对当代政治的重要意义。但是,这种分析必须超越传统马克思主义对民族主义以及社会主义的国际主义(socialist internationalism)的解读,因为,当代世界的研究对象——民族主义、民族国家和国际主义——已经彻底改变,这种路径已不再适用。

在接受这种彻底改变的条件下,一种基于马克思主义传统的思考方式可以提供必要的工具,用于分析如何才能既理解又超越民族主义,以及国际主义传统的社会主义理想对当代政治的重要性,尽管这种国际主义的推动力量在本质上已经发生了改变。因此,本文旨在通过经典马克思主义为诊断民族主义提供一种简要的历史性解释和批判性评估,作为解决当代问题的必要序曲,从而超越这些问题过去的解决方式,将当代问题置于广泛的马克思主义框架中。本文试图将这种讨论向前推进一步,以深化马克思主义对民族主义现象的分析,从而为分析更多与当代全球化世界相关的问题提供多种方式。我们采取更加积极的态度,认为马克思主义视角有助于理解民族主义如今所扮演的角色,同时也承认马克思主义的解读仍然存在有待解决的问题。

下面的讨论将主要从三个方面关注马克思主义与民族主义之间的关系:(1)马克思主义在理解民族主义在全球化世界中的新形态和意义方面的丰富性;(2)马克思主义或深受马克思主义影响的理论在把握民族主义的复杂性和经久不衰的吸引力方面的困境;(3)国际主义和超越国家的团结等思想,及其超越经典马克思主义得到进一步发展和分析的方式。

作为一种分析路径的马克思主义

在展开讨论之前,有必要明确马克思主义和民族主义的含义,因为这两个术语并非清晰明确。就目前来说,马克思主义似乎明显意味着存在于那些保持马克思主义传统的理论家——从马克思和恩格斯到奥托·鲍威尔(Otto Bauer)那样的"奥地利马克思主义者"——撰写的"经典文本"中的一系列理论。这些理论家试图在历史唯物主义框架中分析民族主义,并尝试将民族主义现象置于一种关于世界历史的一般性理论的语境中,从而揭开民族主义和民族国家发展的神秘面纱。如果这就是马克思主义的含义(一系列经典文本),那么我们可以将其对民族主义的分析概括为:它将民族国家的发展视为走向国际社会主义未来的一个积极阶段。民族主义目前被理解为饱含一种强烈的民族认同感,承认民族作为一个政治和社会单元的自治权和独特性,但人们认为,资本主义体系的勃勃生机及其在国际上的广泛扩张可以超越民族主义。这显然是对一种更加复杂的思想体系的简要概括,但问题是,就民族主义来说,我们是否可以以这种方式将马克思主义视为一系列经典文本,即从1848年和《共产党宣言》开始发展,经过一系列马克思主义作家,直到鲍威尔的《民族问题和社会民主党》。

以这种方式定义马克思主义,其问题在于这些文本都是在特殊的历史背景下撰写的,与当代政治的背景截然不同。因此,重复《共产党宣言》中关于"工人没有祖国"的某些思路,甚至在一种截然不同的意义上重复鲍威尔关于"工人阶级分享了曾被阶级社会的结构所排斥的民族文化"的某些方面,并不会有助于在一个已经从马克思、第二国际以及第三国际的时代彻底转变的世界中评估民族主义的重要意义和性质。在第二国际(1889—1914)中,正统的德国社会民主党的组织力量和理论影响力占据主导地位;而第三国际(1919—1943)则成了俄国布尔什维克主义的超国家版本,它在国际层面被视为"领导党"(leading party)。这些国际主义模式并不适用于当代政治,21世纪已经改变的环境对那些早期马克思主义文本的重要性提出了质疑。经典文本研究并未让我们超越对这一问题的纯历史性和学术性分析。

经典马克思主义如果是指正统的马克思主义文本,那么它就是在有组织的工人运动遍布于众多各自独立的民族社会的背景下发展起来的。这一运动渴望一种国际存在,但其愿望并未完全实现,而且由于每一次工人运动都是在各自特殊的民族国家背景下发展起来的,因而越来越错综复杂。这样,整个问题就呈现出一种实践性或以运动为核心的面貌,这是由德国、法国和英国等发达工业社会的民族工人运动造成的。这些运动的发展相互关联,在各个国际中均采取有组织的形式。同时,每次工人运动都立足于本民族,利用民主权利和阶级斗争（经济、社会和政治）的武器，力求在本民族的国家制度内获得政治权力。在第二国际期间，法国和德国的政党都试图发起联合行动，反对战争威胁，保卫共和国，并利用选举权最终获取国家权力。

因此，马克思主义和民族主义的问题在实践中被提了出来，因为有组织的工人运动在发达资本主义社会中具有双重议程，包括试图在每个民族国家获得领导权和政治影响，同时与其他民族国家工人运动的发展建立联系，以增强国际团结的意识。这种国际主义本身不仅是一种理想主义的愿景，而且还受到了反战需求的激励。战争将意味着工人运动的毁灭，或者起码会使其发展以及社会主义的革命希望面临巨大挫折。

在当代世界，工人阶级依然存在，但更加碎片化，不像经典马克思主义时代那样是一种潜在的主导性存在。因此，有关民族主义的经典马克思主义文本是在一个"民族问题"和民族主义都呈现出与现在完全不同形式的时代撰写的。这种文本中体现的思想是在下述背景下产生的：有组织的工人运动（至少在西欧）生存在一种民族框架中，获得政治权力以及实现民族国家向社会主义转变构成了这种运动的政治日程。在国际上，其任务同样清晰可见：联合其他民族的工人运动，共同反对战争和民族沙文主义。这一点对于阻止工人运动的毁灭从而实现社会主义的目标至关重要。

认同当今马克思主义和民族主义的境况已经改变，并不意味着这种工人运动已不再存在，或者那种国际无产阶级团结的思想已彻底"随风而逝"。但是，不可否认，阶级政治的形式和性质已经改变，激进政治的推动力和推动者也已不同，探讨马克思主义和民族主义的整体背景已经从产生众多经典文本的那个时代发生了转变，这种转变既包括一种以全球化的新自由主义为形式的更加肆无忌惮的和富有侵略性的资本主义，同时也包括工人阶级政治和实施干涉主义的民族国家（这种民族国家在过去更有能力在某种程度上控制资本主义力量）的推动力量和制度的碎片化。

这就引出了如下观点：马克思主义与其说是经典文本的集合（其某些分析可能早已过时），不如说是一种分析和理论化的方式，它应当在一种新的背景下得以应用和反思，在这种背景下，有关民族国家和挑战民族国家的运动的问题与经典马克思主义时代截然不同。作为一种更加全面的阐述,这种理论化将关注下述尝试,即把民族主义视为与经济发展有关的而非某种永恒不变的认同来源。反过来,这又让我们思考全球化对作为一个单元的民族国家以及对国际主义思想在理论上和实践上的实现方式有何影响。

显然,这些论题并非马克思主义所独有,但本文试图阐明,马克思主义如何以一种现代化的形式提供了独特的框架,从而将当前的民族主义和全球化现象理论化。马克思主义的研究路径可以提供独特和丰富的见解,告知人们当今的抗议运动以及反全球化运动如何不断发展,才能构建社会主义的国际主义的新形式。马克思主义的研究路径还可以为替代民粹主义的民族主义提供一种选择,后者现在正吸引着那些因资本主义全球经济力量而失去安全感的人们的关注。

民族主义的形式和问题

鉴于当今世界自"经典文本"时代以来发生的各种改变,如果说关于马克思主义的含义是什么的问题纷繁复杂,那么就定义民族主义以及理解它在世界政治中呈现的多种不同形式而言,就更是如此。厄内斯特·格尔纳(Ernest Gellner)将民族主义定义为如下理念:"民族"和"国家"应当是一致的,因而民族的文化单元就会与国家的政治单元相重合。针对"民族"这一复杂现象,多数学者都认为,民族被以多种方式定义,所有的方式都试图描述一种跨越阶级界线的共同体形式,并试图通过象征、共同的历史感、身份认同的情感方式来增强民族归属感。民族可以被定义为一个种族或人种共同体,对某些理论家来说,这是唯一真实的民族意识(种族民族主义),或者在政治术语中被视为"公民共同体"。许多作者反对这种"公民"与"种族"二元对立的定义,认为民族通过融合这两个方面获得了一种共同体意识和身份认同意识。

从民族主义而非马克思主义的视角来看,自马克思主义在"民族问题"上展开经典讨论以来,世界究竟发生了怎样的改变?汤姆·奈恩(Tom

Nairn）指出，政治民族主义是"新的全球化秩序的发电站"，"我们现在都是'民族主义者'"。① 他似乎认为，在全球化的世界中，民族主义在提供多样性和身份认同方面对当代政治至关重要。虽然奈恩用这种方式评估政治民族主义的动员力量是正确的，但不得不承认，民族主义的形式已经不同于现代性的全盛时期。

作为现代性政治的关键参与者，民族主义的发展与人民主权和大众的民主理念相互关联，这种理念与共同的历史和共同的政治权利所界定的特定人民的民族自决密不可分，可以称为一种"左翼民族主义"。伴随着19世纪的发展，一种独特的、相反的民族主义形式应运而生，在法国，最典型的是查尔斯·莫拉斯（Charles Maurras）的"一体化民族主义"和"法兰西行动"，更为民粹主义的形式则是像布朗热主义那样的各种运动，这些运动是期待民族社会主义的激进右翼形式。这种民族主义试图集结大众（包括工人），支持民族的独立性，反对国际社会主义的理念，反对议会共和国。这种形式的民族主义代表了对社会主义的一种矫正，利用民族忠诚的象征符号来确认一种被排除在"真正的"或"真实的"民族之外的"他者"。这种"他者"被各自不同地界定为移民、外籍劳工、犹太人、互济会会员，他们被视为对民族昌盛和民族统一的威胁，他们的身份不得不由那些在种族和民族上得到认同的"真正的"成员来保护，这些成员组成了一个由某位威权领导者（君主或更为民粹主义的煽动者）来管理的联盟，这个领导者可以使该民族保持纯净，远离威胁其统一体的外来危险因素。马克思主义的理论家和活动家十分了解这种形式的民族主义的问题所在（在理论上和实践上针对的都是社会主义运动），也很清楚这种民粹主义的民族主义会以何种方式吸引工人脱离社会主义政治。正如罗伯特·斯图尔特（Robert Stuart）在《马克思主义与民族认同》中富有启示性的研究所表明的，就19世纪晚期的法国而言，马克思主义的社会主义面对民粹主义的民族主义的挑战所做出的回应常常是不确定的、充满

---

① T. Narin and P. James, Global Matrix: Nationalism, Globalism and State-terrorism, London: Pluto Press, 2005, p.91.

变化的,他指出:"从理想主义的世界主义到务实的社会主义的民族主义,是从一种选择不稳定地转换到另一种选择。"

现在,民族主义呈现出极为不同的形式。"经典的"或19世纪的民族主义以上文中概述的两种形式出现:一种形式将人们集结到公民的、民主的概念中,其中民族是获取人民主权和共同的公民权利的框架;另一种使用了一种民族统一体的民粹主义概念,以对抗社会主义的国际主义者或该民族的其他敌人。民族主义的这两种形式都脱离了当代图景,但这里需要再次强调,世界已经发生了改变,这就意味着马克思主义和民族主义的问题必须以新的术语出现。当代世界中的民族主义拥有一个在经典讨论时期并不存在的新对手,即全球化。这一问题现在通过全球化对民族主义的挑战展现出来,这种方式与过去截然不同,这反过来又引发了下述议题:我们是否生活在哈贝马斯所谓的"后民族主义格局"(民族主义在其中是一种重要性逐渐减弱的力量)之中?在经典马克思主义时代,展开讨论的术语完全不同,因为,以全球化为标志的全球性联系和时空压缩呈现出一种更加有限的和受约束的形式。要抓住这种新的关键时刻,马克思主义理论应当提供些什么呢?

前文对左翼民族主义和右翼民族主义进行的比较虽然简要,但是仍可表明民族主义在一个全球化的后共产主义世界(即使仍不能完全称之为一个后民族主义世界)中的问题所在。文中所谓的"右翼民族主义"坚持的是一种排外的、激进的右翼民族主义,而且受到了全球化所引发的不安全感的刺激。全球化的扩张及其朝统一性发展的趋势,以及强制实行单一的民主模式(代议制民主和市场经济),引起了反抗,尤其是在这种全球化的"美好新世界"中受到损害的那些人。他们的不满被导向了反对移民劳工和少数民族文化的代表,这些代表成了替罪羊。因此,我们看到了激进的右翼民族主义的持存抑或复苏,人们找到了选举这种表达方式,将选票投给极右翼政党,例如法国国民阵线、英国国家党和现已不复存在的意大利社会运动(随后是民族联盟,民族联盟又并入了贝卢斯科尼的自由人民党)。这是当代世界民族主义依然强大的"面孔",任何相关的马克思主义理论都必须对这种形式的民族主义诉求和基础提供某种解释。

对马克思主义理论来说，民族主义的另一张"面孔"同样令人难以接受，它可能更多地适用于全球南方国家，而非全球北方国家或发达国家。这张"面孔"包括鱼龙混杂的各种激发民族自决和民族认同思想的运动。这可能有助于解释民族主义历久不变的诉求，因为民族主义自诞生之日起就一直在运用"人民"这一思想，它被定义为"民族"的人民，因而将自身与民主和人民主权的思想联系了起来。正如李亚·戈林菲尔德（Liah Greenfeld）所说："因此，民族认同在其独特的现代意义上就是一种源于'人民'中成员关系的身份认同，其最基本的特征就是它被定义为一个'民族'。"① 据此，民族主义已经证明，其自身对于左翼运动和理论来说是一个非常困难的问题。在民族主义的某些形式中，例如反殖民或反帝国的民族主义，马克思主义和社会主义已经可以与民族主义联合起来。然而这种联盟常常是有问题的，社会主义在这种联合中坐了"冷板凳"，正如帕尔塔·查特吉（Partha Chatterjee）所揭示的那样，他援引了印度的案例来分析作为一种"衍生话语"的民族主义。

因而，问题在于民族主义的历史与现代形式具有相似性，但也存在巨大的差异，如果马克思主义和深受马克思主义影响的理论想要掌握现实，就必须思考这些方面。与经典马克思主义的某些假设相反，民族主义作为当代政治中的一种强大力量并未消失。它以民主的和社会主义的形式出现，比如苏格兰、加泰罗尼亚和魁北克的运动，它们要求更大程度的自决和文化认同。正如简·埃里克（Jan Erk）对魁北克民族主义的最新分析所指出的，就20世纪60年代和所谓的寂静革命（Quiet Revolution）而言，"虽然民族主义者正在变得左翼化，但左翼分子也在变成民族主义者"②。与此同时，在民族国家（在当代世界中最好将其描述为多民族国家）中，公民团体日益由多元文化构成，一些团体对全球化及其后果深感不安，随着民族主义力量的日益增长，民族主义充当了这些团体的战斗口号。我们从中看到了民族主义以排外民粹

---

① L. Greenfeld, *Nationalism*: *Five Roads to Modernity*, Cambridge, Mass: Harvard University Press, 1992, p.7.

② J. Erk, "Is Nationalism Left or Right? Critical Junctures in Québégois Nationalism", *Nations and Nationalism*, Vol. 16, No. 3, p. 433.

主义的形式出现，这种形式指向了某些应对经济全球化所导致的不安全感负责的"他者"。在上一次（2010年5月）英国大选中，移民是主导议题，所有的政治领导人都急于向选民保证，他们将采取措施限制移民，当时的首相戈登·布朗承诺，要确保"英国的劳动者获得英国的工作"。欧洲的右翼政治领导人因为失业和对社会不满而毫不犹豫地将移民视为一种便捷的怪罪目标。在法国，萨科齐总统试图驱逐罗姆人。而在意大利，当时（2011年6月）的执政联盟中的党派之一——北方联盟反对将移民作为其诉求的核心。贝卢斯科尼总理及其政治同僚认可了一种普遍看法，即移民从本地或本国劳动者那里抢走了工作。

一方面，民族主义的这些独特形式召唤着民主和自决；另一方面，不安全感以及对某些引发不安全感的目标的恐惧效仿并重现了民族主义在19世纪的早期形式。然而，马克思主义理论目前在回应民族主义这些自相矛盾的表现上面临着问题，而且已经远远超出了经典马克思主义者曾经面临的问题。经典马克思主义追求的是国际劳工团结起来的世界图景，其象征是社会主义的国际主义，但现在它无法再反对另一种形式的民族主义（排外的民粹主义），因为那种反对战争和侵略性民族主义、紧密团结在一个国际组织中的民族劳工运动的社会基础已不复存在。对当代政治来说，这并不意味着国际主义理想作为解决各种形式的民族主义诉求的办法已经无关紧要，相反，这种国际思想如今以新的形式表现出来，有了与经典的劳工国际主义时期极为不同的推动者和运动。

另一个问题是，公民民族主义（civic nationalism）将工人阶级纳入到民族国家的公民权利和安全保护之下，但其统一的诉求在一个日益全球化的世界中却日渐式微。经典马克思主义认为，工人运动在某种意义上正变得民族化。《共产党宣言》宣称，工人阶级必须"上升为民族的阶级，把自身组织成为民族"①，正如许多评论家所指出的，这一点似乎与前文所说的"工人没有祖国"相互矛盾。最好的解释大概就是：通过首先在资产阶级民族国家框架内

---

① 《马克思恩格斯文集》第2卷，人民出版社2009年版，第50页。

获取政治和社会权利，工人阶级运动得以完全发挥其政治效力并征服国家权力。就像《共产党宣言》所宣称的，在这种意义上，它是"民族的，虽然完全不是资产阶级所理解的那种意思"①。在全球化时代，民族主义自身呈现出更加碎片化的形式，许多种族和民族团体要求最低限度的自治和最高限度的脱离，抑或彻底的民族独立，在这种背景下，上述观点似乎并不是很有说服力。一个例证就是科索沃于2008年单方宣布从塞尔维亚独立，国际法院在两年后赋予了其法律依据。民族主义的分裂性越来越强。它不再提供一个广泛的框架，使工人成为公民，继而成为公民国家的一员，同时发展他们作为工人的地位意识。公民国家有助于提供这种框架，促使工人形成阶级意识，在这种意义上，"阶级"与"民族国家"相互协调。民族国家内部为了争取民主权利而进行的斗争，与阶级斗争一起，使工人融入了该民族国家。

因此，民族主义当前的形势背景已大为不同。当今处于转折时期的民族主义在种族或"排他主义"的意义上更具共同体主义倾向，它关注的是一个文化团体特有的文化认同，想保护那些文化的"创造者"。因而，当代背景下的民族主义并不谋求构建一个基础深厚的公民国家，使工人（和其他人）能拥有自己的位置，而是有着不同的政治含义。它或者更加碎片化，更具共同体主义倾向，重视保护某一特殊的文化团体；或者更加排外和富有侵略性，引发不安全感和恐惧。民族主义的这两种形式都面临着问题，马克思主义理论和实践需要对此加以分析，而经典马克思主义传统对民族主义的讨论并不能提供多少有用的材料。这意味着这里存在着一片研究沃土，对此，经典马克思主义传统的理论本应认真对待，但却无所作为。将民族主义作为一种错误的意识全面抛弃，并非未来的方向，采用奈恩在其近期著述中所倡导的路径，以及他已被引用的那句话（"我们现在都是民族主义者"），也并非正确之路。我们的任务是：必须将民族主义作为对全球化和不安全的世界中出现的真实问题的一种回应来加以分析，而不是将其作为对这些问题的一种恰当回答。本文的结论是：马克思主义理论实际上具备多种资源以完成理解并超

---

① 《马克思恩格斯文集》第2卷，人民出版社2009年版，第50页。

越民族主义的双重分析任务，然而这种分析依然任重而道远。

马克思主义与民族国家的危机

民族国家当前的危机可以简要地归纳为：面对更富侵略性的资本主义全球化的整合，公民国家势单力薄。从历史上看，在有组织的工人阶级运动的压力下，民族国家为在一定程度上控制资本主义力量提供了框架，同时为将工人纳入共同的公民关系和共同的社会权利之中提供了手段。然而，在当代背景下，民族国家难以有效地完成这些任务，经典马克思主义者所期待的社会主义的国际主义也面临着在民族国家和国际层面上日益碎片化的困境。倘若这些就是马克思主义理论想要对分析当代政治和民族问题的现代意义发挥影响力所必须解决的问题，那么人们就应当首先考察马克思主义作为一种理论研究路径必须要提供什么样的分析方法。重视马克思主义理论中关于民族和民族主义的部分，并强调国际主义，这似乎有悖常理，但马克思主义理论最有价值的部分仍然在于它试图"将民族主义摆在正确的位置上"，认为它与经济发展密切相关，而不是一种永恒的或不可避免的现象。

我们当然不能只谈论一种马克思主义的民族主义理论，因为不同的马克思主义者和社会主义者拥有不同的民族观。倘若我们比较罗莎·卢森堡与鲍威尔的民族观，就能明显地发现这一点。鲍威尔首先将民族看作一个文化单元，认为社会主义的任务是努力确保民众共享该民族的文化。用他的话来说："只有在社会主义社会中，民族文化才能变成全体人民的财产，从而使全体人民成为一个民族。"[1] 而卢森堡则不否认民族文化和语言的重要性，将"使用本土语言的自由以及民族文化不受压制、不被扭曲的发展"描述为"工人阶级政治和精神成熟的条件，对工人阶级至关重要"[2]。但是，她批判了那种对

---

[1] O. Bauer, *The Question of Nationalities and Social Democraey*, J. O'Donnell (trans.), E. Nimni (ed.), Minneapolis: University of Minnesota Press, p. 137.

[2] R. Luxemburg, *The National Question: Selected Writings by Rosa Luxemburg*, H. B. Davis (ed.), New York: Monthly Review Press, p. 169.

独立的波兰民族国家的渴望，认为"所有独立主义者的愿望都旨在在波兰与俄罗斯之间建立一道人工屏障，这实质上违背了社会进步和革命发展的利益"①，因此，按照卢森堡的分析，"波兰民族主义变成了一种得到传统庇佑的社会反应形式"②。不过，尽管继承马克思主义传统的学者们在"民族问题"上存在分歧，但所有马克思主义者的著述都拥有一个独特的观点：不是将民族视为永恒的真理、无法超越的单元，而是将其视为将建立在特殊的社会条件（这些社会条件本身一直是不固定的和不稳定的）之上的某种东西。

尽管马克思主义者关于民族和民族国家的观点精彩纷呈，但大都认同一个核心的或基本的观点：民族国家作为一个单元与现代性和资本主义的发展密切相关。马克思曾写道："大国的统一——这种统一虽然最初由政治暴力所造成，但现已成为社会生产的强大因素。"③ 然而，马克思主义观点中同样重要的还有这样一种思想：民族国家无法成为经济和社会生活的长期或永久框架。充满活力的资本主义创造了一个打破民族国家界限的世界市场，并创造了一个普世的或世界性的交易体系，这为新的全球意识奠定了基础。民族国家因而是一个暂时的单元，至少在包罗万象的历史理论背景下是这样。民族国家被视为通往某种国际或全球经济体系的一个阶段，这种经济体系通过超国家的联系将人们聚集在一起。在经典马克思主义中，摆脱了任何民族归属的工人阶级运动都是这种普世或全球意识的拥有者或推动者。马克思进一步声称："工人的民族性不是法国的、不是英国的、不是德国的民族性，而是劳动、自由的奴隶制、自我售卖。"④

当前"民族国家的危机"至少可以被认为证实了该分析中的某些部分。民族国家让我们对文化统一、经济进步和政治公民权的一体化抱有希望，也让我们对民族国家会为了本国公民的利益而利用其政治权力去抑制或限制资

---

① R. Luxemburg, *The National Question: Selected Writings by Rosa Luxemburg*, H. B. Dowis (ed.), New York: Monthly Review Press, p. 169.
② Ibid., p. 180.
③《马克思恩格斯文集》第 3 卷，人民出版社 2009 年版，第 156 页。
④《马克思恩格斯全集》第 42 卷，人民出版社 1979 年版，第 256 页。

本主义权力抱有希望。后一方面可以被视为左翼民族主义的社会—民主化版本，它利用民族国家及其政治结构作为工具，以实现一定程度的经济再分配和社会公平。但是，历史发展进程在很大程度上削弱了民族国家的这种"希望"。全球资本主义的扩张意味着民族国家抑制和控制资本主义经济权力的力量日渐式微。政治权力与经济权力已然分离。齐格蒙特·鲍曼（Zygmunt Bauman）分析指出："我们现在拥有不受全球政治束缚的权力……也拥有被剥夺了地区权力的政治。"① 虽然政治和民主权力依然主要在民族国家层面运作，但经济权力已经摆脱了这种控制并在全球层面运作。在哈贝马斯所谓的"后民族格局"中，民族国家的"封闭"不再有效，至少不再同等程度地有效。我们需要的是一种新的"封闭"，以实现对经济权力的民主"捕获"，这种经济权力已经摆脱了之前民族国家实施的民主控制。在近期对世界贸易组织总干事帕斯卡尔·拉米（Pascal Lamy）的访谈中，一些有关这一主题的评论引人关注。为了回应"我们应当如何思考全球层面的团结"这一问题，他回答说："迄今为止，唯一合法的集体工具就是从民主过程中诞生的，这种民主过程的维度首先是民族的维度。因此，这些工具仍然是民族国家主义的（national-statist）。我们必须开始寻找一种能使全球团结合法化的世界民主。"② 此外，全球化引发的移民和民族运动导致了民族国家内部的种族和文化多样性，从而削弱了共同的民族文化（文化统一性）和强大的公民目标（有凝聚力的国家公民关系）的思想。对于这种由公民民族主义支撑的民族国家的"希望"来说，所有这些变化都大有问题。这促使一些理论家开始探讨"多民族的民主"的思想，根据这种思想，共同的民族文化和统一的公民目标不再是将这些政体捆绑在一起的凝聚力。

这些发展变化当然可以在马克思主义关于民族主义和国际主义的"丰富"主题下进行讨论。经典马克思主义显然预见到了资本主义作为一种全

---

① Z. Bauman, *Living on Borrowed Time: Conversation with Citlai Rovirosa-Madrazo*, Cambridge: Poliey Press, p. 55.

② P. Lamy, "Interview", *Le Monde*, 27 August, 2009, p. 18.

球体系的扩张将打破民族国家的界限，并为一种新的全球意识或超国家意识奠定基础。在这种意义上，马克思主义的观点仍可提供很多资料，因为它们指出了资本主义作为一种世界体系的发展如何导致了民族国家的危机，以及如何削弱了民族国家从前所依赖的文化和政治的（相对）统一。正如丹尼尔·阿尔基布吉（Daniele Archibugi）等世界主义民主观的支持者所认为的，这导致了对民族国家以外的新式民主的需求，这种新式民主可以控制权力尤其是经济权力的更替，而以往确立的（国家）制度无法解决这些问题。虽然这种关切并非马克思主义的视角所特有的，但是，对于资本主义体系的动力机制及其创造世界市场的方式，马克思主义传统可以提供一种更加具有历史基础的解释，以及对能为全球共同体提供替代选择的各种国际主义形式的渴望。

然而，在目前的形势下，马克思主义在以下两方面还存在问题：一是低估了民族主义的持久诉求，无论这种诉求是好是坏；二是经典马克思主义认为，国际主义的本质及其推动者是从资本主义发展的本质中产生的。从这两个方面反思经典马克思主义的观点迫在眉睫。如果马克思主义想在当代世界保持其重要性，就必须在这两个方面有所发展。在第一个方面，多数马克思主义的代表人物都将民族主义和依附于民族国家视为某种准备抛弃的东西，尤其是对工人阶级来说，它们将被国际工人阶级团结的新形式所取代，因为"工人没有祖国"。但是，全球化进程悖谬性地引发了民族主义者的回应，这种回应以一种民粹主义的、常常是排外的方式吸引着那些因全球经济发展而深感不安的阶层。这种不安全感因为民族国家的日益脆弱而加剧，民族国家不再能够或愿意提供安全保障和福利措施，而过去，这些保障和措施曾使公民在面对经济不安全及其问题时得到了保护和缓冲。这种民族主义的政治表达在激进右翼的各个党派中仍然存在。它们相当成功地吸引了那些感觉被主流党派所忽视的工人阶级选民，这些选民求助于右翼党派来抗议和表达其不安全感。马克思主义低估了这种民族主义对这部分工人阶级的控制力，也低估了它对响应民粹主义的民族主义的那些人更加普遍的吸引力，这反映了马克思主义无法解决民族主义修辞和话语如何才能持续有效的问题。

当今西方马克思主义理解民族主义的另一种方式也存在问题。在当代政治中,民族主义已经与反抗外国统治和反对强迫接受"外来民主"——被视为压迫和西方霸权的形式——的观念交织在一起。传统的马克思主义者对待民族主义的态度是将其看作通往一种国际蓝图的过渡阶段。然而,人们已经将民族主义的历史性胜利归因于自决和自治的理念,换句话说,是自由及人民主权的理念。马克思主义传统中的许多人认为,这是一种错误的意识,正如列宁在写下"我们的口号是民主主义的和全世界工人运动的国际文化"时所指出的,在历史发展的过程中,通过工人党派日益增强的国际联合,这种错误的意识将被抛弃。但是,在当代政治的背景下,无论是在委内瑞拉、伊拉克还是阿富汗,运动都是以民族主义和自决为话语发生的,在任何一种马克思主义的意义上,这些运动都不是革命性的,但是却利用民族主义的话语来为其一系列的要求辩护。在某些情况下,这些要求更属于传统的社会主义类型,就像委内瑞拉的案例那样。在我们提到的其他案例中,它们根本不是社会主义或马克思主义的,它们反对外来的或强加的民主。外国干涉所带来的"附带性破坏",无论其意图多么"人道主义",都会激起拥有广泛吸引力的民族主义者的反抗话语,就像在阿富汗那样。从全世界的视角来审视这种局面,许多运动是通过民族主义话语来表达自身对全球化的反抗的,在很多情况下,它们拒绝全球化有望带来的那种民主。

这为马克思主义的民族主义观带来了困境。民族主义常常与社会主义前景志趣相投或有利于社会主义前景,而且马克思主义曾经分析认为,民族主义具有昙花一现的本质,而在现实中并非如此,就此来说,民族主义仍是一支重要的力量。尽管马克思主义理论家(从马克思本人开始)如此犀利地分析和预判了毋庸置疑的经济全球化,但在全世界范围内,民族主义并未从当代政治图景中消失。事实上,正如克雷格·卡尔霍恩(Craig Calhoun)所说,民族主义思想常常是一个松散的框架,要求自决和反抗全球资本力量的民主诉求呈现于其中。他正确地指出:"全球化在那些感到受威胁或紧张不安的人群中激起了民族主义的复苏。"①这种民族主义的复苏可以采取多种形式，其中某些形式将民族主义导向了排外和民粹主义的方向，而其他形式——再次引用卡尔霍恩的话——则创造了"既为民主提供了资源，也是民主斗争的竞技场"的民族团结。

对马克思主义视角的反思

因而，在就马克思主义对民族主义的分析做出定论时，必须包含多重意思，要将"丰富性"但面临"困境"这两种观念结合起来。"丰富性"在于：否认民族主义和民族国家是人类生存环境的永恒特征；认为经济发展给民族主义和民族国家带来了挑战，后一点在马克思的时代就已经被预见到，而在我们的时代则完全变成了现实。相应地，"困境"源自无法抓住民族主义对当代政治至关重要的两个维度。作为因全球化而受到威胁和深感不安的阶层的一种回应，民族主义以民粹主义甚至排外的形象迅速发展起来，它在全球层面作为一种反抗性修辞和话语仍然意义重大。

民族主义的力量正在变得日益强大，因为它诉诸一整套相关概念。这套概念包括身份认同和自决等思想，这些思想又反过来渗透到有关民主的整个世界观——一种在现代世界如此强大的观念——之中。这导致了一种矛盾的结论。革命的思想是马克思主义的一个基本概念，但是，这一概念在很多情况下被民族主义所盗用，在某些情况下还包含了与马克思主义完全不同的政治含义。

例如，最近一份有关伊拉克战争的报告指出，"起义者盗用了对外国占领者进行民族反抗时使用的标语和修辞"，同时承认这种修辞"掩饰了一系列更加复杂的动机，并非所有动机都是崇高的"。②另一项针对伊拉克及联合入侵

---

① C. Calheun, *Nations Matter: Culture, History and the Cosmopolitan Dream*, New York: Routledge, 2009, p. 167.

② A. Allawi, *The Occupation of Iraq: Winning the War, Losing the Peace*, New Haven: Yale University Press, 2007, p. 204.

之影响的研究指出，新的控制伊拉克社会的决定性因素已经出现，并声称："这些新因素包括社群化、基于身份认同的政治、沙文主义、宗教排他主义和基于种族的民族主义。"① 伊拉克的这些例子证明了一个也许很明显的观点：民族主义仍然是一种极其强大的力量，任何一种从马克思主义传统中汲取灵感的分析都应当认真对待民族主义的动员力量。

对于那些将马克思主义的研究路径应用于民族主义研究的人来说，反思不可或缺，这种反思是要分析民族主义究竟如何抓住了自决和自治的思想。这包括探讨一种经过修正的马克思主义是否既能更好地理解民族主义，又能远离其危险的种族民族主义形式，即分裂的、破坏性的形式，从前南斯拉夫到吉尔吉斯斯坦和许多其他地方，这种形式在当代政治中清晰可见。对民族主义更好的理解包括将民族主义视为对某些需求的表达，这些需求就是对特殊身份的承认和某种形式的团结。马克思主义的民族主义观应该认识到，对"承认"和"团结"的需求在面对民族主义时经常会以损害"他者"和少数民族为代价，有时是以侵略性的和不正当的形式。马克思主义的观点试图把这种需求与全球化引发的不安全感及其对共同体和友爱之基础的铲除联系起来。马克思主义还可以指出国际主义新形式的出现以及全球团结的可能性，虽然是以与早前社会主义理想中所诉诸（并扭曲）的无产阶级国际主义完全不同的方式。

这最终导致了马克思主义的国际主义和超国家团结的概念既内容丰富又存在问题。马克思主义为我们指明了方向，即一个超越了民族国家的世界，在这个世界中，特殊的民族忠诚已经被更广泛的联合所取代，它通向一种以世界性生产体系为经济基础的全人类的友爱或团结。这不仅仅是一种引人注目的、有吸引力的世界主义图景，也是一幅虽然目前受限、但却一直在实现中的蓝图。在当今世界，一种新的全球意识已经超越了《共产党宣言》所抨击的那种"民族的片面性或局限性"。

社会学家曼纽尔·卡斯特（Manuel Castells）分析了他所谓的"网络社

---

① G. Stansfield, *Iraq: People, History, Politics*, Cambridge: Polity, 2007, p.204.

会"，认为在网络社会中，"新的信息技术正在通过全球工具性网络将世界融为一体"。卡斯特认为，这种社会被"信息资本主义"所统治并以"主要资本主义国家劳工的政治失败"为前提。① 然而，网络社会所具备的这种全球沟通特征也能使其他团结形式成为可能。通过新的运动和新的意识形式，这种互动将不同国籍和不同民族国家的人民团结在一起，虽然这与经典马克思主义所设想的有所不同。

这再次为马克思主义的分析带来了问题。无论何种形式的跨国团结，其推动者都没有形成一种传统意义上的无产阶级，并以各民族国家政党为基础团结在一起，就像第二国际时期那样，联合在一场国际性的社会主义反战运动中。最近的"新跨国行动主义"强调这种运动的意识形态统一性和社会多样性，正如对其的分析所表明的，运动的推动者已经完全不同，而且很难融入一种意识形态统一的社会主义观，也很难形成有社会凝聚力的国际工人运动。这并不是说这种运动在现实中曾以如此纯粹的形式存在过，但它肯定是经典马克思主义所向往的目标，因为，即使无法完全实现，它也代表了马克思主义所设想的那种国际团结。

因此，马克思主义指向了一种以经济发展和资本主义转型为基础的超国家的团结形式。在这方面，它的分析既预见了现实的发展，也明确了这些发展对于削弱民族国家的作用以及被一种新的世界主义运动所超越的重要性。但是，这种超国家的团结的经济基础仍然是资本主义，毫无会转化为社会主义的迹象。也许更重要的是，这种国际主义的表述与马克思主义所设想的并没有太多相似之处。其承担者和推动者都极为不同。另类全球化运动（AGM）并非旨在颠覆资本主义的国际运动，它更应当被视为一种以松散的抗议为形式的反抗运动——虽然对其重要性的评价大相径庭。

有些人可能会说，马克思主义强调阶级运动，无法就自身对待民族问题的态度进行必要的反思。这似乎是奈恩在其最新著述中所采取的立场。与此相反，本文的观点得出如下结论：我们不必过多地以经典文本为根据，而是

---

① M. Castells, The Rise of the Network Society, Oxford: Blackwell, 1996, p. 22.

应该用一般性的理论和研究路径来思考马克思主义。在这种意义上，我们面临的挑战仍然是分析这些松散的反抗和抗议运动如何以更加统一的方式发展，以及一种反对新自由主义的有效意识形态如何在国际层面上发展，以便更加持久地表达国际团结的思想。

那么，马克思主义具备了应对全球化世界中的民族主义和国际主义的新面貌的精神资源吗？答案尚不清晰。正如佩里·安德森（Perry Anderson）在最近的一项研究中所指出的，民族主义思想已经开始代表"一种坚定的理想——直截了当地根据美国的意志重建整个世界"[1]，这显然与马克思主义关于工人阶级国际主义的观点截然不同。如上文所述，后者在当今世界中存在很大的问题，因为缺乏无产阶级或社会主义的国际主义的推动者。在走向作为工人阶级国际主义之基础的大规模民族国家的意义上，经典马克思主义的观点认为民族主义在历史上是进步的。这似乎毫无意义，因为在当今时代中，民族主义虽然强大，但却高度分裂化、碎片化，而且常常采取极端种族主义的形式。上文所呈现的左翼民族主义（民主的、包容的）与右翼民族主义（种族的、特殊主义的、排外的）的对照对当代政治仍然至关重要。问题在于民族主义出现在许多运动中，从委内瑞拉到伊拉克和阿富汗，从魁北克到苏格兰和加泰罗尼亚，这些迥然不同的表现不能被归入单一的种类，即不能将民族主义简单地视为推翻阶级和其他社会分工并阻碍激进的或革命性的变革的一种尝试。

因此，如果要理解全球化时代的民族主义，马克思主义理论面临的挑战就是要容忍两种截然不同、但彼此相关的现象。首先是国际主义——这实际上是马克思主义语汇中一个神圣的词语——的本质。这一思想在当代政治中仍然十分重要，但却呈现出与经典马克思主义的设想截然不同的形式。无产阶级的国际主义思想曾经以在不同国家各自展开的统一的工人运动为基础，但现在已不复存在。目前的国际主义一方面指安德森所描述的根据美国的意志重塑世界的企图（市场经济背景下的自由民主），另一方面指那些另类全球

---

[1] P. Anderson, "Interationalism: A Brieviary", *New Left Review*, No. 14, 2002, p. 24.

化运动,它们具有统一的意识形态,常常开展松散的抗议活动。

因此,马克思主义理论和实践应当包容这些国际主义的新形式,应当认识到新运动已经发展成为与早期的社会主义国际主义或工人阶级国际主义思想不同的形态。一些理论家从葛兰西那里汲取了灵感。例如,斯蒂芬·吉尔(Stephen Gill)提出"后现代君主"(post-modern Prince)思想,试图取代葛兰西的"现代君主"思想。"后现代君主"是一种更加多元和分化的全球推动力量,针对的是吉尔所谓的"受约束的新自由主义的新宪政主义"。[①] 对马克思主义理论来说,这是一个富有成效的开始,既认真对待社会主义国际主义的经典思想,又试图让它适应一个不同的世界,在这个世界中,国际主义的推动者取代了之前被传统工人运动所占据的角色,后者已经不再是全球资本力量的主要反对者。

就民族主义来说,经典马克思主义对世界的预期——在这个世界中,民族主义将被资本主义发展的动力所超越——既得到了证实,又被予以否定。它得到了全球化现象的证实,在全球化世界中,资本主义发展早已脱离了民族国家的控制力;但是,全球经济力量并未导致民族主义被替代和超越,而是使其重现活力,从这一意义上来说,它又被否定了。高度共同体主义的和排外的形态常常会展现民族主义的这种持久性。它也会通过诉诸共同的历史和共同的身份等民主化的方式出现在其他示威活动中,虽然常常伴随着坠入更加排外化形式的危险。反对全球资本主义的破坏,反对强制推行自由民主,这种话语的确常常就是民族主义的话语。因此,马克思主义理论的任务应该是:理解全球化与民族主义之间的这种互惠关系,认识到后者常常是前者的产物,而非被前者所取代,研究反抗的特殊形式如何与其他类似的运动以及更广泛的国际团结形式联系起来。这就意味着要对奈恩等人的观点——比如上文的"我们现在都是民族主义者"——持批判的立场,同时还应拒绝全盘抛弃民族主义,仅仅将其视为资产阶级霸权的工具。

---

① S. Gill, "Toward a Postmodern Prince? The Battle in Seattle as a Moment in the New Politics of Globalization", *Millennium*, Vol. 29, No. 1, p. 132.

马克思主义理论的一种更加富有成效的研究路径是仔细分析全球化时代民族主义的不同形式，并且能够将它们区分开来。马克思主义理论和实践还应当努力理解民族主义的民主根源，进一步研究对不同的文化认同和种族归属的承认如何才能与更广泛的人类团结观念相互兼容。通过这种方式，在关于"民族问题"的分析上，用比大部分传统马克思主义更加全面的态度对待民族主义，就能重构其国际主义的核心思想。这种重构必须明白，这一核心思想对全球化世界依然至关重要，但已经找到了新的表达方式，有了新的推动者。马克思主义理论只有通过这种方式才能更新自我，并充分理解当前转折时期民族主义和国际主义的复杂性。马克思主义必须认识到，民族主义既是全球化的产物，又反对全球化；民族主义既反对这种全球化过程的整体性和统一性方面，同时又朝着超国家的团结形式发展。后者可能会以与传统马克思主义理论的预期完全不同的方式出现，但是，分析并超越民族主义是继承了经典传统的马克思主义者们理应去做的。我们这个时代的任务必须是履行这一双重任务，同时掌握新的方式，从而使民族思想和国际主义的各种形式都能在全球化时代展现自身。

人类世时代生态马克思主义的演进*

约翰·贝拉米·福斯特** 著　　何山青　译

[内容提要] 自然科学家提出"人类世"作为一个新的地质学纪年，虽然它的具体时间还没有确定，但经常被追溯到1945年的"大提速"，自此之后，人类对环境产生了重大的影响。因此，"人类世"的开启被理解为大体上与现代环保运动的兴起相一致，并与地球危机的时间相符合。本文考察了这一时期马克思主义和左翼思想对环保思想的贡献的演变。尽管马克思的生态唯物主义被广泛认知，马克思的新陈代谢断裂理论也被重新发现，但是最近，争论已转向了生态辩证法，包括二元论、一元论、整体论和调解论，并引发了生态马克思主义和激进的生态一元论之间的冲突。本文认为，只有植根于自然和社会的唯物辩证法的生态马克思主义，才能有效地应对不断支配我们这个时代的"大转折"。

[关键词] 人类世　马克思　辩证法　自然　生态学

---

* 本文原载《国际思想评论》(*International Critical Thought*) 2016年第3期。译文原载《国外理论动态》2017年第7期，译文有删节。

** 作者简介：约翰·贝拉米·福斯特（John Bellamy Foster），美国俄勒冈大学社会学系，《每月评论》编辑。

一、引言

自然科学家将"人类世"(Anthropocene or Anthropogene)命名为一个新的地质学纪年,这被看做是"第二次哥白尼式的革命"。虽然"人类世"至今尚未得到科学共同体的正式认可,但是它从根本上改变了人类感知人与地球关系的方式。"人类世"背后的核心理念已经通过很多方式持续了很长一段时间。这种核心理念是:人类已经变成了破坏地球系统的主要地质力量。然而,社会主义思想家在最开始就扮演了批判者的角色。在19世纪40年代,马克思和恩格斯曾声称,除了最近少量的刚刚升起的珊瑚礁,地球上已经没有不被人类染指的地方了。"人类世"这个词,是20世纪20年代首次在苏联地质学家阿列克谢·巴甫洛夫(Aleksei Pavlov)的分析中提出来的。苏联地理化学家弗拉基米尔·沃尔纳德斯基(Vladimir Vernadsky)曾著有伟大的著作《生态圈》(The Biosphere),巴甫洛夫与沃尔纳德斯基一样,坚持认为人类在20世纪已经越来越成为了一股改变整个生态圈的地质力量。

在20世纪70年代早期,美国的社会主义生态学家巴里·康芒纳(Barry Commoner)得出了一个相关结论,但却是一个只适合他自己时代的结论。在他的著作《封闭的循环》(The Closing Circle)中,康芒纳坚持认为,人类与地球之间的关系遭到根本性破坏是第二次世界大战期间原子能的兴起与合成化学品的扩散和大量生产的结果,进而导致了生态环境的加速退化。在20世纪70年代,曾长期被西方忽视的沃尔纳德斯基的生态圈概念成为《科学美国人》(Scientific American)的一个特刊的主题。

正如克莱夫·汉密尔顿(Clive Hamilton)和雅克·格林瓦尔德(Jacques Grinevald)观察的那样,人类世"是一个在地球自然历史过程中的人为的断裂,而不是人类中心主义生态圈的进一步发展"[①]。它代表着生产领域中的量

[①] Clive Hamilton and Jacques Grinevald, "Was the Anthropocene Anticipated?", *The Anthropocene Review*, Vol. 2, No. 1, 2015, p. 67.

变的转化超越了人类历史过程,实现了质的飞跃,体现为一种全球性的"断裂"。用于描述人类世的地理学"金色道钉"(Golden Spike)①现在越来越多地被确定为1945年之后的"大提速"(the Great Acceleration),表现为人类对地球的破坏,其在地层学上最明确的痕迹存在于核武器试验导致的放射性尘埃中。

"大提速"出现在第二次世界大战后并非偶然,同一时期全球环保运动也在不断发展,并最终进入了科学家们现在所谓的"人类世时代"。自20世纪50年代以来,环保运动首先由科学家们发起,旨在反对原子核裂变实验,尤其是随着蕾切尔·卡逊(Rachel Carson)《寂静的春天》(*Silent Spring*)的发表,环保运动逐步扩展到反对杀虫剂的使用和更一般的生态问题。在接下来的半个世纪里,随着全球生态矛盾的日益恶化,环保运动越来越关注迫在眉睫的全球性环保问题。

今天,世界处在"大转折"(the Great Climacteric)的中期,人类世的到来伴随着所谓的"生态启蒙时代"的出现。现在的问题是:马克思主义思想家们和一般意义上的左翼将如何应对人类世的到来?这个挑战如何与人类生产导致的历史条件的改变相关联?马克思主义必须提供什么样的智识资源来处理这些新的变化和新的危机?

这些问题不容易回答。况且,社会主义理论中的长期分歧,导致这一领域中的马克思主义思想虽然正在快速发展并且正走向更高层次的综合,但在许多方面仍处于分裂状态。这在很大程度上是由于冷战的爆发、近期新左翼观点的抬头以及社会建构论与后现代主义的联合。本文将要论述的是,在过去15年的辩论中,尽管马克思的政治经济学与他的生态学之间的关系已经得到了很大的澄清,而且马克思自己独特的生态批判已经被广泛认可,但是现在的辩论已经转向了自然和社会本身的辩证法。这导致致力于自然和社会辩证法的人与致力于激进社会一元论的人之间在生态学左翼分析上的鸿沟正在不断扩大。

---

① "金色道钉"的概念通常指事物发展的关键环节。——译者注

二、人类世时代的马克思主义生态学思想（1945—）

如果我们考察一下"二战"以来的历史，尤其是英语世界的马克思主义生态学分析的历史，就能看到许多聚焦马克思自身的生态学地位的关键发展和争论，这些发展和争论可分为第一阶段和第二阶段的生态社会主义。此外，关于生态辩证法以及生态辩证法与革命实践的关系的意义的更加深远的争论，正在取代上述两个阶段之间长达几十年的争论。

（一）20 世纪 50 年代到 20 世纪 70 年代后期：社会主义与生态学

当人类世时代到来时，生态学思想随处可见，尤其是在"二战"结束之后，在 20 世纪 60 年代、20 世纪 70 年代出现了作为马克思主义环境观先声的思想，一些著名学者的著作中反映了这种观点，例如卡尔·卡普（Karl Kapp）、巴里·康芒纳、弗吉尼亚·布罗丁（Virginia Brodine）、赫伯特·马尔库塞（Herbert Marcuse）、保罗·斯威齐（Paul Sweezy）、霍华德·帕森斯（Howard Parsons）、查尔斯·安德森（Charles Anderson）和阿伦·施耐伯格（Allan Schnaiberg）。社会主义和激进的环保运动被视为有机地联系在一起，这就是左翼力量对环境保护的主要贡献。

（二）20 世纪 70 年代后期到 20 世纪 90 年代后期：生态社会主义

与马克斯·霍克海默（Max Horkheimer）和西奥多·阿多诺（Theodor Adorno）联系在一起的支配自然的否定辩证法，在 20 世纪 70 年代开始慢慢地渗透到英语世界中，这一现象的发生要归因于阿尔弗雷德·施密特（Alfred Schmidt）的《马克思的自然概念》被翻译成英文出版，这本著作最初是在 1962 年以德文出版的。20 世纪 70 年代晚期至 20 世纪 90 年代，这一思潮被称作"西方马克思主义"，它们反对自然辩证法。因此，它们不仅与苏联式的马克思主义存在差异，而且与所有跟马克思主义和自然科学有联系的思想都有距离。施密特延续了霍克海默和阿多诺的观点，在他的解释中，启蒙时代对自然的支配指向了一个类似韦伯式的铁笼，无法逃脱。据说马克思本人也曾沦为牺牲品。

马克思关于自然的批判与对自然辩证法的抛弃，在20世纪80—90年代导致了两个不同传统的兴起。其中一个被称作"第一阶段的生态社会主义思潮"，这一思潮的特点是通过对马克思关于生态学的否定评价，企图把更加主流的绿色马尔萨斯主义概念与之相联系。

这个时期出现的第二个有影响力的传统是激进地理学的"自然生产"观点，尤其是与尼尔·史密斯（Neil Smith）和诺埃尔·卡斯特里（Noel Castree）等思想家相关联的思潮。他们在很大程度上从与生态社会主义的激烈辩论中分离出来。施密特关于"支配自然"的否定批判被更加积极的"自然生产"的观点所取代。其结果就是：左翼的社会建构主义（left social constructionism①）和社会一元论以政治经济学的视角把自然归入到社会中去。由于超社会建构主义的影响，自然生产的视角越来越与后现代主义的方法重叠，同时，也越来越远离经典马克思主义。这方面比较突出的是布鲁诺·拉图尔（Bruno Latour）的著作和他关于社会与自然的"混合性"的论述。

（三）20世纪90年代后期至2016年：生态马克思主义一元论和辩证法

21世纪的前15年，第一阶段的生态社会主义中出现了一种断裂，这种断裂试图在所谓的"第二阶段生态社会主义"中重建马克思的生态学。在这次思潮中，很多学者试图回归马克思和恩格斯在政治经济学的经典批判中的生态学概念的基础。这段时期最具戏剧性的发现是马克思的生态价值分析和他的物质变换裂缝理论。最近，我们在艾瑞尔·萨勒（Ariel Salleh）和帕米

---

① 在这里，福斯特认为constructionism和constructivism用法相同。

拉·奥迪（Pamela Odih）的著作中看到了有关马克思主义—生态女性主义的相关发展。这种基于马克思主义经典理论的新路径大部分与第一阶段的生态社会主义相对，因此出现了第二阶段的生态社会主义或生态马克思主义，最终产生了第三阶段的生态社会主义，这种生态社会主义通过研究地球系统中不断发展的生态裂缝，逐渐将这一新的理论视角引入了生态社会主义实践领域。这推动了更加革命化的生态运动的出现，美国生态社会主义组织提出的"系统变化而非气候变化"（System Change Not Climate Change）就是一个例证。目前，第二阶段的生态社会主义学者将经典马克思主义与很大程度上源自于生态科学的现代生态批判辩证地结合起来。现如今几乎很少有人会质疑马克思对资本主义生态批判的基础性贡献。

然而，在生态社会主义理论中，关于马克思的生态学，尤其是围绕马克思的物质变换裂缝理论的整体的观点融合，只是推动了其与各式各样的超社会建构主义一元论的冲突，目前这些冲突在马克思主义、后马克思主义和后现代主义的圈子里得以发展。他们与最激进的环保主义者和生态社会主义者意见不一致。过去30年主要在激进的地理学中获得了一定影响的自然生产的观点，代表了目前的一种发展趋势，它很大程度上独立于环保主义与生态社会主义之间的激烈争论。

与此相关的是带有"混合性"（hybridity）的激进的社会建构论者（有时被称作"关系型"理论家），他们将世界看作是由机器、人工物、受控机体等或者如拉图尔所说的"怪物"构成的网络。这些思想家同样坚持认为，马克思主义有致命的缺陷，尽管马克思本人提出了辩证法的观点，但也陷入了"自然—社会二元论"。正如拉图尔在行动者网络理论（actor-network-theory，ANT）中描述的那样，马克思没有感知到一个混合世界的出现。在拉图尔看来，"混杂状态"（imbroglios）或者技术怪物，以及玛丽·雪莱（Mary Shelley）笔下的科学怪人（Frankenstein）的现代版本，都只是我们与自然的关系的一个正常部分，我们应该接受它们及其相应的后果，而拒绝支持"政治生态学"并有意识地内化和束缚自然的环保主义。由此，拉图尔展示了对泰德·诺德豪斯（Ted Nordhaus）和迈克尔·谢伦伯格（Michael Shellenberger）关于一种"突破性"的整体概念———一种"后现代环保主义"——的偏爱,这种后现代环保主义没有挑战资本积累和无限制的经济增长,或接受自然极限的存在,而是强调机械/技术与市场机制的结合,并将其作为完整的解决方案。

因此,西方左翼与一元论/混合论之间不断相互交流,导致了在生态马克思主义与激进的社会一元论之间出现认知裂缝。拉图尔式的马克思主义者越来越多地参与到对大量生态马克思主义者的批判中,后者的分析方法如今植根于马克思的物质变换理论。

三、生态马克思主义与激进的生态一元论

后现代主义左翼理论家(甚至还有一些与自然生产、社会建构主义、混合主义传统有关的马克思主义理论家)普遍声称,环保主义者包括生态社会主义者是原始的大灾难的传播者。为了理解他们自身呈现出来的深刻的理论分歧,我们有必要认识到,这种通常被称为"西方马克思主义"的哲学传统在何种程度上通过拒斥自然辩证法,使自身不仅远离了自然和自然科学,而且也远离了马克思的自然异化概念。其结果就是西方马克思主义中出现了一种辩证法路径,它在很大程度上具有唯心主义的特征,因此排斥所有自然过程,只局限于主体—客体认同和包罗万象的内部关系等概念。

因此,受到"西方马克思主义"传统影响的环保主义分析法,呈现出一种放弃唯物主义辩证法和批判现实主义而转向人类中心主义一元论的趋势。在这个转向社会一元论的过程中,最经常丢失的是在一种辩证的整体性概念中来理解对自然与社会之间复杂关系的调和。这个结果排除了与马克思的社会主义概念相一致的人类社会可持续发展的可能性。

新的受后现代主义影响的左翼观点与历史的—辩证的自然观的彻底决裂是非常严重的。对于黑格尔—拉康—马克思式的哲学家斯拉沃热·齐泽克(Slavoj Žižek)而言,即使对生态问题的认识日益增加,这也没有促使马克思主义思想家们复兴恩格斯的自然辩证法。相反,辩证唯物主义/自然主义被说

成是一种天生的反生态哲学。齐泽克煞有介事地问道："难道不是辩证唯物主义对自然的客观规律的理解，证明了技术对自然无情的统治和开发吗？"

在这里，唯物辩证法变成了敌人。不仅自然辩证法，而且任何有意义的唯物主义自然观都被否定了。齐泽克认为"人类是反自然的"。资本主义制度下的生态学已经成为了"一种新的大众鸦片"，因而"生态学的意识形态应该……被谴责"。齐泽克质疑"建筑应该与周围的自然环境和谐"的观念，他坚持认为"建筑是被界定为反自然的"。当然，人类是"自然的一部分"，但他认为"自然是无法脱离人类和人类知识而存在的"。①

事实上，对于许多社会建构主义者、激进的后现代主义者和左翼唯心主义者而言，自然的问题本质上是通过它对社会的从属关系而消解的。这就引出了一种抽象的拟人化的整体论社会一元论。自然被看作按照统一的方式，逐渐地人为化，没有发生异化，也没有发生断裂。我们不需要自然和社会的辩证法，甚至也不需要通常意义上的自然科学，因为自然过程现在被看作是社会辩证法所固有的。任何抨击资本主义与自然之间矛盾的理论都被看作一种二元论，这种二元论在马克思主义中最终可以追溯到马克思本人。

所有这一切在生态马克思主义与左翼生态一元论之间产生了一个巨大的鸿沟。在过去的15年中，第一阶段和第二阶段的生态社会主义之间的争论基本上已经解决，人们支持建立于马克思的基本观点之上的第二阶段的生态社会主义理论。社会主义思想家提出这一点，进而在地球上发展一种针对"裂缝"的以人类世为特征的强有力的批判。这一崭新的批判观点与秘密运动密切相关。马克思价值观的生态学本质以及他的生态危机和物质变换裂缝概念，连同他的"社会物质变换"和"普遍的自然物质变换"概念都被揭示出来。

不仅是马克思和恩格斯，大量的社会主义思想家们在马克思去世之后和人类世兴起之前这段时期里，也致力于生态学的研究。然而，这种对社会主义生态学的新的辩证理解，与左翼的社会建构主义学派发生了冲突。在社会

---

① Slavoj Žižek, *Less than Nothing: Hegel and the Shadow of Dialectical Materialism*, London: Verso, 2013, p. 373.

主义生态学中,辩证法对于理解通过生产调节自然和社会来说至关重要;而在社会一元论那里,自然被纳入到社会/资本主义之中。这种"激进的一元论"的观点被视为马克思的思想特征,或被视为摆脱马克思自己所设想的二元论的方法。

在马克思主义者看来,这种分析并没有将历史整体地看做辩证地调节和改变自然与社会之间物质变换的过程。这种分析推动了整体论、一元论、和谐论等唯心主义概念的发展,这些概念源于资本主义与自然的互动,在其中,人类与社会被看作是以前所未有的新方式结合在一起的。通过这些方式,马克思关于自然与社会的物质变换断裂的概念被划分为一种二元论的观点。物质存在好像不再是问题,"人类世""大提速"和"大转折"的问题已经不再是 21 世纪面临的基本挑战。

激进的社会一元论把环境归入社会中,以便抛弃自然和社会的辩证法。这种以人类中心主义为特征的观点属于一种经济还原论(economic reductionism),在这种观点看来,生态危机的发生被看作仅仅是因为它们代表资本的经济危机。事实上,在那种最新流行的后现代主义左翼观点看来,当他们声称要超越马克思的时候,所有形式的资产阶级思想都重新出现了。

当然,事实上,马克思主义理论家在克服这些矛盾时也遇到了一些麻烦。因此,让-保罗·萨特(Jean-Paul Sartre)做出一个特别的声明:马克思主义是"二元论,因为它是一元论"。在萨特对马克思主义的解读中,物质存在不能还原成思想,思想是特殊的物质实践活动的产物,引入一种新的本体论上的一元论,反过来又产生了一种新的认识论上的二元论:不再是思想与存在之间的二元论,而是存在与真理之间的二元论。然而,所有这一切是萨特自身寻求终结主客体辩证法和强烈反对自然辩证法的结果。其结果是二元论与一元论之间永恒的矛盾,这在他看来是不可避免的。他写道:"辩证法恰恰是一元论的一种形式……自然是物质性的一元论。"[1]

但是,萨特的观点中几乎没有生态学,他谴责那些被他称作"物质的暴

---

[1] Jean-Paul Sartre, *Critique of Dialectical Reason*, Vol. 1, London: Verso, 2004, pp. 180–181.

力"(the violence of matter)的东西,并且声称:"任何让人类服从于人类以外的他者的哲学……都会厌恶将人类作为其基础和结果。"① 在这个意义上,萨特的存在主义一元论与自然外在性的毁灭相关,也与非人类的物质性基础的毁灭相关。萨特在他的文章《唯物主义和革命》一文中写道:"人类完全处于自然的控制之中,并且无论何时,自然都可以摧毁、消灭人类的肉体和灵魂。"②

由于无法调和这些术语中的必要性和自由性,或者接受一种开放式的唯物主义辩证法,萨特在永恒的矛盾循环中,选择将二元论作为一元论的必要时刻。萨特打着更高层次的存在主义一元论的旗号,通过融合两个对立面的结果,试图超越的仍旧是一元论和二元论抽象的、形而上学的实在性。一元论(如同二元论)就其本身而言,是非辩证的,萨特未能通过自己"辩证的一元论"来克服这一问题。然而,从历史唯物主义的角度来看,正如马克思指出的那样,这一问题唯一的真实答案就是承认自然和社会的永无休止的唯物主义辩证法。

(一)作为世界生态学的社会一元论:班萨德和摩尔

今天的左翼学者将一元论作为二元论的替代选择,不是萨特辩证的复杂性或者深刻的革命承诺,而是基于一元论的机械性主张,以及将包含混合性与"捆绑"的概念作为对二元论的回应。悉尼·胡克(Sidney Hook)声称马克思主义已经转化成肤浅的"一元论"。他的意思是,社会成了自然的实证主义的附属物。然而,目前这个附属物在后现代主义的影响下,被左翼理论家们颠覆了。越来越多的人认为,马克思在拒绝二元论启蒙世界观的时候接受了一元论哲学,把自然归入到社会中去。

法国马克思主义哲学家丹尼尔·班萨德(Daniel Bensaïd)在《我们时代

---

① Jean-Paul Sartre, *Critique of Dialectical Reason*, Vol. 1, London: Verso, 2004, pp. 181 – 182.
② Jean-Paul Sartre, *Literary and Philosophical Essays*, New York: Criterion, p. 236.

的马克思》(*Marx for Our Times*)一书中声称，马克思在《1844 年经济学哲学手稿》中论述了自然主义和人道主义的融合，他不仅拒绝了笛卡尔的二元论，而且提出了激进的一元论作为回应，经典的哲学二律背反在这个激进的一元论中得到了解决。对于班萨德而言，马克思不是一个唯物主义者，而更像一个唯心主义者；他更致力于将哲学一元论作为超越两者的方式。

关于马克思的自然观，班萨德与施密特认为："在马克思看来，自然是不能还原为社会范畴的。"但是，班萨德认为马克思的一元论是一种"一般的混合过程"，导致了"'混合客体'的产生，这个客体既是自然的，也是社会的"。因此，马克思被看作是拉图尔的前辈。借用拉图尔的著名标题"我们从未现代过"，班萨德认为"马克思也从来没有现代过"。[①]

班萨德只是用一元论代替二元论，而没有把马克思对二元论的批判视为既是唯物主义的也是辩证的批判，同时旨在实现整体调和，从而与革命的实践联系起来。此外，这里的一元论是一种后现代主义的混合。自然只是作为社会生产的混合物的合集而存在。同时，恩格斯受到班萨德的批判，据说是因为他拒绝热力学第二定律（虽然事实上是恩格斯只是质疑模棱两可的宇宙热寂说）。

为了摆脱所有的二元论或者自然和社会的不可还原性，杰森·摩尔（Jason Moore）依靠一种被称为话语捆绑的策略。他要么使用连字符，和介词"in"合成，表示内在的关系，要么依靠各种各样的比喻，例如包裹、混合动力和网。我们相信：历史进程可以被视为仅仅是一个社会与自然捆绑（和非捆绑）的进程。摩尔声称，像拉图尔认为的那样，"文明是人类与人类以外的自然之间关系的捆绑"[②]。这些捆绑构成了"生活之网"（web of life）或者"世界生态学"（world-ecology）。他质疑道："如果自然和社会是这些混乱关

---

① Daniel Bensaïd, *Marx for Our Times*: *Adventures and Misadventures of a Critique*, London: Verso, 2002, pp. 320 – 321.

② Jason W. Moore, *Capitalism in the Web of Life*, London: Verso, 2015, p. 46.

系捆绑的结果,我们如何称呼捆绑本身?"① 摩尔认为,除了马克思本人以外,没有任何人从世界生态学意义上把世界看作是"捆绑的",这也证明了他对自然与社会相互交织的态度。

以拉图尔式马克思主义和中立的一元论观点为基础,摩尔批判了那些采纳了马克思的物质变换理论概念框架的马克思主义生态学理论家。对于马克思而言,资本主义制度下的"社会物质变换"(即劳动过程)是"自然和社会的物质变换"的特殊的、异化的形式,发生在"普遍的自然物质"之中。在某些情况下,它在"物质变换交互作用"的过程中表现为真实"裂缝"的形式。摩尔声称,这种概念是"笛卡尔二元论式的",因为它假定了"两种物质变换,一种是社会的,一种是自然的"。

对于摩尔而言,指出资本主义与自然的对立关系就是要陷入"笛卡尔分歧"(Cartesian divide)的困境。资本主义比自然更加真实,资本主义中不再有自然本体论,只有市场本体论。因此,按照资产阶级的观点,环境被简化为一系列经济投入或者经济"廉价品"(食物、劳动力、原材料和能源)。生态危机的整个问题被简单地看作是经济危机的基础。然而,资本主义世界的生态学越来越内化在它自身的环境中,从而重申自己的存在是单一的物质变换。资本和权力在生活之网中展开,这是一个由多种文明项目塑造的整体,通过将"全球价值关系"普遍化这一手段,来团结所有人类和人类以外的关系。

生态马克思主义者把资本主义对自然的异化作为分析的核心,摩尔反对他们所谓的二元论,认为正是这些思想家的"笛卡尔式的二元论"使他们不能理解价值关系,这些价值关系本身是共生的,并使世界—生态具有一致性,这些关系构成了资本主义的主要成就。他进一步分析道:"人们很容易认为'增长的极限'是由(外部的)自然强加的,但事实更加棘手、更加复杂,

---

① Jason W. Moore, "Transcending the Metabolic Rift", *Journal of Peasant Studies*, Vol. 38, No. 1, 2011, p. 5.

也更充满希望。"① 在当今世界，不应该按照那些关注气候变化危险或第六次灭绝的人的思维，认为生态问题很可能会导致有威胁的"大灾难"，而应该把它理解为仅仅是资本主义社会经济周期的"正常"运行。毕竟，历史充满着资本主义战胜看似不可逾越的"自然极限"的各种例子，那么在地球系统层面，这有什么不可能呢？

罗伊·巴斯卡（Roy Bhaskar）在《辩证法：自由的脉搏》（*Dialectic: The Pulse of Freedom*）一书中说："有的时候，断裂、分割、区分和划分是必不可少的。"② "差异化是整体性和多样性统一的必要条件"这一命题意味着所有好的辩证法学者都理解整个哲学史。西方马克思主义以反对笛卡尔的二元论为名，通常反对一种抽象的、实体化的现实。巴斯卡认为，"一元论和主客统一理论"是与"人类的谬误"相关联的，因此，存在被还原为人类，主观世界被还原为社会。但是，在当今具有划时代意义的生态危机时代，堕入这种狭隘的人类一元论会使世界上大多数的物种将走向毁灭，不排除人类本身。

将马克思的观点置于我们的时代，世界并没有在资本主义制度下走向人与自然合一，而是走向危险的分离。

（二）自然的生产：史密斯和卡斯特里

社会建构主义一元论主要通过像班萨德和摩尔这样的思想家参与到生态社会主义的讨论中，其分析的特点是系统地排除了资本主义制度下的自然异化。正如史密斯所说，"自然"本身并不是一个马克思主义的范畴，自然世界大部分可以作为一个范畴被分解。他说："如果没有社会，自然就什么也不是。"③ 因此，我们正经历资本主义制度下的"自然的实质吸纳"（the real

---

① Jason W. Moore, *Capitalism in the Web of Life*, pp. 85–86.
② Roy Bhaskar, *Dialectic: The Pulse of Freedom*, London: Verso, 1993, p. 270.
③ Neil Smith, "The Production of Nature", In *Future Natural: Nature, Science and Culture*, edited by J. Bird, B. Curtis, M. Mash, T. Putnam, G. Robertson, and L. Tuckner, London: Routledge, 1996, p. 49.

subsumption of nature)。这不是消极或矛盾的观点,因为资本主义在这一过程中起着至关重要的作用。

在史密斯看来,法兰克福学派和生态运动都应当被谴责为"自然拜物教"和"自然崇拜"。相反,他认为,自然生产的视角为马克思主义社会科学的发展提供了一个更加普遍的观点,这个观点不仅是环保主义所缺乏的,而且也是那些盲目崇拜"所谓的自然法则"的自然科学所缺乏的。史密斯认为,二元论仍然普遍存在于环境运动和生态科学中,由于它们忽视了自然生产的观点,导致"左翼启示论"(left apocalypticism)学派未能认识到资本主义与自然的统一关系。

史密斯反对生态学话语,即便这种话语大部分是从隐喻含义来理解生态学的时候也是如此。他坚持认为:"只要重申自然的外部性(差异性),'拯救自然'的野心就完全是自欺欺人的,人类社会与自然是密不可分的。"史密斯强烈反对环境科学关于气候变化争论的发展方向,他坚持自己的历史怀疑论,并声称:"我们不得不成为'一个全球变暖的否定者'","……不得不以怀疑的态度审视全球公众正在以什么方式被迫接受技术、经济和社会变革的浪潮,这种浪潮被构建成眼下地球生存的必要条件"。[1] 在这些措辞中,"保护自然"和他所谓的回归自然的"救世主环境保护论"(saviour environmentalism)都将受到谴责。

卡斯特里是史密斯激进地理学的主要追随者,公认的"超建构主义者",甚至是普罗米修斯主义者,他相信史密斯的分析。在卡斯特里的假说中,我们可以看到,"自然成为资本主义的内在部分,以至于运用这些术语时所隐含的区别被侵蚀和破坏掉了"[2]。卡斯特里指出,马克思没有陷入"普遍的自然一元论"。然而,史密斯通过推广他自己的马克思主义自然生产观作为对马克思的修正,转向一种社会的或人类中心主义的一元

---

[1] Neil Smith, *Uneven Development: Nature, Capital and the Production of Space*, Athens: University of Georgia Press, 2008, p. 244.

[2] Noel Castree, "Marxism and the Production of Nature", *Capital and Clas*, Vol. 24, No. 3, 2000, pp. 27–28.

论，或者是一种"以劳动过程为中心的一元论"。因此，可以说他掉进了超社会建构主义的陷阱。实际上，在史密斯的一元论世界观中，普遍的社会取代了普遍的自然。

卡斯特里试图通过结合拉图尔中立的一元论，作为克服自然和社会二元论的出路，同时也试图超越史密斯关于自然生产的观点。拉图尔中立的一元论依赖于他所谓的"集成语言"（infra-language），即将事物捆绑在一起，且通过对混乱状态的转换来获取事物的本质。

新左翼混合理论喜欢使用类似于受控机体、准客体、捆绑和混杂等词汇，这些词汇模糊了人类、动物和机器之间的界限。然而，在人类世中，这样的观点很容易呈现出极端保守的框架，因为它消除了尖锐的矛盾，用模糊的混杂来代替它们。需要注意的是，拉图尔虽然否定了资本主义制度下自然和社会异化的调和，进而提出取消自然的本体论地位，但是，他仍然认为："如果二元论不会做的事情，一元论也不会做。"① 然而，正如我们看到的那样，他对捆绑的强调已经成为中立的一元论的代表性的方法，这种方法试图用捆绑的特殊性来取代精神和身体以及社会和自然的二元性。

（三）环境历史的本质：克罗侬和沃斯特

一些受到众多左翼生态学思想家青睐的一元论唯心主义观点，在过去20多年的激进环保史中也得到了证实。许多思想家，例如威廉·克罗侬（William Cronon）和唐纳德·沃斯特（Donald Worster）在他们的著作中也阐述了这一点。克罗侬因其社会建构主义而闻名，他坚持自然和社会在文化上的混合，以至于在任何纯粹的形式中（甚至是作为必要的抽象），自然大都消失了，并以此反对激进的生态学家的观点。在批判深层生态学（deep ecology）时，他坚持认为我们必须抛弃"作为我们理解和评估世界的概念地图的双重

---

① Bruno Latour, *Politics of Nature: How to Bring the Sciences into Democracy*, Cambridge, MA: Harvard University Press, 2004, p.94.

道德尺度——人和非人、非自然和自然"①。相反,我们必须接受自然的文化环境。虽然克罗侬的立场代表了一个文化历史学家的理性战略,但是这个观点谨慎地避免了生态可持续性的问题,同时在很大程度上将自然史归入文化史之中。对于实践者而言,这样的伎俩总是显示了自然在多大程度上被还原为文化,而不是文化在多大程度上依赖自然。在这个概念中,激进的环境运动被描绘为已经死去的现代主义的产物。这将被更多的后现代主义认识所取代,它揭示了一个相互交织的世界的文化相对论,认为自然和文化不能再被区分。文化因此被认为是唯一的现实,其最终结果是一种排除任何源于资本主义自然异化的生态批判方法。

马克思的辩证历史观构成了对资产阶级社会二元论唯一有意义的批判,而不是诉诸抽象的一元论、整体论或后现代主义混合论。对马克思来说,资本主义社会的二元论是与生产有关的异化关系的产物,因此也是社会新陈代谢的产物,这需要超越现有的历史形式,从而应对资本主义社会的危机和矛盾。正是马克思认识到了自然与社会之间的新陈代谢断裂,导致他把注意力转向了深入细致的生态学研究,尤其是在他生命中的最后20年。马克思的研究也激发了恩格斯对自然辩证法的探索。马克思不赞成那种否定自然客观力量的人类中心主义一元论,他将研究深入到进化论和古生物学记载中,记录了等温线(气候带)在物种灭绝中的作用。同样,恩格斯广泛地探索了宇宙学。

在19世纪后期,一元论伴随着社会达尔文主义和机械唯物主义的兴起,最初被一些唯心主义者所接受。普列汉诺夫提倡"历史一元论"(monist interpretation of history),这是一种机械唯物主义,虽然其措辞是辩证唯物主义的。对于所有这些思想家而言,除了普列汉诺夫的一元论以外,其他一元论都与自然主义决定论息息相关。这些类型的抽象的"一元论"遭到了恩格斯

---

① William Cronon, "The Trouble with Wilderness; or, Getting Back to the Wrong Nature", In *Uncommon Ground: Rethinking the Human Place in Nature*, edited by William Cronon, New York: W. W. Norton & Co., 1995, p. 89.

和列宁的强烈批评。

四、自然/生态学辩证法的回归

西方马克思主义对恩格斯自然辩证法的批判要追溯到格奥尔格·卢卡奇（Georg Lukács）的《历史与阶级意识》中，该书质疑了辩证法超越人类意识和人类历史的主体与客体之间关系的有效性。卢卡奇似乎切断了辩证法与任何外部自然以及人类行动之外的概念之间的联系。然而，即使是在《历史与阶级意识》中，卢卡奇仍旧坚持有限的、"仅仅是客观的自然辩证法"的可能性，这种可能性符合存在论和本质论。黑格尔的《逻辑学》的前两个章节描述了"被分离的观察者目睹的运动的辩证法"。即便缺乏人文科学中那样的主客体辩证法，这种"客观的自然辩证法"也构成了一个至关重要的批判视角。卢卡奇坚持认为，在《历史与阶级意识》中，他不仅没有拒绝自然辩证法，而且也没有否定自然辩证法。马克思通过劳动生产的社会与自然的新陈代谢概念，为卢卡奇的这个观点提供了关键性的本体论—认识论基础。

卢卡奇在他以后的著作中扩展了这个观点："马克思主义的基本范畴正在消失，例如劳动是社会与自然之间新陈代谢互动的中介。"[①] 此外，不仅是马克思的新陈代谢论，而且包括恩格斯提出的科学实验论，都为自然唯物主义辩证法提供了基础。根据卢卡奇的说法，马克思对社会新陈代谢的分析将"人与自然之间的相互关系"作为社会再生产的"不可逾越的先决条件"。在这个概念中，"自然边界"对人类生产而言，"只能后退，不能永远地完全消失"。

卢卡奇对唯物主义的"客观辩证法"的强调是由伊斯特万·梅扎罗斯（István Mészáros）发扬光大的。这里的客观辩证法与唯心主义的黑格尔式的主体—客体辩证法不同，承诺在一个闭环内具有彻底的自发性。梅扎罗斯凭

---

① Georg Lukács, *History and Class Consciousness*, London: Merlin Press, 1971, p. xvii.

借其权威著作《马克思的异化理论》(*Marx's Theory of Alienation*)和《超越资本》(*Beyond Capital*)成为了20世纪后期伟大的马克思主义理论家之一。梅扎罗斯通过人类—生产—自然的三元关系,构想出马克思异化理论的"概念结构",生产构成了人类与自然之间的调解形式。这样,人类可以被认为是自然的"自我调解"。

因此,1971年,当梅扎罗斯第一次全面地提出马克思主义对全球生态危机的批评时,我们不应该感到惊讶。这个时间仅在罗马俱乐部出版《增长的极限》之前一年。他认为,美国垄断资本主义的基于浪费的积累将在破坏整个地球的生态预算的情况下在全球范围内扩展。梅扎罗斯在《超越资本》一书中,根据对资本主义的社会新陈代谢异化的全面批判和对资本主义生态效应的分析,开展了关于"资本的绝对极限的激活"与"社会新陈代谢再生产的条件的破坏"的相关讨论,从而对其理论有所发展。与此形成鲜明对比的是左翼的超社会建构主义,他们指出环保运动屈从于一种"自然限制的拜物教",梅扎罗斯早期将唯物辩证法与科学的客观历史条件结合起来,以解决生态断裂问题。

在马克思的分析中,社会新陈代谢代表了劳动和生产过程,人类以共同进化的方式改变了包括劳动和自然在内的物质关系。商品不仅是由交换价值和价值的内在关系构成的,而且主要是由与使用价值相关的外部(环境)关系构成。马克思关于普遍的自然新陈代谢概念的描述清楚地表明,社会新陈代谢是普遍的新陈代谢中的一组关系。在资本主义制度下,这最终是一种异化关系,它反映了相互依存的社会新陈代谢过程中的一个无法弥补的裂痕,一种由生命本身的自然规律所规定的新陈代谢。正如大卫·哈维(David Harvey)所说,"马克思的'与自然的新陈代谢关系'概念中的'普遍性',在他的现实概念中构成了一种外部(以及内部)条件或边界",这使得他将政治经济学批判的所有"不同时刻"与他的生态批判联系在了一起。①

---

① David Harvey, "History versus Theory: A Comment on Marx's Method in *Capital*", *Historical Materialism*, Vol. 20, No. 2, 2012, pp. 12 – 14.

在全球范围内，马克思主义（和社会主义）理论有着丰富的生态思想史，这是西方马克思主义与自然和科学辩证法的异化的结果。冷战分裂使这种情况更加复杂了，其中，苏联的所有贡献都遭到了谴责，并且整体上被打上了"斯大林主义"的印记。因此，苏联科学界的那些重要生态发现即使被纳入科学的核心领域，一般也被西方思想界所忽视。

自然辩证法在更高层次的复苏是马克思主义生态理论家今天的重要任务，这个任务被看作与社会辩证法有关。马克思主义生态理论家正在探索人类世的生态矛盾，为实现真正革命的实践铺平道路。更加全面的辩证生态学的种子现在已经出现，那就是一种植根于唯物主义自然观和唯物史观的完整的历史唯物主义批判。

马克思主义理论提出的与人类世危机有关的唯物辩证观念，是一个开放的理论，它着眼于整体而非封闭，它揭示了我们时代的局限性和可能性。它所指的是需要创造一个新的世界，其对象不再是对自然的征服，而是一个可持续的旨在实现人类发展的世界。

这样的生态革命必然旨在创造一种超越资本主义社会的新的"生态文明"。这需要的是社会行动，它将产生一种更加集体的、平等的、可持续的，因此是社会主义的全球生产模式。以这种方式构想的生态文明必然会扭转自然与社会之间"相互依存的社会新陈代谢过程中的断裂"，并实现这一基本关系的"恢复"，同时满足依然重要的人类需求。从这个角度来说，人性依旧不得不面对这个最大的历史挑战。

关于"新社会运动"的思考：英国马克思主义历史学家的观点[*]

保罗·布莱克里奇[**] 著 张传泉 译

[内容提要] 本文通过分析英国马克思主义历史学家的一些著作，探讨马克思主义是如何在社会运动的研究中发挥作用的。英国马克思主义历史学家阐发了一些历史唯物主义的新见解，不仅抨击了将马克思主义还原为旧唯物主义的做法，而且展示了所谓的"新""旧"社会运动之间的连续性。英国马克思主义历史学家的成功之处在于提出了一种语言和文化模式，这种模式在将社会运动与各种全局性关系联系起来的同时，又充分意识到了不同社会运动的特殊性。

[关键词] 马克思主义 英国马克思主义史学 新社会运动

一、引言

在过去的几十年中，研究社会运动的欧洲学者已不再偏重于马克思主义。

---

[*] 本文原载《马克思主义与社会运动》（*Marxism and Social Movements*, edited by Colin Barker, Laurence Cox, John Krisnsky and Alf Gunvald Nilsen, Brill, 2013）。译文原载《国外理论动态》2017年第5期，译文有删节。

[**] 作者简介：保罗·布莱克里奇（Paul Blackledge），英国利兹城市大学学者。

人们认为"新社会运动"(NSM)的兴起标志着从工业社会到后工业社会或者说后现代社会的过渡，这一新的世界不仅动摇了旧左派关于工人阶级的设想，也动摇了其对政治自身的本质的设想。具体而言，新社会运动理论出现于20世纪70年代末，目的是对女权运动、环境运动、和平运动以及其他社会运动做出解释；而在这些社会运动兴起的同时，工人运动正走向低潮。人们广泛认为旧的社会（主义）运动是以阶级为基础的，目的是夺取国家政权，与此不同，新社会运动理论家认为最好将新社会运动视为建立在身份认同基础上的、反对"权力控制"的斗争。

尽管新社会运动理论家们反对以阶级为基础的政治学，但他们中的一些人并没有对马克思主义采取拒绝的态度，比如阿兰·图海纳（Alain Touraine）和阿尔伯特·梅卢西（Alberto Melucci）。马克思曾提出如下著名论断：人民并不是在他们自己所选定的条件下创造历史的。图海纳和梅卢西等人抓住这一点去反对马克思所谓的经济决定论，进而以此来批评马克思全部著作中被他们视为结构功能主义的部分。他们认为，除了其自己所说的唯物主义外，马克思在《路易·波拿巴的雾月十八日》中还提出了一种社会变革模式，这种模式充分意识到了"行动的规范维度"（normative dimension of action），因而能够解释各种社会团结和社会冲突是如何通过围绕经验的话语表述所展开的文化斗争而得以形成和再造的。

图海纳和梅卢西正确地指出，马克思在《路易·波拿巴的雾月十八日》中的著名论断涉及了行为主体的规范维度。然而，他们由此断定这种方法论与马克思更为广泛的历史理论相矛盾，这就欠妥了。对历史唯物主义最具影响力的各种解读不断寻求将人类主体与社会结构联系起来，而不是将一方还原为另一方，那些试图将马克思主义还原为某种整体上带有决定论色彩的结构功能主义变种的做法，往往忽视了马克思主义在丰富社会运动研究方面的潜力。众所周知，马克思指向的是一种有关社会变革的"非还原论"（non-reductive theory），该理论在关注社会关系植根于物质利益的同时，强调了语言和文化在社会生活中的重要性。与此相反，许多新社会运动理论家受到"语言转向"的影响，倾向于通过将语言从物质世界中剥离出来，来扭转旧唯物主义的错误。

在本文中,笔者将探讨马克思主义是如何通过英国马克思主义历史学家的工作来促进社会运动的研究的。这些马克思主义者包括爱德华·汤普森(Edward Thompson)、艾瑞克·霍布斯鲍姆(Eric Hobsbawm)和克里斯托弗·希尔(Christopher Hill)等人,他们的研究证明了马克思主义具有处理人类能动性的意向性问题和伦理问题的能力。通过将人类能动性视为有目的的活动,英国马克思主义历史学家从自身视角出发形成的对历史的看法渗透在了有关社会运动的大量研究之中,这些研究抓住了这些社会运动的特殊性,同时说明了这些运动如何展现了社会的本质。克雷格·卡尔霍恩(Craig Calhoun)批判了在"新""旧"社会运动之间进行过分简单化的对比这一做法,他提到新社会运动研究与汤普森在其经典著作《英国工人阶级的形成》中对社会运动的分析之间具有连续性。本文着力扩展这一角度,以此来探索马克思主义史学中的一个生生不息的传统,该传统打破了新旧社会运动之间的二分法。

二、英国马克思主义史学中的语言与经验问题

众所周知,斯大林在《马克思主义与语言学问题》中认为社会的意识形态、政治、法律等上层建筑仅仅"反映"了社会基础(生产关系)的变化,而社会基础(生产关系)的变化又反映了"生产力"的变化。由此(或者只是他的个人看法),"上层建筑活动的范围是狭窄的和有限的"。如果这些说法是斯大林对马克思主义所进行的还原论的和宿命论的夸张描述,那么路易·阿尔都塞(Louis Althusser)提出的"历史是无主体的过程"这一论断促使汤普森提出了如下看法:尽管阿尔都塞与斯大林对于生产力的首要地位这一点在观念上存在差异,但二人在历史能动性概念上有着共识,这是一种物化的、因而非常不完善的历史能动性概念。

20年前,汤普森通过重新关注人类能动性问题而与斯大林主义分道扬镳。在《社会主义的人道主义——致非利士人书》中,他批评他所说的庸俗马克思主义往往"以过于简单化的方式,直接从各种经济原因推导出关于政治现

象的全部分析"。此外，汤普森认为，这种错误不能只归因于斯大林，因为马克思和恩格斯在其思想还不够成熟的时候也曾机械地依据生产力与生产关系之间的矛盾来解释革命，而没有将其视为真正的人类能动性导致的结果。此外，汤普森还认为，马克思和恩格斯的著作中存在的这一不足在其提出经济基础与上层建筑这一比喻时表现得最明显。汤普森坚持认为，经济基础—上层建筑模式是一个"糟糕而危险的模式"，因为斯大林在使用这种模式时，所描述的并不是在社会中发生变化的人，而是将其视为一种机械模式，该模式的运转是半自动化的，独立于人类能动性。因此，正是在斯大林提出的粗糙的经济决定论背景下，汤普森强调了人类能动性在历史上的重要作用。

20年后，汤普森运用人类"经验"的概念扩大了他对社会存在与社会意识之间具体的协调关系的分析。他认为经验"是在社会存在中自发产生的"，其作用是施加"压力"来为意识设置"限制"。虽然汤普森在自己的历史著作中着力对该概念进行了展开说明，但佩里·安德森（Perry Anderson）依然有力地指出了其在理论上的不足。安德森认为汤普森的"经验"概念至少忽视了该术语的两种不同的外延：一种经验是完全存在于意识之中的，另一种经验是在存在与意识之间发挥中介作用的。安德森认为，这种忽视意味着汤普森没有深入探究那些存在问题的、解读"经验"的各种方式。

当盖瑞斯·斯特德曼·琼斯（Gareth Stedman Jones）提出类似观点时，这标志着他开始与马克思主义分道扬镳，这一做法颇具影响力。琼斯有力地批评了汤普森以及汤普森式的马克思主义者，因为他们拒绝将汤普森对马克思的"经济基础与上层建筑"这一比喻的批评扩展为对唯物主义的更一般的否定。琼斯认为，尽管汤普森在《英国工人阶级的形成》中使用了经验和文化这些概念，但他无法从马克思主义的唯物主义的错误中抽身而出，原因是他没有认识到这些概念远不只是在意识与作为其基础的现实之间发挥中介作用，它们自身与语言有内在关系："经验"通过语言得到解释，而不能还原为经济关系在上层建筑方面的反映。

如果琼斯提出的批评在广义上与语言转向以及新社会运动理论提出的更具体的主张所具有的一般意义是内在一致的，那么注意到如下这一点是非常有意思的：从根本上对宪章运动进行的重新解读沿袭了琼斯对汤普森式的马克思主义所进行的方法论上的批评，而对这种重新解读提出质疑的马克思主义者中没有人否认新社会运动的一个决定性特征：在"文化领域"内语言对于促进团结和引起冲突都具有重要作用。

这些马克思主义者质疑的是琼斯提出的"特殊形式的语言分析"。例如，内维尔·柯克（Neville Kirk）认为，琼斯将现实"溶解"到语言中的做法阻碍了"对语言、政治、'社会'之间关系"的真正研究。拉斐尔·塞缪尔（Raphael Samuel）提出了类似的观点，认为"历史记录不能只当作符号系统去解读"，如果历史学家想要"以言观形"，就必须跳出语言本身。

马克·斯坦伯格（Marc Steinberg）令人信服地指出，琼斯和其他对汤普森提出了类似批评的人都采用了一种物化的方法论，这种方法论使得他们看不到阶级斗争的现实。简言之，斯坦伯格认为，对汤普森的这些批评是与被夸大了的阶级意识概念齐头并进的，这种阶级意识概念是社会中的某种独特话语，其作用是掩盖真正的阶级语言（language of class）。斯坦伯格强调，最好不要将阶级意识理解为自身已经发展成熟的话语，而要认为它是通过"在斗争中形成的各种话语的摩擦"而产生的。

这些英国马克思主义历史学家以及随后的其他学者将语言与社会关系联系在一起，而没有滑向机械还原论，他们提出的语言观念非常不同于从斯大林那里推导出来的以及在新社会运动理论中通常看到的那种对马克思主义的夸张解释。该一点体现在希尔对约翰·波考克（John Pocock）提出的"人不可成不能言之事"这一观点的批评中。希尔认为，这种观点涉及对历史记录的深刻误解。事实是"事发于言前，之所以需要新的语词是因为出现了新的事物"。具体来说，希尔讨论了"革命"一词的意义是如何在17世纪的英国发生变化的。他认为，17世纪的思想家实际上是选了一个有专门意义的旧词，反复考虑后，赋予了其新的政治含义："人类摸索新的词语来描述他们的经验。"

在希尔看来，历史学家如果想充分认识17世纪的政治，就必须在其动态的相互关系中分析语言以及不断变化的社会实践；原因是，如果仅仅分析这一过程的一个方面,就会犯还原主义的错误。汤普森认为,那些受语言转向影响而对其研究所提出的批评往往反映而非克服了那些更加传统的和奉行经济主义的社会历史学家所提出的批评的弱点,而这两类批评其实是对立的。后者往往属于还原论唯物主义,与此不同,前者只是要在从文化到语言的"帝国主义还原"(imperialistic reduction)这一倾向中将还原论唯物主义倒转过来。

汤普森对于语言还原论和经济还原论的负面批评无疑是切中要害的,但是,他自己试图在朴素唯物主义与语言唯心主义之间打通道路的理论尝试却进退两难,并不那么成功。

克里斯·哈曼(Chris Harman)以葛兰西的方式进一步发展了汤普森与安德森之间的争论,他认为:"当人们从事物质实践时,他们会对自己的行动产生直接意识,也会对自己实践中所接触的世界产生直接意识,这部分世界不可能是虚假的。"然而,按照这种对"直接意识"的理解,往往会存在"一种更普遍的意识",这种更普遍的意识更少受到直接实践的限制,因而更容易被错误解读。这种情况似乎成为社会生活的内在顽疾,即有可能导致意识的普遍性与特殊性之间出现断裂甚至矛盾。在哈曼看来,在阶级分化的社会里,存在着出现"虚假的普遍化"(false generalisation)的物质基础:将自己的私人利益描述为普遍利益这一点与统治集团利害攸关。

关于人的经验意识与统治集团更为普遍的世界观之间的矛盾,可以从米哈伊尔·巴赫金(Mikhail M. Bakhtin)区分初级(简单)和二级(更复杂)言语体裁(speech genres)的角度来理解。巴赫金认为,初级(简单)言语体裁"与现实和其他人的真实话语有着直接关系",而更复杂的(二级)言语体裁产生于这些话语。初级和二级言语体裁之间的断裂可以理解为没有中介的交流与有中介的"意识形态"之间的张力,而这种张力导致了各种围绕经验的解读展开的斗争。从这个角度看,语言远不只是现实在上层建筑上的反映,而是有关意义的冲突得以展开的媒介。

根据斯坦伯格的说法,这种类型的冲突在斗争时期最为突出。他认为:"汤普森对经验的集中关注把分析方向引向了具体社会环境中的斗争的动态发展。"此外，他还坚持认为，依据一种巴赫金式的复杂的语言模型来重新解读汤普森的见解是一个相当容易的过程，该语言模型避开了那种后结构主义语言转向所具有的唯心主义特点。语言争论应该被理解为是在言语体裁范围内展开的，而不是在不同的话语之间展开的。

无论汤普森的经验模式存在什么局限，关于经验的中介作用以及语言的争议性等观念已经在英国马克思主义历史学家的历史研究中司空见惯。维克多·基尔南（Victor Kiernan）在对莎士比亚的研究中提出，如果想对文学作品做到充分了解，就必须一开始就把它们置于更广泛的物质关系之中：文化分析一定要从考察社会的"根本基础"开始，而且必须采用"人类谋生时所采用的方式"，因为"只有人类通过经验开放头脑之后，思想才会起作用"。其他英国马克思主义历史学家特别注意到了思想在历史上的积极作用，乔治·吕德（George Rudé）对于他与霍布斯鲍姆关于1830年"斯温队长起义"的分析所做出的评论就清楚地体现了这一点。吕德提出，他们"一直关注普通民众的意识形态"，尤其关注思想"凝聚群众"（就像马克思所说的）的方式。有趣的是，他认为，斯温队长领导的社会运动与其他许多类似的运动一起使"隐藏起来的'正义感'"浮出水面，进而在英国和国际工人运动建立起为正义而斗争的传统中发挥了作用。霍布斯鲍姆通过分析有关社会土匪的传说，认识到在农民社会中存在类似的对正义的普遍渴望。他断言，不管现实生活中的盗匪是否实现了人们寄托在罗宾汉（Robin Hood）身上的理想，农民却相信盗匪就是这么做的。这一事实表明，人们对正义存在着普遍的渴望。这并不是说，英国马克思主义历史学家习惯于将具体的运动简化为虚假的普遍性（universal）。相反，正如罗德尼·希尔顿（Rodney Hilton）在讨论中世纪农民起义时所指出的：虽然自由可能是下层运动所提出的普遍要求，但其具体形式"只有在特定环境下才有意义"。

此外，特里·伊格尔顿（Terry Eagleton）指出，虽然将马克思的经济基础—上层建筑的比喻与其提出的存在决定意识的观点混为一谈是不对的，但是，"由于一直以来在'社会存在'方面占据优势的是剥削性的经济生产，所以有理由认为，对人类意识产生最重要影响的必然就是这种经济生产"。当然，在剥削关系是社会整体的本质的观点与机械地将非经济关系还原为这一本质的做法之间有着很大的差距。事实上，正是由于这个原因，马克思提出的经济基础与上层建筑的比喻并没有坠入不可挽回的还原主义中。相反，正如霍布斯鲍姆等人提出的，虽然经济基础与上层建筑这一比喻有可能被机械地使用，但是马克思及其"最富洞察力的追随者们"不需要，也必然不是以这种方式来使用这一比喻的。

将汤普森研究社会运动的方法论与马克思的经济基础—上层建筑模式整合起来并不困难，只要我们能够摆脱对后者的那种夸大解读。从这个视角出发，布莱恩·帕尔默（Bryan Palmer）认为，"汤普森作为一个历史学家的力量"部分来自"他对语言的多重性（multi-accentuality of language）的意义采取了一种弗拉斯诺夫式的理解"。瓦连京·弗拉斯诺夫（Valentin Vološinov）认为，符号不仅是某个语言结构的任意元素，还是"意义过程中"的基点，而意义本身"出现在社会互动的过程"中。安德鲁·塞耶斯（Andrew Sayers）对此评论说："我们通过展示符号之间的差异而做出'所指'（reference），同样，这种符号网络的形成也依赖于所指（包括对其他话语的所指）和对这个世界的实际参与。"因此，符号可能具有"多重性"：不同的人可以根据实际情况采用不同的方式来使用它们。让-雅克·勒塞克勒（Jean-Jacques Lecercle）同样指出，因为弗拉斯诺夫坚持认为如果要想充分理解符号，就必须将它们与具体情境中的具体使用者联系在一起，所以他使语言牢固地扎根于社会的物质基础之中。

弗拉斯诺夫认为，"语词总是充斥着来源于行为或意识形态的内容和意义"，或者更简单地说，"话语是一种社会现象"。他坚持把言语作为具体活动来研究，这使他能够将语言作为社会存在的一部分来进行概念化。对此，大卫·麦克纳利（David McNally）认为，经济基础与上层建筑这一比喻对于弗拉斯诺夫的重要性"在于该模式坚持认为意识形态冲突主要是由在一定的生产方式、社会生产关系以及阶级斗争中被组织起来的人的实际活动所决定的"。由于弗拉斯诺夫否定了那种对马克思的概念进行的物化的夸张描述，所以他并不把社会经济基础当作单一事物来理解，而是当作或多或少有着敌对意味的各种人类实践的统一结合体。正是在这样的冲突性的实践中衍生出了语词的意义以及围绕语词的意义所展开的斗争。

语言本身并不具有上层建筑属性,"当且仅当某种制度或实践以某种方式采取行动来支持社会关系的剥削本质或压迫本质时,这种制度或实践才具有'上层建筑'属性"。后结构主义语言理论声称文本之外别无他物,新社会运动理论中也有类似观点,但这会破坏任何试图透过现象看本质的努力。这种方法论会导致传统历史分析中那种肤浅的描述性方法的再现。因此,对于那种宣称马克思主义会导致一种还原论的政治观念的观点,我们最好将其理解为对如下做法的过度误解,这种做法就是要确保政治具有物质基础。

三、(新)社会运动与政治

新社会运动理论不同意马克思所谓的经济决定论或结构功能主义,而支持一种文化主义的政治观念,在这种观念中,政治被设想为一种在各文化群体之间形成和再形成团结和联盟的过程,但是,这一立场与英国马克思主义历史学家中的领军人物在方法论方面的某些构想相类似。例如,霍布斯鲍姆撰写的相关著作分析了英国马克思主义历史学家的研究与葛兰西对马克思主义的精致解读之间的类似之处。哈维·凯伊(Harvey Kaye)认为,如果英国马克思主义历史学家要发展葛兰西的观点,最好依照马克思对抽象说教式的政治研究方法的批判来理解葛兰西的这些观点。葛兰西像马克思一样,依据根源于社会关系的社会实践来设想理想的社会主义运动,用美国马克思主义历史学家大卫·蒙哥马利(David Montgomery)的话来说,葛兰西设想的社会主义来源于"劳动人民的工作和生活模式"。

正如霍布斯鲍姆所指出的,马克思主义所关注的不只是"历史向我们展示什么事情会发生",而且关注"必须做什么"。在英国马克思主义历史学家中,在对经济基础与上层建筑这一比喻进行非还原主义解读方面做出了最精密研究的著作可能是杰弗里·德·斯蒂·克罗克斯(Geoffrey de Ste. Croix)的《古希腊社会的阶级斗争》一书。尽管该书的主题不属于新社会运动的领域,但从两个方面来讲，克罗克斯的研究都是有意思的，一方面，他对马克思的阶级斗争概念进行了权威解读和辩护；另一方面，他对其他更负盛名的英国马克思主义历史学家进行了批判式研究。例如，霍布斯鲍姆曾提出"阶级和阶级意识是分不开的"，克罗克斯对此进行评论时指出，这一立场涉及对马克思方法论的片面误读。在他看来，马克思作为一个社会理论家取得成功的关键在于他认识到剥削是阶级的重要标志，而且这是支撑阶级"'斗争''矛盾''对立''敌对'或'紧张关系'"产生的客观社会关系。

克罗克斯的观点的有力之处在于，他抓住了"一切生产形式的本质存在于榨取直接生产者的无偿劳动的特定经济形式中"这一点，由此他能够以一种超越了粗俗经验主义的方式来"解释历史进程"，而很多历史著述恰恰陷入了这种粗俗的经验主义之中。

然而，那些将本质主义等同于还原主义的现代研究者并不欣赏这种研究方法的优点。鉴于首先是考茨基，随后是斯大林夸大了马克思的方法论，因此它遭到排斥也就可以理解了。马克思的关键性创新不是将一切还原为经济或阶级，而是把握住了"人们在生产过程中所处的社会关系"的决定性作用。

在这个问题上，阿拉斯戴尔·麦金太尔（Alastair MacIntyre）重新研究了经济基础与上层建筑这一比喻，他的研究避免了这一比喻通常会遭遇的那种批评，即它会导致从经济到政治的机械的因果关系。麦金太尔指出，斯大林错误地坚持历史的一般过程是可以预见的，其原因是他误解了经济基础与上层建筑这一比喻在马克思理论中的作用。当马克思使用这一比喻时，他所指的并不是一种机械的因果关系。我们最好从黑格尔的角度来理解马克思，认为他所指的是一个过程，在这一过程中，社会的经济基础提供了"一个上层建筑在其中得以产生的框架"。基于此，麦金太尔认为经济基础和上层建筑的形成"并不是两个活动，而是一个"。前面所提到的斯大林对历史进程的解释无法从马克思的模型发展而来。关于语言在这个模型中的位置，麦金太尔认为："要理解一个概念，要理解表达这一概念的语词的意思，就需要理解该概念在语言和社会生活中的角色。……不同形式的社会生活会为概念赋予不同的角色。"如果这些说法像是在语言转向的影响下提出的，那么麦金太尔在提出这些想法时自认为是马克思主义者这一事实将提醒我们,早在阿尔都塞主义式微之前,就有马克思主义者对语言问题进行了严肃讨论。

从相似的角度出发,霍布斯鲍姆认为,最好将马克思主义理解为提出了一种关于现实的多层次概念,在这一概念中,有目的的人类能动性是通过"社会生产关系"形成的,但不能被机械地还原为"社会生产关系"。

显而易见,霍布斯鲍姆在理解马克思主义时,将人类能动性放在其核心位置。他认为,特定的个人行为彰显了他们所处的社会环境,而其行为模式可以从他们的个人行为中辨识出来。因此,在其有关社会盗匪的经典研究中,以及对盗匪的"力量、勇气、狡猾和决心"所进行的讨论中,霍布斯鲍姆展示了这些特性是如何在贫穷和不公的环境中涌现出来的:盗匪活动是"在与残酷和支离破碎的社会的对抗中迷失的人们发出的呐喊"。有意义的是,在现代社会中,这些"盗匪"故事依然能够让人产生共鸣,尤其在那些较贫困的群体中,因为"每个人都有过被个人或组织不公平对待的经验,而贫穷者、弱势者和无助者的这种经验尤其多"。霍布斯鲍姆由此在经验与意识之间构建了一种非机械的且依旧真实的联系。

希尔在《反抗法律的自由:17世纪的一些争论》一书中扩展了类似的观点。通过提出"自由为谁"这一问题,希尔研究了与各种各样的社会运动和思想相关的文献,目的是探讨围绕自由的意义展开的各种冲突。像霍布斯鲍姆一样,希尔使用罗宾汉传说作为例子,该传说在人们见证着君主权力让位给"法治"的时期依然引起了持续共鸣,他以此来解释现代制度中持续存在的阶级偏见,大量争取自由的社会运动以及大众文化中称颂某些犯罪活动的方式都说明了这些偏见的存在。通过对海盗、强盗、吉普赛人的研究,希尔解构了资本主义就是自由的实现这一资本主义的自我形象,阐明其本质就是一种法治支持下的不自由的、不公正的体系。

四、结论

新社会运动理论家们倡导从旧社会运动向新社会运动的转变,这一变化是从工具性的国家主义政治转向伦理性的反国家主义政治,与此不同,霍布斯鲍姆批评这种反国家主义的直接行动运动(direct action movement)没有效率,相反,国家主义形式的社会主义更加有效率。不幸的是,社会民主主义和斯大林主义实际上远没有霍布斯鲍姆所设想的那么有效率,这为新形式的直接行动打开了空间。在某种程度上,这恰恰是社会运动在20世纪70年代和20世纪80年代所经历的转向。

英国马克思主义历史学家的研究多倾向于支持卡尔霍恩关于新旧社会运动之间存在连续性的说法。通过将各种直接的社会运动置于资本主义生产关系的背景下,同时又不将这些运动还原为这些关系,英国马克思主义历史学家以及其他类似的研究者能够为这些社会运动做出内容丰富的阐释,他们的阐释贯穿着这样一种战略导向:这些运动因为针对异化的不同方面所采取的各种不同斗争而联系起来,因此它们有可能团结起来成为更广泛意义上的反对异化的社会主义运动的一部分。

如果说斯大林的经济决定论对大量的此类社会运动视而不见,那么新社会运动理论则陷入了相反的错误,即没有认识到这些运动之间存在共同的物质利益。相比之下,英国马克思主义历史学家提出的研究方法使得我们能够通过一种语言和文化模式来克服上述两种方法的局限性,这种模式在将这些运动与各种全局性关系联系起来的同时,又充分意识到了不同社会运动的特殊性。由于英国马克思主义历史学家指出了不同社会运动之间的差异,但同时并没有消融掉这些差异,所以无论其存在何种弱点,他们的研究对于旨在建立各种联盟(这种联盟建立在战胜资本主义这一深刻的共同利益的基础上)的反资本主义者而言依然具有重要性。

五月风暴与马克思主义的回应[*]

理查德·沃林[**] 著　任培艺　译

[内容提要] 五月风暴在20世纪法国左翼斗争的历史中具有无法抹去的重要地位。在五月风暴中,法国左翼学者直面"马克思主义的危机",用辩证唯物主义将马克思主义从苏联的教条中解放出来,使之成为一种诊断工具。同时,法兰克福学派的文化批判理论有力地扩展了马克思的批判框架,将其从生产领域延伸至上层建筑领域,为西方"反威权主义的左翼思潮"的出现做了铺垫。本文从五月风暴的历史出发,对"马克思主义的危机"以及法国左翼学者对危机的回应进行了分析,并通过对异化的消费社会的描述阐释了法兰克福学派的文化批判理论。

[关键词] 五月风暴　"马克思主义的危机"　法国左翼　文化批判　消费社会

2018年在马克思主义发展历程中是不同寻常的一年:既是马克思诞辰200年,也是1968年全球青年反抗运动50年。已故古巴前任领导人菲德尔·

---

[*] 本文系作者2018年5月在北京大学召开的第二届世界马克思主义大会提交的论文,译文原载《国外理论动态》2018年第8期。

[**] 作者简介:理查德·沃林(Richard Wolin),美国纽约大学政治学教授。

卡斯特罗曾将1968年称为"反抗英雄们的辉煌之年"。

一、五月风暴与"马克思主义的危机"

发生于1968年的五月风暴在法国20世纪左翼斗争的历史中具有无法抹去的重要地位。运动的开始只不过是一位谦逊的学生厌恶巴黎市郊的一所大学，但随后却迅速转变为一场近900万人的工人罢工、学生罢课浪潮。自法国人民阵线运动以来，这样大规模的抗议行动还从未出现过。五月风暴证明了集体行动的力量，这是公民通过自行组织的工会来影响历史进程的力量。当时，已至古稀之年的法国总统戴高乐意识到局面已经失控，遂逃到国外并做好了辞职准备。

"马克思主义的危机"（Crisis of Marxism）是指被理解为诊断工具和历史理论的马克思主义的历史局限性。

作为一种资本主义社会的分析工具，作为一种历史斗争理论，马克思主义的出发点是19世纪的工厂制度。然而，在20世纪下半叶开始之前，资本主义的性质发生了马克思始料未及的变化："二战"结束之后，西欧和北美开启了一个史无前例的、物质生活空前丰富的、被称为"消费社会"的时代。这导致了资本主义统治不再像马克思所设想的那样仅仅局限于工业的厂房；相反，社会控制的逻辑得到了扩展直至文化获得某种自发的统治地位。

在这种情况下，商品拜物教的逻辑从工厂延伸至社会上层建筑，导致了"意识的物化"。正如马克思在《资本论》中所指出的："最初一看，商品好像是一种简单而平凡的东西。对商品的分析表明，它却是一种很古怪的东西，充满形而上学的微妙和神学的怪诞。""要找一个比喻，我们就得逃到宗教世界的幻境中去。在那里，人脑的产物表现为赋有生命的、彼此发生关系并同人发生关系的独立存在的东西。在商品世界里，人手的产物也是这样。我把这叫作拜物教。劳动产品一旦作为商品来生产，就带上拜物教性质，因此拜物教是同商品生产分不开的。"[①] 消费资本主义的新现实——"文化领域"的

[①]《马克思恩格斯文集》第5卷，人民出版社2009年版，第88、90页。

商品化——极大地改变了马克思所提出的"经济基础"与"上层建筑"之间的关系。"上层建筑"不能继续被简单地视为"经济基础"的反映。相反，在发达资本主义的条件下，那些所谓的"文化产业"已经变成了一种独立的支配力量和"虚假意识"的来源。

因此，作为一种历史分析和批判的方法论，"马克思主义的危机"指的是"正统马克思主义"（Orthodox Marxism）的危机。辩证唯物主义未能跟上晚期资本主义条件下统治性质的变化，这在恩格斯的作品《自然辩证法》中有所体现，即它仍停留于19世纪科学主义的框架之中，教条地拘泥于以"资本主义发展规律"为前提的阶级斗争理论，而这种规律已不再符合当代发达资本主义的现状，因为国家干预以及工会和社会民主党的影响已经成功地改变了那些"规律"，使阶级斗争的状况得以缓和。

法兰克福学派的文化批判理论卓有成效地扩展了马克思的批判框架，将其从生产领域延伸至"上层建筑"。西奥多·阿多诺（Theodor W. Adorno）和瓦尔特·本雅明（Walter B. S. Benjamin）等法兰克福学派的思想家们认识到，为了让工人阶级再次富有革命性，就要认清赫伯特·马尔库塞（Herbert Marcuse）所描绘的"单向度的社会"中资本主义的神秘化，揭开将资本主义统治伪装起来的面纱，将其曝光在大众面前。

因此，五月风暴这场运动的核心就是这一代传奇的法国左翼学者，他们曾经直面"马克思主义的危机"。通过直面危机，他们将马克思主义从苏联的教条中解放出来，使之成为一种诊断工具，并进一步提出了辩证唯物主义对于分析普遍存在于20世纪50年代和20世纪60年代的新统治形式的价值，从而为"反威权主义的左翼"（anti-authoritarian left）在西方出现并广为人知做了铺垫。作为一种"新左翼"（New Left），"反威权主义的左翼"分析了苏联马克思主义的修正主义模式的死板和僵化，创造性地提出了"批判的马克思主义"这一理论概念。"批判的马克思主义"可以在马克思的《关于费尔巴哈的提纲》中找到依据，该提纲将马克思主义重构为一种"实践"理论，即关于"'革命的'、'实践批判的'活动"①。

如上所述,我对知识分子的革命动力深表赞许,并将五月风暴视为解放运动和激进斗争之历史突破口的必要前提。

二、"日常生活的革命"

1968年3月,法国《世界报》的一篇著名文章声称:"法国人深感厌倦。"② 作者认为,法国正处于一个将要变为毫无个性之社会的危险时期,所有人都在埋头于一系列没完没了的琐碎事情和毫无意义的官僚事务。生活本身似乎凝固成了熟悉而又乏味的日常惯例的集合,这种状态可以被概括为:地铁—工作—睡觉。在五月风暴前夕,情境主义国际(Situationist International)意识到了这个问题,并在一本小册子里写道:"我们不想生活在一个以死于无聊为代价来换取不死于饥饿的世界。"③ 正是在这种精神的指引下,一个为五月风暴欢呼的涂鸦出现在索邦神学院的墙上,它宣称:"无聊就是反革命!"

在五月风暴之前的文化批判中,一个非常重要的主题就是"日常生活批判"(the critique of everyday life)。根据传统观念,古典资本主义的统治空间很大程度上被限制在工厂内部,而人们的私生活——每天工作后剩下的12—16小时——则属于自己所有。但是,消费资本主义的符号学却完全改变了这种情况。"私生活"再也没有任何"隐私"可言,而是打着"闲暇时间"的幌子被工业的力量充分开发并成为其"殖民地"——在某种程度上可以说充斥着丰富的物质消费的诱惑。日常生活似乎已经被剥夺了其"自然"和"休闲"的特征,从而也就因此失去了其完整性。无论人们乘地铁、去剧院、在宽阔的林荫大道上散步,抑或是看电视,消费社会的画面都是我们难以回避的。在"二战"后的几年中,法国的物质文化已经被改造得面目全非。作为

---

① 《马克思恩格斯文集》第1卷,人民出版社2009年版,第408页。
② Pierre Viansson-Ponté, "Quand Is France Sénnuie", Le Monde, 5 March 1968.
③ Raoul Vanegeim, Traité de Savoir-Vivre a l'usage des jeunes générations, Paris: Gallimard, 1968, p. 8.

一个叛逆的马克思主义哲学家，亨利·列斐伏尔（Henri Lefebvre）在其颇具影响力的研究著作《现代社会的日常生活》（*Everyday Life in the Modern World*）中写道："我们正在经历对我们原有的'价值观'的一次痛苦而又草率的修订；休闲不再意味着节日庆祝和工作回报，而且这些并不是被自由选择的活动，从而也不是不断追求着其自身价值。一般情况下，休闲表现为电视、电影、旅游。"①

针对世界共产主义运动在苏联东欧国家惨痛的失败教训，同时考虑到晚期资本主义的权力已经开始渗透到日常生活的缝隙之中，西方左翼思想发展出了一种富有创新性的政治架构，使得学生中的激进派可以重新解读他们的亲身经历，诠释他们对政治变革的渴望。西方左翼思想的独一无二之处在于，尽管它坚决反对共产主义，但其观点依然是左倾的和激进的。通过对苏联马克思主义的洞察，左翼学者发展出了一套在历史上全新的、并且也是全面的政治统治形式，即一种激进的民主理论。受到"工人自治"或"议会共产主义"传统的启发，它倡导一种"横向的"、平等主义的直接民主理念——市民社会的自我组织。它在政治上根源于"列宁主义"、斯大林主义、托洛茨基主义。这些思想都属于贯穿整个20世纪的左倾威权主义思想，它们都主张坚决镇压敌对势力，并且都是向往工人自治的左翼运动。

三、对"正统马克思主义"的批判

法国的激进左翼杂志《社会主义或野蛮》（*Socialism and Barbarism*，1949—1966）是托洛茨基派的理论喉舌。聚集在该杂志周围的核心成员们追随"第四国际"的观点，认为苏联是一个"退化的工人国家"。按照这种观点，苏联客观上仍然是社会主义国家，而其"退化"应归咎于托洛茨基的对手斯大林的过激和失误。但是，《社会主义或野蛮》编辑委员会很快就发现，

---

① Henri Lefebvre, *Everyday Life in the Modern World*, S. Rabinovitch (trans.), New York: Harper and Row, 1971, p. 54.

苏联共产主义的崩溃绝非斯大林的个人行为造成的，其背后有着深刻的政治成因。因此，以科内利乌斯·卡斯托里亚迪斯（Cornelius Castoriadis）和克劳德·勒福尔（Claude Lefort）为首的《社会主义或野蛮》编辑部成员开始意识到，苏联客观上已经不再是社会主义国家；相反，它歪曲了马克思主义原有的关于人类解放潜能的思想。在勒福尔和卡斯托里亚迪斯看来，苏联代表着一种政治统治的新形式。即"官僚国家社会主义"（bureaucratic state socialism）。1957年，南斯拉夫持不同政见的共产主义者米洛万·吉拉斯（Milovan Djilas）在《新阶级》一书中开创性地论述了由党的官僚阶层和精英集团组成的"新阶级"是如何产生的，以及他们如何统治整个苏联的势力范围并使东欧社会主义深受其影响。

此后，有关领导者与被领导者、统治者与被统治者之间日益对立的观点不断增多，并开始代替马克思主义理论意义上的资产阶级与无产阶级的对立。受马克斯·韦伯在《经济与社会》中对"官僚统治"的分析的影响，《社会主义或野蛮》编辑部开始将官僚主义作为一种自发的统治形态，认为其既不依赖市场，同时也不可简单地还原为市场。

在法国的背景下，上述观点和结论转化为对法国共产党及其隶属机构——比如共产党领导的法国劳工总联盟——的不信任。后来，即在五月风暴的前几年，卡斯托里亚迪斯得出了更加激进的结论，即目前马克思主义运动的失败要归咎于正统马克思主义的教条本身的缺陷，这也是他的早期观点的延伸与完善。他认为，作为一种思想主体和历史哲学，正统马克思主义违背了总体性（totality）和单一性（unicity）的原则，与人类条件的复杂性和差异性背道而驰，缺少对历史斗争形式的多样性的分析。正如卡斯托里亚迪斯在他的那篇影响深远的文章《马克思主义与革命理论》中所阐述的那样，他和他的同事们认识到，当代现实既无法被正统马克思主义的概念和范畴所解释，也无法通过正统马克思主义得到逐步改造。[①] 通过对马克思主义思想的局

[①] Cornelius Castoriadis, "Marxism and Revolutionary Theory", in David A. Curtis (ed.), *The Castoriadis Reader*, Cambridge, Mass.: Blackwell, 1995, p. 67.

限性进行思考，卡斯托里亚迪斯意识到，针对官僚主义和威权主义的批判必须转变为对"家庭与性、教育与文化的批判——简而言之，就是对日常生活的批判"[1]。然而，在经过了一系列论证之后，卡斯托里亚迪斯面对其必然结论却产生了犹豫：倘若斯大林主义、列宁主义和马克思主义都是在意识形态上受到"污染"的理论形态，那么革命思想本身也会变得过时和失效吗？

与正统马克思主义决裂之后，卡斯托里亚迪斯的观点开始着眼于自治或自主组织的社会。就此而言，他的思想深受工人自治或自我管理等思想的影响。在五月风暴的抗议运动中，工人自治思想在许多工厂企业中获得了支持。卡斯托里亚迪斯认为，官僚主义控制下的社会必须转变为自治社会，而被管制的社会必须实施自我管理。

卡斯托里亚迪斯在1961年发表的一篇文章中神奇地预见了数年后爆发的五月风暴的主题，他观察到："绝大多数个体，无论其劳动技能抑或工作报酬如何，都已经变成了打零工的工薪阶层，他们明显地意识到工作的异化和体制的荒谬，并且日益倾向于反抗。来自所谓'第三产业'的工薪雇员和办公室职员与体力劳动者之间的区别越来越小，而且开始采用类似的方式与体制抗争。文化的危机和价值观的分裂也同样加剧了资本主义社会的分化——尤其是学生和知识分子（而且其人数正在日益增加）对体制的激进批判。"[2] 难怪丹尼尔·孔-本迪（Daniel Cohn-Bendit）会在《过时的共产主义》（*Obsolete Communism*）一书中如数家珍地列举左翼思想的价值，并公开宣称自己是卡斯托里亚迪斯和勒福尔具有创新性的政治信条的追随者。

然而，在卡斯托里亚迪斯眼中，谁才真正是历史的传承者和自治的推动者呢？与那些具体的、具有历史特殊性的观点不同的是，卡斯托里亚迪斯在这方面的观点似乎更为模糊和抽象，而且经过更加仔细的考察之后就会发现，在一些方面，它与一般的西方自由主义并无二致。

法国的另一份激进左翼刊物《争论》（*Arguments*，1956—1962）有着与

---

[1] Cornelius Castoriadis, "Introduction", *Socialisme et Barbarisme* (reprint).
[2] Comelius Castoriadis, *Slcialisme et Barbarie*, Vol. 6, No. 33, December-February, 1961, p. 84.

《社会主义或野蛮》相同的目标，不过前者与正统马克思主义的决裂显得更加突兀。1951年，《争论》创办者兼编辑埃德加·莫林（Edgar Morin）因散布异端观点而被法国共产党开除。而他所谓的"罪行"不过是在法国新闻和评论周刊《法兰西观察家》（*France-Observateur*）上发表了一篇温和地批评法共的文章。5年之后，匈牙利事件爆发，一场工人自治的实验受到了镇压，《争论》编辑部的成员们几乎不再有人关心"现实存在的社会主义"（really existing socialism）的价值。

自创刊伊始，《争论》编辑部的编辑们就毫不含糊地确认了这份刊物的宗旨：他们更感兴趣的是"争论"而非"教条"。从那时起，该刊就向各种异端学说和未来展望敞开了大门。《争论》编辑部的成员包括列斐伏尔、科斯塔斯·阿克谢罗斯（Kostas Axelos）以及皮埃尔·富热罗拉（Pierre Fougeyrollas），同时还有罗兰·巴特（Roland Barthes）和阿兰·图海纳（Alain Touraine）等偶尔参与的撰稿人，他们公开宣称自己是直面"苏联正统的政治正确"的"修正主义者"。① 他们参与组织共产主义运动的失败经历使得他们反对政治上的宗派主义、从众的思维模式以及刻板的组织架构。出于同样的原因，他们在重新解读马克思的人本主义思想时获得了哲学上的灵感（《争论》杂志曾经率先翻译发表了其有引领作用的"西方马克思主义"学者的作品，比如乔治·卢卡奇和卡尔·柯尔施的著名文章），并将其视为对正统马克思主义的科学决定论的有益替代。

《争论》编辑部反对让-保罗·萨特（Jean-Paul Sartre）在《什么是文学》中表达的知识分子必须忠诚或者必须参与其中的某种强制性暗示。与此相反，编辑部成员乐于以不表态或"不受约束"的知识分子自居。但是，由于将个体视为社会哲学的有效出发点，他们的事业日益表现出与萨特的存在主义的马克思主义具有多种亲缘关系。考虑到阶级构成的变化和制造业部门的衰落，《争论》编辑部很快就认识到，在后工业社会，无产阶级并不适合扮演马克思所设想的人类救世主的那种形而上角色；抑或像马克思在《1844年经济学哲

---

① See, for example, *Argument*, Vol. 14, 1959, pp. 1–19.

学手稿》中所描述的那样:"它是历史之谜的解答,而且知道自己就是这种解答。"① 因此,他们不再等待注定无法实现的"光芒四射的乌托邦未来"(radiant utopian future),而是认识到进步的社会变革必须由少数先锋团队去推动。在这方面,他们深受与 20 世纪 20 年代的超现实主义者关系密切的列斐伏尔的影响。超现实主义者坚信,诗歌的精神必须渗透到日常生活的实践之中。那么,还有比巴黎这座"光明之城"更好的地方可以实现我们的向往吗?受到超现实主义者的启发,列斐伏尔发展出一种"瞬间理论"(Theory of Moments):崇高可以暂时打破日常生活的物化躯壳;"活时间"(lived time)可以暂时渗透到异化劳动或商品生产社会的"死时间"(dead time)中去。

《争论》编辑部的另一个重要创新是将方法论与当代社会科学的最新发现结合起来,以期达到对历史事件进行批判的目的。他们认识到,由于晚期资本主义统治形式的多样性,迫切需要一种新型的、多元化的理论框架。在这方面,他们表现出与法兰克福学派的观点——一种建立在"非正统的马克思主义"基础上的友爱型社会——具有相似性。

四、异化的消费社会

来自《社会主义或野蛮》和《争论》等刊物的富有创新精神的理论成为五月风暴前夕最具影响力的社会批判理论的典范,也是居伊·德波(Guy Debord)的《景观社会》(Society of the Spectacle)中的理论观点的出发点。在《资本论》中,马克思将"商品拜物教"定义为"人们自己的一定的社会关系,但它在人们面前采取了物与物的关系的虚幻形式"②。商品拜物教的结果导致了一种倒置的世界,其中"物"借商品之名在社会关系中似乎占据了对个体的有利地位。然而,在 19 世纪,商品拜物教还仅仅局限于工厂的车间,而在晚期资本主义的条件下,它已经延伸至社会的上层建筑或文化领域。

---

① 《马克思恩格斯文集》第 1 卷,人民出版社 2009 年版,第 185—186 页。
② 《马克思恩格斯文集》第 5 卷,人民出版社 2009 年版,第 90 页。

在《景观社会》中，德波力求思考物化从工厂延伸至图像领域（image-sphere）的意义。其结论是，商品化似乎具有某种包罗万象的、极权主义的特征。它创造了一个渴望对真实性进行探索、但又处处被外在现象所颠覆的世界：这是晚期资本主义自发形成的表象。现代生活需要一系列毁灭性的颠倒或替换：物本身的符号，现实的影像，本质的表象。相应地，五月风暴的参与者们坚信，只有在"总体反叛"（total revolt）的精神的号召下，才能够夺回被彻底异化的生活世界。在有关卢卡奇的"意识的物化"的最新表述中，"景观"已经成为"虚假意识"的新形态。在其影响下，现代社会的公民俨然陷入了一种盲目顺从的状态。用德波的话来说，这种景观就是"永远照耀着处于顺从状态的现代帝国的不落的太阳"①。德波不仅是一位富有洞察力的社会批评家，而且还是一位令人敬畏的散文文体大师：

> 观众异化并屈从于被静观的对象（这本身就是其无意识的活动的结果），这样的过程就像是：他静观得越多，生活得就越少；他越是想要在占支配地位的体制所提供的需求图景中寻找到自己的需求，就越是难以了解自己的存在和自己的欲望。景观相对于行动主体的外在性通过以下事实呈现出来：个体的姿态不再是他自己的，而是其他人的，而其他人又将这些姿态展示给他。观众无论在哪里都感到不自在，因为景观无处不在。②

知识分子致力于一种阶级斗争的价值观，然而资本主义的发展却召唤出一种令人不安的幽灵：欧洲工人阶级已经不再积极地反抗资本主义的不公正，而是被物质文化中充满诱惑的刺激和享受所收买。阶级意识也被消费社会中那些华而不实的装饰所消解。正如列斐伏尔所指出的："我们有理由认为，异

---

① Guy Debord, *Society of the Spectacle*, D. Nicholeon-Smith (trans), Canbridge, Mass.: MIT Press, 1995.

② Ibid., p.23.

化已经在如此有效地传播和发展,以至于所有的异化意识都已经被清除。"①尽管物质上的匮乏令人厌倦,但是传统的工人阶级至少还可以去思考,还有自身的想法。而在晚期资本主义社会,人们在消费者享乐主义的引诱下迷失了真正的自我。打着"为艺术而艺术"的幌子,文化变成了储藏室,用于存放人类所有乌托邦的志向和愿望。正如司汤达所说:"美就是一个关于幸福的承诺。"而与此相反,在战后阶段,文化曾经是委身于工业资本主义的侍女。

---

① Henri Lefebvre, *Everyday Life in the Modern World*, p. 94.

第三部分
当代资本主义批判

解读《资本论》，解读历史资本主义[*]

萨米尔·阿明[**] 著　王子凤 译

[内容提要] 本文以解读马克思的《资本论》为出发点，指出马克思在《资本论》中深刻分析了资本主义的生产方式、资本主义社会及其与早期资本主义形式的差别。在此基础上，文章分析了当代资本主义、当前的系统性危机以及对危机做出的可能回应，阐释了当代帝国主义的变革和消极影响。最后，作者对超越资本主义、过渡到共产主义这一文明的更高阶段的可能步骤进行了探讨。

[关键词] 马克思　《资本论》　资本主义　系统性危机　帝国主义

一、对马克思《资本论》的解读

在《资本论》中，马克思对资本主义的生产方式、资本主义社会及其与早期的生产形式和社会形式之间的差别进行了缜密的科学分析。《资本论》第

---

[*] 本文原载《每月评论》(Monthly Review) 2016 年第 68 卷第 3 期。译文原载《国外理论动态》2016 年第 1 期，译文有删节，文中小标题为译者所加。

[**] 作者简介：萨米尔·阿明 (Samir Amin, 1931—2018)，埃及著名的全球化问题专家，新马克思主义理论家，活跃的左翼社会活动家。

1卷探讨了这一核心问题，直接阐述了私有财产所有者之间普遍存在的商品交换的意义（尽管商品交换早已存在，但商品交换的普遍存在是现代资本主义所独有的特征），尤其阐述了价值和抽象社会劳动的出现及其主导地位。在这一基础上，马克思引导我们了解了无产阶级如何将他们的劳动力出售给"有钱人"以确保被资本家剥削的剩余价值的生产，这种剩余价值的生产反过来为资本积累创造了条件。价值的主导地位不仅支配着资本主义经济制度的再生产，也支配着现代社会和政治生活的各个方面。异化这一概念所指向的是整个社会的再生产得以表现出来的意识形态机制。

《资本论》第2卷阐述了为什么要进行资本积累以及资本积累是怎样运作的，更具体地说，就是积累为什么以及如何成功地在劳动力的再生产中剥削劳动力，并克服了它本身所带来的社会矛盾的影响。在生产资料的生产与消费资料的生产之间进行恰当的社会劳动分工，确保了资本主义制度下商品与服务的供求之间的总体平衡。具体说来，我认为：（1）积累机制需要信贷，而信贷的额度可以根据上述两个生产部门的社会劳动生产率的增长率进行计算（这是我对罗莎·卢森堡所提出的有关剩余价值的实现的问题的回应）；（2）要实现增长的动态平衡，需要实际工资（劳动力的价值）以一定的速度增长，这一速度可以根据生产力的增长进行计算；（3）因此，《资本论》第2卷中提出的模式并没有说明利润率下降的趋势。

《资本论》的第1卷和第2卷并没有提供其所分析的资本主义形成史方面的具体信息。正如马克思本人所说，他的目的是分析资本主义的本质（即资本主义的"理想形态"）。因此，他没有考虑在英国或其他国家这种资本主义模式控制下的空间（这两卷中唯一的分析空间）与其他社会生产空间之间的关系，无论这些社会生产是先于历史上现实资本主义的存在，还是与其同时存在。

关注资本主义生产方式能够使马克思看到资本主义生产方式是如何成为"经济科学"（economic science）的基础的，这一经济科学试图概述性地阐明资本主义商品的供求之间实现平衡的条件，以及资本主义生产方式如何促进了这一作为社会思想的新主导形式的经济科学的发展。而商品的异化就是成功实现上述目标的奥秘所在,因为商品的异化扭转了经济与政治和思想之间的关系,经济获得了主导地位,而政治和思想失去了其在早期社会中的主导地位。这就是我对《资本论》的副标题"政治经济学批判"的解读:它揭示了经济科学在现代社会思想中的地位。

《资本论》第3卷有所不同。在这一卷中,马克思从对资本主义基本方面("理想形态")的分析转向对资本主义历史现实的分析。对后者的分析在某种程度上仅仅是通过回答以下三个问题来完成的。第一个问题关注的是地租,也就是土地所有者占有部分剩余价值的权利,而这些剩余价值是对劳动的资本主义剥削所创造的。这里,我们深入到了与资本主义形成历史有关的问题的关键之处。资本主义不是凭空产生的,它是在与英国、法国和欧洲其他一些国家的封建社会的旧制度进行斗争的过程中产生的。我们可以在存在于马克思时代的资本主义结构(与资本主义生产方式不同)的形成中发现这一斗争的痕迹。

第二个问题与货币的功能(商品货币——一般等价物—信用,商品货币是支撑)有关。这一分析凸显了利息(及其利率)与资本利润之间的差别。对于分析资本主义生产方式来说,这既是不可分割的补充,也开启了历史性的探究。关于这一点,马克思对英、法银行的资金管理和其他人在该领域提出的理论进行了考察。

第三个问题集中关注的是资本积累的循环和危机,对这一问题的考察是在那一时期英国和法国的历史背景下进行的。在这里,我建议读者参考本人关于马克思对这些问题所做分析的著述,这些著述既涉及这些问题的理论维度,也涉及它们在历史中的具体体现。此外,需要注意的是,《资本论》第3卷对以下两个问题没有做出系统分析:其一,资本主义生产方式与历史上的资本主义所具有的阶级斗争特征,以及这些斗争与资本积累过程之间的相互作用;其二,历史上的资本主义所独有的全新的国际关系,包括资本主义全球化趋势以及这些独有的国际关系与阶级斗争和资本积累过程的相互作用。遗憾的是,马克思对这一主题仅仅做了零散的考察。

二、对历史上的资本主义的解读

从解读《资本论》（尤其是其第 1 卷和第 2 卷）转向解读处于不断发展过程中的资本主义，具有一定难度，甚至超过解读马克思和恩格斯的全部著作。马克思主义理论家和活动家一直对马克思和恩格斯的著作赞赏有加，他们让自己对这些著作的解读可以被认可（无论是以含蓄的方式还是以明确的方式），他们还希望从这些著作中受到启发，从而对斗争中所面临的挑战做出回应。我无意在这里回顾这些不同的解读，只是想在我对历史上的资本主义的解读中清晰地阐明，那些认为"另一个更好的世界是必要的"的人（无论是不是马克思主义者）应该保留和讨论哪些内容。

我对《资本论》的上述解读一定会得到其他人的认同。但是，这种解读在第二国际和第三国际的马克思主义主要流派中并不盛行。马克思主义在现代世界反对资本主义的革命中的胜利必然需要某种程度的简化和普及。考茨基最先撰写了马克思主义小册子，苏联式的马克思主义使得这种马克思主义小册子更加普及。在我看来，与这些缩略本相比，是一些马克思学著作恢复了《资本论》的真正地位，尽管马克思学一直支持一种诠释性解读，而忽视了理论与现实之间的冲突。

《资本论》分析了 19 世纪英国的资本主义，但对其的解读无法使我们了解当代资本主义的本质，所以有人认为马克思的著作已经"过时"。但我并不这样认为，这不是因为我认为马克思是永远正确的先知，而是因为《资本论》能够使我们超越资本主义的历史形态和发展，去理解资本主义的必要本质。在这个意义上，解读《资本论》能够指导我们理解资本主义历史所表现出来的资本主义模式的多样性，当然，也是仅此而已。对历史上的资本主义进行解读仍然是必要的，这是《资本论》所没有做的事情。

我们能在马克思和恩格斯的其他著作中发现这种解读吗？或许在《资本论》第 3 卷中可以找到？我认为答案是否定的。当然，马克思的大量著作分析了他那个时代之前历史上出现过的各种资本主义。他考察了贯穿其中的各种政治和社会斗争，而没有将它们简化为无产阶级与资产阶级之间的阶级斗争。他认识到与贵族之间的冲突在英国和法国以及其他欧洲国家（德国、俄国等）旧政权中的重要性。他赋予农民斗争及其在资本主义形成中的地位以完整的意义，重视不同国家管理政治生活的方式存在的差异，强调意识形态之间的细微差别，甚至认识到了新兴资本主义国家与其殖民地之间的冲突。

秉承同样的精神，马克思分析了英国、西欧和美国资本主义的起源和历史。除此之外，他还开始研究东欧和美洲的殖民资本主义。正是因为他比任何人都更加明白是什么决定了资本主义的本质（《资本论》第1卷和第2卷），所以他才意识到了早期社会中的变革所具有的重要性，这些变革促进了资本主义在某些地区而非其他地区的产生。

解读这些思想深刻的著作总是能让人耳目一新且富有洞见。但是，这仍然不够，原因有二。第一，因为所有这些可以被定义为是对历史的唯物主义解读的命题仍然并将继续服从于我们根据过去的认知所做出的批判性解读。需要再次强调的是，马克思并不是一个不犯错误的先知。第二个原因更加重要，与马克思的设想不同，历史上的资本主义在不断发展并发生着变革，这些资本主义的新变化是马克思的著作没有涉及的，所以需要进行深入研究。

我肯定不是第一个、也不是唯一一个采取这种方法来从事马克思所开创的研究的人。社会民主党人、列宁、毛泽东和许多马克思主义理论家也采用了同样的方法。我在本文中不会提及那些同样致力于分析当代现实的非马克思主义理论家或反马克思主义理论家，无论他们是否将现实描述成资本主义。同样，我不会评论对当代世界的各种解读，而只想表述自己对这一问题的观点。

三、当代资本主义、系统性危机及其回应

上述分析应该会让读者把我对历史上的资本主义的解读与马克思和马克思主义联系起来。接下来，我打算对自己的理解进行概述，我的理解集中关注的是当代资本主义、其系统性危机以及对这些危机可能做出的回应。

我认为在这里简单总结一下我对资本主义（欧洲）的产生的理解会有所帮助。我不接受有关人类社会五种社会形态的理论（原始共产主义社会、奴隶社会、封建社会、资本主义社会和社会主义社会）和马克思主义不同流派所赞同的"亚细亚生产方式"。我将封建主义定义为各种朝贡性生产方式（tributary mode of production）中的一种不完整的（外围）模式，进而将我对欧洲资本主义在早期的形成（随后它扩展至全世界）的解释建立在不平等发展（与中心国家相比，外围国家在实现新的发展方面所走的道路更加平坦）这一概念的基础上。最发达（中心国家）的朝贡制度还包含了资本主义形成的先决条件（与欧洲中心主义的偏见相反）。在我看来，第一波朝着资本主义发展的运动的失败（中国、近东和意大利）显示了人类历史的一般规律：新事物不会奇迹般地突然产生，通往新事物的道路充满艰辛，要经历不断的进步和倒退。超越资本主义是可能的，也是必然的，但其道路同样充满困难。我认为，我对不均衡发展的论述是马克思所没有涉及的，他似乎对此问题一直没有提出明确的看法。我对马克思的《资本主义生产以前的各种形式》一文的解读并不能令我自己满意。我对历史唯物主义的普遍看法（注意：我说的是"看法"而不是"理论"）促使我对"不完全决定"（under-determination）这一概念的意义进行了澄清，并以此为基础，对每种历史形态的具体实例之间的接合模式（modes of articulation）进行了解释。我赋予文化实例的意义很明显与当前流行的文化主义理论不同。我将共产主义定义为文明的高级阶段，而不是"文明的"资本主义或没有资本主义牟利者的资本主义，正如关于文化的主导性观点所认为的那样。在这里，我只能推荐读者去看看我在《资本主义的幽灵》中所做的分析。

资本主义向全球的扩张不断地在占主导地位的帝国主义中心国家与处于依附地位的外围国家之间制造对立，从这个意义上讲，它在其每一个发展阶段都会产生两极分化。原始积累仍然在继续。为资本主义辩护的主导性社会思想不得不忽视这一现实，这样，就能让外围国家的人们期待着能够在资本主义框架内并通过资本主义实现"赶超"，而这种赶超实际上是不可能的。当前流行的思想促进了这一致命的幻想的强劲复苏。当代后现代主义思潮声称帝国主义正在逐渐消失，认为其只是历史上的一个插曲，并使得先进的资本主义模式实现了真正的、均质化的全球化。有人认为新兴国家的出现证明了这种可能性。我反对这一幼稚的、诡辩性的观点，对这些新兴形式进行了分析，视其为两极化发展的新阶段。我认为马克思并不完全认为资本主义扩张会实现世界的均质化，即使他在一些零散的著述中似乎提到过这一点。而在其他场合，他则毫不犹豫地谴责了殖民主义造成的僵局，并简要地提及了社会主义产生于全球化现代体系中的外围国家的可能性，他关于俄国的一些著述证明了这一点。

资本主义制度的全球化和两极化的现实使我们不得不思考本国的社会斗争，因为它们与主要的国际冲突存在着关联，这些国际冲突既包括帝国主义中心国家与争取自由的外围国家之间的冲突，也包括占主导地位的中心国家之间的冲突。马克思原本打算在最终未能完成的两卷本《资本论》中来探究这一问题。在我看来，提出一种关于世界体系的批判经济学理论的计划在本质上是注定要失败的，这是我认为马克思在某种程度上放弃了这一计划的原因。当然，我们所看到的关于全球化资本主义的经济科学仅仅是为帝国主义实践所做的辩护，然而，我们无法提出另外一种关于世界体系的单纯的经济学理论。在这里，我们必须将自身置于更广泛的历史唯物主义视野中。通过这种方式，我们可以将阶级、民族和国家作为一个整体连接起来，只有这样，这个整体才有意义，并使我们能够理解现代世界体系是如何通过经济、政治和意识形态来发挥作用的。我对我们时代（从 20 世纪开始）的主要冲突的看法同样适用于 19 世纪和 20 世纪占主导地位的中心国家之间的冲突。由于资本主义是基于中心国家（英国、法国、德国、美国和其他少数国家）的出现而产生的，所以这些国家之间的冲突不能被简化为它们在经济全球化过程中对市场的竞争。马克思也指出，要用《资本论》中的一卷来系统地研究阶级斗争，但这卷书最终没能完成。他关于这一重要主题的零散著述不能填补这一空白。

在《资本论》第 2 卷中，马克思认为，一个社会中发展成为资本主义生产方式的积累过程必然要求工资随着社会劳动生产率的增长而提高。否则，普遍均衡是不可能实现的。资本品和消费品的生产会相对于需求不足而出现过剩。资本主义本身存在着这种致命的内在矛盾：资产阶级的主导地位和资本主义企业之间的竞争不可能使工资以必要的速度增长。资本主义不可能克服这种永久性危机，然而它却将资本主义之前的生产方式（小农生产和手工业生产、小型土地资产、小型贸易等）纳入了其横向扩张中，从而成功地以其取代了需求不足。对外殖民征服也产生了类似的后果。保罗·斯威齐（Paul Sweezy）相当准确地观察到，问题不在于资本主义危机，而在于克服危机时的繁荣时刻（moments of prosperity）。为了弄明白为什么会这样，我们不应该将自身局限于对资本主义生产方式的经济学分析之中，而是应该置身于更广阔的历史唯物主义视野中。繁荣时刻可以通过战争、德国和意大利的统一、一波又一波的重大创新（纺织机械、铁路、电力、汽车和飞机、信息技术）得到解释。这就是为什么我没有将资本主义看作是历史的终结，而是将其视为短暂的插曲的原因所在。就我而言，我试图将社会斗争放到更广阔的背景下来讨论，尤其是无产阶级与资产阶级之间的阶级斗争，关于这一斗争对资本积累的影响这一主题，我也进行了一些系统性的考察。

四、帝国主义的变革及其消极影响

我对当代资本主义的解释始于保罗·巴兰（Paul Baran）和斯威齐对第三部门占有由资本主义的致命矛盾产生的剩余价值的必要性的考察。我认为这一重要的理论贡献丰富了马克思对资本主义的分析。我将自己有关当代帝国主义的资本主义变革的中心论点总结为以下两点。

首先，我们已经从19世纪90年代到20世纪70年代之间形成的垄断资本主义转向了资本主义新阶段，这一新阶段的特征是：对资本的控制实现了在更高水平上的集中。因此，所有生产方式都化约为分包合同形式，从而使得垄断能够以垄断租金的形式侵占不断增加的那部分剩余价值。这一质的飞跃发生在1975年至1990年这一相对短暂的时期，表现为权力被垄断了所有经济和政治力量的寡头统治集团所掌控。因此，我们从历史上各种"具体的"

资本主义模式转向我所说的"抽象的资本主义"。在这里,我指的是对价值规律变化的分析,随着这一发展,价格体系与价值体系相分离。

其次,变革导致帝国主义国家之间原有的冲突减少,并被一种新的、由三方力量(美国、欧洲和日本)构成的集体帝国主义(collective imperialism)所取代。帝国主义国家没有其他途径来维持其对世界体系中广大的外围国家(85%的世界人口)的主导地位,而这些外围国家陷入了持续不断的动乱。这种集体帝国主义的出现绝不意味着会像我所批评的一些理论家所提出的那样,同时出现一个"世界资产阶级"和管理全球化资本主义的"世界政府"。政府和资产阶级仍然是国家层面的:美国的、英国的、日本的、德国的,等等。制度的经济基础正常运转所需的条件与政治和意识形态发挥其管理功能所需的条件之间并不必然是一致的。这里不存在各种因素的多元决定(over-determination)。相反,社会生活的发展具有的特征是"不完全决定"。"多元决定"概念暗含着一种线性的和决定论的历史观,而"不完全决定"这一概念看起来更接近于马克思的观点,它使得我们能够理解社会演变中可能出现的障碍以及对这些挑战有可能做出不同的回应。关于这一矛盾的最好例子就是当前欧洲的制度危机,该种制度无法克服欧洲各国政府的现实困境以及可预见到的欧盟的崩溃。

我在这里所描述的变革对所有的国家制度的政治管理形式都会带来非常重要的影响。在中心国家,新的寡头统治集团(不只限于俄罗斯,尽管西方的宣传希望我们这样认为)对权力的垄断已经使代议制选举民主在过去所获得的相对积极的意义消失殆尽。社会民主的调整(它已经转变为社会自由主义,它对阶级权利的立场也是如此,换言之,自由主义病毒污染了一切)破坏了这一民主的公信力并使其失去了合法性。这一悲剧性的发展为法西斯主义在那些日益走向整体混乱的社会死灰复燃打开了大门。当代寡头统治集团掌握绝对权力是资本主义历史上出现的新的现实,甚至其独裁统治实际上已经消除了左翼和右翼政党的存在,迫使工会陷入无权的境地,并奴役媒体,使其沦为专门服务于寡头统治集团的"传教士"。不幸的是,这种独裁至少到目前为止仍然非常有效。在这种情况下,大言不惭地谈论"公民社会"简直可笑之极。这样的公民社会之所以可以被容忍,甚至受到鼓励,完全只是因为它会使人们陷入无助和无能为力的境地。

在外围国家,政府通常仅仅是服务于美、欧、日垄断帝国主义国家的工具,这一新的次级寡头统治集团已经取代了早期的国家历史集团(national historical blocs),它缺少足够的合法性作为其权力基础,只能诉诸不断使用暴力。然而,这种一般性的观察结论并没有准确地描述一些新兴国家和仍然反对帝国主义统治的国家(古巴、越南、一些拉丁美洲国家)的情况。显而易见,集体帝国主义不容许任何国家拒绝服从其构建的全球化模式所提出的全部要求。任何政府如果想要以民族资本主义国家的形象在世界舞台上站稳脚跟(我所说的并不是那种试图超越资本主义的社会主义规划),并且成为构建世界体系的积极参与者,则美、欧、日三方集团会坚定否决它们的这一权力,正如我们在它们对俄罗斯的强烈敌视中所看到的那样。因此,三方集团中的国家会陷入与世界其他国家的不断战争中,因为没有任何国家可以无限期地容忍无条件的依附。

当前的自由主义全球化体系是不可行的。权力过度集中的唯一获益者是寡头统治集团,这一点从如下方面得到了证明:在中心国家,在经济发展停滞的情况下,收入和财富的不平等分配不断加剧;在处于被支配地位的外围国家,劳动力遭到过度剥削,自然资源被掠夺。这一矛盾只有通过不断快速地实现经济生活的进一步金融化才能被克服。人们可能会认为这样一种体系是非理性的。按照这一思路,约瑟夫·斯蒂格利茨(Joseph Stiglitz)、阿马蒂亚·森(Amartya Sen)和其他改革者声称,想要走出这一僵局,控制金融化恰恰是必要的。但是,他们完全忘记了寡头统治集团就是从这一体系中获得特权的,这一体系对其他人来说也许是荒谬的,但是却使寡头统治集团获益。

当前的危机与资本控制权的集中有关。因此,它是一种系统性危机。在其特点可以用U形曲线来描述的一般危机中,经历了相对较短的几年时间的间断期(在这一时期,通过资本贬值和对没有竞争力的企业的清算来实施经济调整)后,导致经济衰退的经济发展逻辑同样会带来经济的复苏。相比之下,在其特点可以用L形曲线来表示的系统性危机中,复苏可能需要发生重大的结构变革。在现有的条件下，这种结构变革正是要在中心国家的层面和世界体系的层面都实行经济控制权的去集中化。面对寡头统治集团的坚决反对，要使改革有效，就要制订一个彻底的改革方案，这种方案为挑战资本主义自身开辟了道路。没有任何迹象表明这样的彻底改革已经提上议事日程，所以这一始于20世纪70年代的系统性危机还远没有结束。

现代世界在一个世纪之前就经历了首次系统性危机。资本对该危机的回应就是向资本集中的迅猛发展（19世纪末首次出现的垄断）、殖民主义全球化的深化以及由当时的特许市所掌控的金融化，这些正是其应对当前系统性危机时的做法，所以其结果是不能令人满意的。人们所幻想的资本的"美好时代"（1900—1914年）十分短暂。历史对于第一次系统性危机给出的回应是：第一次世界大战、俄国十月革命、1929年危机、纳粹主义、第二次世界大战以及亚洲和非洲的民族解放运动。无外乎如此！这些回应涉及的范围很广泛：社会主义革命、法西斯主义、改良主义和民族独立。那么，现在我们所经历的第二次危机为什么不会引发同样多样化的回应，即第二轮社会主义革命浪潮以及第二轮法西斯主义浪潮呢？

像往常一样，不可能对有关未来的问题做出任何明确的回应，这样的问题总是开放性的。但是，我们能够、也应该通过不断分析当前的社会、政治、意识形态斗争及其与国际冲突（尤其是美、欧、日三方集团的集体帝国主义与其他国家之间的冲突）的关联，来简要提出可能的回应。我们可以从考察北方国家、南方国家和东方国家的社会构成所发生的巨大变革开始。在这里，我将概述一下本人认为最重要的几点。

在发达的中心国家中，人们认为工人阶级的数量下降到了福特主义时代大工厂的工人数量，同时其政治影响力也有所下降。但与此同时，无产阶级被定义为只能出卖自身劳动力的工人，从而无产阶级这一身份变得越来越普遍。已经有超过80%的工人是工资收入者，我认为，在其中对生产剩余价值的工人（占大多数）与不生产剩余价值的工人（占少数）甚至是直接服务于资本管理者的工人（极少数）进行区分是有帮助的。自由工作者也是在出卖劳动力，他们的自由仅仅是表面的，因为他们事实上是作为资本的分包商在出卖其服务。

但是，与无产阶级化不断加剧同时发生的是，从多重标准来看，无产阶级出现了极度的细分（妇女、青年、移民、不稳定的就业人口以及失业人口，等等）。当前的各种政策的系统性实施导致了这种细分，而这种细分带来的直接后果就是被无产阶级化的人们在其从捍卫自身利益转向实施彻底变革的斗争中遭遇了极大的困难，他们在名声不佳的政党中的无所作为使得这一状况变得日益复杂。这种情况导致了各种错误观念的传播，其中最严重的是导致各种各样的法西斯主义复活，同时也导致后现代主义流派提出了一些幼稚的想法，例如，尽管他们认为公民社会不能"改变政府"，但却认为它能够"改变生活"！然后，斗争的重心被替代，转向了那些被视为对社会生活中的某些方面（尤其是性别和生态挑战）至关重要的行动领域。我要明确指出的是，我认为这些并不是无关紧要的问题，远非如此。马克思已经批判了资本主义逻辑所造成的人类与自然之间代谢的不平衡，这一不平衡已经变得非常危险。不幸的是，当代许多生态学家并不明白，如果不彻底地与资本的逻辑决裂，那么重建平衡是不可能的。此外，历史上非常不幸的一个事实是，社会主义运动很少认识到男女之间关系的重要性。"首先开展革命，然后处理这一问题。"这是不正确的，斗争的这两个方面是不可分割的。在人类解放运动的每一个阶段，没有两性关系的同时进步，就不可能实现任何社会进步。如果不将所有的斗争联合起来，就不可能实现任何稳定的进步，这种整体一致的运动能够对整个垄断资本主义的堡垒展开进攻并将之摧毁。

不幸的是，当前发生在西方国家的斗争虽然并没有注意到世界其他地方发生了什么。我们已经看不到反对帝国主义战线上的团结一致。帝国主义寡头统治集团发动的战争甚至获得了支持。人们几乎没有意识到掩盖这些战争真实目的的谎言。这算得上是寡头统治集团的独裁及其对媒体"传教士"的利用所取得的很大成功。

近几十年来影响着南方国家和前社会主义国家的那些变革同样是巨大的。尽管这些社会变革在每个国家都有所不同，但是它们遵循同样的逻辑，都是由新自由主义的帝国主义全球化所强加的。因此，这些变革给这些国家的社会、政治和经济带来了比中心国家更加剧烈的影响。

主流趋势是要使破坏农业社会的各种进程加速进行，而此前亚洲和非洲的绝大多数人口都属于农业社会。显而易见，农民问题直接引发了与男女之间不平等关系相关的问题，因为农村社会的瓦解最终总是会带来更多的贫困和对女性的压迫。我已经分析了其他地方所发生的这种加速进行的、极其野蛮的破坏进程所采取的形式。缓解该进程所导致的人类悲剧所需的城市就业率的增长没有、也不可能弥补这种破坏。帝国主义的资本主义除了构建起一个贫民窟星球外，没有带来其他任何东西。显而易见的是，迫切的移民压力也是这种大规模的贫困化过程带来的结果。在城市地区，贫困化表现为生存活动（survival activities）快速增加，这些活动被称为非正规就业。所实施的这些制度性政策与有计划的排斥有关，它们使得过度剥削分包劳动（subcontract labor）成为可能，从而让垄断资本获益。

伴随着影响这些国家大多数人口（60%～80%的人口）的悲剧性发展的是，自由主义全球化过程促进了由被纳入这一生产体系的少数人构成的新中产阶级的快速增长。这少部分人在50年前是微不足道的，但在今天却占据着这些国家1/5的人口。而且，他们清楚地意识到，自己是该体系唯一的受益人。支持帝国主义的宣传工具（世界银行和其他机构）对于这一新的中产阶级的崛起给予了盲目的赞扬，因为这种赞扬完全忽视了该阶级的崛起所付出的代价就是大多数人的贫困化。

无产阶级化或贫困化的具体形式造成了一种难以控制的政治形势。结果就是，各国国内的垄断统治集团听从帝国主义三方集团的指令，而这些垄断统治集团的独裁成为了解决这一永久性危机的唯一方式。在早些时期，即1960—1980年间的万隆会议和不结盟运动时代，向本国平民政府负责的政治人物通常与新的全球化为伍，他们希望留住自己的权力，并被美、欧、日三方集团所容纳。正如我们所看到的，埃及纳赛尔的继任者、叙利亚的阿萨德、阿尔及利亚的布迈丁所进行的彻底转变，或者南非非洲人国民大会、巴西的工人党等进行的改革，都是如此。但是，尽管本国垄断统治集团得到了受益于这一体系的中产阶级的支持，但在贫困的大多数人眼中，这些垄断统治集团的权力仍然不具有合法性,阿拉伯世界和其他地区的动荡就说明了这一点。然而,这些运动还仅仅处于泄愤的阶段。我们所谈及的这种乌合之众式发展模式产生的阶级结构所具有的黏性特征,自然解释了这些反抗的结构性弱点。因此,这种基于宗教或种族的、保守的错误方案很容易获得短暂的胜利。

五、超越资本主义的可能步骤

在上述分析中,我试图简要介绍我对当前系统性危机的双重特征的解释:其一,这是依赖于不可行的经济模式的寡头统治集团的权力危机;其二,这是大多数人的危机,他们是牺牲品,却不能提出一致的替代方案。这一危机的双重特征排除了在可预见的未来发生革命性进步(这种革命性进步有可能使我们超越腐朽的资本主义)的可能性。对于那种想要超越资本主义的运动可能跨出的第一步,我提出了一些看法。

前一段时间,我为我们目前所处的形势与西罗马帝国衰落时的形势之间的相似之处感到震惊。我给拙作《阶级与国家》(1979)一书的结论部分起了一个使人们产生共鸣的标题——"革命抑或衰落?"。这本书回顾了仍在持续的长期系统性危机的起源。罗马帝国建立了一种将朝贡性剩余(tributary surplus)的流动和使用集中起来的制度,这种剩余源自对罗马帝国所属民众的剥削,它超出了该时期生产力的再生产和进步所需的数额:所有东西都流向了罗马和意大利各省。这种剩余的流动(drain of surplus)的过度集中化排除了帝国所属的各省(帝国的"外围")获得发展的可能性。所以,为了克服发展的阻碍,帝国的崩溃是必要的,也就是说,各省要与帝国"脱钩"。同时,将部分剩余重新分配给罗马平民的举措排除了在该体系的中心发生革命的可能性。罗马帝国因此陷入混乱。封建制度的特征恰恰是剩余的流动和使用的去集中化,而长达数个世纪的野蛮入侵和政治混乱这种"外部压力"为封建制度的发展铺平了道路。这是我们为什么不谈论"封建革命"而只提及罗马的衰落的原因。近10个世纪后,新的去集中化的制度带来了穿着封建主义外衣的文明的复兴,其基础是整个欧洲的进步。

当代的体系也遭受着剩余价值过度集中化的不利影响，现在剩余价值的流动以全球化资本主义的形式进行。这种过度集中化削弱了帝国主义中心国家的人们对该体系进行彻底变革的雄心壮志，同时也使外围国家的人们陷入没有前景的落魄流氓式发展。迎接这一挑战需要外围国家与中心国家"脱钩"，不再去无休止地适应帝国主义全球化的危急情况造成的僵局，而是要代之以各种主权国家方案（sovereign national project）。

这一类比启发我提出了从现有体系发展到一个更高的文明阶段的两种可能的过渡形式。当一种生产方式穷尽其所有的历史潜力时，相关的社会就会有意识和有目的地构建出一种可能的和有效的替代方案，此时，文明的更高形式便产生了，我们可以称之为革命。在某种程度上，我们可以从这一视角来考察资产阶级革命和第一次社会主义革命浪潮，从而将其描述为革命。但是，历史也迫使我们考虑其他的过渡形式，这种形式是在社会行为者没有进行主动的、有意识的干预的情况下产生的。欧洲封建主义的变迁提供了一个很好的例子。这两种可能的社会演变形式在历史上的真实存在使我拒绝接受过去一些马克思主义流派提出的决定论解释，而强调"不完全决定"。

当然，封建主义的分权并不是"历史的终结"，而是我通过解构当前的全球化形式所提出的概念。封建主义的解构逐渐被重构剩余价值的集中化所超越。这一重构发生在两个阶段：第一阶段，在旧政权中有着绝对权威的君主实行了新的、全国性的集中化，这与欧洲的重商主义制度有着紧密联系，其本身是在向完全的资本主义过渡；第二阶段（19 世纪和 20 世纪），资本主义/帝国主义全球化的形成实现了集中化，现在它在全世界范围内运行。以同样的方式，我们可以设想一下过渡到共产主义的漫长过程，共产主义被视为文明的更高阶段，其形成分为两个阶段：首先要经历帝国主义全球化的解体，接着是重构一种真正具有可替代性的全球化，这种全球化建立在个人与民族的团结这一基本原则的基础上，该原则取代了那种资本与国家之间竞争的原则。我不会妄图描述一种更美好的未来，或者详细说明整个世界在哪些方面应呈现出一致的模样，哪些方面又有幸不会如此。未来是不确定的，它取决于人民的构建。

不幸的是，我们没有理由将"文明的自杀"这一替代性方案排除在外。历史中充满着不能克服自身矛盾的各种社会的"尸体"，此时，这些矛盾是致命的。马克思已经意识到了这一点，坚决选择了非决定论的历史观。社会各方面的不匹配可能会变得越来越致命，这一点通过相互叠加的各种异化的持续更新表现出来。资本主义特有的商品异化与早期历史上的各种异化相互强化。我们可以清楚地看到，理解该体系的矛盾和问题的本质并在此基础上制订出一套一致的替代性方案和有效的行动策略的能力在当代历史中仍然缺席。头脑清醒的社会行动者已然消失。罗马帝国时期也是如此。那个时代的人们所付出的代价是陷入了长达数个世纪的野蛮状态。虽然那一时期的欧洲在灾难中幸存了下来，但是，当现有的各国政府拥有前所未有的毁灭手段时，同样的事情还会发生在我们这个时代吗？

也许，在这里列出的两种极端情况（高度的革命意识或革命意识的缺乏）之间还存在其他"中间的"可能性：一部分意识来源于特定的斗争，例如，捍卫人类共同利益的农民斗争或妇女斗争，以及尊重人民主权的斗争。这些特定类型的觉悟的融合使得我们朝着超越资本主义的新道路前进成为可能。但是，需要注意的是：这不是一个简单避免强制的乐观主义（forced optimism）的问题。不断适应资本主义积累提出的各项要求并不会带来觉悟的提高，相反，只有认识到必须与这些要求决裂，才会提高觉悟。因此，最具有启蒙性的运动不应该蔑视其他运动而孤立自身。相反，它们应该参与所有的斗争，以帮助其他人增进他们的理解。

《资本论》与现代资本主义论*

鹤田满彦** 著　高晨曦　范大祺 译

[内容提要] 马克思的《资本论》不仅批判地继承了古典主义经济学，从历史的角度全面揭示了资本主义的经济和社会体制，而且指出了这一体制发展、变化的可能性。本文以马克思的《资本论》为理论基础分析了"二战"后现代资本主义的最新发展，揭示了现代资本主义对历史资本主义的延续性、它的基本特征和发展过程，并进一步探讨了资本主义在发生历史性转变的同时，在国别或地域上所呈现出的多样性。

[关键词] 现代资本主义　《资本论》　马克思主义经济学　资本主义多样性

马克思的《资本论》不仅批判地继承了古典主义经济学，从历史的角度全面揭示了资本主义的经济和社会体制，而且指出了这一体制发展、变化的可能性。关于马克思如何写就《资本论》、实际写了什么以及他当初打算写成什么样子，这一问题已经随着 MEGA2 编修工作的完成基本明了了。以这些成果为研究资料，我们在经济学领域应该考量的问题就是：如何理解《资本

---

* 本文系作者直接供稿，译文原载《国外理论动态》2016 年第 1 期。
** 作者简介：鹤田满彦，日本中央大学名誉教授。

论》？以此为基础的经济学对当代经济问题具有多大程度的解释力？面对全球化、雷曼公司破产引发的金融危机、贫富差距扩大等情况，与新古典主义经济学、凯恩斯经济学和后凯恩斯经济学的解释相比，《资本论》的解释是否更有说服力？

《资本论》是以19世纪70年代前后的英国为中心的经济生活作为其阐述的事实基础，理论背景是古典主义经济学。基于19世纪70年代的社会现实和理论的《资本论》及以此为基础的马克思主义经济学，究竟是否有助于我们辨明20世纪和21世纪的现代资本主义呢？如果回答是肯定的，那又需要怎样的方法？与其他理论相比，基于《资本论》的现代资本主义论又具有怎样的优越性？本文拟探讨上述问题。

一、揭示资本主义普遍规律的《资本论》

虽然《资本论》是马克思以19世纪的英国作为研究背景的理论产物，但它并非只是针对19世纪英国资本主义的理论。用马克思自己的话来说："我要在本书研究的，是资本主义生产方式以及和它相适应的生产关系和交换关系。到现在为止，这种生产方式的典型地点是英国。因此，我在理论阐述上主要用英国作为例证。"①

即便是拥有如此天才的头脑，我们也无法设想马克思能够预见到21世纪的生产方式以及与它相适应的生产关系和交换关系。但是，马克思毕竟从以下事实中找到了资本主义的形成过程，即从古代到中世纪、再到近代，曾经仅仅以高利贷资本和商人资本形式存在的资本，利用原始积累基础上的劳动力商品化掌握了生产过程，并通过以棉纺织工业为中心的工业革命实际控制了劳动者，使其为自己生产剩余价值。不仅如此，他还以于19世纪中叶完成工业革命的英国为例，在《资本论》中对（刚刚发展起来的）资本主义的生产过程、交换过程以及总过程进行了一般性说明。

---

① 《马克思恩格斯全集》第23卷，人民出版社1972年版，第8页。

虽然"经济运动规律""以铁的必然性发生作用并且正在实现的趋势"等这些马克思的话语让人联想到万有引力之类的自然科学规律，但经济运动规律是通过作为主体的人类的意识和行动实现的，因而与自然科学规律有着根本不同的性质。马克思肯定并引用了考夫曼的如下论述："经济生活中呈现出的现象，和生物学的其他领域的发展史颇相类似……旧经济学家不懂得经济规律的性质，他们把经济规律同物理学定律和化学定律相比拟。"①

与物理现象和化学现象相比，马克思显然（或者说虽然）更赞成将经济生活类比于不断进化、发展的生物现象，但如果想要明了19世纪中叶在英国确立的资本主义是如何在现实中发展变化的，对其进行历史性的分析就是不可或缺的。

在《资本论》中，马克思指出了几个与资本主义长远未来相关的现象。例如，基于资本有机构成不断升级的"相对过剩人口或产业后备军的累进生产"②，"生产资料的集中和劳动的社会化，达到了同它们的资本主义外壳不能相容的地步。这个外壳就要炸毁了。资本主义私有制的丧钟就要响了"③，"资本主义生产发展过程中利润率下降的规律"④，等等。

这些表述是对资本主义普遍性的卓越分析，不仅揭示了资本横贯生产、流通、分配领域的循环性再生产活动，也表明了推测资本主义的长期历史趋势是可能的。但这些说到底不过是推测，是具有可能性的假说，其真伪必须经由每个时期的实证性学术研究的验证。

与之相对，劳动价值规律、资本主义积累的一般规律、再生产公式所体现的部门间均衡的规律、利润率平均化的规律等，无论在哪个时代，在什么样的社会，都是共通的经济原则。关于这一点，宇野宏藏有过如下论述："正是因为有了一切社会共通的原则，换言之，也就是有了任何社会的存在都必须以人类的物质生活资料的生产和再生产为基础这一原则之后，才有了关于

---

① 《马克思恩格斯全集》第23卷，人民出版社1972年版，第23页。
② 同上书，第689页。
③ 同上书，第831页。
④ 《马克思恩格斯全集》第34卷，人民出版社2008年版，第522页。

其特殊形态的问题。"①

说到一切社会共通的经济原则，以我个人的看法是指以下三个原则：（1）用以维持人类的生命、生活（包括保护地球环境）的劳动力再生产；（2）以社会化劳动为代表的各种资源在各个部门的适当分配；（3）使人类能够获得更多自由时间的劳动生产率的提高。

亚当·斯密认为，这些经济规律就是"看不见的手"，它们能够自发地、协调地满足经济原则，而当代主流的新古典主义经济学也基本持同样看法。然而，《资本论》的看法与它们有着本质的不同，即如果放任以价格机制为代表的资本主义经济规律，那么短期或中期内资本的积累过剩必然会引起生产过剩危机，而只有通过由这种危机所带来的暴力调整，才能勉强满足经济原则。而且长期来看，由于可能导致劳动力的疲惫以及自然环境的破坏，因而为了阻止包括这种现象在内的源于资本主义自身的危害性倾向，以及为了维护经济原则，就不得不呼唤国家作为拯救者出手。但即便如此，若事态发展到不可修复的程度，就不得不变革资本主义体制本身。产生于人类历史上某一阶段的资本主义，虽然完成了发展生产力和全球化的重要使命，但显而易见的是，它将渐渐难以满足上述经济原则，从而不得不更迭为新的体制。这就是《资本论》经济学的基本认识。

二、资本主义的历史性发展

在英国工业革命初步完成的19世纪初，基于劳动力的商品化，资本掌握了生产过程，并确立了资本主义生产方式。被马克思称作"现代工业特有的生活过程"②的经济周期，也始于19世纪20年代，因此，资本主义作为一种生产方式不过只有200多年的历史。

然而，虽然资本主义时期在人类历史上仅仅占据了最近200年，但却使

---

① ［日］宇野弘藏：《经济原论》，岩波书店1977年版。
② 《马克思恩格斯全集》第23卷，人民出版社1972年版，第694页。

地球上的人口和经济规模爆炸性地增长。例如，与公元元年的 2.3 亿人、1800 年的 9.7 亿人相比，地球人口在 2000 年已经达到了 60.8 亿。至于全球实际 GDP（PPP，以 2000 年美元为单位），公元元年为 1300 亿美元，1800 年为 7900 亿美元，而到 2000 年则达到了 45 万亿美元。① 即使从这一简单的指标上，我们也能看到资本主义与自身初期阶段相比惊人的成长力。

马克思曾经指出，凭借其增长力和竞争力，资本主义化更早的英国将成为当时还是后发国家的德国、法国、美国、俄罗斯、日本等国的榜样。"工业较发达的国家向工业较不发达的国家所显示的，只是后者未来的景象。"② 如果只看这句论断，容易使人觉得他认为所有的后发国家都将追随英国式资本主义，模仿英国形成自己的资本主义。然而，既然马克思能够认识到英国从封建生产方式"向资本主义生产方式"的转型是通过多种方式进行的，那么他认识到后发的德国、美国等国资本主义的形成和发展应当采取与英国不同的方式则是顺理成章的。事实上，后发国家的资本主义化更多的是采取了下述方式：设置保护关税，避免与发达资本主义国家直接竞争，从而培养国内工业，引入先进国家的资本和技术，以移植资本主义的方式享受"后发优势"。马克思洞察到，虽然资本主义通过对外关系相互渗透，发生作用与反作用，但其内部也存在着发展、变化的趋势。

19 世纪初，英国迅速实现了工业革命并确立了资本主义生产方式，其当时的支柱工业是以棉纺织业为龙头的纤维工业。然而，随着生产技术、生产力的发展，需要生产出更加精密、耐久的劳动工具，于是钢铁等重化工业开始成为支柱。与手工业和手工作坊相比，机械化大工业多少带有"规模经济"和"收益递增"效应的特点。

马克思是同时代的经济学者中为数不多的注意到机械化大工业内在的收益递增效应及其意义的人之一。也就是说，"在其他条件不变时，商品的便宜取决于劳动生产率，而劳动生产率又取决于生产规模。因此，较大的资本战

---

① ［日］八尾信光：《21 世纪的世界经济与日本》，晃洋书房 2012 年版。
② 《马克思恩格斯全集》第 23 卷，人民出版社 1972 年版，第 8 页。

胜较小的资本。其次，我们记得，随着资本主义生产方式的发展，在正常条件下经营某种行业所需要的单个资本的最低限量提高了"①。在此，马克思指出了"直接以积累为基础的或不如说和积累等同的积聚"② 的倾向。也就是说，若想一举达到（经营所需的）必要最小资本的规模，单靠基于积累（从利润中追加本金）的积聚是不够的，利用股份制对本金进行集中与合并也是必要的。自由竞争资本主义向垄断资本主义的历史性转型的理论基础，首先就可以从必要最小资本规模的增大以及资本的积聚、集中运动中获得依据。

所谓垄断资本主义是指，由于存在必要最小资本的规模扩大化的壁垒，部分经济部门成了垄断部门（也包括寡头大企业），资本无法自由进入其中；但与此同时，也存在着即使较小规模的资本也能自由进入的非垄断部门（中小零售企业、农业）。这就导致了部门之间相互异质化的资本主义，它向我们展示了具有结构性差别的资本主义形态。在准入壁垒内部，少数垄断大企业通过公开或者私下的勾结避免降价竞争，因而其利润率往往长期高于整体标准，或者说在无外界干预的情况下往往可以阻止利润率的实际下降。除价格政策外，垄断大企业还能凭借由垄断实现的高额利润进行研发，将其所带来的技术革新成果内部化，以获得更多的高额利润。虽然垄断性大企业的投资行为有时会因其希望通过限制生产量来维持垄断价格，从而表现出停滞性和局限性，但是由于它具备依靠垄断性高额利润调度资金的能力，并且可以针对技术革新进行激励，因此它又有积极的、扩张的一面。从供给角度来看，垄断性大企业主导的垄断资本主义具有实现经济高速增长的可能性。

马克思曾这样评论"信用制度"："起初，它作为积累的小小助手不声不响地挤了进来……但是很快它就成了竞争斗争中的一个新的可怕的武器；最后，它变成一个实现资本集中的庞大的社会机构。"③ 可见，他预想到了以银行为代表的信用制度会发展成为以与形成垄断相关联的资本集中为目的的庞

---

① 《马克思恩格斯全集》第23卷，人民出版社1972年版，第686页。

② 同上书，第686页。

③ 同上书，第687页。

大社会机构。但是,银行与产业在垄断实际形成的过程中具有什么样的关系,又产生了哪些新的资本形态?对以垄断为基础的新型资本主义应该采取什么样的经济政策?针对这些问题,只能基于资本主义的一般性原理,通过分析新的现实——垄断资本主义——来加以辨明。在20世纪初期,挑战这一理论问题的代表性著作是希法亭的《金融资本》(1910)和列宁的《帝国主义论》(1917)。他们分析出"金融资本"这一崭新的资本概念,揭示了银行的新使命,也说明了依托金融资本的帝国主义政策的必然性。但是,由于他们基本上都是试图在《资本论》逻辑的单一延长线上解决这一课题,因此一旦现实发生了变化,他们的理论就不得不面临需要修正资本主义一般性原理本身这一挑战。

列宁认为,帝国主义——其经济实质是垄断资本主义——是"濒死的资本主义"。马克思也在《资本论》第1卷第24章第7节的"资本主义积累的历史趋势"中提到过"资本主义私有制的丧钟就要响了"①,因而列宁将"一战"期间的帝国主义视为"濒死的资本主义"并非毫无根据。但实际情况是,苏俄确实在"一战"期间脱离了资本主义世界,而资本主义却并没有死亡。马克思所谓的"丧钟就要响了"其实是揭示资本主义(制度本身)的历史性,至于资本主义究竟在什么时期、以怎样的形态被其他体制所代替,只能通过对当时的现实进行分析来找到答案。

与其说资本主义的历史发展是渐进的,不如说它是在危机、战争和技术革新的契机下阶段性地发展的。自由竞争资本主义向垄断资本主义过渡的契机是19世纪末的经济危机(1873—1896)和重化工业化。跨入垄断资本主义阶段后,历史的发展也未停止。在度过了19世纪末的经济危机后的20世纪初期,资本主义列强重新聚首,进而引发了最初的帝国主义世界大战——第一次世界大战。在这场大战中,苏俄脱离了资本主义,德国和奥匈帝国败北,资本主义世界重新大洗牌。从垄断资本主义的确立到"一战"结束这一时期,就是所谓的古典垄断资本主义。

---

① 《马克思恩格斯全集》第23卷,人民出版社1972年版,第831页。

从"一战"后金本位制的重建和崩溃,到1929年开始蔓延到20世纪30年代的大萧条,再到由此引发的第二次世界大战,直至"二战"终结,这一时期我们视为过渡期。"二战"后,在东西方冷战的历史背景下,依靠布雷顿森林体系和关贸总协定体制的支撑,国家垄断资本主义诞生了。国家一方面全程介入再生产过程的每个角落以促进经济增长,另一方面将经济增长的许多成果分配给劳动大众,推进福利国家建设。"从1950年到1973年,世界经济以从前任何时代都不曾有过的速度高速增长。这是空前繁荣的黄金年代。"[1]

在《21世纪的资本》中,托马斯·皮凯蒂(Tomas Piketty)从统计数据中测算出全球长期的资本/收入比率(β)。β虽然在1910年前后达到500%的程度,但由于"一战"、30年代的大萧条和"二战"的影响而有所降低,到1950年前后达到最低的250%。尽管此后β逐渐回升,但1970年左右也不过300%。然而,70年代以后,β急速上升,1990年前后达到400%,2010年左右已经上升到450%。据预测,到2030年前后将恢复到"一战"前的500%。[2]虽说皮凯蒂的"资本"概念是一个将工厂、机器甚至个人住宅都包括在内,并且在这些实体资产的基础上加上国债、股票等证券的十分粗略的概念,但它仍然说明,即便世界大战和战后通胀造成了资本存量的必然减少,但单看"二战"后资本主义史上空前高度增长的1950—1973年,资本存量的增长也只是勉强超过了收入的增长,显示了这种国家垄断资本主义发挥了其促进经济增长、实现收入再分配的功能。

另一方面,皮凯蒂的资本/收入比率,用马克思的概念大致等同于$C/(V+M)$,而在置盐信雄提出的"生产的有机构成"中,其倒数$(V+M)/C$代表利润率的上限。因此,20世纪70年代以后,皮凯蒂所称的资本/收入比率的趋势性上升即意味着利润率上限的下降倾向。虽然利润率上限的下降并不必然意味着利润率自身的下降,但若将长期利息率视为利润率的指标,则发

---

[1] 麦迪逊(A. Madison):《从经济统计看世界经济的2000年史》,政治经济研究所译,柏书房2004年版,第23页。

[2] [法]托马斯·皮凯蒂:《21世纪的资本》,山形浩生、守冈樱、森本正史译,美铃书房2014年版,第203页。

达国家的利润率从20世纪70年代或80年代初期达到顶峰后一直持续下降到今天。

在这里，我们将"二战"后的资本主义称为现代资本主义（contemporary capitalism）。所谓现代资本主义论，就是将现代资本主义作为分析对象，揭示现代资本主义与其自身初期的接续关系、它的基本特征及其强化和发展的过程。现代资本主义是基于两次世界大战以及两次大战期间的经济危机及其应对的经验，通过财政—金融政策、就业政策、产业政策等手段以国家垄断资本主义的形式全面介入国家经济运行的过程，它在一段时期内取得了相当大的成功，被誉为"黄金年代"。然而，以欧洲、日本为中心的高速经济增长却使得布雷顿森林体系的内在矛盾表面化，同时由于劳动力和资源的严重制约，国家垄断资本主义逐渐转变为全球化资本主义。正如皮凯蒂的上述实证研究所表明的那样，20世纪70年代是这一历史性转变的重要转换期，而它的直接契机则是1973—1974年的第一次石油危机。

下列重大变化可以被认为是这次转换的基础：

第一，以石油危机为契机，始于现代能源革命的信息产业代替了一直以来的能源消耗型的重化工业，成为新的支柱产业。现代能源革命（以及随后的信息通信技术革命）快速推动了计算机的小型化、大容量化和价格低廉化，使其渗透到包括研究和开发在内的生产过程、流通过程、消费过程以及社会生活中。

第二，生产、流通过程中的信息化、电子化让以往的劳动方式焕然一新。即，一方面是工人一整天都默默注视着电脑画面般的单纯且高密度的劳动，另一方面是软件开发等要求高度科学化的创造性劳动，劳动一体化正趋于解体。劳动的这种多样化、分散化和个别化也造成了就业形态的多样化（非正式员工的增加），导致了发达国家中劳工运动全球性的衰退。

第三，在第一次石油危机（人为策划）的冲击下，1971—1973年，布雷顿森林体系崩溃（美国停止美元—黄金自由兑换，以及主要发达国家导入浮动汇率制），使得对冲外汇风险的金融期货交易自由化以及随后的金融自由化成为必然，并引发了金融创新，从而促进了"经济的金融化"。而"经济的金融化"又使经济中的金融部门过度膨胀,并给金融部门带来了显著增大的利润份额,但同时也导致金融危机更加频繁地发生,例如,1982 年的墨西哥债务危机,1990 年的日本经济泡沫破裂,1997—1999 年的亚洲金融风暴,2008 年的世界金融危机,以及 2010 年的欧元危机,等等。

第四,在经济政策方面,20 世纪 70 年代末之后,标榜放松管制和民营化的新自由主义滥觞并成为主流,英国的撒切尔主义、美国的里根经济学、日本的中曾根临调(临时行政调查会)以及民营化路线就是其代表。在全球化背景下,国家的调控和管理效果受到了极大的制约,但统治阶级利用信息通信技术革命所导致的劳工运动低潮和国家面临的财政危机,企图削弱国家垄断资本主义的福利国家特征,重新建构低工资、低福利的积累体制,这才是事情的真相。

第五,这一时期还有一个最为重要的变化就是:作为亚洲新兴工业化经济体的先锋,中国和印度飞速工业化,并跃升为经济大国。世界银行将其称为"东亚奇迹"。在全球化过程中,一般都是发达国家率先取得发展变化,然后再通过金融、贸易、资本流动、技术转移等途径作用于亚洲各国,但到了 21 世纪,却产生了主客颠倒现象,反而是新兴经济体开始引领世界经济。这种冲击可以说足以匹敌 19 世纪末 20 世纪初美国和德国飞速崛起从而在工业能力上赶超英国、并最终改变资本主义世界的案例。

由此看出,无论是产业结构、劳动形态、金融制度还是国际关系,都在 20 世纪 70 年代发生了重要变化,这足以说明现代资本主义已经开始从国家垄断资本主义向全球化资本主义过渡。

三、现代资本主义的多样性与不稳定性

从时间上看,资本主义在发生历史性转变的同时,在国别或地域上也具有了多样性。如前所述,马克思已经注意到英国在从封建制向资本主义过渡时采用了多条路径,但由于彼时确立为资本主义的国家只有英国,因此他几乎没有提及资本主义各种模式之间的国际性比较。

与之相对，列宁详细地分析了帝国主义列强的关系，将它们分别区分为：英国金融殖民帝国主义，法国高利贷帝国主义，以银行主导的卡特尔垄断为基础的德国容克资产阶级帝国主义，以股份公司制托拉斯为基础的美帝国主义，以及俄国、日本的军事封建帝国主义。而致力于揭露日本资本主义的军事性、半封建性特征的山田盛太郎则将它们分别区分为日本型、英国型、法国型、德国型、沙俄型、美国型等各种模式，但其区分的基准主要是"产业资本确立时期农业的形态"，并且他认为，只要不发生革命性变革，那么一经确立的形态就不会再有变化，因此不能否认他的观点比较僵化。①

在"二战"后的冷战时期，为了封锁苏联等社会主义阵营，各资本主义国家集结于握有压倒性军事实力和经济实力的美国周围，人们也就无暇顾及资本主义模式的划分了。尤其是自战后到 20 世纪 70 年代为止的国家垄断资本主义时期，欧洲、日本都以追赶美国为目标，各资本主义国家的差异不过就是罗斯托（Walt Whitman Rostow）所谓的"经济增长的各个阶段"的差别罢了，而且认为所有的资本主义只要到达"高度的大众消费社会"这一阶段自然就会同化为同一模式的想法已经成为主流。随后，从 20 世纪 80 年代开始，全球化资本主义来袭；20 世纪 90 年代前后，有关资本主义多样性的争论再度复苏。冷战结束时有关资本主义多样性理论的翘楚，正是米歇尔·阿尔伯特（Michel Albert）的《资本主义对资本主义》（1991）一书，书中将资本主义世界划分为以市场和金融为主导的盎格鲁-撒克逊式资本主义（英国和美国）和社会共同体式的莱茵式资本主义（德国和日本）两种。

调节理论最为关注资本主义组织、运转的多样性，这一理论成果的集大成者山田锐夫主要依据布鲁诺·阿玛布尔（Bruno Amable）的《五种资本主义》（2003），划分出了下列五种现代资本主义模式及其代表国家，即市场原教旨型（英国和美国）、亚细亚型（日本和韩国）、欧洲大陆型（德国和法国）、社会民主主义型（瑞典和芬兰）和地中海型（意大利和西班牙）。②

---

① ［日］山田盛太郎：《日本资本主义分析》，岩波文库 1977 年版。
② ［日］山田锐夫：《资本主义的各种形态》，藤原书店 2008 年版。

这些现代资本主义多样性理论并不具有可以同化的统一答案。虽然当代主流新古典主义经济学期待各种形态的资本主义都同化为"市场原教旨型",但即便在全球化资本主义下,包括劳资关系在内的社会关系和文化的国民性、地域性特征仍旧顽强地残存下来,因此我们有理由认为,各种模式的多样性也是存在的。当然,历史的发展变化与地域性的多样化是相互交错的,而构成多样性的各种模式自身也会相互渗透融合,继续发展变化下去。

最后,让我们再来探讨现代资本主义的稳定性问题。如前文所述,在全球化资本主义时代的现代资本主义下,金融危机频繁发生,发达国家的实际工资增长停滞,资本/收入比率上升,恐怕利润率也将持续走低。这些现象表明了现代资本主义是不稳定的。虽然我们可以以各种标准或视角来探讨经济体制的稳定性,但这种经济体制能够在何种程度上满足《资本论》所示的所有经济原则是一项重要标准。

第一,从劳动力再生产的角度说,危及劳动力再生产的贫困和贫富差距扩大是现代资本主义的显著特征。当今世界,有调查称,在全球72亿人口中,约8亿人为饥饿人口。在全球化的进程中,随着资本的全球流动,发达国家与新兴国家、发展中国家在国家层面上的差距虽然缩小了,但是在国家和地域内部,人与人之间的差距反而不断扩大。目前,据称世界GDP约75万亿美元,如果将其平均分配给72亿人口,则人均应达到1万多美元,从而可以消灭饥饿。因此,贫困与贫富差距的原因不在生产层面,而在分配层面。

皮凯蒂的研究表明,最富有的10%的人,其收入份额的增加主要依靠最富有的1%的人所带来。因此,"占领华尔街"运动中提出的"我们是99%"的口号是有依据的。罗伯特·莱奇(Robert Bernard Reich)认为,这种极端的贫富分化将危及在政治层面支撑资本主义的民主主义。他指出:"在看上去根本不公平的社会不可能幸福地生活,在充满愤怒和不信任的国家,也不会有丰饶的生活。"① 已经扩大了的收入差距随着新自由主义下的减税政策被世袭

---

① [美]罗伯特·莱奇:《贫富差距与民主主义》,雨宫宽、令井章子译,東洋经济新报社2014年版,第104页。

化，正在带来更大的资产差距。

地球环境作为保护劳动力再生产的重要一环，也因为主要温室气体（二氧化碳等）排放所造成的全球变暖而濒临危境。现代资本主义的高度增长和新兴国家的工业化，使大气中的二氧化碳浓度从1959年的316ppm增大到1998年的367ppm。《联合国政府间气候变化专门委员会第四次评估报告》（2007）预计，到2100年，地球的平均温度将上升摄氏1.8—4度，海平面将上升38.5厘米。一度被宣传为清洁能源转换设施的核电，由于在铀的精炼和发电站建设的过程中也免不了使用化石燃料，而且我们现在也不具备对用完的燃料进行最终处理的技术，因此一旦发生诸如三里岛、切尔诺贝利和福岛那样的事故，整个社会就不得不承担天文数字般的费用。资本历来就不受管制，有着将利润内部私有化、费用外部社会化的倾向，因此资本不可能通过控制生产去应对全球变暖和核电问题，这就足以说明现代资本主义已经不能满足经济原则了。

第二，从资源的适当分配角度说，由于在资本主义制度下，资源的分配采取了一种逐利运动的形式，因此无论从社会的和人类的视角来看是多么有必要的领域，只要无法盈利，资本就不会流向那里。比如，教育、医疗、保育、护理等公共资源都是如此。

公共资源本来就与资本主义互不投缘，因此才会由国家通过财政提供公共资源。然而，在现代资本主义下，一方面，财政支出会因为需求管理政策和经济危机时对大银行、大企业的救济政策而增大；另一方面，税收收入会因为全球化背景下竞相降低法人税以及全球化企业利用避税天堂逃避纳税而裹足不前，最终只能扩大财政赤字、削减公共支出或对公共事业进行民营化改革。罗伯特·莱奇称这些现象为"公共资源的恶化"，他指出："靠税金支撑的、任何人都有权使用的公共资源正在逐渐丧失。本应是公共资源，现在却变成了私有财产，而且主要是富裕阶层来享有。同时，他们也变得越来越不愿意维护公共资源。"[1] 逐渐放弃承担公共事业的现代资本主义，正在背离

---

[1] ［美］罗伯特·莱奇：《贫富差距与民主主义》，雨宫宽、今井章子译，東洋経済新报社2014年版，第69页。

经济原则。

最后，我想探讨一下劳动生产率的上升在现代资本主义社会是否与劳动者自由时间的增加相关联。自由时间是相对劳动时间而言的，据经济合作与发展组织的数据，1990年至2011年，美国的人均劳动时间从1831小时缩短到1787小时，日本从2031小时缩短到1728小时，分别缩短了2.4%和14.9%。在这一现象的背后，恐怕也反映了兼职等非正式员工的增多。虽然与劳动生产率相关的综合数据十分稀少，但若考虑到实际GDP增长率是劳动生产率上升比率和就业者增加比率之和，就可以看出，美国和日本的劳动生产率从1990年到2011年至少分别上升了30%和20%。相较而言，劳动时间的缩短幅度实在是太小了。

马克思构想的以人类自身各种能力的发展为目的的"自由王国"，是建立在人类为满足各种需求而付出最小代价的"必然王国"的基础之上的，为此马克思指出："工作日的缩短是根本条件。"[①] 将劳动生产率的上升与工作分担制（Job Sharing）相衔接，从而缩短劳动时间，才符合经济原则，并且是构建未来社会的正途。

---

① 《马克思恩格斯全集》第25卷，人民出版社1974年版，第927页。

资本主义统治的多样性与斗争的联合[*]

迈克尔·哈特　安东尼奥·奈格里^{**}　著　　张永红　译

[内容提要] 本文回应了大卫·哈维关于普遍异化的观点。文章讨论的重点是当今资本主义的表现形态以及如何更好地挑战资本主义。作者认为，将形式吸纳和实质吸纳联系在一起，可以比异化更好地说明资本主义统治的多样性，同时也为超越马克思的分析提供了路径，从而拓展了我们对当代各种反资本主义斗争的理解。把握资本主义统治的多样性以及资本主义剥削所具有的多种形式，可以使我们充分认识到将一系列现有的、以不同方式挑战资本主义统治的斗争联合起来的可能性和必要性，从而为提升和实现现有斗争的革命潜能提供理论框架。

[关键词] 资本主义统治　多样性　形式吸纳　实质吸纳　斗争的联合

一、引言

大卫·哈维关于"普遍异化"（universal alienation）的分析为研究提供了

---

* 本文原载《传播、资本主义与批判》（*Communication, Capitalism & Critique*）2018 年第 16 卷第 2 期。译文原载《国外理论动态》2018 年第 10 期，译文有删节。

** 作者简介：迈克尔·哈特（Michael Hardt），美国杜克大学教授。安东尼奥·奈格里（Antonio Negri/Toni Negri），意大利帕多瓦大学和法国巴黎第八大学教授。

良好的基础,并为政治行动提供了重要指南。他提出的解释轨迹——从马克思在《1844年经济学哲学手稿》中对异化的分析,到他在《政治经济学批判大纲》中对异化概念的运用——使我们能够在广泛的社会领域展开分析。像其他解释者一样,哈维用异化概念来表征主体能力的客体化,从而指出了人们对当今社会的极度不满。他正确地阐明了当今许多工作的剥削本质及其乏味无聊,比如"购物中心的保安"。对当今异化的这种描述似乎使他开始寻找"有意义的工作",甚至以往"喧嚣工厂里的钢铁工人"也被他当成了正面的参照点。我们并不赞成哈维——在与今天"毫无意义"的工作比较时——对"有意义的"工业劳动所做的评价,但这实际上只是他次要的观点。

更重要的以及真正具有启发性的是,哈维如何将异化扩展到社会层面——远远超出雇佣劳动的范畴——来把握大都市贵族化和城市空间向社会工厂转变等现象。在哈维那里,异化概念也凸显了债务网络(个人和国家债务、学生债务和市政债务)的延伸——它们是勒索广大社会主体的手段和掌控未来的武器。此外,正如异化的修饰语"普遍"(universal)所揭示的,他是从社会总资本和世界市场的角度解读所有这些现象的。我们要将视野扩展到这个层面,以便理解资本是如何在不同的空间、以不同的规模发挥作用的。

关于哈维的文章,令我们印象最为深刻的是他在文章结尾提出的主张。人民反抗资本主义制度是正义的且必要的,人民正在以各种方式实践着这一点。但是,为了改变世界,他明智地指出:"革命理论的前提是我们首先要了解它。"对哈维来说,这个原则似乎解释了为什么最近的一些反抗——包括"占领"运动、加济公园运动和2011年的英国种族叛乱——都是无效的,而且指向了一种不一样的(尚不明确的)政治实践。

然而,在我们看来,这个原则——在改变世界之前了解世界——表明了一个由两部分组成的结构序列:把握资本主义统治的多样性以及在广泛的统治领域中资本主义剥削所具有的多种形式(包括以种族和性别为轴线的形式,以及与此相联系的各种形式的有薪和无薪劳动),由此便产生了将一系列现有的以不同方式挑战资本主义统治的斗争联合起来的需要。

为了简要说明当今一些斗争的重要性,我们需要解释我们所说的资本主义统治的多样性意味着什么。为此，我们仍需停留在马克思的话语体系世界之中。

二、从异化到形式吸纳和实质吸纳

马克思关于形式吸纳（formal subsumption）和实质吸纳（real subsumption）的概念强调了资本的一些基本特征，这与哈维在普遍异化中的发现一样。事实上，实质吸纳的社会世界集中映射到了普遍异化的社会世界中。但是，将吸纳的两个概念（形式吸纳和实质吸纳）联系在一起，可以比异化更好地说明资本主义统治的多样性，同时也为超越马克思的分析提供了路径，从而拓展了我们对当代各种反资本主义斗争的理解。

我们先来探讨马克思对这两个概念的描述。在马克思看来，形式吸纳与实质吸纳的区别从根本上说在于劳动实践的开端，尤其是，它们究竟形成于资本主义统治之外还是之内。

在资本的影响下，对劳动的形式吸纳表现为这样的劳动实践：它们在资本主义统治之外被创造出来（例如收割甘蔗的方法），又被纳入到资本的统治之下（例如通过将甘蔗收割者变成雇佣劳动者）。根据马克思的思路，这种情况的劳动吸纳仅是形式上的，因为劳动的"实质"——或者说劳动的过程——没有发生变化。换句话说，工人们从事着相同的操作；他们只是在一个新的环境中、一种新的统治制度下做着这一切。我们从过往的历史中发现，形式吸纳过程——比如罗莎·卢森堡在《资本积累》（1913）中就外部的内部化（即把非资本主义经济和社会形式置于资本的统治之下）对欧洲帝国主义及其内在暴力所做的描述——有助于我们理解帝国主义的发展进程。

接着，马克思对资本统治下劳动的形式吸纳过程与实质吸纳过程做了区分，其中，新的劳动过程是由资本本身创造的，或者更确切地说，是在资本主义社会领域中创造出来的。马克思关注的是，劳动过程是如何通过对科学的应用、对新技术的实施等创造出来的。劳动实践是在资本内部生成的，同来自外部的实践形式根本不同，因此，马克思常常将从形式吸纳到实质吸纳的过渡视为"真正资本主义的"（properly capitalist）社会的开始。

我们发现，马克思关于形式吸纳和实质吸纳的概念在许多方面都是有价值的，但我们此处的讨论在两个方面不能局限于他对这些概念的运用。首先需要做的是从马克思所分析的对资本统治下的劳动的实质吸纳扩展到对资本统治下的社会的实质吸纳。20世纪70年代，我们之中有人（安东尼奥·奈格里）发现，当资本主义统治的作用和反资本主义斗争的形式远远超越了工厂的围墙而蔓延到整个社会领域时，就有必要以这种扩展的方式解读马克思的《政治经济学批判大纲》中的观点。换句话说，一方面，对社会的实质吸纳从理论上说明了整个社会结构中资本主义生产关系广泛而深入的发展，尤其是在一些强国。这就是我们之前提到过的"普遍异化"与"实质吸纳"的不谋而合之处。另一方面，这个概念是这样一种观点的组成部分，即传统的工团主义组织形式已经不够，为了对抗资本主义统治，必须将社会领域中的各种斗争联合起来。

重要的是要认识到，用实质吸纳来分析当代资本主义社会，并不意味着要将社会同质化——似乎马克思所说的"真正资本主义的"就意味着差异的消除。相反，有关实质吸纳的讨论必须将资本主义社会视为多样性的构成，视为一个各种社会差异相互作用的框架。认识到了所有社会关系——不仅仅是劳动——都存在被资本吸纳的趋势，我们就不得不从理论上说明阶级、种族、性别以及其他处于次级地位的轴线的动力机制。

还有一点很重要，那就是不能将从形式吸纳到实质吸纳的过程理解为绝对的历史过程，这似乎是马克思的分析提醒我们的。换句话说，尽管我们发现，将这些术语运用于分期讨论——大致在20世纪70年代，我们从形式吸纳占主导的社会过渡到了实质吸纳占主导的社会——是非常有用的，但形式吸纳的过程绝没有停止。不仅在劳动实践方面，而且在来自资本"外部"的各种社会形式中，资本仍然在运动着、渗透着，并且发挥着作用。

就此而言，我们可以说，在形式吸纳和实质吸纳的发展过程中存在着推动变化的持续力量。形式吸纳为现在和各种过去提供了连接枢纽，说明了资本与其外部之间的关系，以及资本主义发展的不同路径；而实质吸纳则强调，资本是如何通过"真正资本主义的"方式在其统治范围内不断生产和再生产着差异和统治结构的。

我们应该清楚的是,我们对实质吸纳和形式吸纳的这种描述并没有背离哈维的解释。我们认为,我们对资本主义统治多样性的坚信与他的著述所表达的完全一致。实际上,哈维长期以来一直是承认资本内部的差异性——尤其是在从大都市到全球层面的空间领域——的主要代表人物。我们的分歧即使存在,也只是存在于以下这些方面:哪些种类的差异得到了认识,它们是内在相关的还是外在相关的,而最重要的是,对这些多样性的认识为政治实践开启了何种路径。

三、种族资本主义和父权制资本主义中的形式吸纳与实质吸纳

种族资本主义(racial capitalism)和父权制资本主义(patriarchal capitalism)的研究者们尽管没有使用这些术语,但却进一步有效地推动了对形式吸纳和实质吸纳的分析。例如,塞德里克·罗宾逊(Cedric Robinson)在开始研究种族资本主义时强调指出,当资本主义生产关系在欧洲发展时,它们采用了先于种族主义出现的各种种族主义形式,这不仅使非洲人处于从属地位,也使爱尔兰人、斯拉夫人和其他各色人种处于从属地位。资本主义生产方式在自己的统治结构中使用并有效利用了——我们可以说在形式上吸纳了——种族印记和种族等级制度。罗宾·D. C. 凯利(Robin D. G. Kelley)进一步阐述了罗宾逊的思想:资本主义和种族主义"并没有打破旧秩序,而是从中发展出一个依赖奴隶制、暴力、帝国主义和种族灭绝的'种族资本主义'的现代世界体系。资本主义是'种族的',并不是因为其分裂工人的阴谋或为奴隶制和巧取豪夺所做的辩护,而是因为种族主义早已渗透到西方封建社会"。种族和种族等级制度先于资本存在的事实(后来被吸纳到资本主义社会并得到重新利用)使我们认识到,种族并非资本主义制度偶然的或伴生的特征。种族是资本主义生产方式的组成部分,对资本的持续统治至关重要。种族资本主

义的概念并非对优先事项的简单倒置，即为了说明资本是从属于种族等级制度的，而不承认种族主义相对于资本而言是次要的。实际上，它主要指出：一方面，种族等级制度与资本主义等级制度是相对独立的，既互不从属，也互不衍生；另一方面，二者在当代社会中紧密交织，任何一方要发挥作用和存在下去，都要依赖另一方。

与种族资本主义理论相似，女性主义的父权制资本主义理论长期以来同样围绕资本和父权制的历史展开争论。像种族资本主义理论家一样，社会主义的女性主义者认为，父权制早在资本出现之前就存在了，因而并非资本的产物。然而，性别观念和性别统治结构早已存在的事实并不意味着父权制在历史上是某种具有相同的基本结构的普世制度。相反，父权制结构在资本主义社会中得到采用和改造，形成了一个具有复杂而富有弹性的劳动性别分工制度的新家庭结构。换句话说，性别等级制度的历史先在性并不意味着它在资本主义统治方面是自主的，而是说，就像在种族资本主义理论家那里一样，这种历史描述有助于我们认识到，性别——像种族一样——尽管与资本主义等级制度完全交织在一起，却仍然保持着相对的自主性。正如艾利斯·扬（Iris Young）在20世纪80年代初所说的，重要的是，在我们的分析中，我们必须赋予父权制结构和资本主义以相同的权重和相对的独立性，同时也要承认它们的互构性，从而说明资本主义从根本上说是父权制的。

当然，关于种族资本主义和父权制资本主义的争论远不止这些，但出于此处论辩的目的，我们只想强调这些理论传统所共有的一种双重论证——而且它进一步促进了我们对形式吸纳和实质吸纳之当代功能的理解。一方面，种族主义和父权制并非资本主义制度的伴生性特征，也不服从于它的统治，就好像它们在反抗资本的主要斗争中只是次要的敌人。它们是相对自主的结构，只是在形式上被资本主义制度吸纳了。另一方面，种族的和性别的等级制度在历史上并非一成不变，而是在"真正资本主义的"社会及其全球生产方式中得到了彻底的改变、改造和重置——也就是得到了实质吸纳。此外，形式吸纳与实质吸纳两者并不矛盾，而是凸显了存在于资本主义统治中的真正的多样性。种族主义和父权制是资本主义社会的组成部分，对于在双重意义——形式吸纳和实质吸纳——上理解资本主义社会至关重要。

我们想附带说明的是，在最近的著作中，我们试图从共有物（the common）的角度探究资本主义多样性的动力机制。我们认为，当代资本主义生产和再生产的循环主要是通过对共有物的提取和征用来发挥作用的，这既包括自然形式的共有物，也包括——最为重要的是——社会产生的共有物。当然，共有物并非整齐划一的或同质的，而是一个表现出根本差异和互动的领域，因此，共有物是一个理解资本多样性的框架。

四、反种族主义的、女性主义的和反资本主义的斗争的交互作用

我们应当清楚，强调资本主义统治结构内部的多样性对于政治实践来说利害攸关。这里还是引用扬在 20 世纪 80 年代初的著述中的观点："总的来说，社会主义者并不认为，反抗对妇女的压迫的斗争是反抗资本主义本身的斗争的核心方面。"在马克思主义理论和共产主义组织活动的全部历史中，也可以发现有关种族的类似观点，这使得反种族主义成了一个重要的但却外在的问题。反过来说，如果我们认为这些统治体系之间的关系是内在的，种族主义、父权制和资本是互构的，那么女性主义的、反种族主义的和反资本主义的斗争就必须在平等的条件下交互作用。这样，强调统治结构的多样性就有助于我们认识当今广泛斗争的重要性和有效性，以及在实践中将它们联合起来的必要性。我们应该注意到，今天的许多活动家已经完全认识到了这一点的重要性。

例如，在阿根廷、意大利等地，"一个都不能少运动"（Ni Un Menos-movement）所开展的"妇女罢工"实践清楚地表明了多样性分析与联合斗争之间的关系。"一个都不能少运动"的兴起是对各种形式和各种场所——在工作场所、家庭和街头——发生的杀害和施暴妇女行为的回应。总的来说，性别暴力——特别是杀害女性——是一种最邪恶和最残酷的父权统治，因此，这一运动无疑是要挑战父权制的结构和实践。但是，活动家们充分认识到，

这场反抗性别暴力的斗争也必然是反抗资本的斗争。

作为一种政治工具，女性主义的斗争与反资本主义的斗争在罢工提案中是明确地联系在一起的。在阿根廷，"一个都不能少运动"的活动家们首先将妇女罢工当作使侵害妇女的暴力行为政治化的工具，他们不只是把女性当作受害者，同时也把女性当作强大的主体。其次，罢工实践还使他们看到了父权制与资本之间的密切关系。维罗妮卡·加戈（Verónica Gago）解释说，罢工"能够在女性主义的表达中展现出劳动的异质性，使人们重视那些不稳定的、非正式的、家庭的和移民的工作形式，使这些工作不被视为雇佣劳动的补充或附属物，而是被视为当前的剥削和价值榨取形式的根本所在"。长期以来，再生产的观点一直是女性主义的一个分析框架，用以说明内在于资本主义社会关系和生产关系的性别等级制度。

用罢工来描述其所形成的女性主义实践，不是为了对二者进行类比（那样，女性就可以像工人一样进行罢工了），而是要强调一种内在关系：资本是通过性别等级制度发挥作用的，否则就会失灵。然而，很显然，这样的罢工不能仅仅采取封锁工厂的旧工业形式，而是必须将不同的社会空间中各种形式的拒绝、退出和破坏联合起来。在为阿根廷妇女罢工做准备时，"一个都不能少运动"开展了一项调研，即在女性工人群体、学生群体、社区群体以及其他群体中进行询问：在你所在之地，罢工意味着什么？你会如何罢工？然后，这一妇女罢工运动将这些不同的情形和经历汇集在一起。实际上，"一个都不能少运动"对罢工的运用说明了一个重要的一般性问题：随着生产的日益社会化，传统的罢工形式也必须转变为社会罢工。"一个都不能少运动"在策划罢工时的考虑清楚地表明，其反抗性别暴力的斗争，以及在更广泛意义上的反抗父权制结构的斗争，在最充分的意义上也必然是反抗资本主义的斗争。

就当代反种族主义斗争的各种案例——包括美国的"黑人的生命也很重要"（Black Lives Matter）运动的各种派别以及南非的"罗德必须倒"（Rhodes Must Fall）和"费用必须下降"（Fees Must Fall）等学生运动——来说，我们的论断是相似的。在这些案例中，活动家们同样非常清楚地认识到，种族等级制、白人至上与资本主义统治是紧密交织在一起的——从警察活动到监狱工业复合体（the prisonindustrial complex），从种族化的国家政策和劳工制度到种族化的财富征收制度等，概莫能外。它们联系得如此紧密，以至于为了挑战白人霸权，人们还必须向资本主义统治发起进攻，相应地，为了挑战资本主义统治，人们也必须向白人霸权发起进攻。实际上，对种族等级制度的任何严重威胁对资本来说都是一种致命的危险。

还应该强调的一点是，就此而言，劳工运动和反资本主义运动必须更加严肃地与种族和性别等级制度做斗争，而反种族主义运动和女性主义运动实际上也需要更直接、更自觉地反抗资本主义。这无疑是重要的，但这并非我们在这里要阐述的重点。

五、从斗争的联合到大众的构建

我们这里的讨论很大程度上取决于资本、白人至上和父权制之间的关系究竟是外在的还是内在的。如果它们是外在的，那么有人可能会说，虽然种族和性别制度渗透到资本主义社会，但不同的斗争基本上是各自独立的。反之，如果资本主义、种族和性别等级制度结构之间的关系是内在的，即如果父权制和种族主义并非抽象地内在于资本，而是像历史发展那样内在地作用于资本的运作，那么各种斗争之间更为深入的联合就不仅是可能的，而且是必要的。当然，我们之前提到的女性主义和反种族主义的运动不仅是反抗资本主义的斗争，同时也是反抗父权制、白人至上、殖民性以及其他不平等制度的斗争。而事实是，它们已经是反抗资本主义的斗争这一点就足够了，因为反抗资本主义的斗争的目的也是为了战胜种族和性别等级制度，这表明各种斗争已经有了联合的基础。

另外，还需要注意的是，在这个问题上，我们应该对"团结"的概念进行批评，因为它是以对上述关系的外在性的认识为基础的。俄国1905年革命后，卢森堡批评说，德国无产阶级只是表达了"与俄国无产阶级的国际团结"，认为起义的失败对他们来说是外在的，他们完全没有认识到，俄国事件事实上是内在于他们自己的斗争的,"是他们自己的社会政治历史的一个篇章"。对于德国人向不幸的俄国兄弟表达的同情(带有一丝傲慢),卢森堡当然是不屑的,但她在此处强调的主要之点是各种斗争之间的内在关系。

卢森堡对团结(以及所谓的斗争的外部性)的批评直接引出了我们的观点。人们可能会跨越反抗资本、父权制和白人霸权的界限,组成联盟或表达团结的意愿,但这永远不会改变这些斗争之间的基本分离状态。相反,如果像有关种族资本主义和父权制资本主义的理论观点所展现的那样,这些不同途径的斗争实际上是内在关联的,那么他人的斗争实际上就是我们自己的社会政治历史的别样篇章,就是关于我们自己的故事。

要走向革命的实践,就必须将诸如此类的许多不同途径的斗争联合起来。但是,这种联合绝不是自发的或即刻形成的。从理论上认识资本主义统治的多样性,以及在实践中实现反抗父权制、白人霸权和资本的斗争的交互作用,都只是提供了一个坚实的出发点。斗争的联合还需要一个建构的过程。

如果用马克思主义的传统来说明这一点,就是不能认为阶级认同是既定的,并以此为基础立即设定政治斗争,而是必须研究当今阶级构成的实质,而且必须要"制造"阶级,即着手对阶级构成进行政治操作。当然,这一研究应该揭示出,种族和性别等级制度是当前的资本生产和再生产过程内在的和必要的条件,是资本主义统治的核心要素,正如对种族资本主义和父权制资本主义的分析所揭示的那样。这样,制造或建构阶级的行动就必然包含着内在相关的多元主体性(multiple subjectivities)的联合。

在某种程度上,要认识这种多样性,就要说明我们为什么要尝试运用"大众"(multitude)的概念来解读当代阶级的动力机制,并把握政治主体在斗争中的可能性。第一,与上文我们附带提及的一点一致,大众生产并再生产着共有物,这表明资本从根本上具有多样性。第二,更能说明我们的论点的是,大众预示着一种有可能将不同的政治主体性联合起来的政治行动。换句话说,我们并不是要用大众命名现有的主体或只是表明社会差异,而是要指出一系列的可能性。第三,也是最后一点,作为政治主体的大众是建构的结果,是一个内部有差异但却通过共同的斗争联合在一起的主体。这样,大众就为我们概括出一条分析的和政治的轨迹，这条轨迹从认识资本的多样性开始，直到在一项环环相扣的政治事业中实现各种斗争的联合。

因此，在哈维所分析的普遍异化的社会中，大众也许是认识和提出有效主张的恰当模式。就此而言，我们首先必须强调资本内部的多样性，以及由此产生的各种斗争内在联合的可能性和必要性。在我们看来，这既可以使我们充分认识现有斗争的重要性，也为提升和实现现有斗争的革命潜能提供了框架。

持存的现实性：超越资本主义的马克思主义传统*

埃里克·欧林·赖特** 著　　梅沙白　译

[内容提要] 马克思提出的超越资本主义的未来社会理论认为，资本主义固有的矛盾运动终将导致其自我毁灭，同时创造有利于革命的条件，进而产生能够实现解放的替代方案，即一种更有利于人类繁荣的新社会形式，在新社会中，资本家阶级对投资和生产的控制将被激进的经济民主所取代。基于马克思主义传统，有四个核心命题对于理解超越资本主义的可能性仍然是必不可少的：资本主义阻碍了人类繁荣的实现；另一个世界是可能的；资本主义的发展运动本质上是矛盾的；实现人类解放的社会转型需要动员民众并展开斗争。通过在资本主义的矛盾空间内部建立民主—平等的经济关系，这四大命题可以为削弱资本主义的主导地位的战略愿景提供依据。

[关键词] 马克思主义　超越资本主义　社会主义　矛盾　危机

---

* 本文原载《传播、资本主义与批判》（*Communication, Capitalism & Critique*）2018 年第 16 卷第 2 期。译文原载《国外理论动态》2018 年第 10 期。

** 作者简介：埃里克·欧林·赖特（Erik Olin Wright），美国威斯康星大学麦迪逊分校社会学系教授。

一、马克思的观点

马克思认为，资本主义的内在运动包含了深刻的矛盾，最终导致了它的自我毁灭，同时为革命创造了条件，从而使一种更有利于人类繁荣的新社会形式得以出现。一方面，这种观点对资本主义的命运做出了有说服力的预测：从长远来看，资本主义是一种不可持续的社会秩序，必然会走向终结。与简单地认为资本主义会产生各种危害并遭受周期性危机相比，这种观点更有说服力，它预言资本主义最终会自我毁灭。另一方面，这种观点又缺乏确定性：摧毁资本主义的驱动力开辟了新的历史可能性（特别是由于生产力的发展和人类生产效率的提高），并创造了一个集体代理者——工人阶级，它能够利用这些可能性通过革命构建一个实现解放的替代方案。但是，需要多长时间才能使这一替代方案由潜在的可能变为现实，替代方案具体又是什么样的，则取决于一系列更为偶然的进程：革命意识形态的传播，充满凝聚力的团结的出现，能够协调斗争的政治组织形式的发展，等等。因此，从整体上看，马克思的理论体现了确定性观点与不确定性观点的相互作用：有关确定性的观点认为，资本主义的自我毁灭不可避免，对革命有利的结构性条件必将出现；有关不确定性的观点认为，超越资本主义的解放前景的时机和制度设计尚无法确定。①

确定性观点与不确定性观点的二元性是马克思的理论思想成为政治运动

---

① 在马克思主义传统中，关于马克思如何看待资本主义命运的争论由来已久。毫无疑问，马克思认为资本主义的矛盾必然会破坏其存在的条件，他对资本主义模式的研究并没有预测资本主义何时会崩溃，但他很清楚这一制度终将灭亡。我认为，马克思在其主要著作中试图对资本主义以后的社会形态做出有说服力的预测：一旦有利于革命的结构性条件出现，终将发生革命性的突破。精确的时机取决于意识形态和政治进程，而不是最终的结果。罗莎·卢森堡有一个著名的说法，即人类面临的选择是"社会主义或野蛮"，这意味着即使从长远来看，作为超越资本主义的未来形态，解放也不是必然的，野蛮仍是一种可能。马克思并未表现出这样模棱两可的态度。无论如何，不管马克思如何看待这一点，今天许多认同马克思主义传统的人，对于资本主义的总体发展轨迹，尤其是资本主义之后的可能性和前景，采取了一种更不确定的观点。

之坚实基础的原因之一。不确定性证明了有着明确使命的集体代理者的重要性,以及个体为了更美好的世界而奋斗的意愿。确定性为我们带来了乐观主义的理由:即使革命的阻力令人望而生畏,反资本主义的力量仍然坚信"历史站在我们这一边",爆发革命的条件终将"成熟"。

二、今日世界

今天,我们生活在一个与马克思的理论完全不同的世界,其超越资本主义的未来社会理论中那种充满活力的乐观主义已难以延续。我们面临着两个突出问题。

首先,对于超越资本主义的总体愿景至关重要的一些关键性预测尚未得到证实:工人阶级非但没有稳步地走向同质化,反而在各个方面变得日益碎片化,内部产生了不平等和异质性,阻碍了针对资本主义的持续集体行动所需要的广泛的阶级团结;事实证明,资本主义在用新的积累模式应对危机方面更具弹性;资本主义国家在吸纳民众需求和应对危机方面更加灵活,同时会在必要时采取有效的镇压措施;无论是发达资本主义社会中的大多数人,还是世界上许多贫穷地区的人民,物质生活水平都有了不断提高,甚至在最近几十年的经济相对停滞阶段也是如此。[①] 当然,马克思的其他预言都是正确的:资本主义已成为一个全球体系,能够延伸到世界的遥远角落;生产力以惊人的方式发展,极大地提高了人类的生产效率;资本主义市场深入到生活的方方面面;经济危机(有时是严重的经济危机)成为资本主义社会的一个长期特征。问题是,以上趋势并非其核心预测——资本主义必然会破坏自身的存在条件,同时创造一个能够推翻资本主义社会的历史主体——的关键。这两个相互关联的命题尚缺乏可信性。

---

① 最后一点值得强调。虽然自20世纪80年代初以来,许多富裕国家的中产劳动者的实际工资一直处于相对停滞状态,但事实上,在过去的40年里,家庭的物质生活水平——实际消费的人群——几乎每一个指标都有所上升。部分原因是妇女劳动力参与社会生产的增加,但很大程度上是由于产品质量的显著提高和廉价的量产消费品的存在。随着平均生活水平的适度改善,不平等现象也显著增加。

一些人认为，马克思没有预见到新的危机趋势，特别是灾难性的气候变化，这可能导致资本主义不仅是不可欲的（undesirable），而且是不可持续的（unsustainable）。当然，如果像一些环保主义者声称的那样，全球变暖终将使人类无法生存，那么资本主义也将是不可能的。但是，除了这种世界末日般的后果预测之外，气候变化并不能对资本主义造成致命的威胁。资本主义对环境的可怕影响是反对资本主义的一个重要原因，但资本主义的不合理性和不可欲性并不意味着其不可持续性。气候变化就像战争：战争往往有利于资本主义，因为国家确保了军工业资本家的利润，同样，从适应气候变化所需的大规模公共工程项目中，资本家可以赚取巨额利润。气候变化可能威胁到新自由主义的资本主义，但那种认为气候变化本身会导致资本主义不可持续的观点缺乏有力的支撑。此外，与马克思提出的资本主义具体的动力机制不同，即使气候危机导致资本主义不可持续，也并未同时为推翻资本主义、实现解放所需的那种强大的和充满凝聚力的团结形式创造有利条件，更未产生与马克思视域中的无产阶级相媲美的潜在的"历史主体"。①

马克思的乐观主义愿景失去可信性的第二个原因是20世纪社会主义革命之后试图构建替代资本主义的方案所导致的悲剧性历史，即使危机为革命的政治力量夺取政权创造了机会，也很难相信他们有能力去实际构建一个实现解放的替代方案。

马克思本人并未过多地关注社会主义的具体设计问题以及建设社会主义的实际过程。从根本上说，马克思认为，在他对完成这项任务的条件——资本主义的衰落、强大且广泛的工人阶级的出现以及具有阶级意识的革命运动

---

① 人们还提出了其他一些论点来支持这样一种观点，即资本主义的内在动力最终会破坏其各种可能性，特别是资本主义需要无休止的增长，但无休止的增长是不可能的。此外，自动化的迅速发展终将破坏资本主义公司的盈利条件。我在本文中无暇探讨这些论点，但简而言之：(1) 资本主义的投资和竞争确实促进了增长，但这并不必然意味着实际产出的增长，也不意味着在整个增长和衰退的周期中一定会有额外的净增长。(2) 自动化将摧毁资本主义的想法取决于对劳动价值论的具体运用，即只有劳动创造价值，只有剩余劳动以剩余价值的形式产生利润。如果我们拒斥劳动价值论，就没有理由相信高度自动化必然会减少整个系统的利润。

的存在——的预测的基础上,集体组织起来的工人阶级的创造性力量将通过反复实验解决这一问题。而 20 世纪的经验并未为这一前景提供多少证据支持。

为什么 20 世纪的革命没有带来有力的、可持续的人类解放？这是一个备受争议的问题。仅仅是因为革命发生在经济落后地区,还是因为领导者的战略失误或动机不纯？抑或是试图通过社会制度层面的彻底决裂来建立可持续的解放替代方案的反复失败其实反映了这项任务的不可能性？或许是打破体制的尝试将不可避免地演变成这样的混乱局面,以至于无论革命政党的领导者动机如何,都将被迫诉诸普遍的暴力和镇压,以便维持社会秩序,而这种暴力反过来又会破坏建立一个真正民主、平等的新社会的可能性。实施制度决裂所带来的意外的消极后果可能会超过实现解放的预期目标。无论这些解释中的哪一个（如果有的话）是正确的,20 世纪的革命悲剧都证明,制度层面的决裂并不能成为实现社会解放的策略。

三、马克思主义不断超越资本主义理论的坚强后盾

因此,在 21 世纪,认为"资本主义运动规律"不可避免地摧毁了资本主义的可行性、同时又为通过革命实现解放提供了有利条件的观点貌似不再具有合理性。然而,这并不意味着马克思主义传统对于科学理解当代社会以及创造一个更美好的世界的努力失去了意义。尤其是,深深植根于马克思主义传统的四个核心命题在今天仍然极其重要。

命题一：资本主义阻碍了人类繁荣的实现。

这一命题最明显的表现是大量的持续贫困,但资本主义的危害不仅在于物质匮乏,它还延伸至对人类繁荣至关重要的其他价值观：平等、民主、自由和共同体。资本主义的这些危害源于其阶级结构,即将投资、生产和分配组织起来的权力关系。资本主义的阶级关系通过各种常见的机制造成危害：剥削、支配、异化；经济权力向政治权力的转移；破坏性的竞争形式；以破

坏共同体团结和互惠的方式对市场的扩张。① 在这些过程中体现出来的危害可以通过各种补救程序（尤其是通过国家组织起来的）得到扩大或减缓，但是资本主义的阶级关系不断产生危害的情况仍然存在。

命题二：另一个世界是可能的。

资本主义所产生的危害为抵制资本主义、寻求另一种选择提供了充足的理由。然而，危害本身并不能证明不同于资本主义的另一种选择具有现实可能性。

事实上，"另一个世界是可能的"这一命题也许是马克思主义传统中最基本的观点：资本家阶级对投资和生产的控制可以被激进的经济民主所取代，这样一种解放的替代方案是可以实现的。② 并非只有马克思主义者认识到了资本主义及其阶级关系所产生的危害。实际上，在马克思主义传统中得到确认的许多产生危害的资本主义机制早已被吸纳到非马克思主义的社会科学中。马克思主义传统的独特之处在于，它认为一个根本不同于资本主义的替代性选择不仅是可欲的（desirable），而且是可行的（viable）和可实现的（achievable）。这就使得马克思主义从一种单纯的资本主义批判理论变成了一种关于解放的社会科学。

在马克思主义传统中，尤为重要的一种观点是，资本主义内部生产力的发展为人类繁荣开辟了新的可能性，而资本主义生产关系继续占主导地位则阻碍了这种可能性的发展。人类生产力的进步使得人们可以在适当的生产关系下大幅减少生产生活资料所需的时间，从而扩展了马克思所说的"自由王国"。然而，人类解放只有在资本主义被社会主义所取代的情况下才能发生，

---

① 马克思主义传统中的许多作家同样认为，资本主义的危害是将市场作为经济协调机制才产生的。例如，迈克尔·阿尔伯特（Michael Albert）和罗宾·汉内尔（Robin Hahnel）在有关参与型经济（participatory economics）的各种著述中主张，若要以可持续的方式实现社会解放，不仅要改变资本主义的阶级关系，而且还必须消除市场。相反，我认为资本主义市场的危害来自资本主义市场的不同形式，即使在民主—平等的经济中，市场也肯定扮演着重要的角色。

② 马克思本人并未将社会主义视为激进的经济民主，但这基本上意味着工人阶级集体控制生产资料。有许多可能的制度形式可以实现这一想法，但问题的核心是民主—平等的权力结构对经济的影响。

而社会主义被理解为一个民主、平等、团结的经济组织。

命题三：资本主义的驱动力在本质上是矛盾的。

资本主义不可能达到一种稳定的平衡，即不可能将一切事物整合成一个连贯的、功能完整的整体。即使资本主义矛盾的内在趋势没有达到使资本主义不可持续的强度，它们也会反复破坏现有的制度结构。特别是，资本积累与国家之间的关系总是充满矛盾。国家不断面临着资本主义再生产提出的各种相互矛盾的要求：在短期与长期之间，何为最优？对不同的资本部门来说，什么才是最佳？在社会和平与资本积累之间，如何权衡？有时，这些矛盾得到了很好的解决，但是，在某一时期使资本主义得以巩固的国家监管和干预形式，往往在另一时期会成为资本积累的障碍，而制度上的"锁定"使平稳的调整变得不可能。其结果就是周期性的危机，从而为新的可能性和革命斗争开辟了空间。

命题四：实现解放的社会转型需要动员民众并展开斗争。

要实现解放，就需要集体行动和底层动员。斗争最终是为了权力，而这些不可避免地涉及对抗。虽然积极的阶级妥协可能是斗争的结果之一，但这种妥协只有在强大的民众动员的支持下才会成为更广泛的社会转型的一部分。要实现这种妥协，精英盟友的支持可能至关重要，但实现解放的社会转型绝不仅仅是启蒙精英主动行动的结果。

实现解放的社会转型还需要建立体现解放之理想的新制度，这些制度必须以人民的集体组织和能动性为基础。人的社会解放，其核心必须是人民群众的自我解放。在专家的指导下，"社会工程"可以发挥顶层设计的作用，但在实现解放的社会转型的可持续进程中，这种社会工程本身必须通过有效的民众赋权机制以民主的方式进行，并服从人民的意志。

四、21 世纪超越资本主义的战略逻辑

上述四个命题都可以追溯至马克思，它们构成了仍在发展中的马克思主义传统的基本标准，每一位将自己的观点描述为"马克思主义"的人几乎都

会同意这一点。然而，它们并不足以为在21世纪超越资本主义制定一个战略远景。在本文中，我将集中讨论在我看来对于理解未来超越资本主义的可能性至关重要的一个具体的理论观点。

社会转型（social transformation）的每一个过程都涉及两种社会变革（social change）的相互作用：一种社会变革发生在"背后"，是人们行为的累积，而非计划性的后果；另一种社会变革是运用有意识的自觉策略达成的结果。在马克思最初的理论表述中，实现解放的自觉的、战略性的转型主要从两个方面发挥重要作用：第一，创造必要的政治组织和大众意识形式，在条件允许的情况下战胜资本主义；第二，完成通过革命夺取政权后建设新社会的艰巨任务。对马克思来说，建设社会主义必然需要持续的自觉行动，需要一个不断地边干边学的实践过程，可行的社会主义制度不应仅仅是革命者行动的意外副产品。但是，马克思并没有意识到自觉的战略在创造革命所需要的基本的结构性条件方面的重要作用。这些条件包括：生产力的大规模发展；工人阶级生活条件的均等化；利润率的下降；随着组织规模和劳动分工的扩大，生产的社会性的日益增强。这些都不是为实现转型创造必要条件的自觉战略的结果，而是资本主义的"运动规律"的结果，这些规律推动资本主义沿着一条终将导致自我毁灭的轨道前进。在马克思看来，使实现解放的转型成为可能的结构性条件是人类行为累积起来的副效应，而并非人类的自觉战略创造出来的结果。

马克思把历史理解为结构性条件与自觉的战略之间的相互作用，这当然是正确的，但是，我认为他那超越资本主义的革命理论所暗含的特定顺序并不完全恰当。具体来说，如果像我所主张的那样，一种超越资本主义的革命战略尚存在不确定性，那么通过战略行动有意识地构建民主的任务就需要从资本主义本身开始，才能使激进的经济民主成为超越资本主义的未来。这就需要超越马克思的观点，马克思认为资本主义运动的规律在无意中制造了一个副产品，即资本主义变得日益"社会化"。这就需要对革命战略的潜能有不同的理解，即通过在仍由资本主义主导的经济体系内建立替代资本主义的方案来逐渐影响现有经济体系的运作和轨迹。

社会"系统"(system)有两个风格完全不同的概念，对比这两个概念有助于理解这里所涉及的问题。我们可以将一个系统比喻为一个"有机体"(organism)。一个有机体是一个完整的系统，其中所有的部分功能性地结合成一个连贯的整体。我们还可以将一个系统比喻为一个"生态系统"(ecosystem)。一个湖泊由景观中的水组成，具有特定的土壤、地形、水源和气候，大量的鱼和其他生物生活在水中，各种各样的植物生长在它的周围。总的来说，这些构成了湖泊的自然生态系统。这是一个"系统"，因为每个要素都影响着其中的一切其他事物，但它并非一个将所有部分功能性地联系成一个连贯的、紧密结合的整体的单一的有机体系统。一般来说，社会系统更应被理解为由只具有松散联系的各个部分相互作用组成的生态系统，而非所有部分都具有一种功能的、紧密结合在一起的有机体。

现在让我们来考察资本主义。没有哪个经济体曾经是——或者曾经可能是——纯粹的资本主义国家，资本主义的定义是基于"生产资料私有制的市场交换"与"通过劳动力市场雇佣劳动者"两者的结合。现有的经济生态系统通过如下手段将资本主义与组织商品和服务的一整套其他生产和分配方式结合在一起：直接通过国家；通过在亲密的家庭关系中满足其成员的需要；通过我们通常所说的社会和团结经济中以共同体为基础的网络和组织；通过其成员所拥有的、民主管理的合作社；通过尽管是非营利的，但却是以市场为导向的组织；通过参与集体生产过程的对等网络，以及通过许多其他可能性。其中一些组织经济活动的方式可以被视为资本主义因素与非资本主义因素的混合体；也有一些完全不是资本主义的；还有一些则体现了民主、平等、团结的原则，这些原则预示着一种超越资本主义的解放的替代方案的出现。在这些非资本主义的形式中，一些形式在功能上与资本主义联系在一起，在某种程度上有助于资本主义的稳定；另一些形式则与资本主义充满冲突；还有一些形式既对资本主义有着促进作用，又与资本主义互相矛盾。我们将这样一个复杂的经济生态系统称为"资本主义"，因为在决定大多数人生活的经济条件方面，资本主义占据主导地位。同样，社会主义经济体是民主和平等关系占主导地位的经济生态系统。

马克思当然清楚地认识到，现实社会从来都不是纯粹的资本主义社会，它包含了各种非资本主义的经济形式，特别是早期生产方式的残余。他甚至承认，这些非资本主义形式可以被视为未来社会主义经济的预兆。特别是到了19世纪60年代，他开始认识到工人合作社的反资本主义性质。在马克思看来，这些实验的优点主要是意识形态上的："工人们不是在口头上，而是用事实证明：大规模的生产，并且是按照现代科学要求进行的生产，没有那个雇用工人阶级的雇主阶级也能够进行。"① 因此，合作社为挑战资本主义创造了意识形态的条件，但马克思并不认为这是在仍然由资本主义主导的体系内实际地建立一个更加民主、平等的经济战略的一部分。

因此，战略问题在于是否有可能通过扩大以民主、平等、团结的关系组织起来的非资本主义经济活动的比重，以便削弱资本主义在这一复杂的经济生态系统中的主导地位。对超越资本主义的进程进行思考的这种方式从某些方面来说就像是一个讲述欧洲从资本主义之前的封建社会向资本主义社会过渡的典型故事。在中世纪后期的封建经济中，尤其是在城市，已经出现了原始资本主义的关系和实践，它们最初涉及商业贸易、行会治下的手工生产和银行业务。这些经济活动形式满足了商业需求，往往对封建贵族相当有用。这些市场活动随着范围不断扩大，逐渐具有了资本主义性质，而且在某些地方对整个封建经济的统治地位的侵蚀也越来越严重。经过几个世纪漫长曲折的过程，在欧洲的某些角落，封建结构不再能够统治经济生活，封建制度遭到削弱。这一进程可能被政治动荡甚至革命所打断，但政治事件通常并非经济结构断裂的基础，而是更多地认可社会经济结构内部业已发生的变化并使之合理化。

当然，如果真的发生超越资本主义的进程，也不会是对封建制度被资本主义侵蚀并最终被取代这一进程的重演。侵蚀封建制度并非早期资本主义商人的战略，而是他们长期的牟利行为的意外结果。战略将在削弱资本主义主导地位、代之以激进的经济民主的过程中发挥重要作用。以下是有可能发生

---

① 《马克思恩格斯文集》第3卷，人民出版社2009年版，第12页。

的基本情况。

围绕民主—平等的关系组织起来的经济活动会出现在一个可能由资本主义所主导的经济体中。这些活动既是自发的，也是深思熟虑的战略所引发的结果，并随着时间的推移而不断增多。其中一些活动的出现来自共同体内部的适应调整和主动精神。另一些活动则是由国家积极组织的，它们或者以国家直接提供商品和服务的形式（如典型的国有部门的生产），或者以国家资助的形式与民间社会组织展开合作，目的是解决实际问题。这些替代性的经济关系构成了经济结构的基石，其生产关系在不同的程度上以民主、平等和团结为特征。我将这些基石称为"真实的乌托邦"：之所以称其为"乌托邦"，是因为它们体现了解放的理想；之所以说它们"真实"，是因为它们可以在现实世界中建立，并推动现实世界走向一个可能的理想世界。①

涉及国家的斗争有时是为了保护这些空间，有时是为了促成新的可能性。它们会周期性地遇到似乎是结构性的"可能性的极限"（limits of possibility），而要超越这些极限，就需要更强有力的政治动员，以改变资本主义运行所遵循的"游戏规则"的关键特征。这样的动员通常会失败，但至少有时政治条件允许这样的变革，它使可能性的限度得以扩大。最终，上层的变革与底层的行动之间相互作用的累积效应可能达到一个临界点，即经济生态系统内部所创造的民主的、非资本主义的关系在个体和共同体的生活中变得十分突出，足以使我们不能再说资本主义是这个制度的主导。

作为一种战略愿景，对资本主义的削弱令人向往，但又十分遥远。之所以令人向往，是因为它表明，即使国家看起来并非促进社会公正、推动实现解放的社会变革的最合适选项，但仍有许多事情可以做，我们可以继续在旧世界的夹缝中建设一个新世界。之所以十分遥远，是因为在一个由资本主义主导的经济体中，我们似乎很难想象积累实现解放的经济空间真的有可能削

---

① "真实的乌托邦"的设想并不局限于作为资本主义替代方案的解放愿景，它还包括为国家和民主、家庭和两性关系、共同体和文化认同以及任何阻碍人类繁荣的其他社会关系构建替代性的方案。

弱和取代资本主义，因为资本主义大企业拥有巨大的权力和财富，而且大多数人的生计有赖于资本主义市场的良好运转。毫无疑问，非资本主义的、具有解放形式的经济活动和经济关系只有发展到威胁资本主义统治地位的地步，才会被彻底摧毁。

因此，我们有理由心存疑虑。有两个问题尤其令人困惑。首先是国家问题，削弱资本主义的想法在很大程度上取决于国家的主动行动。但是，资本主义社会中的国家绝不仅仅是一个可以随时被反对资本主义的社会力量所利用的中立机构。它是一种特殊的国家——资本主义国家，其设计的目的是系统地保护资本主义不受威胁。尽管资本主义国家存在固有的阶级偏见，但是，我们只有利用国家来促进超越资本主义的、追求解放的非资本主义关系的扩张，才有可能削弱资本主义。资本主义国家并非一种用来削弱资本主义的理想工具这一事实，并不意味着我们不能用资本主义国家来完美地达到削弱资本主义的目的。反抗资本主义的政治力量的策略是，利用资本主义国家内部的矛盾，利用解决资本主义的内部问题所面临的冲突，以便扩大创造民主、平等、团结的经济替代方案的可能性。这种可能性的关键在于资本主义国家内部的民主性质：民主底蕴越深厚的资本主义国家，其国家政策支持非资本主义替代方案的可能性就越大。因此，用葡萄牙社会学家博文图拉·桑托斯（Boaventura Santos）的话来说，"使民主民主化"（democratize democracy）的斗争对削弱资本主义的前景来说至关重要。

然而，我们在削弱资本主义的战略中并没有完美地利用资本主义国家，因此必须调动政治力量来达到这些目的。就像任何战略一样，削弱资本主义同样需要集体行动者。战略并不是凭空产生的，而是由组织、政党和参加运动的人民来实施的。这是第二个困扰我们的问题。削弱资本主义的集体行动者在哪里？在经典马克思主义中，"工人阶级"被视为能够挑战资本主义的集体行动者。然而，今天很少有人认为工人阶级的同质性足以使他们轻易地成为过去所说的"历史主体"。相反，要为21世纪强有力的反资本主义运动形塑一个具有政治共识的集体行动者，就需要把来自各种经济和社会结构的、身份更为多样化的人们聚集在一起。阶级仍然是这种集体行动的核心，因为斗争的目标是改变阶级结构，这就是削弱资本主义的手段。但是，集体行动者的政治身份必须围绕着民主、平等和团结的价值观而非单纯的阶级来形构，这就意味着要基于社会结构中处于不同地位的人群来构建这样的集体行动者。这是一项艰巨的任务，如何完成这一任务是当今世界左翼面临的核心问题。

资本主义与正义
——马克思与罗尔斯的融合

伊恩·亨特[**] 著　凌菲霞 译

[内容提要] 本文结合马克思的资本主义理论与罗尔斯的正义理论，提出了一种比罗尔斯的资本主义批判更为深刻的批判。本文认为马克思拥有一种含蓄的正义观，它可以通过罗尔斯的正义理论得到进一步巩固。这种巩固预设了马克思的正义观与罗尔斯的正义观在根本上并非不相容的，两者之间的任何不相容之处都可以通过扬弃马克思对资本主义的批判以及他对市场经济异化的批判中的一些次要内容得到解决，这比单独根据马克思的理论或罗尔斯的理论来批判资本主义的不公正现象更具说服力。

[关键词] 资本主义　正义　马克思　罗尔斯　剥削理论

一、资本主义本质上是不公正的吗？

本文将卡尔·马克思对资本主义的批判与约翰·罗尔斯的正义理论相结

---

[*] 本文译自伊恩·亨特的《自由社会主义》（Ian Hunt, *Liberal Socialism: An Alternative Social Ideal Groundedin Rawls and Marx*, Lexington Books, 2015）第四章。注释有删节。译文原载《国外理论动态》2018 年第 5 期。

[**] 作者简介：伊恩·亨特（Ian Hunt），澳大利亚弗林德斯大学哲学系教授。

合,旨在提出一些理由来反对以资本主义为基础所构建的社会理想。罗尔斯拒斥资本主义,认为它是不公正的,因为它否认了政治平等和公平的机会平等。罗尔斯在其修订版的《正义论》以及《作为公平的正义:正义新论》中明确认为福利资本主义是不公正的,并加以拒斥。有人反对说,罗尔斯大体上看到的资本主义不公正现象可能不属于某种特定的资本主义形式,可能与迄今广为人知的资本主义形式并不相同。还有人反对说,罗尔斯提出的正义条件过于严苛,应该被较为宽泛的正义条件所取代。

　　面对这些反对意见,将罗尔斯的正义理论与马克思的资本主义剥削理论相结合,可以强化罗尔斯认为资本主义是不公正的观点。因为这一结合表明,资本主义不仅违反了差异原则(因为其基本结构依赖劳动力后备军),而且还使剥削雇佣工人成为可能。

　　乍看起来,将马克思的资本主义剥削理论与罗尔斯的正义理论相结合,从而对资本主义正义提出强有力的批判,这似乎不太可能。马克思似乎拒斥正义的理念,认为它是意识形态的幻想。另一方面,正如罗尔斯自己所看到的,马克思的共产主义理想似乎与罗尔斯本人的政治自由主义不一致。然而,通过对马克思社会理论的某些欠缺部分进行些许修正,并认为马克思至少拥有一种含蓄的正义理念(这可以用罗尔斯的正义理论来补充),我们可以实现将上述理论结合起来的目标。

二、马克思的资本主义正义观

　　有种解释认为,马克思宣称资本主义在它自身的条件下是公正的,但是在一个隐含的"更高级"的正义观下却是不公正的,这预设了我们可以判断一个社会比另一个社会"更高级"的情况。马克思似乎从多个方面为一个比资本主义"更高级"的社会制定了标准。其中之一是,马克思认为资本主义创造了"更高级的新形态"[①]的要素,而新形态提供了更多的自由和更平等

[①]《马克思恩格斯全集》第46卷,人民出版社2003年版,第928页。

的利益分配。未来的社会将有一个"主要原则",即"每一个个人的全面而自由的发展"。① 根据市场买卖双方之间公平交易的资本主义管理标准,工人的雇佣只是一种公平交易,而与此标准形成对照的是"与商品生产完全相异化的标准",资本家据此剥削雇佣劳动。

这些与商品生产"完全相异化"的标准似乎支持了马克思对资本主义制度的讽刺性道德评价,这些评价出现在《资本论》第 1 卷的关键段落的论述中。马克思显然希望《资本论》的读者能够认真对待他对资本主义社会关系持续的、系统的且充满感情的批判,他批判了这种社会关系对工人阶级的侮辱和剥削:"在资本主义制度内部……一切发展生产的手段都转变为统治和剥削生产者的手段。"② 马克思暗示资本主义是不公正的,因为他将剥削比喻为盗窃,将统治比喻为非法监禁。有重要的文本证据表明,马克思认为,根据一种在"更高级"的社会形态下才能实现的正义理念,资本主义是不公正的,尽管马克思认为这种正义理念一般来说在资本主义内部是不可能被接受的。

诺曼·格拉斯(Norman Geras)指出,同样有重要的文本证据表明,马克思认为谈论正义是行不通的,并因此放弃了这个话题。马克思主张,正义只是反映了社会生产关系,并且随着社会生产关系的变化而改变。格拉斯指出,马克思坚称这种相对主义的观点是考虑正义问题唯一重要的视角。格拉斯总结说,马克思本人感到困惑,"他显而易见的正义概念与他思想中隐含的更广泛的正义概念互相抵触"③。

艾伦·伍德(Allen W. Wood)试图指出,绝大多数文本都表明马克思把正义看作意识形态并放弃了对它的讨论。根据伍德的说法,马克思谴责了资本主义对工人生活的所作所为,但没有谴责资本主义的任何不道德之处。从道德目的论的角度来看,这种谴责似乎是道德上的,因为道德目的论认为,

---

① 《马克思恩格斯全集》第 44 卷,人民出版社 2001 年版,第 683 页。
② 同上书,第 743 页。
③ Norman Geras, "Bringing Marx to Justice: An Addendum and Rejoinder", *New Left Review*, Vol. 195, 1992, p. 65.

要根据行为或制度的后果来判断行为或制度的对错。但伍德指出，马克思认为，无论道德有多么意识形态化，都是指这样一种观点，即行为对错与否的标准要看该行为是否符合规则，而不是看其后果如何。因此，伍德认为马克思接受了康德的看法，将道德问题与幸福问题区分开来，虽然马克思并不认可康德赋予道德的那种地位。

尽管如此，伍德承认，马克思对资本主义剥夺了工人的非道德产品这一本应受到严厉指控的现象的批评采取了一种"道德腔调"。他还承认，马克思似乎在道德上谴责那些对工人阶级的痛苦不闻不问的人。伍德试图为这种道德化做辩解。当马克思似乎想要道德化时，他有时仅仅指出了不符合资本主义社会关系的行为。在其他情况下，当马克思谴责破坏任何社会生产关系的行为时，他就像是在谴责背信弃义的行为。然而，这并不能说明马克思对工人贫困现象的抨击或对不闻不问者的谴责背后的道德腔调，因为马克思并不认为这种贫困以及他人拒绝回应贫困的行为不符合资本主义社会的生产关系。马克思认为，资本主义社会的生产关系具有使工人陷入贫困的趋向，尽管这种趋向可以在特定的情况下被其他趋向所抵消。因此，与那些指出马克思至少含蓄地认为资本主义是不公正的人相比，伍德并没有对文本证据提出更好的解释。

阿兰·瑞安（Alan Ryan）指出，马克思认为资本主义隐含着不公正现象，他权衡了流通领域的正义与生产领域的非正义，认为后者按照资产阶级的标准来说是一种更为严重的非正义。安蒂·考皮宁（Antii Kauppinen）持一种更为复杂的观点，他认为，马克思通过表明自由交换的正义中所蕴含的自由理念如何揭露出雇佣劳动者的"双重自由"中存在的更为深刻的非正义现象，从而对资产阶级的正义标准提出了"内在的"或"内部的"批判。为了对资本主义制度的正义进行内部批判，马克思必须指出，在资本主义自由交易是公正的这一观点之中隐含着被迫劳动。上述两种解释回答了马克思为何指责资本主义是不公正的这一问题，但它们都不能说明为什么马克思的说法似乎也反映了他本人的道德信念。尚不明确的是，对资本主义正义的内在批判是否有凭有据，马克思是否认为自己提供了这样的内在批判。

没有任何对马克思的观点的解释可以轻易地与所有的文本证据相一致。尽管如此，下面这种观点可以与马克思明显拒绝讨论作为意识形态的正义以及马克思明显的相对主义观点相一致，即马克思认为，就"更高级的"社会形态的标准而言，资本主义是不公正的；但就资本主义自身的标准而言，资本主义则是公正的。这也符合马克思的如下观点，即判断一个社会的道德及其规则在该社会中公正与否的依据是，这些规则是否符合该社会整体规则体系的总体目标，即是否维护这些规则所管理的社会秩序。这是一种社会学的判断，而不是对马克思自己的规范性承诺的陈述。

马克思关于道德的相对主义主张或许反映了这种社会学的判断，正如马克思所言："权利决不能超出社会的经济结构以及由经济结构制约的社会的文化发展。"①

马克思的这种明显的相对主义主张或许还反映了他的黑格尔式观点，即概念在历史中展开，据此，正义通过在不同的社会中呈现不同的形式而得到发展。最后，马克思可能在某种程度上想要对正义轻描淡写，以拒绝采取"公平的"雇佣劳动而非公正的财产分配的政治策略。马克思反对纯粹依靠或主要依靠道德诉求的政治运动，这种观点从批判乌托邦社会主义者的《共产党宣言》一直贯穿到《哥达纲领批判》及其后续作品中。这种令人满意的政治策略，其主张与认为资本主义不公正的观点相一致。

我们可以得出这样的结论：马克思在《资本论》中暗示了资本主义是不公正的，无论这是否表明马克思的困惑，抑或这是否只是表明他的正义理念尚未完全阐述出来。在这两种情况下，马克思的观点都需要给予澄清。由于马克思没有清楚地阐明他的正义观，所以他是否因为资本主义违反了自我所有权（self-ownership）原则而从根本上谴责资本主义，是他遗留下来的开放性问题。马克思像谴责盗窃一样谴责资本主义剥削，这似乎是基于以直觉的权利（intuitive rights）为基础的正义观，沿袭了约翰·洛克对人的能力及其雇用产品的所有权的解释思路。根据这一观点，工人有权拥有他

---

① 《马克思恩格斯文集》第3卷，人民出版社2009年版，第435页。

们自己的劳动产品，因为他们拥有自己的劳动力。然而，无论这种初级理解在多大程度上暗示了这一点，马克思都认为洛克的立场与资本家只是从合法的交易机会中获益这一相反的观点相一致。工人成为资本主义生产资料的一部分，因为资本家通过劳动力市场的自愿交易雇用工人。根据洛克的观点，资本家有权享有其企业的产品，因为他们拥有产品生产所需的资料，包括雇佣工人的劳动能力。而且，如果马克思采取了洛克的立场，那么他要么必须解释为什么劳动产品的任何扣除即使在社会主义制度下也是错误的，无论其目的有多么合理；要么必须在从左派自由意志主义到左派自由主义的一系列其他观点中引出另一种正义观，以解释哪些扣除是合理的。

因此，马克思认为资本主义剥削是不公正的观点要求哲学理论为其提供连贯合理的基础。罗尔斯的正义理论可以提供这种基础，前提是我们可以证明，运用罗尔斯的正义理论只会放弃马克思的资本主义理论中并不重要的主张。

三、马克思的资本主义剥削理论可以与罗尔斯的正义理论相结合吗？

市场在罗尔斯的正义理论中起着至关重要的作用。嵌入在背景正义体制内的市场允许分配在纯粹的程序正义之下进行。这会产生代代相传的公平结果，而这些结果的产生无须参考某些外部的正义标准，如应得（desert）或功绩（merit）等。无论结果在背景正义所设定的界限内是怎样的，这些结果都会是公正的，因为产生这些结果所依据的社会程序是公正的。背景正义所设定的界限确保社会程序公平地限制了市场累积性地扩大结果范围的任何趋势，而这些趋势会使公平的机会平等或公平的政治自由的价值消失。

马克思还拒绝以社会合作参与者的任何单一特征为基础的分配正义标准，比如他们所付出的相对工作量，因为所有这些标准都属于"资产阶级权利的狭隘眼界"①的范围。马克思否认基于这些标准的分配，因为他所赞同的满足多种需要的分配只支持可以比较个人结果的部分排序，不支持任何其他排序。但是，马克思不会接受罗尔斯对纯粹的程序正义的依赖，即使这是罗尔斯避免按上述马克思所反对的标准进行分配而采取的方式。有赖于纯粹程序正义的分配体系无法从根本上依靠对公正结果的有意识的导向，因为缺乏一个判断特定结果是否公正的独立标准。由于程序只有在最有利于最弱势者的情况下才是公平的，因而必须将资源和地位集中在那些能最好地将它们用于社会的人手中，而不是根据公平标准有意识地导向特定的结果。如果只有竞争性的市场经济才能做到这一点，那么它必须成为基于纯粹程序正义的公平分配机制的基础。

马克思拒绝市场关系，因为它们以颠倒的方式内在地混淆并代表了生产者之间的真实社会关系。对生产资源拥有完全私人财产权的生产者将自己视为致力于自身利益的独立主体，而一只"看不见的手"则引导他们在实践中照顾他人的需求。因此，他们在社会合作中的地位事实上是对他们隐藏起来的，似乎并不是对人们从市场交易中获益的一种限制——表面上看跟天气一样不受人为控制。

马克思用另一种方式来解释："这只是人们自己的一定的社会关系，但它在人们面前采取了物与物的关系的虚幻形式。"他宣称，在宗教中，"人脑的产物表现为赋有生命的……独立存在的东西"，而类似的拜物教则是"同商品生产分不开的"，这种拜物教在"自由生产者联合体"所实现的社会合作形式中消失，而合作处于工人"有意识有计划的控制之下"。②

根据马克思的观点，宗教将控制自然的斗争想象成支配世界的虚构力量，"当实际日常生活的关系，在人们面前表现为人与人之间和人与自然之间极明白而合理的关系的时候"③，这些宗教想象就会消失。宗教拜物教反映了人类

---

① 《马克思恩格斯文集》第3卷，人民出版社2009年版，第436页。
② 《马克思恩格斯文集》第5卷，人民出版社2009年版，第90、97页。
③ 同上书，第97页。

力量控制自然的现实局限。相应地，商品拜物教则反映了社会合作的现实局限，马克思认为这些局限是一般的商品生产所强加的。

马克思还认为，明白而合理的社会合作是"处于人的有意识有计划的控制之下的"[①]；但马克思并不认为，不对管理的执行方式进行重大改革，就不可能加强管理。许多人跟亚当·斯密一样认为，社会合作的巨大规模使协调问题难以用这种方式解决。我们可以注意到这个问题，但不需要对其进行辩论。马克思提出的社会合作管理可能已经足够了，但这对于采取明白而合理的社会合作形式并非必要。

经济活动的市场协调并不意味着，仅仅由于协调超出了有意识的集体生产的协调范围，就会使自由减少。在不能从未来的技术方面对我们的能力进行提升的情况下，如果协调的负担不至过大，那么协调生产的某些方面就必须超出有意识控制的范围。总体自由是否减少，可能取决于在某些方向上对有意识的控制的限制（如市场、分配程序或投票式分配等内在分配手段）是否超出了对更重要的或基本的方面（如社会合作的负担和利益的公平分配）的控制。

在缺乏公平、独立的个人分配标准的情况下，倘若分配正义需要商品生产的范围和限度，那么自由生产者联合体可以选择这样做。联合体可能会选择不采用市场机制来进行某些方面的交换，例如教育或医疗服务的提供，在这些方面，现实的世界市场不可能是完全竞争的。联合体可能会在人际关系对交换十分重要或者历史传统（而非新产品开发）更为重要的方面——例如传统食品和家庭用品的生产和消费——选择馈赠礼物的方式。

虽然马克思认为社会关系很自然地表现为事物之间的关系，正如浸入水中的木棍看上去会自然弯曲一样，但是合适的类比对象应是我们所伫立的地球上方天空的明显移动，但是这种移动方式似乎并非我们所经历的事物移动的方式。这并非一种视觉上的错觉，就像看到另一事物移动可能会使我们看起来好像自己在移动一样，它还为在地球静止时把天空看作是移动的提供了

[①] 《马克思恩格斯文集》第 5 卷，人民出版社 2009 年版，第 97 页。

基础。市场的运作仅仅是为某些思维方式提供了基础，这些思维方式试图掩盖市场是人类采用且可被人类改变的制度这一事实。

这些思维方式——而非市场关系本身——与资本对劳动力的权力相结合，形成了商品拜物教。有了高度可持续的社会最低收入，而不是控制不满情绪所需的最小安全网，再有对高收入和财富集聚的限制，市场竞争看上去就不再是一种决定世世代代命运的、难以改变的可怕力量。

因此，马克思有理由拒绝采取资本主义生产方式的商品生产，但如果一个以市场为基础的自由生产者联合体能够进行社会化的、有计划的而不是由客观无情的力量所支配的经济活动，那么马克思就可以接受这样的商品生产。在非资本主义市场经济的条件下，自由生产者联合体的条件得到满足的前提是罗尔斯的如下说法正确无误："竞争性体制在其运作细节上是客观自动的；其具体结果并不表达个人有意识的决定。但在许多方面，这是这种体制安排的优点。市场体系的运用并不意味着缺乏合理的人的自主性。"①

四、对人的管理和对物的管理

罗尔斯在论证马克思对自由主义的批判不适用于他本人对自由主义的批判时认为，马克思的未来社会超越了正义。马克思确实声称，"从按劳分配到按需分配"的原则将适用于超越了"资产阶级权利的狭隘眼界"的共产主义高级阶段。如果对正义的例证在这一社会中只是实现一种无可争议的、因此也是非强制性的财富和收入分配，以满足每个人的需要，那么它没有给罗尔斯的自由原则以外的正义观留下空间。

我们可以认为，马克思稍显模糊的原则适用于一个充分富裕的、鲜少乌托邦色彩的社会。我们可以合理地推测，一旦马克思的自由生产者联合体的劳动成为共产主义的第一需要，就会激发出超越生产的需求。一旦如此，在

---

① John Rawls, *A Theory of Justice*, Revised Edition, Cambridge, MA: Harvard University Press, 1999, p.248.

共产主义社会就会有相互冲突的权利主张,因而正义的条件仍将适用。

此外,马克思的"从按劳分配到按需分配"的原则提出了一种互惠性理念,即人们尽其所能地承担社会合作的义务,因而也有权享有公平的收益份额。共产主义初始阶段的原则也依赖互惠性理念,但应通过所完成的工作来衡量利益的公平份额。共产主义高级阶段的原则拒绝这样的衡量措施,认为利益的公平份额必须充分满足需要。由于罗尔斯的正义理论之下的公正社会实现了互惠性和这一需求,所以上述原则与罗尔斯的正义理论是一致的。

诚然,罗尔斯关于充分满足需要的思想可能与马克思的并不一样,我们也没有任何理由认为,除了满足尽其所能为社会合作做出贡献的人的需要,马克思会欢迎任何有关公平分配规则的原则。尽管如此,它仍然以合理的方式补充了马克思对自由生产者联合体分配的论述。

如果马克思的共产主义高级阶段不仅放弃了资产阶级权利,而且完全放弃了一切权利,那么它就不会实现罗尔斯的正义观。恩格斯认为,共产主义高级阶段并不需要权利,因为它放弃了"对人的政治统治",只留下"对物的管理"。①在马克思的自由生产者联合体中,国家走向了衰落。

衰落的国家是执行既定制度之规则的机构,通过这种机构,社会合作得以实施,而其致命的武力最终支持着对破坏规则行为的惩罚。罗尔斯声称,建立能够实施刑事制裁的机构是必需的,它可以向公民保证公平的规则通常会得到遵守,尽管这些强制性机构很少采取行动。我们只需要认为,国家之所以衰落,是因为最终得到致命武力支持的执法机构将会在很大程度上退回至罗尔斯为那些机构设想的角色,即在秩序良好的社会中实施制裁。尽管国家已经大大衰落,但正义和权利仍然拥有一席之地——即使马克思认为它们不会如此。另一方面,自由地集体追求共同利益和多数人利益的社会机构——在另一种意义上被称为"国家"——将在马克思的共产主义社会中蓬勃发展。

要想用罗尔斯有关基本结构的公平规则的标准来支撑马克思对资本主义

---

① 《马克思恩格斯文集》第 3 卷,第 531 页。

的道德批判，我们只需对马克思的社会理论进行并不那么重要的两重修正：抛弃马克思关于未来社会的理想中的一些乌托邦元素；通过承认存在着超越资产阶级权利的正义和权利来限制马克思关于自由工人联合体会超越资产阶级权利之范围的主张。

五、罗尔斯的正义理论与马克思的资本主义理论

按照马克思的说法，资本的雇佣劳动从表面上看似乎不会经不起罗尔斯有关基本结构分配制度的公平规则的考验："在流通领域或商品交换领域……占统治地位的只是自由、平等、所有权和边沁。"① 社会并没有将某种被社会认可的责任强加给工人，即为了占有其他社会地位的人的利益而不是为了自己的利益行事，就像封建制度或传统的婚姻制度一样。

然而，资本主义市场体系的制度规则确实要求工人接受财富和收入分配的所有后果。罗尔斯认为，这破坏了公平的政治自由平等和机会平等原则。如果马克思是正确的，那么资本主义市场体系的制度规则也违背了罗尔斯的差别原则，并且削弱了工人讨价还价的地位，使他们在工作中被剥削和主宰。

现实中的资本主义社会具有多样性，目前它们正以多种形式在全球市场中彼此关联。例如，美国资本主义企业的许多雇员并非美国公民，这一点在靠近美国边境的墨西哥境内的美国工厂中表现得最为突出，墨西哥工人被雇来生产直接运回美国的产品。在美国，合法定居的工人阶级规模接近劳动力的 50%，这比其他地区大约 70% 的比例要低一些。正如埃里克·赖特（Erik Olin Wright）所说，美国工人阶级的低比例可能是由于美国公司的全球分布所致。资本主义国家的其他变化来自资本主义生产方式与非资本主义生产方式相结合的形式，这在印度最为明显。

在《资本论》第 1 卷中，马克思首先从中间阶级和其他生产方式的复杂性的角度讨论了抽象的资本主义生产方式。在他描绘的资本主义生产方式中，

---

① 《马克思恩格斯文集》第 5 卷，第 204 页。

资产阶级以各种方式拥有雇用工人阶级的企业，而工人则缺乏可以进行个体经营的生产资料所有权，并且不可能找到其他就业形式，更不可能成为现在的"个体经营"户。在《资本论》第 1 卷第 25 章以及前一章第 3 节和第 4 节中，马克思认为投资后的资本主义增长会导致大量求职人口失业。资本的私人所有者只会在预期他们的投资会持续获利的情况下才会增加对企业的投资，而且只有当他们认为剩余劳动力会持续出现时才会这样预期。

如果资本主义企业私人投资的平均增长率低于劳动力供给的增长率，那么很可能会出现剩余劳动力，劳动力供给的增长率的决定因素包括：社会中各个家庭每年所拥有的成年子女人数，该经济体中年经济增长速度慢于其人口增长速度的其他非资本主义组成部分的人数，以及移民的数量。另一方面，当预期劳动力短缺的企业投资于节省劳动力的技术变革，以抵消工资上涨所导致的利润减少的预期时，即使资本主义企业的投资率高于劳动力供给的增长率，也很可能会出现剩余劳动力。这种投资可以保证劳动力需求的增长率低于劳动力供给的增长率。马克思并没有声称需要某种形式的协调来维持这样的劳动力过剩，只是认为投资者期望从他们所投资的企业中获得像其他任何投资一样多的回报，而且企业会单独应对威胁到投资回报率的劳动力需求的预期增长。

这些私人投资者的银行政策和决定确定了投资的频率和形式，从而使劳动力过剩成为资本主义的制度性特征，尽管其规模可随时间的推移扩大或缩小。因此，马克思认为："所以，相对过剩人口是劳动供求规律借以运动的背景。它把这个规律的作用范围限制在绝对符合资本的剥削欲和统治欲的界限之内。……使相对过剩人口或产业后备军同积累的规模和能力始终保持平衡的规律把工人钉在资本上，比赫斐斯塔司的楔子把普罗米修斯钉在岩石上钉得还要牢。"①

尽管马克思所说的"产业后备军"在罗尔斯的正义理论中被视为一种社会地位，但它并不像婚姻那样是官方确立的制度。马克思引用了皮尔先生的

---

① 《马克思恩格斯文集》第 5 卷，第 736、743 页。

例子，皮尔带着工人到西澳大利亚的斯旺河边为他耕种，但最后工人反而占据了土地，这表明劳动力后备军是一种资本主义制度。皮尔先生的失败例子揭示了"在殖民地"发现的一个事实：过剩人口对资本主义来说如此重要，甚至不得不由政府政策人为地创造。

我们可以认为，临时失业者在劳动力市场上只是处于一个雇主与另一个雇主之间的过渡阶段，而非罗尔斯的正义理论中的社会地位。这也适用于马克思所说的那些处在"赤贫的境地"的人或所谓的"流氓无产阶级"，因为马克思把他们的赤贫与无法就业联系起来，这表明他们可以被视为"失去阶级地位"。

我们还可以认为，劳动力后备军或"相对过剩人口"并非所有可称为"资本主义"的经济体系的特征。菲利普·范·帕里斯（Philippe van Parijs）主张，在他所谓的"最优资本主义"（optimal capitalism）的私有制中，所有超过一定规模的工厂都是工人合作社，并不需要劳动力后备军。帕里斯对"资本主义"采用了一种宽泛的定义，涵盖了所有的私有财产市场制度，所以他所说的"最优资本主义"实际上是罗尔斯所谓的"财产所有权的民主制"（property owning democracy）的一个版本。但是，罗尔斯明显地区别了"财产所有权的民主制"与资本主义，因为他认为，只有当一个制度内部的某些个体仅从企业——雇用听命于经营管理权的工人——投资中就可以过上衣食无忧的生活时，该制度才是"资本主义的"。

马克思认为劳动力后备军是资本主义的制度性特征，对此观点的另一种反对说法是，如果真的如此，那么人们就会认为，只要劳动力供给超过了对劳动力的需求，工资就会继续下降。然而，劳动和劳动力都不仅仅是商品，不能与卖方分离，而且如果工人是自由的，他们的收入就不能低到让他们在辛劳中饿死。

马克思认为，劳动力后备军的存在会使工资下降到仅能维持生存的水平。但正如约瑟夫·斯蒂格利茨所言，其他因素也决定了均衡工资（equilibrium wage）。对雇员进行监管的现实局限性以及对多少有些技能的劳动力的不同要求，可能导致某种均衡工资或更多的均衡工资出现，并且使其高于市场出清工资率（the market clearing wage rate），也高于生存工资（the subsistence wage）。支付更高的工资是为了让工人不相信以下原则："他们假装付我们钱，我们假装工作。"

资本主义劳动力后备军的压力降低了生存工资和市场出清工资率的溢价，这种溢价购买了雇员在有效的资本主义管理之下足够的忠诚度或害怕被解雇的危机感。正如大卫·施韦卡特（David Schweickart）所说，资本主义企业仍可存在于资本主义制度之外，但前提是它们的高效生产力或特殊产品能够让它们支付更高的效率工资（efficiency wage），并获得可观的利润。

我们把在资本主义制度下处于最弱势社会地位的群体视为马克思所说的劳动力后备军，但问题在于，在其他可行的社会制度中，最弱势群体是否会拥有更多的优势。施韦卡特似乎合理地认为，他称之为"经济民主"的制度是可行的，因为其最弱势群体比马克思的劳动力后备军拥有更多的优势。经济民主提供了充分的就业机会，国家更是成为最终所依靠的雇主。尽管经济民主会带来一些失业工人，但这些工人只会暂时失业，不会构成劳动力后备军。

施韦卡特认为"经济民主"的基本特征是：（1）企业是民主管理的；（2）资源和消费品是通过市场经济来分配的；（3）新的投资是由社会控制的——由资本资产（capital assets）税收筹集的投资资金按照民主的、符合市场规律的计划进行分派。

到目前为止，这与罗尔斯的"私有财产所有权的民主制"或"自由主义的社会主义"是一致的，但罗尔斯对此并没有详细讨论。"财产所有权的民主制"的最显著模式是工人合作社制度，例如蒙德拉贡（Mondragon）合作社制度。施韦卡特的"经济民主"似乎是罗尔斯自由主义的社会主义的最显著模式，但这并没有在任何地方实现过，尽管施韦卡特声称蒙德拉贡制度在某些方面预示着经济民主或自由主义的社会主义。

施韦卡特认为，一个制度成为一种经济民主的进一步条件是企业的生产资料将在政治民主之下被社会所拥有，这使得经济民主成为罗尔斯自由主义的社会主义的一种形式。施韦卡特表明，经济民主像资本主义一样高效和创新，尽管其对 GDP 增长的推动作用很小。

有人会反对说，这种增长放缓将意味着，无论起点如何，最弱势群体在资本主义制度下最终会比在经济民主制度下过得更好。现在，包括资本主义社会在内的任何社会都无法以指数速度永久增长，因为这涉及对物质资源需求的指数增长。持续的指数增长可能会在服务业增长的基础上出现，并不需要对物质资源的需求有相应的增长。即使这种经济增长形式很可能在经济稳定的情况下结束，但是变化仍然可能随着新产品取代了旧产品而出现。

无论如何，就马克思的资本主义理论而言，资本主义之下的持续经济增长并不意味着工资或失业补助的持续指数增长。由于资本主义企业只追求自身增长的最大化，因而只会意味着资本主义收入持续呈指数增长，但是如果资本主义消费不能维持对消费品的需求，就会出现稳定问题。

正如马克思引用皮尔先生的例子所说明的那样，倘若收入高于失业者生存所需的水平，就会削弱资本家对实现资本增长率最大化所必需的工资和条件的讨价还价能力。在资本主义持续存在的时代，其经济指数的增长只会导致最弱势群体（马克思的"产业后备军"或中长期失业者）与社会其他群体之间的条件差距越来越大。

虽然艾伦·布坎南（Allen Buchanan）说过，评论市场社会主义不在他对马克思的资本主义批判的最新研究范围之内，但他声称，如果不指出可以有比资本主义更有效的替代制度，这种批判就是站不住脚的。正如布坎南所言，我们没有像马克思所设想的那样，沿着共产主义社会的方向做这样的说明。然而，施韦卡特为我们提供了关于市场社会主义的合理说明，认为市场社会主义的最弱势群体比资本主义的最弱势群体处于更有利的地位，因而是可以替代资本主义的制度。基于这一貌似合理的解释，我们可以认为资本主义是不公正的，因为它违反了罗尔斯的差异原则。

从另一方面来说，资本主义在罗尔斯的正义理论看来也是不公正的。根据罗尔斯的正义理论，如果一个基本制度的规则强制要求处于某种社会地位的成员为满足处于另一种社会地位的成员的需要，而使他们拥有的基本物品少于他们在最有利于最弱势群体的社会中所拥有的基本物品，那么这个基本制度的规则就是不公平的。劳动力后备军的存在给那些寻求就业的人带来了压力，使他们不得不接受以下条款和条件，即为了使他们所在企业的资本增长最大化，他们要在法律的约束下尽可能富有成效地努力工作。因此，资本家的雇员不得不更多地为了雇主的利益而工作，这种情况与最有利于最弱势群体的社会是完全不同的，因为后一种社会没有马克思的劳动力后备军。

当然，雇员就业时的情况要比他们失业时的情况好得多，但如上所述，与在一个公正的基本制度中的处境相比，他们在资本主义社会的处境要糟糕得多。因此，资本家的雇员受到了罗伯特·梅耶尔（Robert Mayer）所说的"二级剥削"，即相对于其他情况而言，受剥削者在现有的社会安排下的确有所获益，但却比在公平的社会安排下的处境要糟糕得多。资本主义法律制度所宣扬的观点是，对于可以选择就业机会的雇员而言，不存在任何的不公平，因为这比他们加入失业后备军要好得多。

因此，这类"二级剥削"以社会的基本结构为基础，它不同于许多基于特定条件的个别且常常是非法的剥削类型。这是马克思关于资本主义剥削的观点，而且马克思认为，雇主不公平地利用雇员对失业的恐惧，使他们更加努力地工作并给他们开出更低的工资，所以马克思的观点意味着资本家的雇员受到了梅耶尔所说的二级剥削。这可以通过描述梅耶尔的二级剥削类型与马克思所理解的剥削之间的关系来表明。

梅耶尔提出了三种剥削类型，与在公平的情况下相比，受害者的处境在所有这些剥削类型中都显得更加糟糕，但是，如果他们在不公平的社会环境中没有受到剥削，那么他们的处境就不会变得更糟。马克思只关心在财富和收入的分配方面利益的不公平获取，而不是梅耶尔所考虑的其他情况，例如，由于未能为某些集体活动贡献公平的份额而占了他人的便宜。另一个例子是不公平地利用人们为攀附权力位置或地位而产生的恐惧或愿望，即不公平地激发了这些恐惧或愿望，或提供了虚假的承诺。

从欺诈或勒索中获利在财富和收入分配方面也是不公平的，但是马克思关心的是另一种传统上被认为是公正或可接受的制度形式，而不是那些通常被认为是不公正且根本上关乎个体之间特定关系的剥削形式。马克思的资本主义剥削是资本主义不可分割的一部分,这种剥削关系的根本承受者是由人组成的阶级而非个体。虽然梅耶尔所说的血汗工厂或垄断等二级剥削的例子涉及人们受欺骗的案例,但马克思却极力争辩说,资本家的雇员通常根本就不是真正受到欺骗。

梅耶尔认为,马克思的资本主义剥削理论也涉及他所谓的"三级剥削",其中剥削者从根本不应该进行的交易中获益。梅耶尔比较了马克思的主张(资本家通过买卖劳动力获利)与托马斯·阿奎那(Tornas Aquinas)的主张(人们不应进行重利盘剥)。这可能是马克思的剥削观的一个要素,因为马克思认为没有什么(包括劳动力)会成为自由生产者联合体的商品,他还认为劳动力在公平的社会中不可能成为商品。

然而,梅耶尔忽视了马克思的主要观点。对马克思而言,雇佣劳动是一种雇佣奴役。资本主义所有制使工人拥有自己的生产资料并用以谋生的可能性极小,因此劳动力后备军形成的压力迫使他们不得不按照有利于雇主的条款向资本家或任何其他雇主出卖他们的劳动力。马克思认为,尽管资本主义制度与历史上的奴隶制一样以强制占有为基础,如盗窃公共土地等,但它是一个自我再生产的社会体系,以不断扩大的规模运用生产资料再生产资本家的财富和工人的贫困。

马克思通过他所谓的"剩余价值率"来衡量剥削程度,以防止如下看法,即当工人获得的报酬低于他们所生产的价值时,他们是受到了欺骗。马克思的剩余价值率是某种资本主义生产关系所特有的,马克思认为这种生产关系在任何剥削社会中都存在:"凡是社会上一部分人享有生产资料垄断权的地方,劳动者,无论是自由的或不自由的,都必须在维持自身生活所必需的劳动时间以外,追加超额的劳动时间来为生产资料的所有者生产生活资料。"①

马克思衡量剥削的方法受到了批评:一方面因为,作为衡量个体如何受到剥削的方法,它并不容易被理解;另一方面因为,它被认为与受到广泛批评的马克思的劳动价值论有关。其中有些批评——包括 G. A. 柯亨(G. A.

---

① 《马克思恩格斯文集》第 9 卷,人民出版社 2009 年版,第 217 页。

Cohen）拒绝把剩余价值率作为衡量剥削的方法——在区分不同形式的剩余价值时是站不住脚的，而且马克思的剥削在其根本形式上被视为阶级之间的关系，而非个体之间的关系。

无论马克思的劳动价值论是否能得到辩护，剩余价值率都可作为衡量剥削的标准。因为，无论价值是否或如何决定价格，我们都可以理解马克思把价值视为劳动生产率的倒置的观点。正如伍德曾经指出的，对于资本家剥削雇员的观点而言，劳动价值论是否正确既非必要条件也非充分条件。

马克思对资本主义剥削的衡量表明，他认为剥削是这样一个过程：当雇员工资、资本折旧以及原材料成本均包括在所生产产品的价值之中时，工作日的时长就超出了盈亏平衡点。对于工作日中超出这个盈亏平衡点的每一小时，其所生产的产品将作为剩余留存，与该产品在盈亏平衡点之内用于支付工资的那部分相对应。鉴于此，在不损害工人健康和工作能力的情况下，资本家将延长工作日的时间，从而使产生的最大利润提升到上限。因为劳动产品是商品，所以马克思用"剩余价值"形容上述维持工人生活所必需的劳动之外的剩余劳动。这样，剩余价值率就是剩余价值除以工人生活所需的价值的比率。

尽管马克思的资本主义剥削理论与梅耶尔的其他例子有所不同，但却是其二级剥削的一个典型。它是由以下条件所界定的，这些条件规定了它的社会基础、它对剩余劳动的占有形式以及使占有剩余劳动成为可能的强制形式。（1）作为财产所有者阶级的资产阶级购买工人阶级的劳动力，后者缺乏独立进行生产的资料，必须出卖他们的劳动力来生活。而且，他们被雇用后，用资本家拥有的生产资料生产商品并在市场上销售。他们必须遵守雇主的条款和条件，否则就会被解雇。（2）资产阶级直接占有工人生产的商品并在市场上销售，也就是说，商品所有权没有事先得到社会承认，所以资产阶级在交换中不需要为商品支付任何东西。（3）这种占有指从工人那里强制获取，获取手段不是靠公开的、由社会授权的对违规行为的制裁，而是靠劳动力后备军的存在给工人带来的长期威胁，即如果工人不遵守资本家的条款和条约，就有可能失业；并且这也带来了恐慌，即一旦被雇用后，如果工人不能按照指令工作，就会被监管者解雇。

使占有剩余劳动在这种剥削形式下成为可能的强制行为在公正的社会环境下是不可行的。在没有劳动力后备军的情况下，工人不会担心找不到就业机会，也不会担心因为拒绝为雇主的利益过分努力工作而被解雇。没有了这些担忧，工资和就业条件在公平的情况下会比在资本主义的情况下要好得多。因此，马克思的资本主义剥削就是梅耶尔意义上的二级剥削类型。

我们只把罗尔斯的正义理论与马克思的资本主义理论中已被某些经济学家证明为正当有理的部分结合了起来，然而，由于经济学还不是一门科学，所以即使要就某些非常基本的问题达成共识也是不可能的。马克思的资本主义理论的其他内容，例如他的劳动价值论，也可以得到合理的解释，但这里我们只关注马克思如何使用价值概念来衡量资本主义剥削的理论。

六、社会主义与政治自由主义

就运用罗尔斯的正义理论来支持马克思对资本主义的道德批判而言，还有一种反对意见，即马克思对社会主义的承诺与罗尔斯的政治自由主义不一致。这并非指这样一种看法，即马克思对集体组织形式的承诺与罗尔斯所认为的基本自由在有利的条件下应该具有优先性是不相容的，罗德尼·佩弗（Rodney G. Peffer）认为这种看法是粗陋的。相反，这一反对意见是指如下观点，即在一个多元社会中实行社会主义必然要对某些人进行压迫，包括那些认为私有财产是个人自治的重要条件的人。既然他们的这些观点可以被视为合理的道德观点，那么压制这些观点就会违背政治自由主义。

马克思的确主张，随着新社会取代资本主义，新社会的构建应当有利于对资本主义私有制的强制镇压。这个新社会不过是对资本主义不公正现象的公平回应。马克思认为，新社会本身并非一个完全公正的社会，因为脱胎于旧社会的它还带着旧社会的痕迹。因此，马克思关于工人的自由联合体的理想并不要求一个公正社会的宪法或基本权利必须排除私有财产。①

只要社会主义不是社会的一种宪法要求或一项基本权利，就可以通过民主政府的立法选择自由主义的社会主义而非私有制经济，而这种选择不会与罗尔斯的政治正义观相冲突。这就会产生强制性的影响，因为赞成私有制经济的公民将无法追求他们的这一理想，并将被迫支持他们并不信任的制度。他们的自由将受到限制，尽管他们可以在由自由主义的社会主义制度所主导的市场经济中建立个别的私人资本主义企业。

但是，由于取代私有制经济的理想只能通过与其他人共同行动来实现，所以选择自由主义的社会主义与排除只有少数公民支持的计划而选择一项公共支出计划是一样的，并不具有压迫性。支持私有制经济的人被强制要求支持对社会主义经济制度的公共资助，这与支持经济自由发展的人被强制要求支持对荒野公园的公共资助一样，或者与社会主义者被迫接受生产资料私有制的主导性一样，如果有大多数人支持的话，就不具有压迫性。进而言之，如果马克思的至善主义理念不是作为宪法要求或基本权利而被强制执行的话，那么能够促进马克思的其他社会理想（比如没有异化的劳动）且获得大多数人支持的立法也将与罗尔斯的政治自由主义相一致。

可能有人会反对说，罗尔斯没有把压制某种私有制形式视为"压迫性事实"（fact of oppression），这是一种前后不一致的表现，因为他同时认为，让公民坚持一种统合性的道德学说就是强迫，哪怕这种学说与约翰·S. 密尔的学说一样重视自由。如果对多数人支持的宗教进行公共资助能有效地压制少数人的宗教，从而导致"官方罪行……以及残暴和残酷"，那么为什么对社会主义制度的公共资助不会如此呢？有些人可能认为，罗尔斯把信仰自由纳入到基本权利之中，但却没有类似地把生产性财富的私有财产权也纳入到基本权利之中，这是罗尔斯政治自由主义的缺陷。

对于制定生活的目标并能够合理地追求或修正它们而言，个人的私有财产权可能是必要的；但是对于实现罗尔斯的两种"道德能力"而言，支持私

---

① 参见《马克思恩格斯文集》第 3 卷，人民出版社 2009 年版，第 434 页。

有制经济的生产资料私有财产权并非必要的。罗尔斯并未将自由放在优先位置，也不认为投资的私有财产所有权是基础，所以对罗尔斯而言，国家实施自由主义的社会主义不会成为"压迫性事实"，正如国家选择会损害思想和信仰自由的多数人的宗教一样。

正如罗尔斯所说，任何现实社会都必须解决如何生活的问题，而这些问题不是通过就何为公正达成共识才能得到解决的。社会必须超越正义的框架，就什么对社会有利这一问题做出多数人会选择的决定，而无须把这种决定作为宪法的根本要素或基本权利。即使决定选择大规模生产的公有制或私有制的多数人，也不会将公有制或私有制作为实践中的基本权利，正如我们对施韦卡特的经济民主的讨论所表明的，就大规模生产由集体企业还是国有企业组织而言，是可以在尽量不干扰产业生产结构的情况下从中做出选择的。

因此，用罗尔斯的正义理论来支持马克思对资本主义的道德批判，并不会与马克思的至善主义的承诺产生不一致，哪怕这些承诺远远超出了政治自由主义本身所承诺的措施。政治多数派有理由接受与社会正义相适应的社会善（social good）的观点，比如马克思的社会理想，也就有可能接受远远超出社会正义问题需要的措施。马克思的社会理想之善是否可以在完全公正的社会中吸引大多数公民，这个问题还有待回答。

七、马克思与罗尔斯的资本主义正义观相融合的适用范围和局限

将马克思的资本主义理论的相关观点与罗尔斯的正义理论相融合，可以表明资本主义违背了差别原则，因为在资本主义社会，私人财富拥有者通过投资决策行使权力，创造了马克思称之为"劳动力后备军"的制度。它还表明，就"剥削"一词的某种含义而言，资本主义企业所有者剥削了他们的雇员。

这就强化了罗尔斯认为资本主义不公正并因此拒斥资本主义的理由。一方面，罗尔斯不需要明确指出福利资本主义是不公正的，以纠正《正义论》

的观点。马克思的资本主义理论认为,资本主义的雇佣劳动制度是不公正的,这为罗尔斯的观点——包括福利资本主义在内的任何形式的资本主义都是不公正的——提供了进一步的理由。另一方面,罗尔斯的正义理论支持了马克思的观点,即资本主义以对雇佣劳动的不公正剥削为基础,使这一观点更加连贯和令人信服。

马克思对商品生产的批判强调了私有财产权破坏有意识的自由合作形式的可能性。商品交换预设了私有财产权的一些要素,赋予了企业工人和管理者一定程度的独立性和主动性,以及接受行使其独立和主动的权利之最终结果的责任,无论这种结果是好还是坏。由于这些私有财产要素不需要呈现完全理想的形式,因而这种独立性与对计划和投资的集体控制是一致的,就像在机构内部具有某种程度的专业自主权的专业雇员仍要对这些要素负责一样。尽管如此,马克思仍然认为,私有制的这些要素对自由地集体掌控经济生活所施加的限制过大,使我们有理由对私有制要素的适用范围持谨慎态度,也有理由在罗尔斯的正义理论之下选择自由主义的社会主义,而不是私有财产所有权的民主制。事实上,罗尔斯甚至承认这种选择可能是最好的。

假设政治自由主义界定了一种公正的基本制度结构,那么在社会的正义体系确立之后,我们在做出以多数人为主的社会选择时仍然可以采取两种可能的路径,即"右翼罗尔斯主义"和"左翼罗尔斯主义"。罗尔斯可能会沿着右翼的路径做出他的选择,因为他知道他周围的文化非常强烈地支持私有制,他认为大多数公民更钟情于私人生活而非公共生活。另一方面,马克思的社会理想可以沿着左翼的路径被采纳并发展起来。当我们选择社会理想时,马克思与罗尔斯的资本主义正义观的融合并不会阻止分歧的出现。

激进经济学、马克思主义经济学和马克思的经济学[*]

简·哈代[**] 著　王潇锐 译

[内容提要] 本文梳理了激进经济学的发展历程，重点考察了2008年以来出现的主要的激进经济学思想。2008年全球经济危机的爆发集中暴露了西方主流新古典经济学的理论缺陷和新自由主义经济政策的失效。包括后凯恩斯主义和马克思主义在内的、持不同立场的激进经济学家普遍认为，金融市场的放松管制和金融工具的滥用是本次危机产生的重要原因，社会不平等加剧和由此带来的消费不足是危机产生的深层原因。在此基础上，坚持利润率下降趋势规律的马克思主义经济学家剖析了资本主义的生产过程，指出资本主义经济危机是不可避免的，仅仅依靠加强金融管制等措施只能延缓危机，但不能彻底消除危机。

[关键词] 激进经济学　马克思主义经济学　凯恩斯主义　新自由主义

20世纪70年代中期和2008—2009年发生的重大全球经济危机引发了统

---

[*] 本文原载《国际社会主义》(International Socialism) 2016年第149卷冬季号。译文原载《国外理论动态》2017年第9期，译文有删节。

[**] 作者简介：简·哈代(Jane Hardy)，英国赫特福德大学商学院经济系教授。

治阶级关于什么才是治理资本主义的最优经济政策的讨论。社会主义者和社会活动家对此有不同见解，有关资本主义能否通过改革以及通过何种程度的改革才能防范危机并逐步建立一个更加人性化和更为公平的制度的讨论日趋激烈。20世纪50—60年代的长期繁荣在20世纪70年代的终结敲响了凯恩斯主义经济学的丧钟；2008年，全球资本主义遭受到近乎崩溃的冲击，使得持有不同政治立场的评论家开始质疑新自由主义经济政策（特别是放松金融管制）的有效性。为此，我们也就不会惊讶于2008年以来激进经济学的复苏，以及批判新自由主义的资本主义著作和论文的大量涌现，例如，托马斯·皮凯蒂的《21世纪资本论》一经发行就风靡全球。

随着主流经济学家、激进经济学家和马克思主义经济学家日益认同2008—2009年的大衰退已演变为长期萧条，相关经济学理论的讨论变得愈发尖锐。全球资本主义经济出现了"新常态"，远不及战后经济的发展态势，并且几乎没有改善的迹象。尽管政府实行低利率或零利率政策，并采取量化宽松的措施大量印制钞票，可是颓势依旧无法逆转。

对新古典主义的市场导向型经济学的批评还表现为越来越多的人不满大学里经济学课程的教学方式，认为当前的经济学已经成为数学的一个分支，与其他社会科学毫无联系，也与现实脱节。高校里的经济学"研究"仅仅特指发表在少数几本期刊上的成果，通篇都是非常复杂的数学模型，完全脱离现实世界，排斥甚至抛弃任何其他视角。

新古典经济学总体上为自由市场提供意识形态辩护，推动了20世纪80—90年代金融系统的放松管制行为。然而，当2008年金融体系垮台时，宣称金融市场具备自我修正功能的诸多理念，如"有效市场假说"，显得既愚蠢又脱离实际。

一、激进经济学的分类

激进经济学是一个宽泛的学术术语，是所有批判主流新古典经济学方法的总称。新古典经济学派主导着大学教学，为新自由主义提供"理论"辩护，为世界银行和国际货币基金组织等全球金融机构提供政策支撑。为便于讨论，本文将激进经济学家分为三类。

第一类包括美国最高调的知名的"激进"经济学家保罗·克鲁格曼、约瑟夫·斯蒂格利茨和劳伦斯·萨默斯，他们阐释了资本主义、经济危机和经济停滞的内涵。总的来说，这些詹姆斯·加尔布雷斯口中的"凯恩斯的现代化身"认为，当前的问题在于：

> 有效需求不足。对策是政府、企业、外国投资者和普通家庭应该加大支出。这一简单观点的受众是赤字鹰派和债务的狂热信奉者——他们根据会计关系和金融报表制定了目标限制，对债券市场心存敬畏，对中央银行敬而远之。①

萨默斯与前美联储主席本·伯南克近期的公开争论就是很好的例子。二人对危机的解读不同，因此提出了不同的应对措施。伯南克侧重于以市场为基础的解决方式，认为应采取更优的政府政策刺激全球贸易和资本流动。与此相反，萨默斯用"长期停滞"理论来解释2008年金融危机以来的经济疲软。萨默斯指出，私人投资正在减少，这归因于人口增长放缓和预期投资回报率偏低。他提出的解决办法是传统的凯恩斯方案，即鼓励政府投资经济（如基础设施建设）以增加需求。

在这些经济学家中，克鲁格曼、斯蒂格利茨和萨默斯已经撰写了大量著作和文章，掷地有声地批评财政紧缩和不受约束的市场。但是，如果看过他们1990年之前发表的成果，你会发现那些都以主流经济学为背景，并且回避了后凯恩斯经济学的激进方面。

第二类激进经济学家指的是对经济危机和经济停滞采取折中立场的人。例如，因出版《非理性繁荣》而获得2013年诺贝尔经济学奖的罗伯特·希勒

---

① James Galbraith, *The End of Normal: The Great Crisis and the Future of Growth*, Simon & Schuster, 2014, p.238.

(Robert Shiller),他在解释证券和房地产市场膨胀以及产生泡沫的原因时更多地强调了文化和心理学因素。希勒将资本主义必胜的信念、媒体的亲市场角色和投资商的从众心理三者的交互作用视为此次经济危机的核心。

加尔布雷斯曾任前希腊财长雅尼斯·瓦鲁法基斯的顾问,他认为,仅仅关注经济运行中的需求不足太过狭隘,保持稳定和增长面临四大障碍:能源市场的不确定性及其高成本,来自新兴经济体特别是中国的竞争,节省劳动力的激进技术,以及金融部门作为经济增长引擎的终结。张夏准是英国民粹主义激进经济学家的领军人物,他自认为是一个折中的经济学家,既务实地深入研究相关的经济理论,又基本上支持政府强力干预经济。

第三类激进经济学家是指后凯恩斯学派经济学家,他们植根于学界而非政界。虽然没有克鲁格曼、斯蒂格利茨和萨默斯那么高调,但是,后凯恩斯学派经济学家为进步的社会民主思潮提供了理论支持,作用不容小觑。后凯恩斯学派已发展到第三代。第一代的剑桥学派是凯恩斯的同代人,最著名的人物包括琼·罗宾逊(Joan Robinson)、米哈尔·卡莱茨基(Michal Kalecki)、托马斯·巴洛夫(Thomas Balogh)等思想家。他们提出了一种更为激进的凯恩斯主义,并认同马克思的部分见解。

第二代后凯恩斯学派包括许多知名学者,例如,英国的菲利普·阿瑞斯逖斯(Philip Arestis)、马尔科姆·索耶(Malcolm Sawyer)和简·托伯罗维斯基(Jan Toporowski)等人扩展了凯恩斯的理论,吸收了不平等和金融等内容;美国的海曼·明斯基(Hyman Minsky)强调了资本主义的脆弱性和不稳定性。第三代后凯恩斯学派的关注焦点是2008年经济危机的源头,强调不平等与金融化之间的相互作用。

总之,对新古典经济学日益强烈的不满和本次经济危机的爆发,为基于凯恩斯思想的激进经济学的复兴打开了大门。凯恩斯的很多观点似乎已成为共识。例如,激进经济学家认为,金融和银行业正逐步走向失控,需要被重新管制,并且财政紧缩不仅是加诸工人阶级的不平等的负担,而且还阻碍了资本主义的复苏。以上讨论揭露了许多基本问题,比如,金融的作用,不平等的影响,以及资本主义变革的程度,或者说,经济危机是否是资本主义制度所固有的，为此是否需要彻底废除资本主义制度。

二、凯恩斯经济学的发展历程

虽然本文重点考察的是 2008 年以来出现的主要激进经济学思想，但应将其放在历史的背景下考量。2008 年以前，基于马克思主义视角对资产阶级经济学的分析形成了两个具有开创性贡献的成果。第一，克里斯·哈曼（Chris Harman）在《资产阶级经济学的危机》一文中追溯了新古典经济学和凯恩斯经济学的发展历程，并对二者进行了批判。第二，杰弗里·皮林（Geoffrey Pilling）在《凯恩斯经济学的危机：马克思主义的观点》一书中阐述了凯恩斯主义的起源及其在战后资本主义治理中发挥的作用。

（一）凯恩斯之前的资产阶级经济学

在凯恩斯之前，于 19 世纪 70 年代和 20 世纪 80 年代得以巩固的新古典（或者说边际主义）学派的思想占据统治地位。而在新古典主义之前，18 世纪经济学家信奉的是亚当·斯密，19 世纪经济学家信奉的是大卫·李嘉图，二者都对宏观问题更感兴趣——比如经济增长的原因，以及生产的产品如何在资产阶级与劳动阶级之间分配。他们将衡量价值的客观标准作为讨论这些问题的先决条件。新古典学派在经济学的研究内容上与古典经济学派划清了界限。正如哈曼所述：

> 新古典学派并不重视财富的生产及其在不同阶级之间的分配，而是旨在说明没有人为的刻意干预，市场定价机制就能够自动达成最有效的经济运行方式。因此，他们抛弃了有关价值的旧观点，不再只集中于生产性劳动的客观必要性。[1]

---

[1] Chris Harman, "The Crisis of Bourgeois Economics", *International Socialism* 71 (summer), 1996, pp. 7–8.

新古典经济学派建构了微观经济学的基础，主导了大学里的经济学教学：个体依据他们从商品或服务中获得的满足程度（效用）来对价值进行主观判断；资本家在考虑劳动成本和资本成本的基础上决定不同价格水平上的供给量；这就形成了需求曲线和供给曲线，而两条曲线的交点就是均衡，即在这个价格水平上，消费者愿意购买的商品量恰恰是资本家愿意提供的商品量；如果"消费者选择"或者生产成本发生变化，那么供求曲线将会改变并形成新的均衡。

劳动力与就业就像农贸市场里卖的苹果和橘子。如果工人们要求获得更高的工资（高于均衡），那么雇主就会减少雇佣工人，市场就会出现失业。反之，如果工人准备接受更低的工资，那么供求将再一次平衡，市场会再次实现充分就业。这就是萨伊定律发挥作用的必要条件。萨伊定律规定，生产过程中厂商支付的工资和获得的利润等于购买产品所需的总价，因此市场总是能够实现出清。实际上，需求源于生产，总生产必然会创造等量需求。萨伊定律发挥作用的前提是，劳动力市场中不存在"人为"干预，例如最低工资、福利和来自工会的压力等。

新古典经济学的逻辑在于，现存的经济制度是所有可能性中的优中之优，为生产提供了最优条件，设定了在所有情况下"竞争对象"之间分配"稀缺资源"的准则。对于像弗里德里希·哈耶克、路德维希·米塞斯和米尔顿·弗里德曼这样的自由市场倡导者来说，这完全就是民主的经济表现，因为消费者可以通过价格机制用手中的货币进行投票。

这种对市场简单粗暴的理解是新自由主义思想（打着消费者选择的名号）的核心，并为市场化、私有化和所谓的"弹性"劳动力市场辩护。在意识形态上，新古典经济学家认为，市场是消费者意愿与生产者意愿之间无形的和中立的仲裁者。这一理论不涉及阶级、不平等和大型企业的权力。然而，市场远非中立的和自动化的，为了取得广泛的资本收益，各国都对市场进行组织管理并加以调控。

（二）凯恩斯的革命性贡献

凯恩斯于 1936 年出版的《就业、利息和货币通论》质疑了 20 世纪 30 年代经济大萧条中削减工资政策的合理性，攻击了新古典主义有关劳动力市场的正统思想，具有革命性意义。萨伊定律认为，削减工资是恢复充分就业的途径。凯恩斯对此提出了质疑，他指出，在经济萧条时，人们或许更愿意存钱，不愿消费或投资，如果人人都这样做，那么企业就有卖不出去的剩余产品，因而导致企业减产，工人工资水平和企业利润降低。凯恩斯认为，投资高低取决于资本家相信他们能够赚取多少利润。他强调了在引导资本家行为的过程中"动物精神"、自信和直觉本能的重要性。如果未来的预期利润较低，那么资本家就不会进行投资。所以，削减工资并不能恢复充分就业，因为如果工资降低了，工人用于消费的钱就会减少，导致其他经济部门中的需求降低，进而这些部门中的工人要么工资变少，要么失去工作。这就是"乘数效应"的反向作用。这个过程将导致需求骤降，使经济处于高失业率的"均衡"状态。

因此，凯恩斯强烈批判了统治阶级中盛行的观念，即自由市场体制最终能够解决包括失业在内的所有经济问题。他提议，政府应该干预货币市场，下调利率，并鼓励居民少储蓄、企业多投资。政府也可以通过采取赤字政策进行直接投资，使新增工人能用工资来消费，创造出其他工人的产出需求，产生（积极的）乘数效应。

尽管凯恩斯的观点与当时占主导地位的正统经济学做了彻底决裂，但是他远非一个社会主义者。凯恩斯本身并不认同马克思主义，甚至几乎完全无视马克思的著作。在 20 世纪 30 年代早期，马克思主义在学生中非常受欢迎。因为担心学生被马克思主义的"魔法"传染，凯恩斯以恢复和拯救资本主义为己任。

(三)凯恩斯主义和战后繁荣:对社会民主思潮的影响

凯恩斯不是社会主义者,但是他对战后社会主义者的影响比其他任何经济学家都要深远。他的理念深刻影响了20世纪50年代和20世纪60年代英国左翼的一些政党,尤其是工党,并且影响了诸如安东尼·克罗斯兰(Anthony Crosland)和约翰·斯特拉奇(John Strachey)等一批学者。正如皮林所指出的:

> 激进思潮与凯恩斯主义的关联是显而易见的……尽管凯恩斯是私有制的坚定捍卫者,但他依然坚持认为"投资社会化"会带来充足的资本……私人资本仍将存在,但是食利资本家的权利将不复存在。①

费边主义效仿实行凯恩斯主义政策,在费边式的制度中,严重的不平等可以通过财政手段消灭(凯恩斯支持通过税收调节再分配以促进消费)。非生产性资本(金融部门)不抽取报酬。同时,通过调控国家投资,就业将保持在一个接近最高值的水平。剩余的那些不受监管的资本仍然可能导致危机,但是得益于国家实施的社会经济政策,所有不稳定都能够保持在社会和政治层面可接受的范围之内。

从20世纪50年代到20世纪70年代初,所谓的凯恩斯主义统治了全部经济学教学和主流教材。凯恩斯主义认为,政府能够通过税收和政府支出干预经济,创造充足的需求,实现充分就业,经济学家只是对这些宏观经济因素做出微调的技术人员——最终资本主义能够得到有效治理。然而,下文将表明,这些政策从来没有像凯恩斯所倡导的那样付诸实践。

(四)"长期繁荣"是凯恩斯主义的功劳吗?

很多人坚信,长期繁荣应该归功于凯恩斯的理论,这一观点甚至被一些

---

① Geoffrey Pilling, *The Crisis of Keynesian Economics: A Marxist View*, Croom Helm, 1986, p.3.

马克思主义者所接受。哈曼指出：

> 大卫·哈维提出了在"资本家与工人之间形成阶级妥协"的基础上实现资本主义扩张的构想——"国家重视充分就业、经济增长和公民福利"，并"广泛实行通常被称作'凯恩斯主义'的金融和货币政策，以遏制经济周期，确保合理的充分就业"。①

然而，哈曼也指出，在凯恩斯主义思想作为官方意识形态占统治地位的时期，最令人吃惊的事实在于，为遏制危机而倡导的那些措施实际上并没有得到实施。并非老板们签字批准了凯恩斯政策就能提高工资、提供福利，事实上，"资本家们从未放弃过竭尽全力去限制因生活和生产成本提高而上涨的工资"。战后时期的高利润率解释了为什么资本家们会保持大规模投资。在美国，与战前相比，大量增加的军备支出是刺激美国财政支出的主因。"二战"期间，大量资本被消耗，据哈曼统计，消耗量相当于战前积累的剩余价值的1/5；在日本和德国等战败国，这个数据还会高得多。但是，在凯恩斯看来，军备支出并非刺激因素。哈曼指出，曾提出永久性军事经济概念的迈克尔·基德龙（Michael Kidron）考察军备支出影响的出发点不是想从消费不足的角度对经济危机进行解释。相反，从长期来看，军事经济减少了可用于进一步积累的资金，因而减缓了技术投资与雇佣劳动力比率（资本有机构成）的上升速度，最终减弱了利润率下降的趋势。

（五）凯恩斯主义的终结与新自由主义的崛起

1976年，工党和保守党政府尝试实施的资本主义治理方案不再有效。滞

---

① Chris Harman, *Zombie Capitalism: Global Crisis and the Relevance of Marx*, Bookmarks, 2009, p. 163.

胀的出现——即失业率和通货膨胀率同时上升——敲响了凯恩斯主义的丧钟，凯恩斯主义不再是左翼和右翼政府一致认可的统治思想。大门重新向那些将市场视为解决之道的经济学家打开。

虽然各界经常将凯恩斯主义经济学的终结与玛格丽特·撒切尔联系起来，但实际上却是当时的工党领袖詹姆斯·卡拉汉在1976年的工党会议演讲中宣告了它的终结：

> 我们过去认为，可以通过减税和增加政府支出走出萧条、促进就业，但现在我坦率地告诉大家，以后不能再这样做了，而且就战后凯恩斯主义政策施行的情况而言，这些措施每每起到积极作用仅仅是因为通过战争向经济输入了更大规模的通货膨胀，并导致下一个经济阶段更高水平的失业。

1979年之后，撒切尔夫人开始系统地、不遗余力地追捧货币主义（削减货币供应以减少通货膨胀），并实行更多的市场驱动政策，如私有化政策和"弹性"劳动力市场政策。这些思路可以在新古典主义和奥地利经济学派特别是哈耶克和米塞斯的著作中追根溯源。他们的理念根植于极端个人主义，是凯恩斯和凯恩斯主义的强烈批判者。弗里德曼的攻击更猛烈，他认为任何超越最低限度的国家干预的政策都会扭曲市场信号。根据他的观点，市场本质上是健全的，只有当货币领域出现动荡，市场才会失效。这一观点深刻地影响了撒切尔夫人，她在20世纪70年代末采取的货币主义政策推动英国利率上升到历史最高水平，加剧了英国制造业的竞争力不足，并导致了制造业的萎缩。

三、1945—2008年的激进经济学

很多经济学家认为，"二战"后涌现的凯恩斯主义并不是真正的凯恩斯主

义，他们毫不留情地称其为"杂牌凯恩斯主义"（bastard Keynesianism）。这些经济学家中最为知名的是来自剑桥大学的罗宾逊。她认为，这种所谓的"凯恩斯式的技艺"（Keynesian techniques）是用来维持战后资本主义制度正常运转的，它掩盖了真正的凯恩斯主义的革命性特征。她将其描述为"与被质疑的、在意识形态上破产的新古典经济学相融合，成为了一种新式护教学"。

与此相似，美国经济学家明斯基这样评论凯恩斯的《就业、利息和货币通论》：

> 这部著作为经济学和社会学视角的深层知识革命孕育了火种。但是，星星之火未能燎原。当学者们解读、分析这些理念并将它们作为公共政策的指南加以运用时，尚处于起步阶段的科学革命戛然而止。①

罗宾逊和明斯基等后凯恩斯主义者批判了当时教材中的一种观点，这种观点将经济比作一台受一系列规律约束的机器，这些规律彼此之间具有高度稳定的联系，因而机器的运行在原则上是已知的，并且可以根据以往的经验预知。如果某一经济流量——如消费支出——无法保持适当的流速，就可以通过政府干预和调控可控经济流的流速予以弥补，例如，调节税收和公共支出水平。这是由于政府支出与收入（以及扩张性就业）之间具有已知的、相对稳定的关系；通过对经济流的适度调节，政府可以调整就业量，使之与政策目标相一致。

巴洛夫称其为"液压式凯恩斯主义"（hydraulic Keynesianism）：

> 凯恩斯主义重新包含了新古典理论中关于收入分配的和谐、公平和共享等内容，一个新的理论高楼建立起来。它重申了曾经的乐观主义，认为这是最好的（也是公平的）世界。为数不多的变化是，古典经济学

---

① 转引自 Geoffrey Pilling, *The Crisis of Keynesian Economics: A Marxist View*。

的市场自动调节功能——即自发维持充分就业和确保资源最优配置——被凯恩斯主义中由财政部和中央银行组成的"救世主"所取代……这种前后一致、清楚明确的制度基于如下理念：政治家可以根据计量经济学家提供的列表自行决定失业水平，而且这一水平将是社会意愿的表达，取决于公众能够忍受多大程度的通货膨胀。①

这些批评反映了后凯恩斯主义者的观点，他们反对正统教材对《就业、利息和货币通论》的阐释。但是，凯恩斯本人认同这些教材，这表现为他将边际主义（新古典经济学）而非李嘉图和马克思的价值理论作为其理论基础。罗宾逊认为，（得到正确阐释的）凯恩斯主义经济学承袭了斯密和李嘉图的古典主义传统，这是由于凯恩斯主义同样关注需求和就业这些总量，而不是新古典主义关注的个人选择和市场等内容。作为当代资产阶级经济学中一个重要的和进步的分支，后凯恩斯主义不断发展。20 世纪70 年代以来，第一波后凯恩斯主义者（凯恩斯的同代人）的思想得以延续，并发展出第二波浪潮。这两代经济学家大大减少了对马克思的拒斥，并关注和整合了马克思的若干观点。虽然后凯恩斯主义者内部存在分歧，持有不同观点，但是他们一致认为，他们在理论联系实际的层面促进了经济学的激进传统。被界定为后凯恩斯主义的理论具有很长的历史，不仅反映了凯恩斯和卡莱基的思想，同时也反映了古典主义传统和马克思的思想。

后凯恩斯主义理论主要包括：第一，经济的默认状态不是均衡，经济体是动态的，因而总是处在一种流动和非均衡的状态中。第二，新古典经济学最重要的观点是"理性人"，理性人的行为可以预测，并且不受历史和社会化因素的干扰。对于后凯恩斯主义者来说，在不确定的情况下做出决策是现实世界的一个重要方面，也是各种机构和社会结构影响经济行为的一个重要方面。第三，后凯恩斯主义者对新古典主义的市场观点持批判态度，他们认为需求规律甚至无法在一个单一的市场中发挥作用，因此宏观经济无法建立在

---

① 转引自 Geoffrey Pilling, *The Crisis of Keynesian Economics: A Marxist View*, p. 13。

微观经济的基础之上。第四，与新古典经济学家假定货币是中性的相比，后凯恩斯主义者认为货币和负债非常重要，能够主导就业变化。第五，当投资需求成为经济增长的动力时，需求不足则被看作经济危机和经济停滞的主要原因之一。因此，政府应该在经济衰退时进行干预，确保支出。

此外，阿瑞斯逖斯认为后凯恩斯主义具有激进性，因为：

> 后凯恩斯主义的出发点是社会阶级之间存在差别，而不像新古典主义那样以无阶级和原子论为基础。因此，社会关系对于后凯恩斯主义的分析十分重要。并且，它运用了马克思的再生产理论解决现实问题，带有明显的马克思主义色彩。①

尽管后凯恩斯主义认识到了阶级差别并致力于社会公平，但它的主要缺陷在于，后凯恩斯主义者认为国家是中立的，具有进行改革以维护更广泛的工人阶级利益的潜在可能性。工人阶级与资产阶级并非因利益不同而截然对立，相反，他们可以为了共同利益而相互妥协，通力合作。

四、2008 年经济危机之后的激进经济学

2008 年的经济危机唤起了人们对作为新自由主义理论基础的新古典经济学更加猛烈的抨击。克鲁格曼和斯蒂格利茨等经济学家被赋予了批评者的角色，他们严厉批评美国政府在经济危机中所扮演的角色及其此后持续的财政紧缩政策。

本文既从后凯恩斯主义者的视角，也从那些否定或拒斥利润率下降观点的马克思主义者的视角，列举了激进经济学家的观点。尽管他们的观点并没有清晰严格的分界线，但为了方便起见，我将重点分析激进经济学中非常盛

---

① Philip Arestis, "Post-Keynesian Economics: Towards Coherence", *Cambridge Journal of Economics*, volume 20, issue 1, 1996, p. 113.

行并深刻影响了进步思想和反紧缩团体的三点内容：第一，激进经济学重点关注金融化，这并不新奇，因为很多人已经将本次危机归咎于金融管制放松和金融工具泛滥；第二，愈发明显的社会不平等已经引起诸多关注，因为不平等不仅"有害"于资本主义，而且还是本次危机产生的深层原因；第三，后凯恩斯学派和一些马克思主义者认为本次危机是不平等和金融化相互作用的结果。

（一）金融化

将金融化作为此次经济危机的原因是由后凯恩斯主义者、马克思主义经济学家以及一些不站在任何一个阵营的学者共同提出的。

"金融化"一词概括了金融部门与实体经济部门之间关系的一系列广泛变化。金融化包括多种表现，例如，股东价值提升、家庭负债增加、金融活动收入上涨、资本流动性提高以及一系列新的金融工具（如衍生品和证券化）的重要性凸显等。一般而言，金融化是指工人阶级通过抵押、贷款和养老金投资等方式越来越多地将资产投入金融部门。用科斯塔斯·拉帕维查斯（Costas Lapavitsas）的话来说："这一概念反映了金融部门具有的支配地位。更重要的是，它反映出金融系统渗透到社会的方方面面，包括住房、教育、健康和其他以前受金融影响相对较少的生活领域。"

有人将金融化的发展看作资本主义的新阶段，即"金融化资本主义"或"金融主导的积累制度"，认为其与以前的资本主义存在质的区别。

这并不是什么新理念，从理论上讲，它们延续了鲁道夫·希法亭的一些想法，他意识到20世纪初的资本主义已发展到一个以复杂的金融关系和金融业占统治地位为特征的新阶段。凯恩斯也强调了资本家评估企业时"乐观主义与悲观主义的交互作用"。他提出警告："当企业成为投机漩涡中的泡沫时，形势就会非常严重。当一国资本的积累变成赌场中的副产品时，积累工作多半是干不好的。"

明斯基重点分析了金融系统的不稳定性和脆弱性，以及货币主导下的资本主义的发展。他认为，金融危机是资本主义的痼疾，这是因为经济繁荣期使得借贷者变得越来越肆无忌惮，这种过度乐观创造了金融泡沫，而泡沫迟早会破裂。"明斯基时刻"（Minsky moment）指的就是这样一个时点，当借贷水平上升到不可控的程度时，金融系统就从稳定变得不稳定。在这一时点上，过度负债的借款者为了还清其他借款开始抛售资产，导致资产价格下降，市场丧失信心。由于金融机构可能无法满足人们的提现需求，并出现挤兑风波，抛售资产就会导致这些机构"枯竭"，缺少流动资金。后凯恩斯主义者认为，2007—2008 年的金融危机就发生在明斯基时刻。

一些关于金融化的当代解读强调"股东价值"的提升——即优先考虑股票价格和股息，这是 20 世纪 70 年代（特别是在 2008 年之前）大型机构投资者和私人股本公司发展的结果。另外，大幅上涨的 CEO（首席执行官）薪酬在一定程度上由股权组成，这使得 CEO 庞杂的薪金与企业表现挂钩。2009 年以来，公司债券的大规模增长也刺激了 CEO 关注公司的短期业绩。据此，在"盎格鲁—撒克逊"式监管较弱的资本主义国家，如美国和英国，企业变得更具掠夺性。与在一个更加仁慈的资本主义体制中保持（长期）利润并用于再投资相比，以上种种表现导致了公司（短期）缩减规模和剥离资产，以实现股东回报最大化。

对金融化的当代解读还重点关注新型金融工具——如衍生品和证券化——的发展和泛滥。衍生品是金融工具，其价值来源于标的资产（如利润率和汇率）。20 世纪 80 年代和 20 世纪 90 年代以来，证券化——即某种资产（如按揭）转化成金融市场上的交易品——得到很大发展。正是这种被打散出售的不良次级贷款的证券化触发了 2007—2008 年的金融危机。凡此种种都是通过一系列放宽金融部门管制和促进资本国际流动自由化的措施实现的。

詹姆斯·克罗蒂（James Crotty）总结了针对这种现象制定的政策规定：

> 为了促使金融市场在经济中发挥更受约束、但是更具成效和更安全的作用，我们需要将与一国市场相协调的积极的金融调控与金融机构的国有化结合起来。……为了提高金融市场改革的效率，我们必须完成两

个艰巨的任务：一是必须用与凯恩斯和明斯基相关的、更具实际意义的理论取代有效金融理论，作为政策制定的指南；二是必须终结金融主体主导金融政策制定的情况。①

除了对金融的理论批评，马克思主义经济学家安德鲁·克莱曼（Andrew Kliman）指出了政策调控可预防金融危机这一理论存在的问题。首先，调控始终是最后的防线，而下一次危机的原因很可能与本次危机的原因不同。例如，2008年经济危机以来，公司债券购买出现爆炸式增长，这源于巴西、俄罗斯和中国的大量需求以及核心经济体的扩张性货币政策（如量化宽松）。但是，由于巴西、俄罗斯、中国等国正在经历经济增长放缓，而核心经济体国家信贷增长较慢，因而越来越多的人将这些债券资产视作金融不稳定的新来源。

其次，银行和金融系统总是擅于绕开政策调控——当20世纪70年代贷款受到限制时，影子银行作为一种规避系统风险的方式得以发展。影子银行是一种非银行（中介）机构，提供与传统投资银行类似的服务，但未得到同样的监管，例如，影子银行不必保持一定的存贷比。这样一来，影子银行就可交易更多的风险资产。国际货币基金组织（IMF）发起了一项针对影子银行的专题研究，将其核心功能定义为证券化和抵押中介（目的是降低当事人的投资风险）。在经济危机前的美国，影子银行向各种借款人（商人、学生和购房购车者）提供的贷款金额超过了常规银行。

但是，十分重要的一点是，我们不能将影子银行业务与主流银行业务完全分开来看。"常规"银行通过特殊目的公司（Special Purpose Vehicles，SPVs）以不体现在资产负债表上的方式进行更多风险交易的现象非常常见。在本次危机之前，银行为了进行风险投资，专门成立了特殊目的公司，这种行为随后沾染了整个金融系统。通过将资产转移出资产负债表，银行得以避

---

① James Crotty, "Structural Causes of the Global Financial Crisis: A Critical Assessment of the 'New Financial Architecture'", *Cambridge Journal of Economics*, Vol. 33, No. 4, 2009, p. 577.

开储备金和资本需求,并且不受监管和监督,同时能够将资产出售给那些想获得高于传统投资收益的投资者。

2000年之后,影子银行的交易量大幅上涨,2008年经济危机爆发之后受到一定影响,随后又持续增长。2007年,影子银行交易值被评估为50万亿美元;2008年,下降至47万亿美元;到2012年,这个数值连续增长到了67万亿美元。这反映出影子银行一直以来缺乏监管。

最后,一些左翼学者呼吁银行国有化。这或许是我们在特定情况下产生的政治需求,但并非防止危机再次发生的解决之道。国有银行也处于全球资本主义体系之中。要想有货币贷出,首先要有货币流入,因此国有银行也不得不提供足以吸引人们存款的回报率,也因此,它们不可能以扩大工人的利益或提高人民的福祉为推动力,这就是为什么那些承诺了"道德"投资的金融机构提供的回报率显著偏低的原因。金融系统的逻辑无从逃脱。正如马克思指出的:"竞争使资本的内在规律得到贯彻,使这些规律对于个别资本成为强制规律。"无论意图有多慈善,改变银行机构的所有权依旧无法打破资本主义的内在规律。

(二) 消费不足和不平等

在金融危机产生的原因上,关注消费不足与强调不平等是两种不同的观点,但它们基于同一个基本立场——缺乏集体购买力(总需求不足)是解释经济停滞的关键。

皮林指出,"二战"后坚持政治经济学研究的马克思主义者深受当时广泛传播的凯恩斯主义思想的影响。这引发了学者们从消费不足的一个或多个变量的视角来解读马克思的《资本论》。其中最著名的是20世纪60年代中期保罗·巴兰(Paul Baran)和保罗·斯威齐(Paul Sweezy)的著作《垄断资本:论美国的经济和社会秩序》。巴兰和斯威齐认为,资本主义的问题不在于资本主义制度不能生成剩余价值,而在于产生了过量的经济剩余。他们的观点是,资本主义已经从竞争经济转变为被大型企业控制的垄断经济。垄断企业通过切实遏制价格竞争，增加了企业自身的经济剩余，使之无法转化为消费，最终导致经济停滞。

皮凯蒂更加间接地支持了消费不足理论。他在著作中详细列举了近两个世纪中多个国家社会不平等的官方统计数据。他的基本观点是，资本主义的核心危机是资本的净回报率超过国民收入的净增长率所带来的分配危机。在他的分析中，资本主义的主要不稳定因素和中心矛盾在于私人资本的收益率 r 可以长期显著高于收入和产出增长率 g。如果 r > g，那么这意味着过去的财富积累比产出和工资增长得要快：

> 这个不等式表达了一个基本的逻辑矛盾。企业家不可避免地渐渐变为食利者，越来越强势地支配那些除了劳动能力以外一无所有的人。资本一旦形成，其收益率将远高于产出的增长率。这样一来，过去积累的财富要远比未来的收入所得重要得多。①

不平等与消费不足的关系是，随着不平等加剧，收入差距变得更加悬殊，越来越多的穷人用于消费的钱更少，因而经济中的整体需求减少。阿瑞斯逖斯在其提出的资本主义危机的应对方案中明确指出，后凯恩斯主义认为需求不足是经济停滞的关键原因：

> 主要目标是实现未完成的凯恩斯主义革命，普及《就业、利息和货币通论》……正如书中指出的，有效需求理论是后凯恩斯主义的支柱，该理论隐晦地指出，现代经济面临的问题不是资源短缺，而是需求不足。②

---

① Thomas Piketty, *Capital in the Twenty-First Century*, Harvard University Press, 2014, p.571.
② Philip Arestis, "Post-Keynesian Economics: Towards Coherence", *Cambridge Journal of Economics*, volume 20, issue 1, 1996, p.115.

(三) 对经济危机的解释：一个有关不平等和金融化的综合分析

上述两个思想流派在分析资本主义危机和经济停滞的根本原因时，或是只关注金融化，或是只关注消费不足，而后凯恩斯主义者和一些马克思主义者则将两种因素综合起来进行分析。

后凯恩斯主义者认为，两种因素之间存在一定的联系。恩格尔伯特·斯托克哈默尔（Englebert Stockhammer）在其著作中清楚地表明了这一点，他认为我们应该意识到经济危机是金融化与不平等加剧相互作用的结果。他指出，金融化与不平等是相互联系的，这主要表现在四个方面。

第一，在一个经济体中，不平等的加剧给需求带来了下行压力——特别是当穷人将更大比例的收入用于消费时更是如此。第二，放松国际金融管制使得各国在经常项目的收支平衡表和政府支出方面出现大量赤字（或盈余）。简单来说，一旦一国的商品与其他国家相比缺乏竞争力，进口就会大于出口，财政就会出现赤字。由于在国际市场上借款要容易得多，因而借款国可以承担这种"透支"（虽然不是无限期地，如同我们所看到的希腊和西班牙），由此便产生了债务主导模式（希腊、葡萄牙、西班牙和爱尔兰）和出口导向模式（德国）。第三，在债务主导的经济体中，不平等越严重，家庭负债就越多。这是因为，工人阶级家庭在面对停滞或者工资减少时，往往试图维持社会消费标准，甚至增加必需品的购买，以保证生活水平。第四，不平等的加剧增加了投机倾向，这是由于富裕家庭持有的金融资产更具风险性，特别是对冲基金和次级衍生品的兴起，与超级富裕家庭的增多不无关系。

一些马克思主义者以另一种思路将不平等与金融化联系起来。他们认为，资本主义国家中的利润率从一开始的战后繁荣期到处于衰退的20世纪70年代和20世纪80年代一直在不断下降。当时，新自由主义经济政策已经开始施行，对工人的剥削不断加剧。美国工人（也包括资本主义世界的所有工人）遭遇了经济停滞以及实际收入下降等困境，工人收入在总收入中的占比有所下降。因此，可以说剥削的加剧带来了利润率的大幅反弹。

《每月评论》的作者们也认同消费不足是经济危机的原因之一，并在分析2007—2008年经济危机的根源时与金融化相结合。根据他们的观点，"新的金融化的资本主义制度"无论从长期还是从短期来看，都无法维持经济不断向前推进，关键原因就在于工资占国民收入的比例不断降低。

然而，那些普遍认可利润率下降理论的马克思主义者并不认为当前的危机是一种利润率危机。例如，热拉尔·迪梅尼尔（Gérard Duménil）和多米尼克·莱维（Dominique Lévy）的理论就反映了这种观点。他们认为，虽然19世纪90年代和20世纪70年代发生的危机能够用利润率下降来解释，但是大萧条和本次危机却是发生在利润率上升时期。

总的来说，马克思主义者将积累率没有随着利润回升而提高的原因归咎于金融化。他们认为，金融化意味着企业将越来越多的利润用于投机投资和金融工具投资，而并非用于生产性资本投资，这也是过去30年来经济增长疲软的根本原因。但是，克莱曼和香农·威廉姆斯（Shannon Williams）指出，在新自由主义经济中，生产带来的利润与金融市场产生的利润并没有什么分别。他们列举的数据显示，实际上，在新自由主义经济的头20年里，用于生产性投资的利润率还要稍稍高于近30年的利润率：

> 我们通过分析得出，在"新自由主义"和"金融化"的时代，作为财务支出的资金来源，企业利润的重要性不断降低，而借款的重要性日益提升。另外，从统计数据上来看，更高的股息支付并没有导致生产性投资的显著下降，企业有效地利用了借来的资金，这导致了股息支付与生产性投资的平衡被打破。①

这些统计数据削弱了有关金融化的相关论点，即利润以削弱实体商品部门为代价转移到了金融部门。

---

① Andrew Kliman and Shannon D. William, "Why 'Financialisation' hasn't Depressed US Productive Investment", *Cambridge Journal of Economics*, published online 6 September, 2014, p. 2.

五、马克思的经济学

后凯恩斯主义者和一些马克思主义者殚精竭虑并卓有成效地阐述了过去30年来资本主义在不平等和金融化问题上发生的变化。但是,承认不平等和金融化并不等同于将2007年的经济危机归因于此。正如约瑟夫·库拉纳(Joseph Choonara)所指出的,将利润率下降作为分析核心的经济学家与对此表示异议或置之不理的经济学家之间具有明显的不同。通过再次强调马克思用于分析资本主义制度的利润率下降理论,我构建了一个替代激进经济学(和一些马克思主义解释)的分析框架。这将会巩固我们对资本和价值以及对危机中信用和金融作用的理解,并有助于对消费不足理论进行批判。

(一) 马克思与利润率下降

利润率下降趋势是马克思的著作中最具争议的内容之一。不仅当代的非马克思主义经济学家拒绝承认或者完全无视利润率下降理论,甚至一些认同马克思的价值理论和其他观点的马克思主义经济学家也不赞同这一理论。

所有资本家都试图通过提高工人的劳动生产率来增强竞争力,其实现方式是加大生产资料的投入,例如,增加机器、自动控制装备和电脑的投资,马克思将生产资料与劳动力之间的这种关系变化称为"资本技术构成"。投资与劳动力比率的提高表现为与工资相比的生产资料价值的上升——马克思称其为"资本有机构成"增加,而"资本有机构成"是价值层面的生产资料与劳动力之间的关系。然而,劳动是整个经济体系中价值与剩余价值的唯一来源,也就是说,如果投资增长超过了劳动力增长,那么投资增长也一定超过了新价值的创造,而新价值才能带来利润。这产生了利润率下降的压力。

这关系到整个资产阶级。投资之所以增长是由于资本家之间存在竞争,他们为了保持领先地位而追求更高的劳动生产率。但是,无论竞争如何有效地推动每个资本家提高生产力以获得短期利益,站在整个资产阶级的立场上,这都导致了利润率下降趋势。

亚历克斯·卡利尼克斯（Alex Callinicos）引述了本·法因（Ben Fine）和劳伦斯·哈里斯（Lawrence Harris）的观点，来说明马克思如何高度抽象地指出了利润率下降趋势的反作用：

> 如马克思所说："引起一般利润率下降的同一些原因，又会产生反作用。"鉴于这一点，我们认为"利润率下降规律"这一概念有点用词不当。在广义的定义中，这个规律实际上是指"利润率下降趋势及其抵消性影响的规律"。①

用更具体的术语进行表述即，资本家用来抵消利润率下降的一个最重要的策略就是提高剥削率——换言之，就是削减工资或提高劳动强度（尽管政府对这些做法有所限制）。

（二）马克思、信用和金融

分析当代资本主义重大金融变化的理论和研究是非常有价值的。在这方面，拉帕维查斯、迪梅尼尔、莱维和托伯罗维斯基都做出了重要贡献。但是，关于金融化的分析存在两个问题。第一，金融和信贷被视为 2008 年经济危机的直接原因，因而也被视为对危机的第三种解释。第二，与此相关，金融被视为一种存在于资本主义之外的自发驱动力，而并非资本主义的内在组成部分。在马克思的设想中，金融不是经济危机产生的直接原因，而是利润率下降与经济危机之间的关键中介。克莱曼引用了马克思的以下论述：

> 如果说信用制度表现为生产过剩和商业过度投机的主要杠杆，那只

---

① Alex Callinicos, *Deciphering Capital*: *Marx's Capital and Its Destiny*, Bookmarks, 2014, pp. 268 – 269.

是因为按性质来说具有弹性的再生产过程，在这里被强化到了极限。它之所以会被强化，是因为很大一部分社会资本为社会资本的非所有者所使用，这种人办起事来和那种亲自执行职能、小心谨慎地权衡其私人资本的界限的所有者完全不同。①

这段论述指出，金融是过度积累的驱动力——换言之，金融比其他任何方式都能够促使资本家更加迅速地发展。在竞争过程中，资本主义实现了扩大再生产和加快生产资料投资。所谓"小心谨慎地权衡"是指，当决策者不需要承担损失时（因为他们不是用自己的钱冒险），风险投资行为就会增加，这也是经济学家所说的"道德风险"。将"道德风险"发展到极致的，往往是一些城市交易者，他们受资本家雇佣，代表其进行投机投资，但是却损失了资本家的惊人财富。马克思认为，利润率下降会刺激投机行为和过度生产，间接导致经济危机的产生：

> 如果利润率下降……就出现了欺诈，而助长这种欺诈的一般是狂热地寻求新的生产方法、新的投资、新的冒险，以便保证取得某种不以一般平均水平为转移并且高于一般平均水平的额外利润。②

一旦无法最终偿还债务，那么资本主义将爆发危机，导致经济停滞：

> 这种混乱和停滞……会在许许多多节点上破坏按一定期限支付债务的锁链，而在随着资本同时发展起来的信用制度由此崩溃时，会更加严重起来，由此引起强烈的严重危机，突然的强制贬值，以及再生产过程的实际的停滞和混乱，从而引起再生产的实际的缩小。③

---

① 《马克思恩格斯文集》第 7 卷，人民出版社 2009 年版，第 499 页。
② 同上书，第 288 页。
③ 同上书，第 283 页。

这种观点听起来并不陌生，也很容易将其视为2007—2008年经济危机的描述。

因此，正如克莱曼所指出的，马克思的理论说明，利润率下降仅仅间接导致了经济危机，并存在一定的时间滞后。利润下降导致投机增加，而无法偿还的信贷增加是经济危机爆发的直接原因。以上分析意味着，本次危机不能简单地归因于金融，只能说金融部门特有的现象（过度杠杆、风险抵押贷款和不够透明的资产负债表）是触发因素。因此，金融化仅仅集中于此次危机的近因，没有触及资本主义制度长期的根本性缺陷，而这种缺陷才是金融部门引发全面、长久的经济衰退和持续震荡的根源。

（三）缺乏盈利还是缺乏需求？

正如我们所看到的，消费不足论认为，经济危机、经济衰退和经济停滞都是因为工人工资过低，买不起产品，从而引发了消费不足——这或许是收入两极分化和不平等导致的。

凯恩斯主义的干预主义提倡刺激需求的逻辑在于，消费越多，生产的商品就越多，就业与经济增长的情况也就越好。但是，资本主义的繁荣不取决于生产增加，而取决于盈利增加。只有盈利增加，并且经济中存在对额外产出的需求，也就是既能生产也能实现剩余价值，生产才会增加。对于凯恩斯主义者来说，利润率并不是生产最本质的决定因素，他们将利润率视为更大规模的需求导向型生产的结果；而马克思主义的观点是，生产的提高是盈利增加的结果。凯恩斯主义者认为，消费需求为投资需求设定了严格的界限，如此一来，消费需求增长受限抑制了总需求。因此，总供给大于总需求的长期结构性趋势始终存在，从而导致了过度生产的危机。

拉亚·杜纳耶夫斯卡娅（Raya Dunayevskaya）在其1958年的著作中解释了消费不足论是如何颠倒因果顺序的：

> 经济危机并非"有效需求不足"导致的。恰恰相反，是经济危机导

致了有效需求不足。危机产生的原因也不是市场稀缺。正如我们在马克思的理论中看到的,也正如1929年所显示的,恰恰在危机发生之前,市场规模最大。但是,从资本家的视角来看,工资获得者与剩余价值或利润获得者之间的"收入分配"并不令人满意。一旦资本家减少投资,导致的生产停滞就表现为过度生产。当然,生产与消费之间本来就存在矛盾。"卖不出去"的现象也确实存在。但是,这种现象之所以产生,是因为利润率下降在先,而利润率下降与卖不出去没有任何关系。①

马克思并非质疑是否存在消费不足,而是说明消费不足并非扩大生产不可逾越的障碍。真正驱动生产性投资的是利润率——过去的利润积累提供了投资资金,而未来盈利的预期激励了生产性投资。

资本主义的无政府主义本质上意味着过度生产是资本主义制度所固有的。当一个资本家扩大生产时,他并不知晓其他资本家的行为,这导致了价格和利润率下降(在一些案例中导致了商品价格和利润率崩溃),也导致了较弱的资本破产。因此,导致过度生产的原因不尽相同,过度生产与消费不足并非一回事。

(四) 资本、剥削和积累

激进经济学家与经典马克思主义的一个重要区别在于他们看待资本的方式不同。皮凯蒂这样定义资本:

资本指的是能够划分所有权、可在市场上交换的非人力资产的总和,不仅包括所有形式的不动产(含居民住宅),还包括公司和政府机构所使

---

① Raya Dunayevskaya, *Marxism and Freedom: From 1776 until Today*, Humanity Books, 2000 [1958], pp. 142–143.

用的金融资本和专业资本（厂房、基础设施、机器、专利等）。①

实际上，皮凯蒂认为，资本和财富（主要指个人财富）是一回事。而后凯恩斯学派受到了马克思的影响并认同其观点，索耶将资本定义为"特定资本主义条件下生产资料所有者（及其代表人）的简称"。这就引出了他的下一个观点，即与主流经济学不同，索耶认为资本所有者与劳动所有者之间存在着内在冲突。但是，后凯恩斯主义者将资本视为自发的力量。罗宾逊认为，资本等同于"有效率的机器"加上"科学在工业上的应用"，而对于索耶来说，"变革的速度和形式很大程度上取决于资本"。

卡利尼科斯认为，这就"将劳动从与资本的关系中抽象出来，从而将资本转化为一种外部力量"。这种观点与马克思的观点明显不同，马克思将资本定义为特定于资本主义生产模式的一种社会关系。资本是自我扩张的价值，它来源于劳动，并在市场中得以实现。资本由劳动时间（及其货币表现）衡量。

托马什·藤盖伊－埃万斯（Tomáš Tengely-Evans）指出，马克思在《资本论》第3卷中写道：

> 已无须重新论证资本和雇佣劳动的关系怎样决定着这种生产方式的全部性质。这种生产方式的主要当事人士，资本家和雇佣工人，本身不过是资本和雇佣劳动的体现者，人格化，是由社会生产过程加在个人身上的一定的社会性质，是这些一定的社会生产关系的产物。②

资本是受到剥削的工人劳动积累的价值，并用于进一步扩大剥削。因而，马克思的资本定义只是指出了资本与生产过程有关，而不是假定财富即资本。所以，皮凯蒂是以不平等为出发点，马克思是以剥削和积累为出发点。

---

① Thomas Piketty, *Capital in the Twenty-First Century*, p.571.
② 《马克思恩格斯文集》第7卷，人民出版社2009年版，第996页。

马克思认为，资本仅存在于经济交换的过程中。资本是一种流动或循环，通过资本流动或资本循环，货币和商品进行交易，产生价值。这个循环过程是资本主义社会创造价值的主要来源。我们通过研究资本循环，得以理解经济运行中价值是如何生产和分配的。

本杰明·孔克尔（Benjamin Kunkel）阐述了应如何理解资本和价值的政治意义：

> 另一方面，如果资本（也可以说生产资料）的价值来源于没有所有权契约的自然世界中的前期劳动……那么，正当来说，所有的收入都应该以某种方式归属于劳动者或生产者。对价值来源于劳动的讨论，意味着人们最终认可价值来源于创造历史的连续劳动，同时冲突和变革不仅是历史研究的本质，也是经济学研究的本质。关注一方购买意愿与另一方出售意愿的瞬时平衡，仅仅是从持续多变的运动中抽象出的一瞬间的和谐。①

后凯恩斯主义者的理论逻辑将资本视为自发的，并且是价值创造的源泉，这种逻辑支持了那些扩大资本的政策，并最终捍卫了资本主义。而马克思主义的观点——资本是一种社会关系，劳动是价值的唯一源泉——得出了另一种政治结论，即工人阶级应该通过斗争重新取得本就属于他们的权利。

六、结论

所有从生产力低下、需求低迷、市场的无政府主义、国家干预、高工资、低工资等经济现象中寻找经济危机根源的理论都表明，通过解决使资本主义制度陷入困境的具体问题，原则上我们能够大幅减少或消除资本主义危机的发生。但是，利润率下降趋势表明，在资本主义制度下，经济危机是不可避

---

① Benjamin Kunkel, "Paupers and Richlings", *London Review of Books*, 2014.

免的，因为它们不是由外部原因造成的——也就是说，我们无法在保持资本主义制度完好无损的前提下消除危机的根源。正如马克思所说："用暴力消灭资本——不是通过资本的外部关系，而是被当作资本自我保存的条件。"

虽然这些理论主张有的看似难以理解，有的看似难以解决，有的二者兼具，但是探讨这些理论具有深远的政治意义。如果经济危机的长期原因是不可避免的金融性因素，那么我们可以放弃新自由主义和金融化资本主义，以防止危机频繁发生。我们不再需要"消灭资本主义生产制度，即以旨在无止境地增加价值或抽象财富为动力的生产"。在这种思路下，我们不再需要改变资本主义制度本身的社会经济性质，而仅需要将调整金融管制、财政政策和货币政策列入改革议程，以刺激经济，推动金融系统的部分国有化。当然，我们知道，这些要求是对资本主义及其国家的挑战——通过努力斗争成功地推行上述政策可以增强工人阶级的信心和战斗力。但是与此同时，我们必须捍卫马克思主义的核心思想，反对有些人将其重新解读为资本主义可以通过改革发生本质的改变。如果利润率的持续下降是经济危机和经济萧条的重要原因之一（即使是间接的），那么进行资本主义改革并不能彻底根除危机，最多只会延缓下一次危机的到来。所有导致不可持续增长的人为刺激，都威胁着资本主义经济，并使下一次危机变得更加深入持久。因此，为了消除经济危机，我们必须消灭资本主义生产制度。

资本主义危机与回归马克思[*]

理查德·沃尔夫^{**} 著 史清竹 编译

[内容提要] 随着资本主义危机的日益深化，凯恩斯主义和新古典经济学等传统资本主义理论轮番登场，但其理论解释力却日渐下降，资本主义危机的受害者和资本主义的批判者开始转而求助于马克思和马克思主义。马克思主义的社会分析传统在世界范围内广泛而深远地传播开来，与各种不同的文化、政治和历史背景相互作用，发展出对马克思主义社会理论的不同解读。马克思主义最有效地凝聚了对资本主义及其理论的批判性分析和评论，凝聚了从那些受到马克思主义鼓舞的政治运动的成败中汲取的理论和实践教训。对于寻求超越资本主义的社会变革的理论家和活动家来说，马克思主义是非常宝贵的资源。

[关键词] 马克思主义　资本主义　危机　实际工资

一、资本主义的捍卫者与批判者

如今，马克思主义的分析重新出现在关于经济和社会的公共讨论之中。

---

* 本文编译自 Richard D. Wolff, *Capitalisms Crisis Deepens*, Haymarket Books, 2016。译文原载《国外理论动态》2017 年第 9 期。

** 作者简介：理查德·沃尔夫（Richard D. Wolff），美国马萨诸塞大学阿默斯特分校经济学教授。

随着新一代学者发现了马克思主义传统观点的丰富内容,将马克思主义边缘化的一代正在衰落。正如1848年的经济危机有助于激发和塑造马克思最初的观点,如今的危机有助于恢复人们对马克思主义的兴趣。

在20世纪70年代之前的100年间,资本主义周期性危机的受害者和资本主义的批判者们日益转向马克思和其他马克思主义者的成果。因此,马克思主义的社会分析传统在世界范围内广泛而深远地传播开来。它与许多不同的文化、政治和历史背景相互作用,发展出多种不同的(有时是存在激烈争议的)关于马克思主义社会理论的解读和版本。马克思主义最有效地凝聚了对资本主义及其理论的批判性分析和评论,凝聚了从那些受到马克思主义鼓舞的政治运动的成败中汲取的理论和实践教训。今天,对于寻求超越资本主义的社会变革的理论家和活动家来说,马克思主义是非常宝贵的资源。

资本主义的捍卫者大多试图贬低、忽视或以其他方式边缘化马克思主义和马克思主义者。虽然这些行为通常能够奏效,但只是拖延和阻滞了马克思主义在1975年之前的100年间的发展。马克思主义传统的发展虽然不稳定,但却十分坚韧。马克思主义从少数理论家和活动家扩展到马克思主义的工会、政党、报刊、研究机构,以及地方性、区域性和国家性的管理机构和国际组织。马克思主义还在形成和发展的过程中产生了内部差异、争论和冲突。

然而,20世纪70年代改变了马克思主义的社会发展的条件。资本主义已经从20世纪30年代大萧条造成的严重破坏中重获支持和声誉。"二战"后的重建、时间以及希望帮助人们消减了对大萧条的记忆。到20世纪70年代,经济、政治和文化条件已经成熟,足以针对改革、监管和其他大萧条时期强加于资本家的国家干预展开一场重要的、持续的反击。那些"现实存在的社会主义国家"内部矛盾不断深化,推动了发达资本主义国家与它们展开全球性竞争。

得到复苏的资本主义宣告了其复兴的能力。在美国,罗斯福新政从1945年到1970年不断妥协,之后遭到了系统性的削弱。工会的社会影响力大大降低。劳动力市场的状况发生了变化,使得20世纪70年代之前实际工资持续增长100年的记录彻底终结。1980年里根的当选使这种变化成为定局。英美等国的经济、政治和文化明显右倾。私有化、取消市场管制、一夜暴富的图谋以及怀疑和抛弃集体奋斗和集体价值的普遍的个人主义，共同推动了新自由主义时代的到来。

20 世纪 70 年代，跨国资本主义企业迎来了新的投资机会。企业内部管理（计算机）、交通（喷气式飞机）和通信（互联网）等技术变革极大地推动了资本主义企业内部及其之间的全球协作，也带来了极其便利的投资机会。最重要的是，大量相对廉价的劳动力资源向全球开放。伴随着技术变革推动了劳动生产率的提高，实际工资停止了上涨。无论何时，每当生产率提高而实际工资停滞时，就会导致资本主义剩余价值的激增。2008 年之前的 30 年是美国经历的资本主义历史上最大的利润繁荣期之一。

资本主义的拥护者们欢呼劳动力、社会主义和马克思主义的衰落和萎缩，坚持认为资本主义已经"克服了其危机倾向"。因此，美联储前主席艾伦·格林斯潘在 20 世纪 90 年代末认为，我们已经生活在一个"新经济"时代。苏联的解体使马克思主义的敌人改变了使马克思主义边缘化的方式。他们之前将马克思主义描述成一种错误的理论，它代表失败的、岌岌可危的危险实践，过去 30 年，他们更多地将马克思主义看作一种衰退的历史遗物，现代人根本不需要考虑，更不需要研究它。他们一再重申，资本主义赢得了与社会主义的斗争，成为一种没有替代选择的制度体系，而美国则当之无愧地成为最重要的超级大国。

相应地，他们也调整了理论基础，继续贬低大众传媒中的马克思主义分析，以及学术和政治领域中的马克思主义者。而很多马克思主义者也发现，在如此变化的环境中难以坚持自己的信仰，从而修正了自己的立场或完全放弃了马克思主义。

2008 年，格林斯潘的"新经济"政策破产，并被视为与以前的资本主义一样具有危机倾向，马克思和马克思主义重新被发掘。人们开始求助于马克思主义传统来理解危机的原因并寻求解决方案。不过，他们很快就面临是改革还是革命的争论：为了应对危机，资本主义经济和社会该如何变革？在这些经典的讨论中，一些马克思主义者——改革者——提出了多种"向社会主义过渡"的方式,而另一些马克思主义者——革命者——以"共产主义"的名义攻击这种社会主义。还有其他一些马克思主义者对上个世纪社会主义和共产主义的理论和实践展开了批判。而几乎所有的马克思主义者都反对资本主义,这种反对充斥在多种不同的、有时甚至是互不相容的理论和观点中。这就产生了富有批判性的社会分析传统,而每位学者都需要明确和证明其分析传统中包含着哪种特定的马克思主义理论。

在本文中,我将运用马克思主义理论为当前资本主义危机的多种原因提供一种独特的解读。我还会用这种解读对改革与革命这一经典论战中的双方进行批判,这一论战正在马克思主义者和其他学者当中重现。在这种解读和批判的基础上,为了对资本主义危机做出不同类型的革命性回应,我提出了一种马克思主义的观点。

二、两种反复摇摆的资本主义理论

世界各地的资本主义经济均呈现出一种反复振荡摇摆的模式。对市场和私人财产相对有限的国家监管和干预不断地经历着遭遇危机和控制危机的不同阶段,直到无法奏效,然后又会过渡到国家经济干预相对更多的阶段。危机继续爆发并得到控制,直到出现无法控制的危机,然后重新过渡到国家经济干预相对更少的阶段。以我对马克思主义理论的解读,在这两个阶段中,不变的是资本主义的生产结构。在这种特殊的生产结构中,少数人(通常是企业董事会成员)分配由多数雇佣劳动者创造的剩余价值。

我们将使用"私人"和"国家"等概念来区分这些交替出现的阶段或资本主义经济形式。比如,1929年,美国的私人资本主义危机迎来了国家资本主义——罗斯福新政。20世纪70年代,这种国家资本主义遇到严重的危机,驱使国家资本主义重新回归私人资本主义。当私人资本主义在2008年经历了一场崩溃时,这次危机又产生了另一次回归国家资本主义形式的振荡摇摆。所有资本主义都会经历类似的振荡。

有两种不同的、相互竞争的(非马克思主义的)主流理论解释了20世纪反复发生的资本主义危机。这些理论对于每次危机都会提出相应的解决方案。如今的危机也不例外。意识形态霸权在这两种理论之间来回振荡摇摆，正如资本主义在它们之间来回振荡摇摆一样。

其中一种主流理论被称为"凯恩斯经济学"，以其创立者之一的名字命名。这种理论认为，不受监管的私人市场具有局限和缺陷，这些局限和缺陷会周期性地将资本主义经济推向通货膨胀、衰退甚至萧条。如果没有外部干预，私人资本主义可能会陷入长期的萧条或通胀，从而威胁资本主义本身。凯恩斯经济学明确了私人资本主义中产生危机的关键机制，建议通过各种国家干预（监管以及货币政策、财政政策）来阻止或消除私人资本主义危机。

另一种主流理论与经典的"现代经济学创始人"亚当·斯密密切相关，他将私人资本主义（自由市场加私有财产）看作使财富最大化的经济体系。其演变形式"新古典"经济学强调私人资本主义如何以及为何会带来经济收益的最优化。对于新古典经济学家来说，如果出现了非最优结果，最好的解决办法就是让私人资本主义通过私有财产和自由市场的内部机制自我疗愈。新古典经济学批评凯恩斯提倡的国家干预会不可避免地产生监管者的错误、受到政治操纵的市场以及随之而来的低效，例如通货膨胀、停滞和滞胀。政府官员不能替代、更不用说改善不受监管的（"自由的"）市场机制。新古典经济学家坚信，自由市场能够调节不同的需求和供给，比政府更有效地传递海量信息。

随着当今全球资本主义危机的蔓延，沉寂30多年的凯恩斯主义的国家干预理论突然在美国崛起。20世纪70年代以来，作为新自由主义全球竞争的一部分，新古典经济学家已经广泛地颠覆并压制了凯恩斯主义的干预理论。他们推翻了在20世纪30年代大萧条时期出现的凯恩斯主义者和凯恩斯宏观经济学的统治。新古典经济学家抨击与罗斯福新政密切相关的凯恩斯经济学，认为它严重扭曲并减缓了经济增长，助长了社会冲突（有时被称为"阶级斗争"）。他们试图重建新古典主义的乌托邦：用私人的和竞争性的市场来提高劳动和资本的收入，从而用增长的方式避免阶级冲突。

20世纪70年代后，市场管制有所放松，私有化成为商业、政治、新闻业和学术界正式的和普遍的原则。新古典经济学像大萧条之前一样再次成为流行的经济学。新古典经济学试图排斥凯恩斯经济学，认为它是一种错误的理论，只有新古典经济学才是"正确的"。新古典经济学与凯恩斯经济学对于彼此在理论领域、学术领域和职业生涯中的差异的这种极端不容忍，与它们自20世纪40年代晚期开始共同对付马克思主义经济学的方式一模一样。

20世纪70年代后，技术推动了生产力迅速增长，实际工资停滞，在这种背景下，放松监管的市场首先带来了新古典主义者所承诺的激励机制、价格和增长的改变。然而，随着时间的流逝，经济也呈现出市场波动、收入和财富增长不均衡，股票市场、房地产和金融领域产生了终极经济泡沫，凯恩斯主义者曾模糊地预测到这些内容。新千年伊始，股市崩盘，几年后，房地产市场崩溃，流动性危机产生，目前正进入深度衰退，很有可能陷入大面积的萧条。随着凯恩斯主义者从意识形态的流放中重生，新古典经济学家开始退却。

凯恩斯主义的主张一如既往：国家必须通过自身拯救资本主义。如今，这种观点再次卷土重来。面对当前的危机，只有少数新古典经济学家仍然鼓吹过去的"真理"。然而，如果奥巴马总统的凯恩斯主义计划失败，或者国家干预的资本主义仅能持续一小段时间，那么资本主义危机将再次爆发。危机将为向私人资本主义和新古典经济理论霸权的重整旗鼓创造条件。

尽管对是否需要国家干预的看法完全不同，但双方对资本主义都持有深刻的保守主义观点。他们之间产生的这种振荡摇摆均服从于共同的保守主义。当资本主义生产体系本身遭到质疑时，这种振荡摇摆就会防止资本主义社会发生的危机演变成整个资本主义的危机。当资本主义危机导致严重的社会疾苦时，两种理论的振荡摇摆会塑造并包容这种公共争论。解决危机的方法是更多还是更少的监管？是更多还是更少的货币政策或财政政策？这种限制性的讨论使公众无法设想，更不用说思考马克思主义的替代解决方案了，即从这两种资本主义过渡到不同的制度体系。

三、矛盾、危机与回归马克思

  从19世纪70年代到20世纪70年代，出现了两个主要趋势：工人的平均实际工资每年上涨约1.3%，而工人的平均生产率每年上涨略低于2%。在这100年的时间里，随着实际工资的上涨，工人的生活水平不断提高。同时，资本家赚取的剩余价值也在不断增长。因此，虽然工人与资本家之间的差距有所扩大，但是如果工人对上涨的实际工资感到满意，就不会出现政治问题。

  20世纪70年代之前的100年是美国资本主义持续胜利的100年。资本家稳步增长的剩余价值得到了有效分配，以改善剩余价值增长的条件。他们的剩余价值被用于推动技术革新、加强基础设施建设，以及支付劳动者的公共教育支出以及实现规模经济的并购。工人逐渐开始关注因工资上涨所带来的消费上涨。随着他们更多地将自己定位为消费者而不是劳动者，消费主义成为一种强大的意识形态，继而成为一种社会力量。工会的主要目标是推动工人获得更优厚的薪酬，以实现更多的消费，而不是争取基本的社会变革。美国资本主义特有的"成功"反映了并取决于实际工资以低于实际生产率的速度持续增长。

  然而，这种成功需要付出代价。由于资本家占有的剩余价值的增长快于工资的增长，日益扩大的经济差距使得政治和文化差距也越来越大。在20世纪70年代之前的100年中，真正的、地方的民主制度或多或少地让位于形式上的民主，后者包括由金钱驱动的选举和官僚体系。同样，日益加深的文化分歧导致日益壮大的工人群众逐渐脱离了跨国企业的资本家精英及其待遇优厚的依附者。

  将增加消费作为人生目标，作为衡量个人成就和价值的标准，作为对日益严苛的工作的适当补偿，这种文化与不断增长的个人消费相结合，遏制了社会分歧日益深化的风险。现代广告业的诞生和显著增长既源于这种文化，又强化了这种文化。社会普遍接受了将消费看作衡量个人成功和成就的主要标准，这导致宗教领袖、政治家、作家和其他人谴责大众沉溺于物质"价值",而不是追求精神"价值"。他们的这种反应揭示了消费主义的巨大社会力量和影响力。他们无法阻止、更不用说遏制大众消费主义的兴起,大众消费主义已经成为弥合资产阶级与工人阶级之间日益扩大的社会差距的社会黏合剂。

从20世纪70年代中期开始,美国资本主义长期以来的成功模式不再奏效,实际工资停止上涨,而每个工人的生产率却继续上升。这使资本家占有的剩余价值暴涨,因为工人不再享有提高生产率所获得的收益奖励。剩余价值的生产者与占有者之间的社会差距也急剧上升。

资本家不再需要支付上涨的工资,主要有四个原因。第一,20世纪70年代,计算机革命开始取代数百万美国工人。第二,为了应对欧洲和日本日益激烈的竞争,美国企业将生产从美国转移到工资更低的地区。这些变化都缩减了美国国内对工人的需求。第三,大量妇女走出家庭,进入有偿劳动岗位。第四,越来越多的移民也增加了求职者的数量。基于上述四个原因,劳动力市场发生了改变,雇主不再需要提高工资。

20世纪70年代之后,剩余价值生产的激增改变了美国的资本主义。财富涌入资本家的账户,企业财富、权力和社会影响力的惊人扩张得到支持。企业董事会将暴涨的剩余价值的大部分分配给自己(作为快速上升的最高管理层的薪酬、认股权和奖金),一部分分配给较低级别的管理人员(作为他们的薪酬和经营预算)、银行家(作为利息和费用)和股东(作为股息)。上述群体越来越富裕,而大量工人却感觉生活日益艰辛。

因为缺少工资上涨作为支撑,工人家庭本可以放弃增加消费,然而他们并没这样做。提升消费是个人愿望的实现、社会成功的标志以及对子女必须遵守的承诺。当工资不再上涨时,工人就找到了另外两种方式继续增加消费。

首先,由于实际小时工资不再上涨,工人家庭就要派出更多的家庭成员工作更多的时间,以获取报酬。丈夫、青少年和退休者开始从事更多的工作,数百万家庭主妇和母亲也加入了劳动力市场。这种做法虽然增加了家庭的额外收入,但是也增加了求职者的供应量,进一步削减了每个人的实际工资。

工人家庭中的更多成员加入工作,使得有偿劳动力增加,这带来了巨大的个人成本和社会成本。妇女越来越多地承担起两份全职工作，一份在家庭外，一份在家庭内，因为她们还要继续承担大部分家务，这种双重转变的附加压力使家庭关系变得紧张，离婚率也随之上升。家庭新增劳动力的额外成本大大抵消了其对继续增加消费所做的净贡献。为此，必须找到其他的资金来源。

这种额外来源就是家庭负债。据联邦储备银行记录，1975年，家庭债务总额为7340亿美元。到2006年，该数字已经上升到12.817万亿美元。在这30年间，债务的爆炸式增长史无前例。工人们耗尽储蓄，背负上不断增长的债务。到2007年，美国工人因超长的劳动时间而疲惫不堪，因担忧家人和家庭离散而精神压力倍增。

20世纪70年代后期，美国工人遭受压榨，却为美国资本家带来了前所未有的繁荣，使他们进入一个新的"镀金时代"。他们慷慨地疏通政治家，以巩固他们获取超额剩余价值的条件（如技术变革、工作出口、移民）。巨额财富集中在相对少数的人手里，导致专门管理这种财富的企业快速增长，比如投资银行、对冲基金等。顶层极速增长的财富所带来的幸福感，导致财富管理自然而然地陷入了投机。

利用公司剩余资本进行金融投机的一个主要方法是将剩余资本以高利率借贷给有风险的工人阶级家庭，后者需要靠借款来维持自身的消费，这种方法是美国社会分化加深的征兆。这被称为"次级"贷款，由于工人无力偿还，因而最终会背叛投资者。工人及其家庭无法做更多的工作、赚更多的工资、借更多的钱，更不用说还贷了。停滞的实际工资使资本主义的繁荣反过来刺破了资本家的投资泡沫。

在马克思主义看来，企业内部的阶级斗争以及资本家之间的竞争，与20世纪70年代不断变化的社会背景相互作用，从而结束了长达一个世纪的实际工资上涨，进而积累了一场重大的资本主义经济危机的所有要素。

马克思主义理论认为，只有当大量工人的疲惫、压力和债务导致资本主义制度走向崩溃时，其欣欣向荣的"另一面"才变得清晰可见。回归马克思主义的分析在一定程度上就是这种可见性的结果，也是它的深层原因。

四、马克思主义的解决方案

　　伴随着生产力的提高，使工资停止上涨是资本家与劳动者不懈斗争的永恒目标。一旦条件允许，资本主义企业就会实现这个目标。一旦这一目标得以实现，就会反复出现财富和收入的不平等、金融投机、经济繁荣、泡沫破裂并引发危机。对这种反复出现的危机，马克思的解决办法是改变这种制度。社会条件会一直发生改变，但是一种不同的、非资本主义的生产组织将能够适应不断变化的条件。

　　马克思主义明显区别于现在的凯恩斯主义和过去的新古典主义。马克思主义的解决方案并非通过增加或减少国家经济干预、监管或解禁信贷市场和其他市场来变革资本主义。相反，它要从根本上改变生产中的阶级结构。

　　马克思对资本主义的批判是要将工人置于企业之中，让他们处于能够获得他们在该企业中创造的剩余价值的地位。这当然也会让他们处于剩余价值分配者的地位。每个企业中生产剩余价值的工人实际上也会成为他们自己的集体董事会成员。他们将取代由主要股东选出并对其负责的传统公司董事会。这将消除资本主义企业中工人与资本家之间的对抗，从而改变董事会决定生产什么、如何生产、在哪里生产以及如何支配利润等的方法和结果。

　　这种超越资本主义的变革可以成为经济民主化的第一步。每个企业都会需要民主，生产者在决策方面具有平等的地位。接下来，有必要通过当地社群与企业的相互依存来扩大经济民主，工人和居民继而可以对每个企业生产和分配的产品和剩余价值享有民主权力。

　　以这种方式改变阶级结构不会消除经济中产生的矛盾和危机。但是，后资本主义危机将会完全不同，对它的理解和应对也应当完全不同。首先，后资本主义危机不大可能像现在这样由实际工资停滞引发。如果美国的工人能够组建自己的董事会，那么20世纪70年代的状况就不大可能导致实际工资停止上涨。一旦危机真的爆发，人们可以更加人道、更加准确地加以应对，因为扩大民主涉及取消资本主义生产的阶级结构。原则上，应对危机的成本及其所带来的损失将由大家共同承担,这一原则根植于并且直接源于后资本主义的阶级结构。数百万人因丧失抵押赎回权和失业而动荡不安,另一些人却置身事外;一些濒临破产的企业得到政府的大力救助,另一些企业却行将倒闭;一些地方和政府继续提供基本的公共服务,另一些政府却不管不顾。这些荒诞的差异在后资本主义阶级结构的基础上都不太可能发生。

还有另一个关键的差异需要考虑。罗斯福新政曾对资本主义施加了大量监管,明确希望结束大萧条,并防止未来再次出现类似的衰退。新政的监管和税收限制了资本家追求其目标的方式和方法。然而,这些监管和税收从未改变资本主义生产的阶级结构,资本家仍然掌管着企业,占据主导地位并分配剩余价值。鉴于公司董事会对股东和自身利益负责,他们十分迫切地要逃避、削弱甚至取消新政的监管。此外,作为每个企业所生产的剩余价值的占有者,他们也有资源来逃避、削弱或取消新政的监管。事实上,资本家回应了董事会的这种愿望,并利用他们的资源来取消新政,特别是20世纪70年代以后在罗纳德·里根、乔治·布什、比尔·克林顿和小布什当政时期。在上述类型的后资本主义阶级结构中,企业董事会几乎不可能想要或者确实能够削弱未来的反危机变革。

危机之后：马克思主义与未来[*]

罗纳尔多·蒙克[**] 著　刘思妗 译

[内容提要] 马克思的危机理论在2008年经济危机后再次得到了重视，全球化趋势为马克思主义的复兴提供了机会。本文首先探讨了"复兴马克思主义"的问题，以及我们如何运用马克思的概念工具来理解目前资本主义发生的变化和面临的危机。其次，本文指出，1929年爆发的经济大萧条和20世纪30年代的经济衰退为今天的资本主义危机提供了先例，并探讨了2008—2009年经济危机发生的动力机制，分析了它的政治后果。在第三部分，本文特别关注了中国、印度和巴西等"新兴经济体"的崛起带来的影响。最后，本文探讨了"资本主义之后"的情况，指出马克思关于"资本主义是一种具有历史局限性的生产方式"的观点一直是正确的，资本主义的发展已经达到了当前社会和自然条件所能容忍的极限。

[关键词] 经济危机　马克思主义　资本主义之后　反向运动

2008年和2009年，也就是在柏林墙倒塌以及"历史的终结"仅仅20年

---

[*] 本文译自 Ronald Munck, *Marx 2020: After the Crisis*, Zed Books Ltd, 2016, 译文有删节。译文原载《国外理论动态》2017年第9期。

[**] 作者简介：罗纳尔多·蒙克（Ronaldo Munck），爱尔兰都柏林城市大学学者。

之后，有人认为，新兴的、失控的全球资本主义正面临一场前所未有的危机。那些曾对这个繁华的全球化新世界表示赞美并认为它终结了动荡的旧时代的人，现在正在转向关注卡尔·马克思，希望在他那里为目前出现的问题找到解释。本文第一部分探讨了"复兴马克思主义"的问题，以及我们如何运用马克思的概念工具理解目前资本主义发生的变化和面临的危机。1929年爆发的经济大萧条和20世纪30年代出现的经济衰退为今天的资本主义危机提供了显而易见的先例。第二部分将探讨当今的经济危机，确定它的发生机制，并运用卡尔·波兰尼的理论分析它的政治后果。第三部分将分析最近这次"大衰退"爆发的原因、它的发展及其后果，我们还特别关注了中国、印度和巴西这些"新兴经济体"的崛起带来的影响。最后，我们将探讨"资本主义之后"的情况，我们不会简单地提出资本主义"末日将至"，而是要证明马克思关于"资本主义制度是一种有历史局限性的生产方式"的观点一直是正确的。虽然我们认同资本主义制度有能力重整旗鼓，并且能够战胜目前这一比以往任何时候都要严重的危机，但我们仍然看到，资本主义的发展已经达到了当前社会和自然条件所能容忍的极限。

一、马克思的复兴

1979年，以路易·阿尔都塞为首的学者围绕"马克思主义的危机"这一主题展开了激烈的争论。阿尔都塞将这场危机完全归咎于"工人运动的敌人"，尽管他承认斯大林主义的影响也同样重要。马克思自身著作中的"空白"和"难解之谜"是导致这场争论的根本原因。当然，从长远的历史角度看，许多情况在这场危机之前就已发生，例如卡尔·柯尔施（Karl Korsh）在《马克思主义的危机》一文中提到的情况。阿尔都塞的批判只能被认为是理论家在捍卫他所倡导的"理论实践"（theoretical practice）。阿尔都塞没有分析资本主义制度的演变和资本主义矛盾的本质，他只是把"群众"作为一种宗教符咒；他没有看到自1973年危机以来工人阶级结构的变化过程，而是把这种变化仅仅当作一种突变。

众所周知，1989 年出现了一场更严重的危机。正如埃瑞克·霍布斯鲍姆所说："我们正目睹的不是一种运动形式的、政权的或经济的危机，而是危机的终结，我们中那些认为十月革命是通向未来世界历史之门的人，已看到了自己的错误。"① 仿佛一切都消失在废墟中，似乎已经没有一种理论流派值得保留，没有一种道德立场值得捍卫，也没有一种观点与马克思主义的世界观相同。毫无疑问，这个最重要的、最具决定意义的历史性失败在尝试破坏资本主义秩序这一点上是成功的。当弗朗西斯·福山在 1992 年宣告"历史的终结"意味着自由资本主义制度更替的终结时，他实际上已获得了广泛的认同。失控的资本主义制度目前已能够进行全球性的扩张，它并不担心自己会被其他制度所取代。

对于所有信仰马克思主义的人来说，20 世纪 90 年代的世界充满了矛盾。全球化带来了经济、政治、社会和文化领域的跨国化进程，极大地加速了资本主义制度的扩张。一旦没有了地域的限制，那些自称实行社会主义制度的国家便迅速被带回到资本主义阵营中。南半球国家的发展状态也是如此，它们在所谓的第一和第三世界中找到了的一定的半自主发展空间。北半球国家废除了凯恩斯主义的社会契约，与此相对应，南半球国家则致力于取消一切形式的国家保护主义。这就是资本主义制度，它带着沾满鲜血的爪牙有预谋地实施它的计划：不断扩张，消除任何影响其自由发展的障碍，并运用一切必要手段维持资本主义生产方式在全球范围的霸权地位。

全球化和信息化资本主义的兴起给马克思主义带来了挑战，当然也为我们复兴马克思主义这一理论武器提供了机会。现在让我们回到马克思所处的资本主义工业革命时代的初期，马克思主义起源于马克思对资本主义制度的猛烈批判。曼纽尔·卡斯特的《信息时代》三部曲是关于新秩序的最有影响的研究之一。尽管他全盘否定了传统马克思主义，并用一个新词汇来描述新秩序，但毫无疑问，他仍然采用马克思主义的话语方式。卡斯特认为，"简而

---

① Eric Hobsbawm, "Goodbye to All That", in R. Blackburn (ed.), *After the Fall*: *The Failure of Communism and the Future of Socialism*, London: Verso, 1991, p. 117.

言之",资本主义新秩序是以一个三管齐下的战略为基础的:"加深劳资关系中获利的资本主义逻辑,提高劳动力和资本的生产力,以及加强生产、流通和市场的全球化。"① 这个新模式的核心是资本与劳动力之间的关系,从这个意义上来看,并没有出现真正全新的模式。

21世纪的前10年被认为是新的资本主义模式产生的关键时期,马克思的一些基本观点也是在这一时期开始重新得到关注。我们所说的全球化早已被马克思预见为一种趋势:"创造世界市场的趋势已经直接包含在资本的概念本身中,任何界限都表现为必须克服的限制。"② 波兰尼受到马克思主义的影响,在第二次世界大战期间清楚地阐释了不受控制的市场扩张:"经济自由主义的真正含义现在一目了然。在世界范围内,只有自由市场可以确保这个巨大机制的运作。"③ 因此,全球化可以被看作资本主义制度的内在扩张趋势。按照马克思的观点,无产阶级可能会反对这种趋势,尽管波兰尼认为全球化产生于资本主义制度内在的反向运动模式,社会作为一个整体通过这一模式保护自身免受无监管的自由市场的破坏。

今天的资本主义制度已经化身为一种"崭新的"全球化、信息化和网络化制度,这与马克思所知晓并试图理解的工业革命时代的资本主义制度完全不同。显然,我们现在正处于资本主义的新阶段,像卡斯特这样的分析家正在研究一套新的话语来阐释当前资本主义制度的动力和矛盾。然而,正如热拉尔·迪梅尼尔(Gérard Duménil)和多米尼克·莱维(Dominique Lévy)所证明的,马克思主义的理论工具有助于我们理解当代资本主义的发展趋势和变化。他们提到,马克思在《资本论》第3卷中"对他所谓的资本主义的历史趋势(关于技术、分配、积累、生产和就业的趋势)做了十分复杂

---

① Manuel Castells, *The Information Age: Economy, Society and Culture*, Vol.1: *The Rise of the Network Society*, Oxford: Blackwell, 1996, p.19.

② 《马克思恩格斯文集》第8卷,人民出版社2009年版,第88页。

③ Karl Polanyi, *The Great Transformotion: The Political and Economic Origins of Our Time*, 2nd edn, Boston, MA: Beacon, 2001, p.145.

的分析"①。马克思尤其意识到资本主义制度的反倾向性（countertendencies）能够抵御利润下降的趋势，例如股份公司的发展。

马克思提出了关于资本积累及其与就业的关系、资本主义的内部竞争以及资本主义周期的影响的"一般规律"，这个规律在今天仍然有价值。他也清楚地说明了他所谓的资本主义的"失序状态"：资本主义倾向于大力发展生产力，但却没有能力控制由生产力发展带来的影响。我们只要联想一下全球化及其扩张趋势，就能明白为什么这种迅速发展无法保持在一定水平上。我们只要考察一下当代主要资本主义国家的悲惨处境，就能了解它们如何低估了气候变化带来的巨大影响，并且没有能力采取必要措施来消除这种影响。鉴于最近的金融化倾向（通过货币而不是通过生产来赚钱），我们可能会重新重视马克思对货币的分析，以及他对金融活动与实体经济在财富创造方面的明确区分。

马克思关于资本主义经济危机的本质的分析，为我们认识当今全球资本主义面临的新形势提供了最为明确的启示。经济学家们都知道，资本主义的发展是周期性的，有起有落，然而他们往往热衷于寻找引起经济衰退的间接原因（而非结构性原因）。西蒙·克拉克（Simon Clarke）指出："马克思的危机理论的重点在于，他认为经济危机的必然性来自资本主义生产方式的本质，资本主义生产方式决定了资本主义制度的客观局限性和社会主义制度的必然性。"② 危机的发生并非偶然，它表明了资本主义制度的矛盾性。克拉克通过对马克思的危机理论的深入研究，至少得出了解释资本主义危机的三种观点：（1）消费不足：指资本主义制度通过限制劳动者的消费实现扩张；（2）比例失衡：马克思逝世后，一部分修正主义者假定资本主义各部门之间的不平衡发展状态是可以纠正的；（3）利润率下降：认为以上两种观点都是基于分配问题提出的，因而忽略了基本的资本—工资—劳动力之间的关系。

---

① Gérard Duménil and Dominique Lévy, "Old Theories and New Capitalism: The Actuality of Marxist Economics", in J. Bidet, and S. Kouvelakis (eds), *Critical Companion to Contemporary Marxism*, Chicago, IL: Haymarket Books, 2009, p. 105.

② Simon Clarke, *Marx's Theory of Crisis*, London: Palgrave Macmillan, 1994, p. 7.

2008—2009年的经济大萧条之后，最引人注目的或许是马克思重新成为学界的争论热点，甚至引起了主流经济学家的关注，特别是马克思关于资本主义危机的理论。当前关于资本主义危机后经济停滞原因的分析，与马克思主义者在20世纪70年代提出的消费不足论非常相似。劳伦斯·萨默斯（Laurence Summers）是华尔街的亲密伙伴，曾在克林顿时代领导了解除金融管制运动，他最近提出的经济停滞理论恰当地解释了当前危机发生的原因。为了回应美国左翼学者对消费不足的分析，萨默斯在2013年提出了一个问题："过多快钱，过多借款，过多财富，这能说明时代在快速发展吗？……即使是一个巨大的泡沫，也不足以产生过剩的总需求。"① 当这种金融化和放松管制的制度缔造者宣称长期经济停滞将会成为一种新模式时，主流经济学家也同意这种观点。

在长达20多年的时间里，马克思和马克思主义几乎被边缘化于主流话语之外（绝大多数的声音甚至直接反对），然而在21世纪第一个十年末，马克思主义再次回到了主流视野。历史学家霍布斯鲍姆曾经认为马克思主义已没有任何价值，但却在2011年出版的新书中指出，当现存资本主义制度的存在和发展受到质疑时，马克思出人意料的回归了。这一结果不是由"社会革命的威胁带来的，而是由全球性的自由贸易的本质决定的，马克思曾证明，全球性贸易与具备理性选择能力和自我纠错机制的市场相比，具有更强的引导力"。新自由主义的全球化、金融化与坚信市场能对生产过剩进行自我纠错之间存在着根本矛盾，马克思清楚地阐明了这一矛盾。

二、1929年的经济大萧条

2008—2009年大衰退之后不久，学界爆发了一场激烈的争论，主要围绕"上一轮经济危机"的性质，即1929年的华尔街经济大萧条和20世纪30年代的经济衰退而展开。2007年，美国爆发的次贷危机带来了严重的影响，直

---

① Wolfgang Streeck, "How Will Capitalism End?" *New Left Review*, vol. 87, 2014, p. 57.

接引发了全球经济历史性的崩盘。在美国，许多经济领域的高管、学者和金融从业者都相当熟悉这一具有里程碑意义的事件。1929年的经济大萧条之所以引起了全世界的关注，是因为它标志着英国从19世纪70年代持续到20世纪20年代的全球统治的结束。美国在全球经济困境中强大起来，开始重构世界经济，并在20世纪40年代中期成为世界霸主。当然，我们不能直接从1929年危机之后的情况推导出2008—2009年的危机之后会发生什么，但是，如果我们仔细研究一下1929年的经济危机，仍然可以从中获得启示。

马克思一直在思考有关资本主义的下一次危机的问题。他在《政治经济学批判（1857—1858年）手稿》中甚至表示，在他出版《资本论》之前，下一次危机就会发生。虽然他预见的危机并没有发生，但资本主义从那以后开始进入繁荣—衰退周期。20世纪20年代，资本主义经济经过了一段较长的相对稳定期后，开始出现失控，不出马克思所料，经济危机在1929年爆发了。随后，繁荣—衰退周期在20世纪90年代似乎被打破，股市持续升温，通过一系列商品和资本产生的投机泡沫带来了巨大的真实利润。一旦经济危机发生，它的波及范围就很广，产生的社会影响力也是巨大的。股票价格发生了有史以来最大幅度的下降，随之而来的是持续的经济衰退，人们甚至认为这次经济衰退永远不会结束。在美国爆发新型资本主义危机的中心地带，企业和银行的关闭导致超过1/4的劳动者失业，同时，家庭和农场贷款抵押被赎回，这给社会带来了巨大的灾难。

20世纪30年代的大萧条是一个灾难性的事件，至今仍然严重地影响着全球经济政策。当时，赫伯特·胡佛总统领导下的美国政府采取了"无为"政策，即政府不能干预市场的自我调节机制。弗里德里希·哈耶克被公认为当代新自由主义的代表，他指出，如果经济衰退变得更严重，在经济恢复之前将会有更多的人失业。然而，议会的观点占了上风。之后，米尔顿·弗里德曼提出的货币紧缩政策加剧了经济危机，这一观点得到了本·伯南克的支持（他在2008—2009年危机发生时担任美国联邦储备委员会主席）。中央银行停止了货币紧缩政策，政府开始采用"财政宽松政策"来应对经济危机。如果政府能阻止经济危机发展到"自由落体"式的衰落趋势，实体经济就有可能不会受影响。

在"如何回应"1929年的大萧条和随后的经济萧条方面，经济学家与政治领导人产生了分歧。保守主义者约瑟夫·熊彼特对马克思主义非常熟悉，他认为当前最重要的是让市场顺其自然发展。他的观点是典型的自由主义——让市场自己恢复平衡状态。熊彼特提出了一种"创造性毁灭"（creative destruction）的过程，即通过清除"毒债"和重新分配资源来恢复经济繁荣。另一方面，经济学家和政府顾问约翰·凯恩斯认为，政府应该通过各种必要的手段干预经济，包括采取通货膨胀的办法刺激经济，美国和德国都采取了这种强有力的干预措施应对经济危机。这种"凯恩斯主义"使美国和德国经济维持了近30年的稳定，直到20世纪70年代初出现新一轮周期性下降，这两个国家才开始采取新自由主义政策，即以最低限度的国家干预和不干预市场机制为基础的政策。

1933年，富兰克林·罗斯福当选美国总统，开始推行一项名为"新政"的国家干预政策。然而，由于经济危机已经变成全球性危机，"新政"未能挽救经济衰退，但它确实奠定了新的基调。随着金本位制度的崩溃，美国现在只能专注国内经济了。凯恩斯赢得了这场思想之战，人们认为应该遵循凯恩斯理论，采用财政措施刺激需求，并认为对收入进行重新分配有利于提高大众的消费能力，尽管这一措施带有"社会主义"性质。从更广泛的经济政策来看，英国在20世纪30年代失去了恢复国际经济秩序的能力，而美国尚未具备这方面的意愿，因此国际经济秩序被打乱了。经济衰退导致了第二次世界大战，并给人类带来了恐惧，因此，国家保护主义抬头和大国在市场经济中的竞争加剧，成为恢复国际经济秩序的一种现实选择。

进口替代模式下的国家政治经济发展有了相应的政权模式，即国家寡头垄断政权，虽然这可能或多或少是一种进步的政治立场，但却在20世纪30年代英国"非正式帝国"的结束与20世纪60年代美国新殖民主义的开始之间创造了一个政治发展空间。20世纪80年代，美国采取了一项更加果断的经济政策，围绕"华盛顿共识"提出建立全球新秩序，这一秩序既反对扩张性经济政策，又反对早期的包容性政治制度。今天，这些问题再次受到关注。

与20世纪30年代一样,在当前的危机中,我们最期待看到的是新的经济和政治模式的出现。1973年智利军事政变发生后,皮诺切特在智利首先推行了"华盛顿共识"政策,但我们只需要思考一下中国的发展模式就能意识到,在2008—2009年的大萧条之后,"华盛顿共识"的新霸权政策已寿终正寝。

如果我们想从更广阔的视角理解20世纪30年代的经济危机及其对当前的权力和冲突模式可能造成的影响,可以关注波兰尼的观点。波兰尼在《大转型》一书中分析了工业革命后兴起的自发调节的市场,以及作为西方主流经济意识形态出现的自由放任主义。波兰尼认为,这种自由放任主义将土地、劳动和货币全部商品化,使国家不能像过去一样发挥调节作用。正如波兰尼所说,如同供需规律推动了所有社会关系的日益商品化,这种"绝对的乌托邦"(stark utopia)既破坏了社会发展,又破坏了自然界。1929年,随着华尔街大萧条的爆发,自1870年左右形成的社会秩序随之崩塌。波兰尼理论的特别之处在于,他提出了一个同时发生的反向运动(counter-movement)或双向运动(double movement):完全不受控制的市场对社会造成了破坏,社会及其组织对此发起了反击。

波兰尼的分析基于他对英国工业革命的深入研究,在1944年出版的《大转型》中,他主要的研究兴趣是对战后新秩序的制造者所应吸取的教训进行总结。波兰尼希望出现一个能战胜恐怖的法西斯主义的、有序的、受到控制的全球新秩序。从一定程度上看,这种受到进一步管控的经济秩序一直持续到20世纪70年代初。但是,更加有趣的是,从当代的视角来看,波兰尼发现了各种形式的反向运动,他认为1929年经济自由主义的危机是导致希特勒的纳粹主义、苏联的斯大林主义和美国的罗斯福"新政"兴起的原因。

波兰尼认为,1930年发生的事件是为了恢复1914年前的自由资本主义"黄金时代"而进行的尝试,因而经济危机的出现是不可避免的。当然,我们不能认为今天的危机与上一次危机完全相同,即使新的大国正在崛起,我们也不能认为美国将失去其霸权地位。然而,如果一定要说这次危机与1930年的那次危机有什么相似之处的话,我们至少可以认为,这次会同样出现一些重大调整。从目前的情况来看,转向孤立主义和脱离全球化不太可能,虽然从长远来看不排除有这种可能。20 世纪 70 年代中期,西方资本主义国家轻易战胜了资本主义危机,部分原因是对苏联的恐惧坚定了它们的信心。人们在 20 世纪 30 年代做出的政治选择也许能为今天提供最重要的借鉴,如果我们认为纳粹主义、斯大林主义和罗斯福新政都只是在以不同的方式对 1929 年的危机及其后果做出回应,那么今天我们就有希望依据中国、俄罗斯、巴西和印度的地缘政治状况、欧盟的经济危机和美国分裂的政治秩序做出新的选择。

三、2008—2009 年的大衰退

2005—2006 年,虽然已经出现了对美国房市"过热"的预测,但总的来说,人们依然相信金钱可以无休止地自我产生。一个体系——自发调节的市场、金融化、涡轮资本主义或全球化的体系——已经建立起来,这一体系永远在不断发展、向外扩张。如果没有人干涉,它将继续分享新的资本主义制度及其支持者带来的成果。就之前的全球资本主义的繁荣时代而言,现在似乎是一个名副其实的黄金时代。即使一部分曾被视为第三世界的国家、不发达国家或南半球国家,也会一起分享这一成果:它们将成为"新兴经济体"。即使在撒哈拉以南的非洲,"穷人中最贫穷的人"也会因为全球新兴资本主义的发展而受益,这是因为新的全球资本主义将这一地区纳入它的羽翼之下,跨区域主义成功迈向了新阶段。这就是我们进入 2007 年时世界呈现的主要面貌。

经济危机首先发生在美国的次级抵押贷款机构,它们为中等收入家庭提供抵押贷款,然而,除非房地产价格一直上涨,否则这些家庭无法偿还贷款。为了降低通货膨胀的风险,贷款公司开始限制信贷,但这导致了房价下跌,并使房主违约率创下了历史新高。在这种脆弱的经济基础之上,银行和金融机构通过使贷款证券化,建立了一个庞大而复杂的投资体系。然而,房地产市场的崩溃不可避免地导致了投资债券垮台,房地美公司不得不接受政府的救助。但是为时已晚,由于银行之间缺乏相互信任,无法保障正常借贷,大规模的信贷紧缩情况出现了。整个金融业和银行之间是相互联系的,因此整

个金融系统也都陷入了困境。到 2007 年底，美联储发布了一项重大的贷款计划，以帮助银行渡过难关，但已无力回天。2008 年初，所有主要的股市都出现了大幅下跌。

人们对于这场前所未有的危机有各种各样的反应。起初有人不相信，一些经济学家甚至认为，失控的市场没有得到完全系统化的控制，但总体上来说，人们已经敏锐地意识到，新兴的全球资本主义正面临系统性的危机。"现在所有人都是凯恩斯主义者"的说法显然说明，人人都认为要通过国家干预来应对危机。国际金融机构和主要的经济集团达成共识，必须采取措施避免回到国家保护主义。在如罗宾·布莱克本（Robin Blackburn）指出的那样："政府的救援措施为金融部门提供了无限的流动资金，金融系统基本保持了稳定。"[1] 随后几年，所有的国际讨论都围绕着如何改革金融部门以避免下一场灾难，然而并没有达成任何国际共识。

我们现在并不清楚这场经济危机对主要的帝国主义国家之间权力关系变化的长期影响，我们不可能再看到上一次资本主义危机之后全球霸权从英国转向美国的类似情况。大多数经济分析师可能会同意安德鲁·冈博（Andrew Gamble）的判断："美国的势力可能会相对衰落（其经济能力及其结构性力量都在变弱），然而还没有出现能代替美国的霸权国家。"[2] 虽然欧盟的经济力量与美国相差无几，但其政治分歧日益增加，因而不可能成为新的全球霸主地位的争夺者。中国可能会成为世界上最大的经济体，然而中国并不准备像 1930 年的美国那样领导全球经济。

"新兴经济体"的出现成为全球经济危机中最引人关注的部分，许多主流经济学家都认为，金砖国家和其他国家将通过抵御经济危机，帮助全球经济回到正轨。国际货币基金组织前首席经济学家简·布雷曼（Jan Breman）甚至宣称："与你们想象的不同，极度贫困国家的状况并没有那么糟糕。"这一说

---

[1] Robin Blackburn, "Crisis 2.0", *New Left Review*, Vol. 72, 2011, p. 35.

[2] Andrew Gamble, *The Spectre at the Feast: Capitalist Crisis and the Politics of Recession*, Houndmills: Palgrave Macmillan, 2009, p. 139.

法通过全球化创造的互联网传播开来,它不仅严重低估了经济危机对南半球的影响,也暴露了一种危险的自满情绪。的确,一些国家很少融入主流金融中心,较少参与风险金融活动,因而没有直接遭受严重影响。另一个事实是,这些国家在2008—2009年危机最严重的时候为未来的资本主义找到了生存空间。然而,总体而言,全球经济增长的放缓不利于南半球国家,它们在经历了长达25年的以"空心化"(hollowing out)为目标的新自由主义后,自我保护能力已逐渐减弱。

现在就让我们对2008—2009年的资本主义经济危机给全球历史发展造成的影响下结论,还为时过早。而且,我们显然也不能将其直接与1929年和20世纪30年代的经济大萧条相提并论。然而,我们还是能从商业新闻中看到对资本主义未来的持续关注,经济危机被视为一个困扰欧洲(和世界其他地区)的新幽灵,即"破坏了大部分的全球化体制框架和1989年后的国际秩序"。现在的世界看起来与福山在1989年设想的世界完全不同,福山认为,当"历史的终结"来临时,经济和政治的自由主义制度将毋庸置疑地占据统治地位。仅仅在20年后,世界看起来就不一样了:美国一次次地在殖民战争中战败,以色列似乎一直是殖民地,许多地区爆发了反抗运动,处于帝国主义中心的年轻人也发动了类似1968年的反抗运动(如"占领华尔街"运动、"愤怒大游行")。

这场经济危机一方面揭示了新自由主义政策未能实现可持续的包容性增长,另一方面揭示了国家对金融行业调控的失败致使经济危机成为国家—民族的危机。基于社会公平、稳定的假设而形成的社会变革模式无法说明和应对当前的危机。相反,人们需要预测社会发展的不稳定性和复杂性,并理解波兰尼提出的反向运动,即社会总是在努力保护自身免受商品化和脱域(disembededness)的影响。同时,我们已经能够从2008—2009年的经济危机及其对世界各地造成的影响中清楚地看到晚期资本主义的特征。

四、资本主义之后

不久前,只要一提到"资本主义之后"的生活,那些对资本主义灭亡持否定态度甚至表示积极反对的人就会戏谑地称其为现实的乌托邦。然而，今天我们大多数人已深刻地意识到，资本主义正如我们所了解的那样，正在接近其发展极限。我们现在已普遍认识到，资本主义正面临着危机，虽然危机不会永远存在，但我现在可以思考一下资本主义以后的生活这样一个严肃的问题。从本质上看，我们可以认为1989年以来的资本主义"全球化革命"的成功以及2008—2009年的经济危机，为资本主义的灭亡创造了条件，至少从资本主义目前的各种形式来看是如此。尚未出现能为资本主义的新扩张创造条件的新领域。世界各地都受到资本主义生产方式的影响，社会生活大都已经商品化。在这样的背景下，波兰尼的双向运动理论继续发挥着作用，市场和社会的矛盾逐渐累积。

总之，我们发现了一系列相互联系的趋势：经济增长率持续下降，政府和非政府债务持续增加，财富和收入不平等的程度不断加剧。特别是我们将这些趋势放在一起综合考虑后会发现，它们在自我强化，从而与传统上认为的稳定的资本主义制度（即稳步发展、"稳健的货币政策"和人口比例不平衡状态的持续下降都直接得益于资本主义制度）形成对抗。资本主义的这些特征并不会始终存在，现有的特征会消失，其他特征会出现。2008—2009年危机的爆发让全球的资本主义国家有机会重新考虑过度金融化和经济独裁造成的问题。在这一问题上，目前几乎没有任何改变，甚至有关更好地监管金融行业的要求也未能得到重视，似乎目前也没有一个机构能够扭转局势。沃尔夫冈·施特雷克（Wolfgang Streeck）认为，"资本主义的终结已经在进行中"，即使目前还没有出现资本主义的替代选择。

列宁主义和马克思列宁主义的国家观对"资本主义之后"的情况十分关注。一方面，我们知道，马克思将资本主义之后的第一阶段称为"社会主义"，第二阶段称为"共产主义"，虽然我们找不到支持这一观点的文本，但它已被收入到马克思列宁主义著作之中。另一方面，认为马克思将资本主义之后的乌托邦形容为"早上工作、下午钓鱼和晚上阅读"是断章取义，这使马克思的观点充满非现实性，似乎他没有认识到资本主义之后的未来世界将会面临巨大的困难。事实上，马克思对后资本主义时代的认识十分现实，他并没有建造空中楼阁。马克思尖锐地批判了当代社会主义思想家,认为他们没有认识到社会主义是来自资本主义内部民主因素的有机发展,而是将一个社会主义形象强加于未来。

换句话说,马克思并没有将未来的乌托邦形象强加于无产阶级,而是希望无产阶级能建立自己的未来:"问题不在于目前某个无产者或者甚至整个无产阶级把什么看作自己的目的。问题在于究竟什么是无产阶级,无产阶级由于其本身的存在必然在历史上有些什么作为。"① 因此,共产主义不只是一个未来社会的愿景,更是当下社会斗争中的一项运动。在晚期著作中,例如在评价1871年巴黎公社的经验时,马克思明确表示,他不期望国家按照"现实存在的"苏联社会主义模式创造社会主义。马克思经常提到,"新社会"应该以劳动和社会关系的转变为基础。马克思认为,"新社会"并不废除劳动,但自由联合的个人能够决定他们的工作重点,并进行社会重建。

人们普遍认为,马克思并没有说明他所设想的资本主义之后的未来世界。虽然马克思并没有像分析资本主义一样探讨过这个问题,但认真研究他的著作,我们仍然可以捕捉到他在这方面的观点。彼得·胡迪斯(Peter Hudis)在仔细研究了马克思关于社会主义的论述后指出:"他关于资本主义替代选择的概念源于他对资本主义本身的批判,正如他反对任何脱离个人行为的社会形态,他也反对任何忽略主体的自我活动而强加于社会本身的解决方案。"②

马克思认为,社会主义并不仅仅是废除私有财产或市场。马克思关于资本主义之后人们如何生活的主要观点集中于他最基本的自由观,他认为个人的自由发展取决于他能摆脱对其自由权利的所有限制。如果自由联合起来的生产者要创造一个超越资本主义的社会,那么必须超越资本主义制度下异化的社会关系。

今天,如果我们想要寻找一种方式来理解资本主义之后的生活,就需要

---

① 《马克思恩格斯全集》第2卷,人民出版社1957年版,第45页。

② Peter Hudis, *Marx's Concept of the Alternative to Capitalism* Chicago, IL: Haymarket Books, 2012, pp. 208-209.

首先理解马克思和马克思主义关于资本主义局限性的观点，而不仅仅停留于理解马克思生活的时代的资本主义。南茜·弗雷泽（Nancy Fraser）认为，需要拓展资本主义的概念，使之不仅包含马克思所阐述的经济矛盾，而且包含资本积累的条件，即包含社会再生产、生态和政治权力。另一种观点认为，21世纪马克思主义的复兴需要更密切地关注女性主义、生态主义和后殖民主义。我们不用再过多研究资本主义的必然灭亡，不用再分析这种必然性的具体所指，而是应该探索资本主义真正的局限和矛盾。马克思把共产主义定义为人类解放的趋势，因此，在全球范围内，反抗和超越资本主义的各种形式会相继出现。

就现在发生的可能指向"资本主义之后"的反向运动而言，我们可以从那些直接以经典马克思主义为理论基础的运动开始谈起。全球化意味着全球资本主义的扩张，以及随之而来的资本—工资—劳动关系的大规模扩张。1980年，全球雇佣劳动者只有17亿，到2010年增加到了29亿。自20世纪70年代中期以来，随着传统的南—北国际劳动分工的结束，在资本主义经合组织国家的中心地区之外，大规模的产业工人阶级出现了。北半球的工人正在努力维持他们在战后繁荣时期取得的社会进步，而南半球国家的工人却在努力争取过上体面的生活，他们的情况与马克思在《资本论》中描述的情况十分相似。

波兰尼认为，第二波反向运动是社会对因衰退而失控的市场做出的回应。发起反向运动的是在正式行业以外从事生产的人们，他们通常被当作"过剩人口"，包括没有土地的农民、贫民窟居民和南半球大量的临时工，还可能包括在南美洲安第斯国家刚刚接触政治的印第安人，他们为捍卫自身的传统权利而反抗新自由主义的资本主义制度的扩张。反向运动同样发生在北半球，自2008—2009年大量年轻人失业以来，西班牙爆发了"愤怒大游行"，其他国家也爆发了类似的运动，如美国的"占领华尔街"运动，人们向令他们绝望的经济制度的合理性发起了挑战。这些反向运动是自我防御性的，并且往往无法成功，但它们却给资本主义的未来发展注入了不稳定的危险因素，我们只需要回忆一下2011年的埃及反抗运动，以及1917年的俄国革命，就能明白这一点。到目前为止，虽然上述非正式的行业并没有建立联盟，更加传统的工人阶级也尚未产生，但这都只是时间问题。

波兰尼将第三波反向运动明确地定义为"反资本主义"，它是以1968年的"五月风暴"和新社会运动为基础展开的。2011年的智利抗议运动、2012年的希腊抗议运动和2013年的巴西抗议运动都是由受过教育的年轻人发起的。与1968年爆发的运动一样，对消费主义的批判是这些多样的社会和文化运动的主题。全球气候变化、世界海洋遭到破坏和城市污染都是这些抗议者关注的问题，他们不满于主流资本主义。这些运动的政治动因错综复杂：智利的抗议者反对高等教育私有化，这种情况在巴西很少见，因为巴西抗议运动攻击的目标是巴西劳工党。这些不同的抗议运动浪潮至今尚未统一，它们与更为传统的劳工运动是有区别的，"全世界受苦的人"① 也没有参与其中。

当我们迈向2020年时，必须重新思考马克思和恩格斯在《德意志意识形态》中阐释的共产主义定义："共产主义对我们来说不是应当确立的状况，不是现实应当与之相适应的理想。我们所称为共产主义的是那种消灭现存状况的现实的运动。这个运动的条件是由现有的前提产生的。"②

---

① 出自著名黑人作家弗朗茨·法农的经典著作《全世界受苦的人》（*Wretched of the Earth*），该书揭露了长期的殖民统治在人们心理上留下的伤痕，并对美国和欧洲的激进运动产生了深刻影响。——译者注

② 《马克思恩格斯文集》第1卷，人民出版社2009年版，第539页。

帝国主义与体系稳定性问题*

马塞洛·费尔南德斯** 著 陈文旭 译

[**内容提要**] 资本主义体系在经济和政治上的自我组织能力是马克思主义的帝国主义理论的主要的争论焦点。这一争论归根结底与体系稳定性的概念有关,即经济危机的终结和世界的持久和平。20 世纪初列宁与考茨基之间有关争夺世界财富的列强和私营企业能否和平地管理资本主义的著名论战,在如今的大部分争论中依然存在。一些作者强调经济稳定,另一些作者则重视政治稳定,但中心思想仍是一个更加自律的资本主义体系。本文检视了当前关于帝国主义的马克思主义文献,这些文献认为,资本主义已经更加具有组织性,甚至达到了足以克服列强之间对抗的程度。本文的结论是,那种认为资本主义已经具有了某种程度的组织性的结论没有认识到资本主义体系的某些基本特征。

[**关键词**] 帝国主义 稳定性 有组织的资本主义 跨国资本 列宁

---

* 本文原载《国际背景》(*Contexto Internacional*) 2018 年第 40 卷第 1 期。译文原载《国外理论动态》2018 年第 11 期。本译文系南开大学亚洲研究中心项目 (AS1703)、南开大学 2017 年建设性项目 (2017001) 的阶段性成果。

** 作者简介:马塞洛·费尔南德斯 (Marcelo Fernandes),巴西里约热内卢联邦农业大学经济学院学者。

一、引言

关于马克思主义的帝国主义理论的主要争论之一是资本主义体系能否在经济上和政治上组织起来，从而为大企业创造一个稳定的环境。20世纪初，列宁与卡尔·考茨基之间的著名论战——即关于那些争夺世界财富的列强和大企业是否会同意在全球范围内和平地管理资本主义的问题——在当前的许多争论中依然存在。很多讨论都围绕着体系稳定性展开。一些作者要么强调经济稳定，要么强调政治稳定，但中心思想都认为，资本主义已经变得更加结构化，更有能力解决那些阻碍全球资本积累进程的冲突。因此，一些人认为马克思主义关于国家间竞争的理念已经过时。

本文考察了近期关于帝国主义的马克思主义文献，这些文献认为，资本主义更加组织化，甚至达到了足以克服列强之间内在对抗的程度。这类理论主要来源于20世纪初爱德华·伯恩施坦和考茨基的著作，我们也可以在鲁道夫·希法亭甚至尼古拉·布哈林那里找到它的源头。威廉·罗宾逊的文章《超越帝国主义理论：全球资本主义与跨国国家》（2007）和《理解全球资本主义》（2008）、罗宾逊和杰瑞·哈里斯的文章《正在形成的全球统治阶级？全球化与跨国资本家阶级》（2000）、迈克尔·哈特和安东尼奥·奈格里的著作《帝国》（2001）、列奥·帕尼奇（Leo Panitch）和圣·金丁（San Gindin）的著作《全球资本主义的形成：美帝国的政治经济学》（2005）。上述著述通过使用"全球化"、"跨国资本"和"帝国"等术语传递出如下观点：世界已经达至这样一种经济和政治组织水平，以至于国界实际上已不复存在，大企业的活动因而超出了民族国家的范围。

对"有组织的资本主义"（Organised Capitalism）概念的批判可参见大卫·哈维的著作《新帝国主义》（2004）、亚历克斯·卡利尼科斯的著作《帝国主义与全球政治经济学》（2009）、彼得·高恩（Peter Gowan）的文章《走向国际灾难的胜利：美国大战略的僵局》（2003）、克里斯·哈曼（Chris Harman）的文章《分析帝国主义》（2003）、亚历山大·马歇尔（Alexander

Marshall）的文章《列宁的帝国主义论：一个过时的范式？》（2014）、斯皮罗斯·萨克拉洛普洛斯（Spyros Sakellaropoulos）和帕纳约蒂斯·索蒂里斯（Panagiotis Sotiris）的文章《从领土资本帝国主义到非领土资本帝国主义：列宁与一种马克思主义的帝国主义理论的可能性》（2015）以及萨克拉洛普洛斯的文章《贯穿帝国主义论与生产模式分期的全球化问题》（2009）。本文将重点分析萨克拉洛普洛斯、索蒂里斯和马歇尔的研究。这些作者吸收了列宁的"不平衡发展"和"帝国主义链条"等概念，提出了更激进的批评，证明了作为一个资本主义阶段之产物的"帝国主义"概念仍然具有持续的现实意义，它能够回应这一特殊的世界历史阶段所提出的各种挑战。

本文共分四个部分。在第一部分，我运用帝国主义的经典理论分析了体系稳定性问题。在第二部分，我集中分析了一些当代作者的著述，他们与第一部分提到的作者持有相同的观点，都认为"帝国主义"不再是解释当代资本主义不可缺少的概念。在第三部分，我基于列宁主义的帝国主义理论检视了体系稳定性的概念，指出那种认为资本主义已经达到一定的组织程度从而导致帝国主义概念彻底失效的主张是站不住脚的，因为这种主张没有正确认识到那些驱动资本主义体系运转的结构性特征。第四部分是文章的结论。

二、古典帝国主义的稳定性

希法亭是第一位将金融资本作为垄断时代——被认为是资本主义的一个新阶段——资本的主导形式的马克思主义理论家。在这个阶段，产业资本与作为竞争资本主义时期之特征的金融资本的分离消失了。在被认为是对马克思主义经济学的最大贡献的经典著作《金融资本》（1910）中，希法亭认为资本主义可能会达到某种程度的组织化，以至于不再受制于生产的无政府状态，从而消除经济危机。

根据希法亭的说法，资本主义往往会在所有的经济层面上创建企业联合。最终，一个世界卡特尔（a world cartel）将会出现，整个资本主义生产将由一个最高机构严格地规划。该机构将完美地规定所有领域生产和分配的产品总量。经济规划甚至会达到连货币也不再需要的地步。通过限制生产,卡特尔可以消除商品生产过剩危机,但无法消除资本过剩危机。因此,尽管卡特尔可以改变经济危机的性质,但却无法完全消除危机。

通过比较重商主义时期工业资本争取更多自由的斗争,希法亭得出结论:帝国主义阶段的金融资本痛恨竞争的无政府状态。由于利益相互关联,它更倾向于组织化,但只希望在更高的层次上恢复竞争。

布哈林也认为,在垄断资本主义阶段,世界经济往往变得高度组织化。在《帝国主义与世界经济》一书中,布哈林指出:"帝国主义是金融资本主义的政策,也就是高度发达的资本主义的政策,它以生产组织的某种成熟(这很重要)为前提。"[1]

在布哈林看来,资本家之间的竞争和冲突将在国家经济层面上消除,并转移到国际舞台上。因此,布哈林分析指出,存在着一种双重运动:一方面是资本国际化的趋势,另一方面是资本向国家渗透的趋势(国家资本主义)。这种双重运动将是现代资本主义的主要矛盾,也是列强处于敌对状态的原因:布哈林关注的核心问题不是经济,而是战争。因此,资本主义体系往往会克服生产的无政府状态,实现经济规划。它之所以没有充分地发挥出其全部组织潜力,仅仅是因为世界被划分为民族国家。诚如布哈林所指出的:

> 竞争升至最高级:国家资本主义托拉斯在世界市场的竞争。在国家经济的限制范围内,竞争被降至最低限度。现在的竞争则过度发展,超越了这些限制,达到了前所未有的程度。[2]

然而,卡利尼科斯注意到,如果资本主义确实像希法亭和布哈林所期望的那样高度组织化,那么为什么要相信帝国主义会在民族国家内部消失?根

---

[1] Nicolai Bukharin, *A economia mundial e o imperialismo: esboço econômico. Os Economistas*, 2nd ed., São Paulo: Nova Cultural, [1915] 1986, p. 128.

[2] Ibid., p. 112.

据布哈林本人的说法，如果国家托拉斯（national trusts）能够达成协议，帝国主义就会不复存在。但是，由于政治的和社会的原因，这是不可能的。达成这种协议的必要条件是世界市场上托拉斯之间的平等。由于不存在平等，所以处于更有利地位的托拉斯——无论是在严格的经济层面还是在经济—政治层面（资本与国家相结合）——不会对达成如此协议感兴趣。

在马克思主义传统中，资本主义可以使自己组织起来从而消除帝国主义内部的战争的观点是由考茨基提出的。考茨基认为，帝国主义的根本推动力在于资本主义经济中工农业之间的扭曲。究其原因，在于工业在资本积累和扩大生产上的动力比农业更足。工业更胜一筹的投资能力会导致两个部门的紧张状态，因为，由于工业的持续增长，农业需要不断地供应原材料和粮食。

因此，帝国主义是高度发达的工业资本主义的必然产物。但是，诚如希法亭所说，这并非资本主义发展的新阶段，而是金融资本的首选政策。国家将被迫建立庞大的民族工业以保持其独立性，然而大部分农业经济则将衰落。从这个角度来看，农业国家便具有了被占领和屈从的趋势，从而导致工业化国家之间的激烈竞争，并最终引发军备竞赛。考茨基也认为，发达资本主义国家为了防止竞争的出现，往往会阻碍农业国家的工业化进程。

然而，根据考茨基的观点，列强之间在剥夺农业地区时发生的冲突不会一直存在。军备竞赛和殖民扩张将达到阻碍积累的程度，并最终成为资本主义发展的障碍。因此，没有必要保持战争状态，因为这只有利于一个资本主义经济部门，即军需工业。大垄断集团对帝国主义国家经济的支配导致这些国家放弃军备竞赛，从而有利于支持和平联盟的建立。这就是为什么"每一个有远见卓识的资本家都必须向他的盟友呼吁：所有国家的资本家联合起来"①。

这就意味着资本主义的发展和组织达到了一定程度，此时依靠发动战争来缓解矛盾已无必要。这种将发达国家的经济卡特尔化转移到国际舞台上的

---

① Nicolai Bukharin, "O imperialism", In Aloisio Teixeira (ed.), *Utópicos, Heréticos e Malditos: os precursores do pensamento social de nossa época*, Rio de Janeiro: Record, [1913–1914] 2002, p. 460.

发展程度被考茨基称为"超帝国主义"。

因此,与希法亭和布哈林相比,考茨基最大限度地发挥了资本主义体系的组织能力,并得出结论:资本主义列强之间将达成协议,从而允许资本再生产以和平的方式席卷全球。他指出:

> 然而,从纯粹的经济立场来看,没有什么能阻止这种急剧的扩张,最终通过帝国主义者的神圣同盟来取代帝国主义。战争持续的时间越久,就越能使所有参与者精疲力竭,进而从早期的武装冲突中退缩,我们也就越接近最后的解决方案,但现在看来还不太可能。①

"二战"后,美国霸权统治下的资本主义黄金时代复兴了考茨基的"超帝国主义"思想。然而,用考茨基的话说,防止列强之间爆发新冲突的条件尚不具备。当资本主义组织化的思想在"全球化"的庇护下达到顶峰时,军费开支却一直没有缩减,世界上的一些地区确实发生了武装冲突,甚至是在冷战之后。

三、后冷战时期的稳定性

20世纪90年代初,在东欧剧变、苏联解体之后,基于新自由主义的市场至上观念,与民族国家作用相关的新问题被提了出来。各国相互依存、金融和商业开放有利于所有国家的观点得到了广泛传播。在马克思主义的语境中,一些作者开始认为,资本主义已经被一些与自己国家没有任何关系的大企业所控制。资本主义达到了可以阻止国家间冲突的组织化程度。

哈特和奈格里在《帝国》这一被广为引用且被奇怪地称为"反全球化宣言"的著作中阐述了这种观点。在作者看来,帝国主义将不复存在,也没有

---

① Karl Kautsky, *Ultra-imperialism*, http://www.marxists.org/archive/kautsky/1914/09/ultra-imp.htm [Accessed on 22 August 2011], 1914.

一个国家能够发挥欧洲国家过去所发挥的领导作用。权力被分散,且不受特定领土的约束。已经崛起的是"帝国",而非帝国主义,"帝国"被定义为无国界和超越国家的全球力量。一种新的主权形式出现了,它由国家机构和超国家机构组成,它们以一种单一的逻辑结合在一起,在这种逻辑下,民族国家再也不能管理经济和文化交流。在主权衰退的背景下,没有国家能够扮演帝国主义国家的角色。

帝国以这种方式诞生于"二战"结束后的过渡时期,此时,世界被三种机制定义和组织起来:(1)非殖民化,美国领导下的世界市场的逐步的、等级化的复苏;(2)生产的逐步分散化;(3)国际关系体系的发展,它使得规训生产体制(the disciplinary productive regime)和规训社会(the disciplinary society)在世界范围内得到广泛持续的传播。哈特和奈格里认为,正是这三种机制促成帝国主义向帝国的演变。

在帝国中,新生产力将不会占据一个具体的位置,因为它们无处不在,不仅生产商品,"而且生产丰富而强大的社会关系"[1],这是一个国界逐渐消失的世界。现在,跨国公司将对后殖民国家和从属区域的经济和政治变革负责。它们将决定每一时刻的生产速度。正如哈特和奈格里所指出的:"国家被打败了,公司现在统治着地球!"[2]

帝国主义战争将被"正义战争"所取代,而这实际上是一种警察行动,因为如果疆界在现实中不复存在,也就没有理由发动战争。国家之间的对抗将消失。因此,哈特和奈格里认为:

> 帝国主义的、帝国主义内部的和反帝国主义的战争历史已经结束了。这种历史的结束带来了一个和平的王国。或者更确切地说,我们已经进入了一个小规模的内部冲突的时代。每一场帝国战争(从洛杉矶和格拉

---

[1] Michael Hardt and Antonio Negri, *Império*, Rio de Janeiro: Record, 2001, p. 230.
[2] Ibid., p. 328.

纳达到摩加迪沙和萨拉热窝）都是一场内战、一场警察行动。①

军队也将不复存在。美国将拥有一支世界警察部队，它不会为帝国主义的利益行动，而会以维护和平和秩序的名义为帝国服务。资本主义的稳定将达到顶峰。

与哈特和奈格里一样，罗宾逊和哈里斯认为，资本主义将在一个疆界被瓦解的世界中由跨国机构组织起来，为跨国资本服务。罗宾逊在多部著作中都强调，相对于希法亭和列宁所分析的古典帝国主义时期，资本主义已经发生了很大变化，正处在一个可以称之为全球化的新阶段，而这是跨国资本的产物。

在以民族国家为中心的语境中是无法理解当代资本主义体系的动力问题的。因此，"全球化"这个术语（资本主义的最新阶段）是与当前的时代相一致的。哈里斯断言，资本主义增加积累和剥削劳动的基本逻辑不会改变。然而，它将以新的方式进行。

相应地，罗宾逊认为当代资本主义体系有四个新特点：（1）真正的跨国资本的崛起，以及所有国家在新的全球生产和金融体系中的一体化。国家或区域资本仍然存在，但跨国资本占主导地位；（2）新的跨国资本家阶级的出现；（3）跨国国家机器的兴起；（4）全球社会中新的权力和不平等关系的出现。

然而，罗宾逊认为，他的理论与考茨基关于"超帝国主义"的论断几乎没有什么相似之处，因为后者假定资本将保持国家资本的性质，并在国际上联合起来。在他看来，与国家之间的战争不同，资本之间的冲突对于体系来说具有地方性，但在全球化时代会表现出新形式。由于这个原因，在全球化时代，民族国家之间的竞争将不复存在，只有企业之间才会存在竞争。随着民族国家被跨国资本主义势力所俘获，后者往往会为全球的利益服务，而不限于局部的积累过程。

---

① Michael Hardt and Antonio Negri, *Império*, Rio de Janeiro: Record, 2001, p.209.

作为对哈特和奈格里的回应，罗宾逊得出结论：世界正经历一个"全球资本帝国"的时代，仅仅由于历史原因，该帝国的总部设在华盛顿。这个帝国不再为民族资产阶级的利益服务，而为跨国资本家阶级的利益服务。他指出：

> 我们见证了全球资本主义统治的新形式，其目的是为跨国资本的渗透以及将被干预地区重新纳入全球体系创造有利条件。美国的干预促进了权力从以地方和区域为导向的精英向更有利于跨国项目的新群体转移。美国军事征服的结果不是建立美国剥削的专属区域。建立专属某国的剥削区域是世界资本主义早期阶段的产物，如西班牙征服拉丁美洲、英国征服南非和印度、荷兰征服印度尼西亚等。这些变化所带来的资本的阶级力量的增强在世界各地都能感受到……总之，美国政府试图代表跨国资本主义的利益发挥领导作用。①

在罗宾逊看来，美国政府将是全球资本主义体系再生产的关键工具，因为它将充当大资本利益的捍卫者，压制反对它的部门。因此，"9·11"之后美国军事化程度的增强既与谋求霸权无关，也与19世纪末帝国主义内部对抗的死灰复燃无关，而是对始于20世纪90年代末的全球资本主义的深刻危机充满矛盾的反应。在罗宾逊看来，全球化带来的全球社会两极分化限制了世界市场吸纳生产的能力，阻碍了体系的扩张能力。例如，入侵伊拉克将创造有利的条件，从而促进交易资本的渗透，并帮助该地区融入全球资本主义。虽然它直接使一些美国企业（美国资本）受益，但它们实际上是跨国企业集团，其利益与美国资本无关，而与全球资本挂钩。

哈特和奈格里以及罗宾逊和哈里斯都认为，资本主义已经高度组织化，以至于战争已无必要。然而，在论述实际上不会有军队而会有跨国警察不时

---

① William Robinson, "Beyond the theory of imperialism: global capitalism and the transnational state" *Societies Without Borders*, Vol. 2, No. 1, 2007, pp. 19–20.

被召唤来维持世界各地的秩序时,哈特和奈格里更强调国家的作用。

帕尼奇和金丁也认为,未来全球化不会刺激帝国主义之间的对抗,而会鼓励某种形式的合作,从而带来一段稳定时期。根据这些作者的观点,要理解帝国主义这一新阶段,就必须了解美帝国主义在"二战"后的作用。在那时,全球资本积累的稳定条件是由一个"非正式帝国"(美帝国)创造的,美国可以将其他资本主义国家纳入其统治下的体系中。

因此,要理解当代帝国主义和全球化,就必须从经济、政治、领土三个方面来阐述资本主义国家。在经济方面,国家将不再是生产、投资和盈余分配这一组织机构的一部分,但是,在必要时仍要维持法律规制,进行宏观经济政策管理,并充当"最后的贷款者"(lender of last resort)。国家没有这些特权,资本主义就无法存在。在政治方面,随着冷战的结束,自由民主已成为所有资本主义国家的典范。最后,领土方面包含在前两个方面之中。资本主义通过深化经济联系得到发展,特别是在领土范围内,以国家边界和身份为标志。国家仍然服从于资本积累和资本主义逻辑,但这并没有消除国家的重要性。

然而,冷战的结束揭示出发达国家之间新的等级制度。在国际领域,经济与政治的分离将有助于促进全球一体化。竞争不再像 20 世纪早期的一些马克思主义理论家所理解的那样,即必须表现为一种帝国主义式的对抗。帕尼奇认为,"帝国主义"这一术语本身可能已经过时,因为帝国主义内部的对抗将不复存在。也就是说,非正式的"美帝国"已经取代了地缘政治冲突。

在帕尼奇和金丁看来,考察经济与政治的分离在过去两个世纪里是如何在国际层面上发生的非常有必要:

> 这不仅涉及对社会生活逐步市场化和商品化的理解,而且还涉及对民族—领土资本主义国家(national-territorial capitalist state)以其自由民主的形式被普遍接受并在 20 世纪中期写入国际机构章程和国际法的过程的理解。①

---

① Leo Panitch and San Gindin, "Superintending Global Capital", *New Left Review* 35, 2005, p. 104.

正是经济与政治在国际领域的分离使非正式帝国的存在成为可能。在1870—1920年的全球化时期，这种分离并未完成。这就是为什么殖民主义的扩张、对采用自由民主制的抵制以及每一个国家与资本积累有关的特殊性会在资本主义国家的上述三个方面产生严重的矛盾，进而导致帝国主义内部的对抗。关于这一点，马克思主义理论认为，由这些因素产生的矛盾是无法解决的。

帕尼奇和金丁认为，将帝国主义定义为资本主义的一个阶段，可以避免落入帝国主义历史理论的陷阱。然而，他们却批判了自己所描述的"理论原教旨主义"（theoretical fundamentalism），因为如果将帝国主义视为资本主义的最后阶段，就不会发生进一步的变化。两位作者认为，这可能是错误的："二战"后，美国主导的协议使得资本主义列强之间的对抗必须服从于合作主义。美国的民主为其在世界其他地区树立了信誉，即使其仍然奉行赤裸裸的军国主义。

然而，其他列强不会成为美帝国主义的被动参与者，它们将继续在国家的国际化方面相对自主地运作，它们的行动反映了在每个国家中社会力量与内部政治行动的平衡。这将使它们能够迫使美国履行其在管理全球资本主义方面的责任，特别是以一种更加自主的方式来管理，这种压力同样来自美国的社会结构本身。但是，这样做会使其他资本主义国家认识到，美国有能力在扩张、保护和复制资本主义方面发挥主导作用。因此，这个国家将不仅仅是美国资本的代理人，它也承担了建立和管理全球资本主义的责任。因此，欧洲的资产阶级及其国家从对抗美国帝国主义中不会获得任何利益，因为它最终将服务于全球资本家阶级的利益。

帕尼奇和金丁承认，即使有了这些积累起来的权力，美国也没能将资本主义经济带到一个新的稳定水平。然而，全球金融动荡和随之而来的危机已经使亚洲、非洲和拉丁美洲的外围国家更加依赖美帝国的干预。美国的成功在于其创造了一个不必使用军事力量的势力范围。因此，两位作者认为，不会再有帝国主义内部的对抗。

帕尼奇和金丁对国际体系和作为帝国主义大国的美国的行为提出了一些

相关见解。然而，他们高估了美国作为资本主义体系的组织者和全球发展驱动力的能力，忽视了阶级斗争在各民族国家资本主义发展中的作用。即使他们提到阶级斗争，也是认为它服从于主导国家的意志。因此，帕尼奇和金丁的观察更接近于一种"超帝国主义"，即认为一个国家对其他国家拥有一定程度的控制权。

四、对抗的终结？

许多马克思主义者——包括哈维、卡利尼科斯和高恩——都拒绝承认，资本主义可以达到终结帝国主义内部对抗的稳定程度。但是，萨克拉洛普洛斯、索蒂里斯和马歇尔等作者对这一现象有着更加一致的认识，因为他们基于列宁的帝国主义理论进行了全新的解释。因此，针对前面几部分分析的资本主义体系稳定性的思想，他们设法提出了相反的见解。

列宁将帝国主义定义为资本主义生产方式的一个特定阶段，即垄断资本主义阶段，这是其组织结构发生重大变化的结果，而不仅仅是一种实施领土扩张和经济一政治控制的金融资本"优先"政策。始于 19 世纪末期的帝国主义是集中化和中心化盛行的资本积累进程这一内在趋势的产物，并且正如马克思所分析的，它还是从资本主义的阶级斗争中产生的矛盾所导致的结果。

在垄断盛行的阶段，危机得不到抑制，不同资本形式之间的竞争也无法消除。不仅如此，垄断还放大了经济世界的无政府状态和矛盾，从而带来了竞争加剧、冲突升级。

> 用卡特尔消除危机是拼命为资本主义涂脂抹粉的资产阶级经济学家的无稽之谈。相反，在几个工业部门中形成的垄断，使整个资本主义生产所特有的混乱现象更加厉害，更加严重。①

---

① 《列宁选集》第 2 卷，人民出版社 2012 年版，第 595 页。

列宁也将金融资本视为帝国主义的核心力量。金融领域发生了质的变化：与工业资本主义盛行的早期阶段不同，帝国主义的经济动力现在有赖于高级金融（haute finance）。

因此，帝国主义的特殊性在于其内在的资本输出需求，而不是商品出口。正是通过资本输出，资本主义的国际性及其一切经济和社会矛盾才能以一种咄咄逼人的、不可逆转的方式表现出自我。这并不是通过领土的正式合并来完成的，就像列宁在论及英国对巴西、阿根廷和乌拉圭的非正式统治时所强调的那样。

即使如此，国家在资本主义运行中仍然起着至关重要的作用。在不存在全球性政府的情况下，如果没有民族国家，资本将无法自我复制。为了确保资产阶级的利益，国家制定管理劳动力的战略，实施维持国家资本利润、促进国家资本在国际经济中扩张的干预。然而，资本输出也导致了国家间的竞争，因为它们也发挥着协调不同统治阶级利益的作用。垄断企业可以在世界上的多个地方联结起来，但它们仍需要与自己的母国保持联系，在母国受到法律保护，甚至方便的时候在法律体系之外寻求母国的保护。

因此，国际冲突（经济、政治和或军事冲突）是资本主义体系所固有的，尽管合作的时刻可能更多。资本扩张不一定需要战争，但也不能将其排除在外。因此，与军备有关的活动在国家经济中占有特权地位。这就造成了一种持久的战争气氛，因为拥有外部敌人（无论是真实的还是虚幻的）和为军事采购进行有效辩护，对于与军工有关的垄断企业来说具有实用价值。

据此，"全球化"一词描述了一个没有疆界的资本主义世界（该世界屈从于一个统一的资产阶级所拥有的、据称无国籍的资本），但却隐瞒或否认了有关国际体系运行的关键方面。实际上，帝国主义概念与全球化概念是不相容的。尽管一些马克思主义作家开始用它们来解释当代资本主义，但是同时采用这两个概念是不合适的，因为全球化思想压制了一系列关于资本主义体系内剥削关系的历史发展和作为一种理论和历史参照系的帝国主义之作用的问题。

一些马克思主义学者所主张的国际体系以稳定性为特征的观点似乎可以

在马克思恩格斯所撰写的《共产党宣言》的某些段落中寻找到支持。根据这些学者的理解，国际冲突几乎完全是由于国际上资产阶级与无产阶级的对立造成的。既然国际资本已经获得前所未有的力量，那么它将不会给破坏国际体系的抗议运动留下任何存在的空间。这种观点低估了国家和其他形式的斗争的重要性，例如，受帝国主义压迫的民族的斗争。即使在《共产党宣言》中，马克思恩格斯也在为波兰的民族解放进行呼吁时提到了民族国家问题。再如，阿联酋和沙特阿拉伯等国争取妇女解放的斗争。在这些国家中，压迫妇女是一个结构性问题（尽管不一定与跨国企业有关），任何与性别有关的有利于妇女的更深层变革都可能造成极大的不稳定，这是因为该区域在帝国主义国家的地缘政治利益中发挥着重要作用。

有关跨国公司具有促进国际剥削的非凡协调能力的观点在前文涉及的作者的著作中或多或少地有所体现。然而，在马克思主义的语境下，这是一个值得怀疑的理论假设。追随马克思的足迹，列宁指出，资本运动中固有的资本中心化和集中化趋势不仅不会消除竞争，而且把竞争提升到另一个水平。这是因为竞争迫使资本家毫无节制地进行积累。资本生产从不考虑它的极限，因为资本具有内在的扩张性；因此，当这些限制被超越时，就会间歇地爆发危机。对资本家来说，除了继续寻求不断的扩张，别无他法。在资本的逻辑中，没有任何情感的空间，对资本家来说，"不进则退"。因此，在世界范围内不可能存在一个统一的资产阶级剥削市场，该市场也很难以有组织的方式抑制经济危机及其经济—社会后果。

事实上，冷战之后资本国际化的热潮以及在一些国家同时出现的公司的形象尽管毫无新意，但却制造了这样一种观念，即这些公司不再与各自的国家相关，罗宾逊就持有这种错误的认知。然而，我们需要分清表象与事实。2009年，当通用汽车和克莱斯勒申请破产时，它们得到了原产国美国政府的救助，直到2013年为止，共得到美国财政部的贷款800亿美元。2014年，纽约法院对法国巴黎银行处以数额高达89亿美元的罚款，因为它在与古巴、伊朗和苏丹等被美国禁运的国家进行金融交易时提供了便利，从而违反了一项美国联邦法律，即1977的《国际紧急状态经济权力法案》。当时的法国总统弗朗索瓦·奥朗德曾代表国家直接介入此事。巴黎银行案也违背了帕尼奇和金丁的观点，即美国首先服务于世界资本家阶级的利益。

因此，与"全球化"不同，列宁提出的"帝国主义链条"概念仍然准确地描述了国际体系中资本再生产所产生的等级关系、不均衡关系和复杂关系。它将现有的发展水平各不相同的资本主义列强聚集在一起。约翰·米利奥斯（John Milios）和迪米特里斯·索提罗波罗斯（Dimitris Sotiropoulos）认为，"帝国主义链条"的概念导致了两个问题。第一个问题是关于发展不平衡的规律。列宁认为，资本主义永远不可能是一个稳定的体系，因为不平衡的发展会导致较发达国家之间力量的相互关系发生变化，这往往会削弱已有的中心力量，从而有利于更具经济活力的新的权力极。因此，构成帝国主义链条的列强之间的矛盾将会升级。发展不平衡的规律对于解释帝国主义链条上国家之间的关系至关重要，也为军事冲突提供了经济基础。

第二个问题涉及帝国主义链条中最薄弱的环节。不平衡的发展会为帝国主义链条中相对薄弱的环节发生革命带来可能性，而不是如马克思最初所预言的那样，在生产力更发达的国家发生革命。然而，这是一种相对的状态：处于帝国主义链条中的国家实力较弱还是更强，是相对于这一链条中的其他环节而言的。

事实上，21世纪初出现的国际形势似乎并不能证实资本主义体系趋于稳定的观点。在经济方面，危机在"全球化"时代变得更加频繁。危机从墨西哥危机（1994—1995）开始，由于墨西哥自20世纪80年代末以来实施了新自由主义改革，它常常被视为值得效仿的典范，因此这场危机造成了严重的影响。稍后，东亚危机（1997—1998）、俄罗斯危机（1998）和巴西危机（1998—1999）暴露出20世纪70年代形成的国际金融架构的脆弱性。世纪之交上演了新的经济动荡，诸如2001年土耳其和阿根廷发生的情况。之后，国际经济经历了一段持续5年左右的相对平静时期，但是随后又爆发了2007年的美国次贷危机，并引发了自20世纪30年代大萧条以来最严重的全球经济危机。

这场危机始于资本主义的中心——美国，影响了欧洲的大部分地区及世界其他地区。这暴露出全球金融架构的脆弱性,并引发了一些政府和美国社会内部对经济秩序的不安。"占领华尔街"抗议运动就是明证。尽管随后围绕防止如此大规模的危机重现所需的改革展开了激烈的辩论,但几乎没有任何提议被付诸实践,这主要是因为帝国主义链条内部的利益之争。此外,危机后经济的低水平增长往往会使环境更不利于人们重新认识问题,从而导致了矛盾的激化。鉴于此,尽管中央银行特别是美联储的干预能力巨大(以2008年金融危机最糟糕的时刻为例证),但是似乎不可能得出国际经济体系更加稳定这样的结论。

同样,我们也不能得出国家之间的竞争不复存在、这个问题只存在于经济领域的论断。各国仍在继续运用不平衡的权力结构并根据其资本家的利益来维系和征服新的积累空间。20世纪90年代,当美国进行前所未有的经济扩张时,它成功地维持了对其他大国的霸权地位,阻止了相对成功的区域自治战略的出现。这并未使美国变得更加友善,就像路易斯·菲奥里(Luis Fiori)、高恩、萨克拉洛普洛斯和索蒂里斯所宣称的那样。事实上,冷战结束后不久,中心国家就采取了一些合法的干预措施,其辩护理由包括侵犯人权、在拉丁美洲打击贩毒集团、惩治腐败、维护国际安全以及最近的预防性"反恐战争"。

然而,随着不平衡发展规律的盛行,新的权力极正在出现。由于国际体系日益多极化,国家间的合作已经变得更加困难,这一点在金砖国家联盟和南美洲国家联盟的形成以及美国实力的相对下降中得到了体现。

这种情况有助于解释为什么人们对美国外交政策的反应如此强烈,特别是"9·11"之后,美国的外交政策开始使用好战的和干涉主义的语言。从那以后,美国在世界一些地区挑起冲突,无视阿富汗(2001)和伊拉克(2003)等国家的主权。利比亚和叙利亚也是美国与法国、英国以及在该地区有着多种利益诉求的中东国家进行联合干预的目标。2011年轰炸利比亚后,卡扎菲政权被推翻。同样的做法还被用于叙利亚。然而,俄罗斯在维持阿萨德政权方面发挥了决定性的作用。最近,对乌克兰的干预在该地区造成了严重的不稳定,导致围绕克里米亚重新并入俄罗斯的问题实施了全民投票。这证明了大国之间的对抗依然存在，俄罗斯正发挥着越来越积极的作用。

最后，应该指出的是，尽管全球经济危机持续存在，但包括欧洲国家在内的许多国家的军费开支仍然很大。根据斯德哥尔摩国际和平研究所（SIPRI）的数据，2015年全球的军费开支达到1.68万亿美元，比2014年实际增长了1.0%。这是自2011年以来的首次增长。但是，在此之前，从1998年至2011年的13年间，军事支出稳步增长。美国在军备上的花费远远超过其他任何国家——2015年占总支出的36%。欧洲的军费支出亦值得关注。正如弗兰克·斯利普（Frank Sjilper）所表明的，尽管处于欧元区危机中心的西班牙、希腊和意大利等国已经努力执行经济紧缩计划并为此付出了高昂的社会成本，但这些国家的军费开支仍然高得离谱。这显然与考茨基的观点相悖，考茨基曾预言，军事开支减少是超帝国主义的主要后果。

五、结语

在本研究中，我试图表明这样一种观点，即资本主义能够实现更高层次的组织性，这来自经典马克思主义作家有关帝国主义的理论。希法亭预言了一个旨在有效控制生产且稳定资本主义体系的世界卡特尔的诞生。布哈林的研究认为，在卡特尔的控制下，国家资本主义经济会实现稳定，然而在国际领域，它们仍会继续展开竞争。考茨基主张，列强之间通过达成协议可以实现稳定，此时将不再需要战争。

很多当代作家检视了资本主义体系的稳定性。哈特和奈格里、罗宾逊和哈里斯以及帕尼奇和金丁皆不再认为"帝国主义"一词足以描述当前的国际体系，转而采用"帝国"一词。哈特和奈格里走得更远，他们暗示世界已经进入了这样一个阶段，它不再为国家主权留有空间，而战争将只是警察行为。

在列宁的帝国主义理论的基础上，萨克拉洛普洛斯、索蒂里斯和马歇尔等作家一直试图对国际体系提出更加令人满意的解释。如前所述，列宁分析帝国主义并不局限于严格的经济或政治维度，也并不想把这一现象仅仅视为一些有影响力的列强的扩张主义。帝国主义是一种经济关系和政治关系的体系，它赋予了资本无与伦比的活力，同时也加剧了资本主义的经济矛盾和国家间的对立。

在这种背景下，我试图证明，当前的国际形势更接近列宁的设想，而不是本文第二部分所提及的作者们的观点。世界部分区域的政治和经济正变得越来越不稳定。欧洲仍能感受到2008年危机的余震，它为改善全球经济治理而提出的改革也没有取得任何进展。这种情况与全球化的理念非常不同。

美国的全球领导能力正在受到质疑，人们对其在军事和宏观经济领域的单边政策举措越来越不满。金砖国家联盟和南美洲国家联盟等重要的抗衡组织已经出现，加之中国在国际舞台上的崛起和俄罗斯的重新定位，都有可能加剧资本主义内部的对抗和竞争，而不是相反。因此，就像最近的事件所表明的那样，战争仍然具有可能性，而且这种可能性是真实的。

最后，帝国主义概念不仅依然有效，而且仍然是用来描述剥削、财产、阶级斗争和革命转型之间的关系的最好方式。帝国主义排除了一个稳定的国际资本主义体系出现的可能性。